黔中潘氏八代诗集辑汇

潘润民　等著
张立新　整理

湘潭大学出版社
XIANGTAN UNIVERSITY PRESS

本书为贵州省高校乡村振兴研究中心成果，受到贵州乡村振兴 2011 协同创新中心、贵州省高校人文社会科学重点研究基地、贵州省哲学社会科学 2021 年度十大创新团队、贵州省人文社科示范基地等相关项目经费资助。

整理说明

自明代洪武年间傅友德率军远征云南，到永乐年间贵州开省，贵州获得了独立行省的身份，大量的外来移民落地生根。其后，明政府大力推广学校教育，并于嘉靖年间在贵州开科取士，使贵州地区的文化也随之掀开新的一页，并由此而产生了一批在贵州，乃至全国范围内有影响的文化家族，如铜仁的徐氏家族、贵阳和清镇的潘氏家族、遵义沙滩的黎氏家族、都匀独山的莫氏家族、安顺平坝的陈氏家族，这些家族大多通过科举、诗书传家，在文学创作和地方文化发展等方面，做出了令人瞩目的成就。这其中，贵阳贵筑县曹官的潘氏家族，从明代嘉靖年间潘维岳中举开始，绵延十数代官宦历史和文学创作的历程，最终于清代道光年间编纂而成一部家族诗歌总集——《潘氏八代诗集》，潘氏家族也被徐世昌誉为“世擅风雅，为黔中之冠”。

潘氏诗集的编纂，在《潘氏八代诗集》前有《潘氏三世诗》和《潘氏七世诗集》的编辑，今皆不存，只留存下三篇序言。从序言中可知，三世诗集，由潘以溶编纂，收潘润民、潘驯、潘骧三人三种诗歌共五卷，时为乾隆五十七年（1792）；《潘氏七世诗集》应由潘以溶、潘梣父子编辑，于嘉庆十三年（1808）完成，道光十九年（1839）刊刻，收录潘润民、潘驯、潘骧、潘德征、潘奕、潘快、潘文芮、潘文苞、潘晓、潘以潋、潘以溶十一人的诗歌。道光二十三年（1843），潘元炜又增加潘梣、潘桐二人，合前七世之诗歌，编成《潘氏八世诗选》。在编辑八代诗集的时候，潘元炜又将清镇潘氏四人诗集一并编入，潘元炜为潘珍所作《传略》称：“吾家先世楚人也，吴楚之潘，同出一祖，溯其谱牒，先生与道子公为一世弟兄。”据此可知，曹官潘氏祖上为“楚人”（武陵人），而清镇麦项潘氏祖上为“吴人”，然吴、楚潘氏同出一祖，故潘元炜在编辑《潘氏八代诗集》时，亦将清镇潘氏四人诗集一并编入，即形成了现存于世的《潘氏八代诗集》的全部内容。

《潘氏八代诗集》编纂完成后，形成了两个版本，一是现存于贵州图书馆的《潘氏八世诗集》，署名“潘元炜编”，该本原书共四册，按“元、亨、利、贞”顺序排列，元、亨二册为曹官潘氏诗集，利、贞二册为清镇潘氏诗集，而元册中第一部分，则是曹官潘氏的家族史料和序言。该本为正楷抄本。二是国家图书馆藏《黔阳潘氏七世诗》，该本无序言，不分卷，无编者署名，亦为正楷抄写。但与贵州图书馆藏本的不同之处是，第一，《黔阳潘氏七世诗》分为两部分，第一部分，收录了潘润民、潘驯、潘文芮的文章，其中潘润民文一篇，潘驯文四篇，潘文芮七篇，潘文芮的三篇文章，原是潘文芮的《贵州通志稿》的内容，收录此书则以单篇文章的形式收录；第二部分收录了清镇潘氏潘珍、潘淳、潘宪武、潘恂四人，曹官潘氏潘德征、潘奕、潘快、潘文芮、潘文苞、潘晓、潘以澂、潘以溶、潘桐、潘杼十人共十四人的诗歌。第二，诗歌部分，《黔阳潘氏七世诗》清镇潘氏在前，曹官潘氏在后，贵州图书馆藏本则是曹官潘氏在前，清镇潘氏在后。《黔阳潘氏七世诗》被收入徐雁平主编的《清代家集丛刊续编》第182册，于2008年由国家图书馆出版社出版。

细勘两个版本可知，贵州图书馆藏《潘氏八世诗集》本不仅收录作品多，且流传也广。此本内部不仅有大量的圈点、评阅的内容，而且存在着大量的删改的内容，这说明，《潘氏八代诗集》并不是一个定本，编者潘元炜在编辑过程中，可能参考的底本不确定，导致后来的阅读者，对该本进行了删改，至于是谁删改，现在已无可考证。该本中的眉批和评语，大多为李为、傅玉书、傅汝怀所批阅，但也不能肯定其字迹即为他们所书写。而从《黔阳潘氏七世诗》来看，《潘氏八世诗集》删改的内容，《黔阳潘氏七世诗》则基本不改，与《潘氏八世诗集》未改的内容相同。从收录的数量上来看，《黔阳潘氏七世诗》所收录的诗歌，也有《潘氏八世诗集》中没有收录的，这说明，这两个藏本并非是同一个系统，互相没有继承关系，但同时也说明，这两个藏本也都不是完本。

清代道光年间，贵州出现了一个诗歌总集的编纂高潮，瓮安的傅玉书、傅汝怀父子先后编纂了《黔风》《黔风旧闻录》《黔风鸣盛录》《黔风演》四部，铜仁徐檠编纂了《全黔诗萃》，唐树义、黎兆勋、莫友芝编纂了《黔诗纪略》，后来莫庭芝、黎汝谦、陈田又以相同体例编纂了《黔诗纪略后编》，这些诗歌总集不同程度上收录了潘氏诗人的作品，数量不等，虽非完璧，但对于保存潘氏家族的诗人作品，弥补两个潘氏家族总集的不足，对于后人研究潘氏家族的文学、文化成就，功莫大焉。同时，湖南人邹汉勋主纂的道光《贵阳府志》和道光《大定府志》，也保存了大量的潘氏家族诗人的传记资料、有关作品的资料和潘氏家族诗人的作品，这些也弥补了《潘氏八代诗集》和《黔阳潘氏七世诗》的缺失，为整理者辑汇潘氏作品提供了极大的便利。

作为一部辑汇的著作，需要做以下的几点说明：

1. 全书整理以贵州图书馆藏本《潘氏八世诗集》的影印本作为工作底本，整理时，遵循工作底本的原有体例，所有辑汇的资料和作品，辑入相应的类目中，按照底本体例，凡是底本缺少的则增加相应的类目。潘氏家族诗人的文章，底本中未有此一类目，则增加“文”这一类目。

2. 凡是辑录的作品，皆在注释中注明辑自何书。

3. 所有校勘，皆以工作底本作为出校的标准，凡辑入的作品，底本中没有的，则各本互校。除底本外，各总集收录作品时依据版本不同，故互有差异，出校时，只校异同，不定是非。

4. 工作底本中改动的文字较多，整理时则按原来文字录入。所有改动文字则以“旁批改作”的形式，在校注中注出。

5. 凡是地名、人名、少数民族族名，为了保持作品的本来面貌，不作任何改动，一律照录。

6. 底本中的眉批、旁批，在相应的作品中录入，批者名称以黑体字显示，批语则以仿宋体与正文以示区别。只录评论性文字，对于眉批中的解释性文字则略而不录。

7. 潘文芮所著《贵州通志稿》以国家图书馆所藏抄本为底本录入，以《黔阳潘氏七世诗》和贵州图书馆所藏油印本为校本，国家图书馆藏本中，原有眉批，但都漫漶不清，则略而不录，能看清的则是文中事件的标注，没有使用价值，故也略而不录。

8. 潘珍《学钓集》中有部分内容是属于潘淳《橡林诗草》的，故整理时，将此内容移至潘淳《橡林诗草》中，凡移动的部分在校注中予以说明。

9.《黔诗纪略后编》和《黔西州志》中收录有底本中没有的潘氏家族

其他族人的诗歌数首，今作为附录收入。

10. 潘氏家族诗人的作品目录被收入《续修四库全书总目提要》和今人柯愈春编著的《清人诗文集总目提要》中，今亦作为附录辑入。

此书整理虽前后经历十年之久，但由于整理者的能力和学识的不足，遗漏和差错在所难免，比如傅汝怀在给潘珍的《学钓集》所作的序中说，潘珍的诗有七十余首被编入《黔风演》一书中，由于条件所限，《黔风演》一书，贵州博物馆所藏为残本，第二卷不全，缺失部分是否收有潘珍之诗，不得而知，故只能付之阙如了。对于书中错误，敬请各位学者和方家批评指正。

目 录

黔阳潘氏八世诗集

黔阳潘氏八世诗序　姚柬之　/ 2

潘氏八世诗合集序　傅汝怀　/ 4

选刻潘氏七世诗序　李为　/ 6

黔阳潘氏七世诗合序　傅玉书　/ 7

潘氏三诗合叙　唐金　/ 9

《潘氏八代诗集》题跋　莫友芝　莫祥芝　/ 11

潘伯瞻先生事迹考　/ 12

云南通志·名宦　/ 12

云南府志·昆阳州·名宦　/ 12

云南永昌府志·永平县·名宦　/ 12

贵州通志·贵阳府·乡贤　/ 12

道光《贵阳府志》卷七十四《明耆旧传》二《循吏传》第十一《潘维岳》　/ 12

潘予忍先生事迹考　/ 14

云南通志·循吏　/ 14

云南通志·碑文　/ 14

云南武定府志·秩官　/ 14

云南武定府志·艺文　/ 14

云南武定府金龙山太和寺潘公祠牌位小引　/ 14

云南武定府士民祀司狱潘公赞　/ 15

贵州通志·人物　/ 15

贵州通志·艺文　/ 15

潘思聪传　吴中蕃　/ 16
贵阳潘公世德碑记　失名　/ 18
重修潘公祠记　张汝询　/ 20
附载贞节　/ 21
　贵州通志·贵阳府·列女　/ 21

味淡轩集　潘润民　著

潘朗陵先生传　何世璂　/ 23
潘用霖先生事迹考　/ 26
　云南通志·名宦　/ 26
　云南府志·名宦　/ 26
　云南名宦祠牌位小引　/ 26
　湖南常德府志·科名　/ 26
　贵州通志·乡贤　/ 27
　贵州通志·邱墓　/ 27
　安顺府志·潘氏乡贤坊　/ 27
　贵州通志·名宦　/ 27
　黔书·人物　田雯　/ 28
　历科人物策问钞存二则　/ 29
　道光《贵阳府志》卷七十三《耆旧传·潘润民》　/ 30
　《黔风旧闻录》卷一《潘润民》　/ 32
　《黔诗纪略》卷十二《潘布政润民》　/ 32
潘朗陵先生守城记　杨毓芳　/ 34
通奉大夫云南承宣布政使司左布政使显考朗陵府君行述　潘驯　/ 35
味淡轩诗叙　王奕仁　/ 42
五言律　/ 44
　岳阳楼　/ 44
　悼王彭伯大中丞之死内庄　/ 44
　读惠烈传次韵　/ 44
　赠释真如　/ 44

送汭源弟参幕西粤 / 45
赠江伯通 / 45
新添喜雨 / 45
赠白岩李隐居 / 45
杂诗 / 46
乡愁 / 46
七星岩 / 46
别东粤父老 / 47
赠别友人 / 47
吊王清川大参知 / 47
里人喧传起用，解嘲 / 47
罗婺道中 / 47
寄训仲郎弟病 / 48
送驯、骧两儿之武林 / 48
七言律 / 49
围中自誓 / 49
围中次史盘石侍御韵 / 49
解围后移家沅芷，仍次前韵 / 50
黔事有感，次蒋象岩韵 / 51
禁苑闻莺 / 51
初秋闻蝉 / 52
元日早朝 / 52
送邱尼山应召之京 / 52
送从孙学海还黔 / 53
舟中遇雨 / 53
奉赠蔡元履大司马督抚黔中 / 53
赠诸将 / 54
送杨霞标视学滇南 / 54
送莫瑞明少府之任潮州 / 55
赠越卓凡佥使监军赴黔二首 / 55

过荆州蒋象岩，以诗见投，依韵奉答 / 55
捧檄入洛 / 56
得闪允修铨部书，寄答 / 56
太乙宫 / 56
荆门赠别霍养纯刺史 / 57
入洛浃旬，寻拜东粤之命 / 57
代庖选士次杨霞标韵 / 57
初度柴、冯二都阃招饮西楼 / 57
蒋象岩贻书见讯并惠新诗，依韵奉答 / 58
送驯、骧两儿还黔应试 / 58
刘又庭观察视师凯旋以诗见投，用韵奉酬 / 58
请告答同寅 / 58
元日忆早朝用前韵 / 59
越卓凡将归白门，以诗言别，用韵奉赠 / 59
还乡和刘文成韵 / 59
送谢鹤岑铨部入都，兼简诸相知 / 60
再起滇藩志感 / 60
喜铁桥成 / 60
青惠烈祠次韵 / 61
别姚性之次来韵 / 61
题闪允修冰壶玉尺卷 / 61
喜盘江江西坡等城以次落成 / 61
余年四十有八矣，感驹隙之易过，悲马齿之徒增，风尘碌碌，将有志于隐焉，因而赋此 / 62
咏蓑衣 / 62
九日登显灵阁 / 62
七言绝 / 63
扁舟五湖图 / 63
咏竹三首用韵 / 63
元日 / 63

桃花源 / 63
五言排 / 64
春日郊游 / 64
有感 / 64
五言绝 / 66
又读《惠烈传》 / 66
味淡轩诗跋 潘淳 / 67
潘用霖先生诗后序 傅玉书 / 69
文 / 70
端俗约言序 / 70
玄晏斋诗叙 / 71
重修海潮庵记略 / 72

瘦竹亭集 潘驯 著
潘士雅先生传 程春翔 / 74
潘士雅先生事迹考 / 76
云南《蒙自县志·名宦》 / 76
湖南《常德府志·科名》 / 76
贵州通志·贵阳府·乡贤 / 76
全黔要览 失名 / 77
道光《贵阳府志》卷七十六《耆旧传·潘驯传》 / 79
《黔风鸣盛录》卷一《潘驯》 / 80
《黔诗纪略后编》卷一《潘蒙自驯》 / 80
《全黔诗萃》卷九《潘驯》 / 81
《晚晴簃诗汇》卷二十二《潘驯》 / 82
《清代贵州名贤像传·潘驯》 / 82
瘦竹亭诗叙 王奕仁 / 84
瘦竹亭回文诗叙 越其杰 / 86
瘦竹亭回文诗叙 莫天麒 / 87
瘦竹亭回文诗序 王道元 / 88

回文诗三十首 / 89
一东 / 89
二冬 / 89
三江 / 89
四支 / 90
五微 / 90
六鱼 / 90
七虞 / 91
八齐 / 91
九佳 / 91
十灰 / 92
十一真 / 92
十二文 / 92
十三元 / 93
十四寒 / 93
十五删 / 93
一先 / 94
二萧 / 94
三肴 / 94
四豪 / 95
五歌 / 95
六麻 / 95
七阳 / 96
八庚 / 96
九青 / 96
十蒸 / 97
十一尤 / 97
十二侵 / 97
十三覃 / 98
十四盐 / 98

十五咸 / 98
瘦竹亭诗跋 潘淳 / 100
五言古 / 102
石上古松 / 102
寄题程石门远山亭 / 102
冬夜自起看月 / 102
春日闲步 / 103
十日小集遣怀 / 103
重安江看晓雾 / 103
拟读曲 / 104
早起登东山 / 104
曹官堡山居 / 104
七言古 / 105
还山作和罗宣子 / 105
黔有竹实之异闻，所在居民颇采食，歌以纪之 / 105
黔农叹 / 106
星回节行 / 106
朱夫子铁桥胜迹歌 / 106
五言律 / 108
水边 / 108
怀友 / 108
病起 / 108
春日山行 / 109
晚出 / 109
送友 / 109
雨过 / 109
春日社集，值雨，留宿山寺二首 / 110
秋晴 / 110
早行 / 110
上巳日舟中 / 110

雨 / 111
秋日和李玉庵韵四首 / 111
新柳 / 112
雨后看山 / 112
春晓 / 112
又和吴大身种竹 / 112
早发 / 112
除夕 / 113
三月初五夜望新月 / 113
沅江舟中 / 113
秋日郊行晚归二首 / 113
村行 / 114
上巳日小饮，值段纲伯至 / 114
酿酒二首 / 114
雨后看山 / 114
冬日 / 115
登城 / 115
江边夜坐 / 115
舟中卧月 / 115
雨止 / 116
江州夜泊 / 116
蒙自道中 / 116
初夏 / 116
雨坐 / 116
早寒 / 116
送子襄弟之任滇南 / 117
雨望 / 117
即事 / 117
春兴十六首 / 117
即事 / 118

夜坐 / 119
山居 / 119
新秋 / 119
夕望 / 119
晚步 / 119
不眠 / 119
登揽胜楼 / 120
月夜 / 120
山居 / 120
秋日村行 / 120
冬晚 / 120
除日 / 120
平越道中望三丰影 / 121
村中 / 121
山行 / 121
自黄平归曹官 / 121
思归黔中 / 121
送吴大身赴遵义令 / 121
署中登楼 / 122
过友人山居，以云、山、风、月索诗，赋以归之 / 122
七言律 / 123
送征儿北上 / 123
癸丑修志，用曹大中丞诗韵 / 123
闱中即事 / 123
雁字诗 / 123
送万旅臣之任齐东 / 124
喜晴 / 124
春日 / 124
西湖 / 124
读高氏二母双节传敬赋有序 / 125

立夏 / 125
题杨君山先生读书处 / 125
雨后小集 / 126
秋吟四首，次蒋梦范先生长安韵 / 126
后秋吟十二首 / 126
船石四首 / 128
飞云岩 / 128
白水河观瀑布 / 129
吴大身昆仲招饮，梦草堂看牡丹 / 129
九日同诸僚陪抚军登东山 / 129
还曹官 / 129
还黔 / 129
题行署中 / 130
五言绝 / 131
瓶梅 / 131
杂歌二首 / 131
听春 / 131
赠春 / 131
恼春 / 131
惜春 / 132
七言绝 / 133
张子房椎 / 133
张骞槎 / 133
咏古物四首 / 133
明妃曲四首 / 134
文 / 135
瘦竹先生传 / 135
瘦竹亭小引 / 136
丙戌记事 / 136
胡公传 / 140

淡远亭集 潘骧 著

子襄潘先生传 胡国衡 / 144
潘子襄先生事迹考 / 146
《云南通志·循吏》 / 146
道光《贵阳府志》卷七十五《明耆旧传·吴中蕃附潘骧》 / 146
《黔诗纪略》卷二十四《潘崇庆骧》 / 146
《全黔诗萃》卷九《潘骧》 / 147
五言古 / 148
晓日 / 148
雾 / 148
题杨君山先生读书处 / 148
五言律 / 149
元日 / 149
元夕客至 / 149
正月望后饮马家寺，看杏花 / 149
见花 / 149
野步 / 150
春望 / 150
夜发放舟 / 150
平越道中望岩间吕仙影 / 150
旅中别友 / 151
夜泊怀友人 / 151
咏舟 / 151
北固山 / 151
投宿村中 / 151
小立 / 152
独坐 / 152
雨中 / 152
菊 / 152

七言律 / 153
春游山寺 / 153
春晴 / 153
郊行 / 153
舟行别友 / 154
送官素士游滇省觐 / 154
重阳值雨 / 154
雪 / 154
雪霁 / 155
秋暮野游 / 155
七言绝 / 156
桃花源 / 156
五言排 / 157
漭水放舟 / 157
七言古 / 158
闻郑敬修长史殉蜀难 / 158

玉树亭集　潘德征　著
潘道子先生传　杨毓芳 / 160
潘道子先生事迹考 / 162
云南通志·循吏 / 162
贵州通志·选举 / 162
云南武定府志 / 162
道子先生墓所 / 162
道光《贵阳府志》卷七十七《耆旧传·潘德征》 / 162
《晚晴簃诗汇》卷三十六《潘德征》 / 164
《黔诗纪略后编》卷一《潘推官德征》 / 164
《黔风鸣盛录》卷二《潘德征》 / 164
《全黔诗萃》卷十一《潘德征》 / 165
玉树亭诗序　潘淳 / 166

五言律 / 167
早发 / 167
其二 / 167
游龙标阁 / 167
夕阳 / 167
秋夜听雨 / 168
闻蝉 / 168
晓月 / 168
滇南秋日和李玉庵韵四首 / 168
同友人游天池寺限韵 / 169
滇南秋夜怀章聚伯 / 169
中秋对月 / 169
小关岭 / 169
三月十五日雨坐 / 169
秋日过澄江，同章元仲、于穆侯游华藏寺 / 169
秋夜同友人坐月次韵 / 170
送王佐人还贵阳 / 170
鳌矶浮玉限韵 / 170
登舟 / 170
泊舟 / 170
旅中除夕 / 171
中秋旅舍 / 171
八月十六夜 / 171
九月初五日李在竹伯仲招饮赏菊 / 171
种竹和韵二首 / 171
嵺峨三丰亭 / 172
白水河观瀑 / 172
入滇界 / 172
沾益道中 / 172
昆明旅舍雨后望昆明池 / 173

易门游龙洞阁 / 173
叶榆游三塔寺 / 173
登高顶寺 / 173
旅夜 / 173
同友人游石庵 / 174
香海庵和壁间韵 / 174
昆明别刘摩青以诗见赠，依韵奉答 / 174
罗婺九日 / 174
春日游许景凡表弟野园 / 174
过蕃子弟有竹亭 / 175
乾御上人赠以新茶，试之佳甚，因成一律 / 175
贫居吟 / 175
都匀游高真观 / 177
晓行 / 178
雨坐晚晴 / 178
同友人游香海庵 / 178
秋日与段飞叔诸友言别 / 178
途中值雨 / 178
遣病 / 178
中秋迟月 / 179
八月十五日夜雨后玩月 / 179
七言律 / 180
春日蒙自道中 / 180
赠刘顿斋先生 / 180
集张先生归乐园 / 180
嵺峨三丰亭和韵 / 180
杨升庵杨先生祠 / 181
七月望日，赤松上人招宿黔灵寺感赠 / 181
乾御上人以诗见寄，依韵和答 / 181
九日登东山和韵 / 181

飞云岩 / 182
礼斗亭 / 182
五言绝 / 183
饮溪边洞中和韵 / 183
五言排 / 184
五月三日段年伯载酒至署中，并邀杨、江二先生及段飞伯、飞叔、絅伯同饮，适水西捷至，兼时雨大沛，志喜和韵 / 184
过访潘道子先辈山庄 任衡 / 185

滇游草集 潘奕 著

潘允大先生传 杨毓芳 / 187
潘允大先生事迹考 / 188
《黔风鸣盛录》卷五《潘奕》 / 188
《黔诗纪略后编》卷四《潘太学奕》 / 188
滇游草诗序 傅汝怀 / 189
五言古 / 190
昆明即事 / 190
望点苍 / 190
五言律 / 191
家大人守武定，解组后部民乐姓留寓所，建太和寺中先高王父遗庙 / 191
登贵阳城感怀 / 191
登黔灵山赠释乾御 / 191
晚秋登东山留宿，有怀杨君山先生 / 192
雪崖洞偶吟 / 192
曹官山居 / 192
八月十四日夜玩月 / 193
中秋值雨望月不至 / 193
晓月 / 193
诸友送别 / 193

秋夜 / 194
种竹 / 194
礼斗亭 / 194
旅中除夕 / 194
七言律 / 195
武侯祠 / 195
秋夜过牛渡河 / 195
七言绝 / 196
大观楼望春二首 / 196
自滇归留别乐氏诸君子二首 / 196

留余堂集　潘快　著

潘无闷先生传 / 198
潘无闷先生事迹考 / 199
《黔诗纪略后编》卷四《潘举人快》 / 199
《全黔诗萃》卷十六《潘快》 / 199
五言古 / 200
皆翁镇抚偕令侄中岳、蔡子荣若、吴子金铉宴集，集凉水阁赋赠，时中岳将壮游，诗并及之 / 200
五言律 / 201
登黔灵山赠释乾御 / 201
秋夜梦允大家大兄 / 201
秋夜梦允大兄 / 201
寄彬也侄 / 201
秋夜哭先大夫 / 202
吾以诠选来京，病将不起，因作诗寄示文艺、文苞诸儿 / 202
秋夜梦允大兄 / 202
七言律 / 203
秋日思归 / 203
族弟南垞自京寄诗，依韵转答 / 203

翠屏寄客集　潘文芮　著

翠屏寄客诗集序　杨毓芳　/ 206
潘文芮先生事迹考　/ 207
道光《大定府志》卷三十五《俊民志·耆旧传·潘文芮》　/ 207
《黔诗纪略后编》卷八《潘秀才文芮》　/ 208
五言古　/ 209
夜忆先大父　/ 209
与同人论学　/ 209
无米叹　/ 209
寄常西伯　/ 209
十四日纪哭　/ 210
七言古　/ 211
瓮城桥小憩歌　/ 211
五言律　/ 212
春游扶风山　/ 212
访阳明洞　/ 212
晚过永镇桥　/ 212
过访夏清源别业　/ 212
夜喜友人过　/ 212
移家水西留别贵筑诸友暨许昆毓表弟　/ 213
客斋　/ 213
访陈集生玉螺山别业　/ 213
玉螺山赠陈集生　/ 213
访雁上人　/ 214
寄怀四弟衷也，兼讯其病　/ 214
山居　/ 214
访陈世垂见川亭　/ 214
送学博任大兄归里　/ 214
题杨君山先生读书处　/ 215

余旧居金竹人山，诸及门为筑室于水西翠屏山下，移家居焉，因自号曰“翠屏寄客” / 215
登黔西城楼 / 215
登黔西东山 / 215
同庐兼三小酌溪边 / 215
移家后过宜也诸弟 / 215
六弟至斋中同宿，别去赋此 / 216
病中遣怀 / 216
六广吊王阳明 / 216
七言律 / 217
过镇西水阁感旧 / 217
至无闷四叔冢上 / 217
挽毛贯两 / 217
五言绝 / 218
步断桥 / 218
七言绝 / 219
客斋除夕 / 219
雨后 / 219
八月十三夜对月 / 219
贵州通志稿 / 220
邢端致朱启钤书 / 220
黔省开辟考 / 221
黔省功德名臣考 / 227
全黔苗猓种类风俗考 / 231
文 / 234
抚黔苗猓得失议 / 234
黔省开垦足食议 / 236
王宗师归养碑记 / 238
竹王说 / 238
翠屏寄客传 / 239

琢云轩集 潘文苞 著

潘巩也先生传略 潘元炜 / 241
潘巩也先生事迹考 / 242
《黔诗纪略后编》卷九《潘大使文苞》 / 242
五言古 / 243
斋竹 / 243
七言古 / 244
葛镜桥 / 244
五言律 / 245
山居 / 245
访释苍瑶 / 245
种竹 / 245
登黔灵山 / 246
七言绝 / 247
红叶诗 / 247
梅花和韵 / 247

断续亭集 潘晓 著

潘白东先生传 张修 / 249
断续亭说 潘晓 / 251
潘白东先生事迹考 / 252
《晚晴簃诗汇》卷七十《潘晓》 / 252
《黔诗纪略后编》卷八《潘秀才晓》 / 252
断续亭诗叙 刘应元 / 253
五言古 / 254
读先大人遗诗 / 254
五言律 / 255
湘山偕同人夜坐 / 255
游黔灵山 / 255

喜章表叔至 / 255
秋日偶成 / 255
立秋前一日 / 256
送实也六叔之西粤 / 256
郊游 / 256
山居 / 256
雪中山行 / 256
野望 / 257
立秋日郊行 / 257
七言律 / 258
余客秦中八岁矣，兹自蜀归黔，感而赋此 / 258
喜右宅章表叔至 / 258
呈实也六叔 / 258
送实也六叔之西粤 / 258
余幼侍先君子移家水西翠屏山下，兹过曹官故居感赋 / 259
五言绝 / 260
秋色 / 260
登黔灵山 / 260
石船 / 260

宁愚堂集　潘以澄　著

潘静川先生传　张修 / 262
宁愚先生说　潘以澄 / 264
潘静川先生事迹考 / 265
《黔诗纪略后编》卷十二《潘秀才以澄》 / 265
五言古 / 266
呈父执刘敬庵先生 / 266
哭慈 / 266
五言律 / 267
春日游山 / 267

慰友人落第 / 267
客中闻生子 / 267
中秋偕门人对月 / 267
春日游回龙寺 / 267
寄三弟巨川、表弟任昭庭 / 268
五言绝 / 269
感怀 / 269
书舍 / 269
七言绝 / 270
自题宁愚堂 / 270

思敬堂集 潘以溶 著

潘苍岩先生行述后 李安中 / 272
潘苍岩先生传 过静和 / 273
潘巨川先生事迹考 / 275
《黔西州志·孝义》 / 275
《黔诗纪略后编》卷十三《潘秀才以溶》 / 275
《黔风演》卷三《潘以溶》 / 276
苍岩先生赞 牟惇儒 / 277
苍岩思敬堂说 潘以溶 / 278
思静堂诗叙 傅玉书 / 279
五言古 / 281
夜读 / 281
不寐 / 281
七言古 / 282
柳坑天马行 / 282
五言律 / 283
咏竹 / 283
九日 / 283
山居 / 283

客中感秋 / 283
五十自寿 / 283
道光辛巳，诏举孝廉方正，州人士举余于州，州侯过一斋猥听舆言，亲临寒舍，欲以余应选，劝驾殷殷。余今年已八十，岂复有志于斯，诗以却之 / 284
七言律 / 285
命柕儿将《七世传家遗集》就傅竹庄先生选定寄呈二首 / 285
五言绝 / 286
寄金生才达 / 286
七言绝 / 287
雨后 / 287
读史 / 287
立春日途中大雪 / 287
初秋夜坐 / 287
四言诗 / 288
诀世遗言 / 288
奉题族祖巨川先生《思敬堂诗集》后　潘茂堂 / 289
寄挽潘苍岩先生　何思贵 / 290

客留草集　潘桐　著

潘钟峄先生传略　潘元炜 / 292
客留先生说　潘桐 / 293
潘钟峄先生事迹考 / 294
《黔诗纪略后编》卷十七《潘国子桐》 / 294
五言古 / 295
游玉屏山寄莱川叔 / 295
幽居 / 295
怀刘钦明 / 295
游果瓦官寨后山 / 295
七言古 / 296

江贞女诗 / 296
中秋对月，是夜村中龙灯 / 296
五言律 / 297
厚泽山寺 / 297
岳阳舟中大水 / 297
山中即事 / 297
初度日焕、燮两儿来馆相聚数日，临别赋以送之 / 297
馆课盼吴大章不至 / 297
馆中初度 / 298
别友 / 298
季秋偶吟 / 298
月夜至巨川叔冢上 / 298
关门感旧 / 298
游镇鼎后山 / 298
约杨子超、秦仁堂、熊旭东、魏履祥馆中夜饮 / 299
游天池寺赠净镎上人 / 299
游普照寺赠道祯上人 / 299
别仁怀诸友 / 299
七言律 / 300
续潘大临《满城风雨近重阳》 / 300
木沙架访友暨昔年诸生 / 300
与张子德宏、德九郊游，即饮其家 / 300
旋里偕友饮开化寺 / 300
游永洪寺 / 301
焕儿避迹，读书莲台，书以寄之 / 301
席间与周懋绩、杨子超、秦仁堂分韵，拈得“楼”字 / 301
别杨子超 / 301
五言绝 / 302
送春 / 302
无题 / 302

斋中偶吟　/ 302
月夜怀友　/ 302
灯下思友　/ 302
怀友　/ 302
底胡作垣故宅　/ 302
月牙井玩月　/ 303
七言绝　/ 304
客中九日　/ 304
济南送吴明府大勋还黔　/ 304
自遣　/ 304
暮春怀旧　/ 304
郊外观刈禾　/ 304
解馆作别诸及门　/ 304
晚归　/ 305
寻秋　/ 305
馆中早起　/ 305
与陈光远燕集　/ 305
盼家书不至　/ 305
拟美人对雪，拈得“茶”字　/ 305
狮子山有怀　/ 305
六言诗　/ 306
即事六言　/ 306
渔　/ 306
樵　/ 306
耕　/ 306
读　/ 306
回文诗　/ 307
偕友花下小饮　/ 307

艺兰轩集 潘杼 著

潘云表先生事迹考 / 309

《黔诗纪略后编》卷十七《潘秀才杼》 / 309

艺兰轩诗序 傅汝怀 / 310

五言古 / 311

下小关渡鸭池河 / 311

清镇途中晓行 / 311

中元祀祖 / 311

偕学徒山中纳凉，忆熙儿都中 / 312

七言古 / 313

山中雪 / 313

辛卯夏，仲熙儿权姚州佐篆务，时刺史在会垣，州境苦旱，秧不得插，儿同学博王公宜亭虔祷城隍，得沛霖雨，姚人士各纪诗以赠，因寄此勖之 / 313

五言律 / 314

自翠屏田家晚归 / 314

归途过小村 / 314

村晚率童冠陪金莘田先生游眺 / 314

观刈稻 / 314

田间晚归 / 314

春山 / 314

村景 / 315

招友游山 / 315

刺梨花 / 315

敬新贵阳、贵筑乡贤祠从祀先抑庵祖、朗陵祖、韵人祖三木主 / 315

谒崆巃山先世十一墓，敬纪一首 / 315

送熙儿试仕云南 / 315

冬桂 / 316

田家招饮 / 316

游古庙 / 316

七言律 / 317
山居春日柬友 / 317
以先世《七世诗集》陈请傅竹庄先生论定 / 317
咏秋兰兼赠傅确园 / 317
春草 / 317
访友村居 / 318
新柳 / 318
颜粲林出宰山丹却寄 / 318
梦哭先慈 / 318
送熙儿入都学仕二首 / 318
接熙儿禄劝书，作此寄之 / 319
读刺史吴兰雪先生《香苏山房诗集》 / 319
兰雪先生见先七世诗，称赏不置，并蒙题“诵芬肄雅”四字，作此谢之 / 319
五言绝 / 320
遇张孝廉 / 320
出游 / 320
七言绝 / 321
访友留饮，赋赠二首 / 321
田间观获 / 321
夏过让塘 / 321
粉团花 / 321
项羽 / 321
汉武帝承露盘 / 322
雁字 / 322
明妃 / 322
飞越峰，用杨升庵先生韵 / 322
黔阳潘氏七世诗跋 李为 / 323

学钓诗集 潘珍 著

潘平山先生诗集序 傅汝怀 / 325
潘平山先生传略 潘元炜 / 326
潘平山先生事迹考 / 328
《黔诗纪略后编》卷二《潘教授珍》 / 328
《全黔诗萃》卷十五《潘珍》 / 328
五言古 / 329
瀞阳署学篆一载，藉寓西斋，颇觉自适，偶尔寄兴五首 / 329
客夜梦章静庐 / 329
秋杪同姚明府卿如游光相寺 / 329
虚阁庙 / 330
遭田父攀谈 / 330
泊南溪二首 / 330
独酌 / 330
飞云洞 / 330
茅屋漏 / 331
古诗二首 / 331
杂诗四首 / 331
饮酒七首 / 332
白水堰 / 332
王师凯旋，驿路供支施，邑独应三站，不事追呼，民心欢应，因慰郑宣九明府 / 333
同宣九卿、郑明府思安、鲁尉燕集华岩洞 / 333
七言古 / 334
题白丁墨诗兰堂 / 334
万里桥行 / 334
己亥春日游云台山 / 334
诸葛洞 / 335
五言律 / 336
推窗 / 336

对雨　/ 336
寄淳儿　/ 336
寓目　/ 336
出郭　/ 336
上湄潭城　/ 337
漫成　/ 337
白马洞　/ 337
杜工部故里　/ 337
过铁山　/ 337
同武水明府登东阁　/ 337
张王矶候风　/ 338
过洞庭　/ 338
祭风台　/ 338
登明月山　/ 338
发嘉州　/ 338
促织　/ 338
病起　/ 339
归心　/ 339
过葛镜桥　/ 339
茅屋落成四首　/ 339
与江天汉夜话，感怀亡友杨端如　/ 339
雨霁晓起　/ 340
漫成二首　/ 340
不寐　/ 340
有叹二首　/ 340
惜春　/ 340
倦夜　/ 340
寓目　/ 341
清晨　/ 341
病马　/ 341

野望 / 341
首春郑九宣明府招赏红梅即席二首 / 341
庚子除夕二首 / 341
一钱 / 342
寓居三首 / 342
早起 / 342
江亭燕集 / 342
山雨 / 342
八月初旬，连接淳、洪两儿书，艰难京邸，志不少贬，而好学不厌，殷念庭闱，动逾十载，悲喜交集，偶吟寄示 / 343
七言律 / 344
秋日过陈允一山居 / 344
行役都平九日，重登大岭头二首 / 344
九日雨偶感 / 345
友人陈粲若寓居桃源，车岐冲泊舟寻访杳无消息，惆怅有作 / 345
晴川楼 / 345
自小箐过访王济川书斋 / 345
访周式昭太史，次其韵 / 346
寄怀吴少伯 / 346
赤水道中 / 346
三苏祠 / 347
龙里道中作 / 347
九日南关燕集 / 347
同陈浣园中宪过岩门 / 347
同姚卿如明府踏雪至文昌阁 / 348
游华岩洞 / 348
飞云岩 / 348
秋柳二首 / 348
萤 / 349
草堂闲吟 / 349

送胡广连北归 / 349
送沈学使至华岩洞感赋 / 350
五言绝 / 351
过洞庭 / 351
舟中绝句 / 351
万家灯火 / 351
螺峰拱翠 / 351
七言绝 / 352
申阳道中 / 352
华岩洞 / 352
题《学钓集》卷后 彭廷梅 / 353

橡林遗草 潘淳 著

潘元亮先生事迹考 / 355
道光《贵阳府志》卷七十七《耆旧传·潘淳》 / 355
道光《大定府志》卷三十五《俊民志·耆旧传·潘淳》 / 356
《黔风鸣盛录》卷九《潘淳》 / 357
《全黔诗萃》卷十八《潘淳》 / 357
《晚晴簃诗汇》卷五十九《潘淳》 / 357
《清史稿》卷四八四《文苑传·潘淳》 / 358
橡林草诗序 宫尔劝 / 359
潘元亮先生诗集序 傅玉书 / 360
橡林草诗序 吴直 / 361
橡林草诗序 田榕 / 362
五言古 / 363
春怀 / 363
自寿诗有序 / 363
寄桐君 / 364
答徐思庐 / 364
赠冀耐庵 / 365

新岁戏笔 / 365
感秋诗 / 365
和冀耐庵《秋雨读陶诗》 / 366
赠别林素园，仍用《别红洲》韵 / 366
八月十五夜湘江舟中 / 366
飞云岩 / 366
舟泊傅家矶，寄张十红州 / 367
赠元允修观察 / 367
饮酒柬林南溟 / 368
醉歌 / 368
题徐子山《梅坞舒啸图》 / 368
秋怀用韵 / 369
祝葛敬夫 / 369
赠葛疏兰 / 369
杂感 / 370
三韵三篇为红州赋 / 370
赠毛翥苍司马北上 / 370
薄暮 / 370
寓目 / 371
杂感 / 371
橡林 / 371
赠邵百峰 / 372
题徐玉亭小照 / 372
田家词 / 372
馆郅蕙友总戎署，邀续登上人夜话 / 372
早起看西山 / 373
登楼即景 / 373
杂兴 / 373
雪中寄田端云 / 374
著书 / 374

戏作 / 374
送南溪三弟之瓮安教谕任 / 374
即目 / 376
黔阳舟中 / 376
宿板桥 / 376
东山 / 377
舍身岩 / 377
狮岭 / 377
初秋 / 377
秋怀 / 378
七言古 / 379
题朱一韩《驱犊小照》 / 379
书端云同门《龙津和韵》诗后 / 379
别胡十七袭参 / 379
辰州大雨 / 380
倒马坡望张三丰影 / 380
将抵家寄诸弟 / 381
叉鱼曲 / 381
德水登舟遇风作 / 381
赠疟 / 382
陟郎篇 / 382
宝云亭雅集 / 383
对月 / 383
对镜 / 383
百年歌 / 384
小雪前三日大雨 / 384
长至前一夕夜坐，用东坡先生《定惠院寓居月夜偶出》韵 / 384
十一月二十日山中雪，效欧阳公《禁体物语》 / 385
园中梅花盛开，用东坡先生《松风亭》韵 / 385
寻春登前山最高处 / 386

明御史赵镇所先生得谥“忠愍”，为作长句 / 386
题章协堂《鉴己图》 / 386
再送清溪 / 387
水西 / 387
钱益翁观察作画留别，爰赋长句 / 388
船石 / 389
对酒作 / 389
五言律 / 390
题谢君衮《负米奉亲图》 / 390
送任回澜庶常归涉县 / 390
翟龙垣有玉求售，戏柬一律 / 390
秋夜示端云 / 390
偶书示仁斯 / 391
寄答田端云 / 391
题高澄怀小照 / 391
送周有声还里 / 391
柬山仔远 / 392
送金沧容归里 / 392
送董雨若西征 / 392
送同年张十讷夫之孝感 / 393
送友人 / 393
忆二弟 / 393
秋夜杂诗 / 393
中秋夕冀隆吉以《秋月》诗见示奉和 / 394
入关呈党二依草 / 394
游梅观登老子说经台 / 394
孝昌别郑德村、金苍佩 / 394
赠杨朗溪 / 394
别陈授研司马 / 395
清浪滩拜伏波祠 / 395

关索岭　/ 395
别朴斋　/ 395
白羸山晚泊　/ 396
过洞庭　/ 396
看山亭诗四首，为桂林别驾吴柘村赋　/ 396
却寄张蓟门即次送别原韵　/ 396
纪事　/ 396
雨后　/ 397
猛雨，步家大人韵　/ 397
新秋杂诗　/ 397
采薇后山　/ 398
答元芝亭　/ 398
吴北海、杨佐臣相继长逝，诗以哭之　/ 398
窗　/ 398
春砧　/ 398
寓东山赠苍遥和尚　/ 399
怀张十红州　/ 399
新年作　/ 399
宿龙门寺　/ 399
杂吟　/ 399
宿水桥　/ 400
遣兴　/ 400
呈陈密山方伯　/ 400
章安仁新筑书堂，为赋　/ 401
送钱益翁观察归盐官　/ 401
过陈子翙　/ 401
倒马坡二首　/ 401
安南早发　/ 402
大坡塘　/ 402
白水驿　/ 402

山家 / 402
窗 / 403
玉皇阁 / 403
鸭池晓发 / 403
路穿岩 / 403
七言律 / 404
答董千若 / 404
送同年宋蕴奇吉士归商丘，兼怀经一、西讷/ 404
过杨羽圣寓，出近诗相示，因题其后 / 404
送田端云同年南归 / 405
寄舍弟 / 405
雪中作 / 405
丙申答端云寄怀之作 / 405
送田端云归里 / 405
再送端云 / 406
七夕寄家人 / 406
七夕同仁斯作 / 407
九日登慈仁寺毘庐阁 / 407
送同年陈坦园由武昌归里 / 407
遣兴 / 408
投赠刘大中丞 / 408
送周宣子之台湾 / 408
壬寅重九后三日送大川二弟归里 / 409
将出都留别耐庵一吾 / 410
留别刘子航、蒋宗仁 / 410
商邱访宋五西讷 / 410
访高二岘亭留饮 / 410
重经武昌 / 410
九日张云如廉使招同元允修方伯、耿念亭、杨左臣诸太守登孔明台，即席限韵 / 411

留别次韵 / 411
大藤峡 / 412
送督学王智山终养归吴门 / 412
红叶六首 / 412
喜铁篴翁至 / 413
送陈密山太守 / 413
寄章安仁 / 413
雁字 / 413
书怀 / 414
偶吟，兼柬续登 / 414
年来冀耐庵中丞、陈一吾学士、何延绿廉访、张红洲大令相继徂谢，春尽感怀，怆然有作 / 414
排闷 / 414
夏日闲吟 / 415
呈无闷四兄 / 415
陶然亭同人雅集 / 415
自寿 / 415
送友人游江南 / 416
古州赠毛司马二首 / 416
苗疆舟行 / 416
登玉皇阁 / 416
和方伯陈密山游雪厓洞原韵四首 / 417
游水落洞，杨碧山见寄，以诗次韵二首 / 417
宿鸭池河有感 / 417
五言绝 / 418
夜雨 / 418
东山十二韵 / 418
苗刀 / 419
七言绝 / 420
舟中杂咏 / 420

杂咏 / 420
梦回 / 420
访竹隐山人不遇 / 420
重阳前一日口号二断句送端云 / 420
题刘玱白尊人遗像 / 421
送彭隅存三首 / 421
偶题 / 421
访田端云即席口号 / 421
别耐庵 / 422
申阳道中 / 422
过清溪 / 422
怀人绝句 / 422
雨后过三弟山庄 / 424
秋柳词 / 425
书《碧山堂稿》后 / 425
黔西感怀杨端如 / 425
山行口号 / 425
山途 / 425
黔西早发 / 426
九里箐 / 426
大定旧名大方戏作 / 426
文 / 427
平溪节烈田母江孺人传 / 427
大风洞记 / 428
建修书院碑记 / 429
待赠奉直大夫朱君暨德配朱宜人合葬墓表 / 430

笠山集 潘宪武 著

潘笠山先生传略 潘元炜 / 433
潘宪武先生事迹考 / 434

道光《贵阳府志》卷八十《耆旧传·孝友传·潘宪武》 / 434
《安顺府志》卷三十八《人物·清镇·潘宪武》 / 434
《黔诗纪略后编》卷十《潘咸丰宪武》 / 434
五言古 / 435
雨夜 / 435
尤节妇诗 / 435
七言古 / 436
都门九日呈刘养园 / 436
五言律 / 437
游西山寺 / 437
山中夏日 / 437
登琼州鼓楼 / 437
花间夜坐 / 437
斋中遣兴 / 437
夏日艾凤岩太史招同任检予明府陈竹田孝廉游东山 / 437
远游 / 438
九日陪艾凤岩南岳山登高次韵 / 438
五言绝 / 439
石磬 / 439
七言绝 / 440
将至海安望琼州府 / 440
舟次黔阳 / 440
附箴铭 砚铭 / 440

海岳游草 潘恂 著

潘厚田先生传略 潘元炜 / 442
潘厚田先生事迹考 / 443
《黔风演》卷三《潘恂》 / 443
七言律 / 444
蔡君佩周过署作此留之 / 444

附录

附录一 《潘氏八代诗集》外潘氏族人诗 / 446
翠屏山居 潘文范 / 446
九月三十日，随俞秋农父师往东山释奠王文成公祠，谨和原韵四首之一 潘元勋 / 446
甲子因乱去乡，诗以纪之 潘元勋 / 446
和均侄咏怀 潘元炳 / 447
读《黔风》诸集 潘元炜 / 447
钞九世诗示锦儿 潘阶 / 447
附录二 潘氏族人著作提要 / 448
《续修四库全书总目提要》收录潘氏族人著作提要 / 448
瘦竹亭文八卷诗四卷 / 448
玉树亭诗集 / 449
学钓集 附璞岩集 / 449
翠屏寄客集 / 450
思敬堂诗集 / 450
橡林诗集 四卷 / 451
断续亭诗集 / 452
立山诗稿 / 452
艺兰轩集 不分卷 / 452
客留草 一卷 / 452
贵州志稿 不分卷 / 453
柯愈春编著《清人诗文集总目提要》收录潘氏族人著作提要 / 453
瘦竹亭集 / 453
玉树亭诗集 不分卷 / 453
学钓集 不分卷 附璞岩集 一卷 / 454
橡林诗集 四卷 / 454
翠屏寄客集 不分卷 / 454
断续亭诗集 一卷 / 454

立山诗稿　一卷　/ 454
思敬斋诗集　不分卷　/ 454
客留草　一卷　/ 455
艺兰轩集　不分卷　/ 455

后记　/ 456

黔阳潘氏八世诗集总目

第一世

味淡轩集　云南左布政使潘润民用霖著

第二世

瘦竹亭集　云南蒙自知县潘驯士雅著

淡远亭集　四川崇庆知州潘骧子襄著

第三世

玉树亭集　云南武定知府潘德政道子著

第四世

滇游草集　贵阳府学生潘奕允大著

留余堂集　康熙壬午举人潘快无闷著

第五世

翠屏寄客　贵阳府优廪生潘文芮彬也著

琢云轩集　福建省盐大使潘文苞巩也著

第六世

断续亭集　黔西州学庠生潘晓白东著

第七世

宁愚堂集　黔西州学庠生潘以瀓静川著

思敬堂集　大定府学庠生潘以溶巨川著

第八世

客留草集　黔西州国学生潘桐钟峄著

艺兰轩集　黔西州学庠生　潘杽云表著

附录潘氏同族三世诗集总目

第一世

学钓诗集　官[①]清浪卫教授潘珍[②]璞岩[③]著

第二世

橡林遗草　官[④]翰林院检讨潘淳元亮著

第三世

笠山诗集　湖北咸丰知县潘宪武笠山著

海岳游草　福建沙县知县潘恂厚田著

---

① 官，原被圈出删除.

② 珍，原作“轸”，据内文改。

③ 璞岩，原作“殿衡”，据内文改。

④ 官，原被圈出删除。

黔阳潘氏八世诗集

潘润民　等　著

潘元炜　　　校录

黔阳[①]潘氏八[②]世诗序

姚柬之

昔季孙行父[③]称元恺“世济其美，不陨其名”，孔仲远疏之曰：“后世承前世之美，不坠前世之美名，言其世有贤人，积善而至其身也。”呜呼！祖宗之望于孙子大矣哉！故壹也，孺也，长也，回也，况也，稚也，彪也，固也，八世而有班氏之学；晷也，汪也，坚也，启也，宁也，泰也，蔚宗也，亦七人[④]而有范氏之学。自时厥后，裴之著房五，刘之著房七，杜之著房五，皆出一祖。或迁或不迁，然皆世有贤人，不坠前世之美名也。故前人之所著，不至淹没而无传，后人之所著，足以继武而不愧。故太史公称周公能歌文、武之德，宣周、召之情，达太王、王季之思虑，爰及公刘，以尊后稷为达孝。然则子孙之于祖宗之著述，裒集数世之文章，表扬于二[⑤]百余年之后，不贤而能若是乎？

黔中[⑥]潘氏，族著贵阳四世，迁[⑦]黔西四世[⑧]，自朗陵方伯，迄云表[⑨]处士，皆有诗[⑩]，由方伯而来八世矣。今春其裔孙元熙[⑪]参军奉其集而问序于余，余固谫陋，何敢弁言。然读其诗，其在正、嘉者，如见王、李焉；在

① 黔阳，旁批改作“黔中”。
② 八，《伯山文集》作“七”，下凡“八世”者，皆作“七世”。
③ 季孙行父，《伯山文集》作“太史克”。
④ 人，《伯山文集》作“世”。
⑤ 二，旁批改作“数”。
⑥ 黔中，《伯山文集》作“黔阳”。
⑦ “迁”前旁批添一“继”字。
⑧ 四世，《伯山文集》作“三世”。
⑨ 云表，《伯山文集》作“巨川”。
⑩ 皆有诗，旁批改作“皆以诗传”。
⑪ 元熙，《伯山文集》作“元勋”。

启、祯者[①]，如见陈、夏焉；在我朝，如见王、朱、施、宋焉。以觇时变，以验升降，于余心有感慨[②]焉，而又[③]敬潘君抱残守阙，爰及八世，以尊其先，有人所难能者，因拜手稽首而为之序。

道光昭阳单阏岁陬月，贵州大定府知府桐城姚柬之撰

① 者，原缺，据旁批增。

② 感慨，《伯山文集》作“感系”。

③ “于余心有感慨焉，而又”，旁批改作“一家之著作，而两朝之运会见焉，而吾更”。

潘氏八世诗合集序

傅汝怀

黔之以诗世其家者，曰潘氏。其先在明之洪武中[①]自武陵迁于贵阳，六世单传，皆不显。嘉靖中，伯瞻公以乙科起家，官刺史，家遂以大。爰及国朝，中间登甲乙科者，代有显人，为明宦，为乡贤，其地皆俎豆之，不但称大家而已。

顾第弗具论，论其诗。诗首《三百》，本乎性情，至圣以思无邪蔽之，而其为教也，《大序》言之綦详。后贤说诗，推阐殆尽。降自骚人而后，变而汉魏，迄于唐宋，传者可纪，咸以《三百》为宗，外者则非诗也。论才聚一堂，学沿数世，若孟德祖孙、休奕父子、二陆之竞爽、三到[②]之蜚英。洎夫皇甫鸣唐，眉山擅宋，固莫不鼓吹流衍，动嘉叹于后贤，而求其延洪七八世，方兴未艾如潘氏者，则不少概见。呜呼，何其盛也！

按，潘自伯瞻公之孙朗陵先生，至八世孙云表君，咸有诗集传于家[③]，合[④]十有三人。当先君子选辑《黔风》两集[⑤]时，云表君尊庭巨川先生，命将七世诗来，属论次焉。先君子既为之序，而采其尤者归所选两集中[⑥]。惟巨川先生《思敬堂集》以人存而不与，其曾伯祖之《滇游草》云毁于火，云表君之《艺兰轩集[⑦]》与其从兄之《客留集》时皆未出也。辛丑冬，予

① 中，旁批改作“初已”。

② 到，旁批改作“谢”。

③ 咸有诗集传于家，旁批删去此七字。

④ 合十有三人，旁批“合”改作“共”，“人”后增“咸有诗传”四字。

⑤ 两集，旁批删。

⑥ 而采其尤者归所选两集中，采，原字漫漶不可识，据道光《贵阳府志》改作“采”；归所选两集中，旁批改作“公诸世”三字。

⑦ 艺兰轩集，旁批删去“轩”字。

赴于君勉之招，续辑《黔风演》一书[①]，适云表嗣君孟侯、敬臣、幼明皆馆会垣[②]，复以后出三集合前七世十集，诿诿重校，将授梓以永家藏[③]。

予不敏，学且荒落，固不足以知此，况诸先达更早言之，悉所措语为揄扬，三辞不获，乃悉心数过，于后三集为去留之，而登诸选。前三集则于先君论次之目，仅存六七，非敢僭也，非忍苛也。盖去肤存液，刮垢磨光，而其真愈出耳。窃谓诸集之盛，虽未遽过前贤，而能原本《三百》，可传可诵，守先绪而不坠，召后起于方来，即起前贤于今日，亦必嘉叹而乐道其盛也。潘之族，别有《学钓集》《橡林草》《笠山集》《海岳游草》多可采。[④]《橡林草》已入前选，余三集当并选载《黔风演》中。呜呼，诗世其家，曾未见有若斯之盛者也。孟侯诸君，其勉继之。时道光癸卯中春也[⑤]。

道光癸卯仲春月，瓮安后学确园傅汝怀顿首拜序

① “予赴于君勉之招，续辑《黔风演》一书”，旁批改作“予因辑《黔风演》至会垣”。

② 会垣，旁批改作“于是”。

③ 将授梓以永家藏，旁批改作“将以授梓”。

④ 多可采，旁批删去此三字。

⑤ 时道光癸卯中春也，旁批删去此八字。

选刻潘氏七世诗序

李为

余之识有潘氏诗也，自金华莘田始。莘田邃于古学，平生少所许可，独爱潘氏七世诗，因赴礼闱试，携之入京。时余待选都门，于案头得见，雒诵久之。窃叹其诗皆从性情流出，而又家学渊源，可称黔省文献，因跋[1]数语于末，以志景行之思，时嘉庆二十二年丁丑岁也。厥后莘田任永宁学博，余选粤东西宁县令，南北分驰，音问鲜通，不特此稿不能记忆，即莘田亦不复再获一面，重与论文也。去岁，余由黎平调署贵阳教授，兼主贵山讲席，潘生元勋由水西来谒，曰："先生乃吾家祖上知己。"叙及跋语，余惘然回遡，屈指[2]二十余年矣。生旋里，命[3]其弟元炜、子阶从游，并送诗稿求选，盖不以余从前跋语为河汉，故以其事相属也。

夫世有孝子贤孙，往往欲表扬先世，而求之谱牒，无善可传，此固莫可如何。即或有祖德宗功，堪垂不朽，而为之子孙者，竟弗克负荷，致令手泽散亡，湮没不彰。以视潘氏之克承先绪[4]，不少废坠者，其相去何远哉!

余不敏，诗非所能[5]，唯念潘生之以贤继贤[6]也，又念事隔廿余载，而文字尚有缘也，仅就原稿而评订之，择其尤雅者怂恿付梓，以公诸世。至于七世中遭际各殊，制行亦异，则有诸公之行状，及傅竹庄之原序在，兹不复赘，特叙其选刻之由，以弁于首云。

时道光十九年春正月，贵山书院主讲湘川后学李为顿首拜撰

① 跋，原作"拔"，据道光《贵阳府志》改。
② 道光《贵阳府志》"屈指"后有"瞬隔"二字。
③ 道光《贵阳府志》"里"前有"随"字。
④ 克承先绪，道光《贵阳府志》作"善继善述"。
⑤ 诗非所能，道光《贵阳府志》作"素拙于律"。
⑥ 以贤继贤，道光《贵阳府志》作"继序不忘"。

黔阳潘氏七世诗合序

傅玉书

予搜辑乡先辈诗，得一百四十余人，其中父子祖孙相继者盖鲜，惟潘氏贵阳四世，水西三世，[1] 风矩相承，皆有温柔敦厚之旨，上下二百余年，如共订一堂者，可谓以诗世其家矣。顾其诗，多者千余，少亦数十百首，不能尽录，录其尤雅者若干篇。而苍岩先生巨川[2]，复使子桴手缮余所选，来[3]索为序。予惟诸先生集既各有序矣，生平或出或处，志行之表表，皆已见于前人之言，而予兹选，于前辈辄谬有论次，否亦略具梗概，兹又合而序之，能不病于复乎？

然其贤乔梓[4]表扬先人之意，既勤且笃，殆不可却，因念就一人诗言之，与合七世十人诗言之，言固各有当也。何也？七世之中，境地遭遇既各不同，使诗必从同，则其人之真反不可见无贵乎诗矣。然处必有所以处，出必有所以出，此固当有不同，而同者于此，不同更无贵乎诗矣。

今观方伯公家居读礼，不辞敌忾之危，乃膴仕方崇，恒志恬退，可谓不为威怵，不为利疚矣。蒙自以名家子，早列贤书，同举者相继筮仕，而独闭门却聘，诚知时不可为也，然忧时悯俗，未尝不惓惓于怀。及我朝举逸民，卒以循良着，庶几动静不失其时者乎！

武定值维新之运，由掌故历县尹通守，才名籍甚。方擢首郡，见吴逆不轨[5]渐露，遽弃官归。《易》曰："介于石，不终日，贞吉。"斯之谓欤。崇

---

① "惟潘氏贵阳四世，水西三世"，道光《贵阳府志》作"惟潘氏籍贵阳者四世，籍水西者三世"。

② 苍岩先生巨川，道光《贵阳府志》作"巨川"。

③ 选来，道光《贵阳府志》作"选本"。

④ 其贤乔梓，道光《贵阳府志》作"巨川"。

⑤ 道光《贵阳府志》"不轨"后有"之迹"二字。

庆与蒙自兄弟出处先后互殊，而谨身荣职[①]若合符节。

武定仲子无闷，乡举未仕。无闷季子巩也，仕止盐官。兄子彬也，以屡世仕宦，家无余产，就馆他州，前人以清白遗子孙，可知也。生徒乐从，为之买山筑室，友教之善可知也。彬也子白东，白东子静川、巨川，皆教授水西，水西人士多出其门。去贵阳数百里，而宗族岁时往还，不以远而殊，则其近者友恭之笃，又可知也。是其与方伯诸公穷达不同，使易地以处，成教于国，宁有异耶。故其诗言怀述事，无一同者，而要同归于温柔敦厚之旨也，是真能以诗世其家矣。

嘉庆十三年季冬既望，正习书院主讲原仕江西安福县知县瓮安后学傅玉书[②]序

① 谨身荣职，道光《贵阳府志》作“达变匪躬，其自靖于忠孝者”。

② 正习书院主讲原仕江西安福县知县瓮安后学傅玉书，道光《贵阳府志》作“瓮安傅玉书”。

潘氏三诗合叙

唐金

甲辰岁，从潘子巨川索其九世祖[①]朗陵先生《味淡[②]轩集》、十世祖韵人先生《瘦竹亭集》、高祖亦韵先生《玉树亭集》共五卷[③]，读而钞藏之，偿夙愿也。

予之知有三先生诗集，由巨川叔祖醇质丈也。丈与予世父闇亭公为姻亚好，忆[④]昔庚辰九月，先祖捐馆舍，醇质丈远来吊，主世父家。予时犹未冠，执弟子礼，侍其旁，静听长者论，语次及朗陵诸先辈诗，心切向往，遂具纸笔，请口授录之。世父顾而心喜，丈因是亦忘年相契，留止浃旬，日必与俱，夜则连寝榻，为余述朗陵先生司藩滇、粤诸政绩。请告家居，[⑤] 会水西安酋窃发[⑥]围贵阳，倾家助饷，誓城破以死殉[⑦]，为当事借箸筹划[⑧]，城赖以全。韵人先生登贤书后，拒马瑶草征聘，隐居养母，晚得蒙自令，邑故凋残，[⑨] 勤抚字民，有老佛之称。土逆李世藩之变，誓不偷生负国，如朗陵公守贵阳时。[⑩] 逆平，奉诏归。亦韵先生由孝廉司铎黄平，擢滇南罗次大尹，晋秩迤西刑厅，摄武定大守，果决神明，释冤抑某某等事。因更溯其先世以

---

① 九世祖，旁批改作“先祖”，并删去及后面的十世祖、高祖。

② 淡，原作“澹”，全书统一作“淡”。

③ 共五卷，旁批删去此三字。

④ 忆，旁批改作“在”。

⑤ “为余述朗陵先生司藩滇、粤诸政绩。请告家居”，旁批改作“为余述朗陵先由翰林至藩滇、粤诸政绩。中间家居”。

⑥ 窃发，旁批删去此二字。

⑦ 誓城破以死殉，旁批改作“誓以身殉”。

⑧ 为当事借箸筹划，旁批改作“为当事筹划机宜”。

⑨ “晚得蒙自令，邑故凋残”，旁批改作“洎令蒙自，兴学校”。

⑩ “誓不偷生负国，如朗陵公守贵阳时”，旁批改作“城陷誓死，贼感其仁廉，发卒轮守，不令自尽”。

来，积德累仁，及三先生林下时，[①] 可诵法者缕缕。谓余曰："吾先人行谊如此，岂藉诗以传者。然读其诗，亦足以想见其生平。子固有心人，予所记忆仅十之一耳，他日当以全集寄子，其事迹载《传》《序》颇详也。"丈为人刚直无伪，语事剀切，声如洪钟，夜深谈益剧，每至鸡鸣，呼余语，不应始罢。

次年，丈果缄其集寄世父转致[②]。余时饥驱于外，世父恐遗失，还之，归以为恨。越四年，丈来，驰书城东馆召余，馆距世父家数里，至则欢好逾初，共一宿，寻别。询诗集，丈许再寄。余是冬有闽南之行，转历豫中，羁滞载余，旋里而丈已谢世，所为耿耿在念者，将又不仅在此清辞丽句也，而此愿固莫之遂。

乃今始得之巨川所，呜呼！廿有五年矣！余头颅已老大矣，其间人事变更，不无多感者。即手此数编还，念世父与丈，则亦渺若山河存亡、今昔之感。更于是焉触之，而茫茫交集，有弗掩卷三叹哉！巨川嘱余缀序，噫！余何能序三先生者？且华亭学使王公与君家太史元亮公已详论之，何容更赘一词？惟余有不能已者，以迟之又久，而始毕愿于斯，正难忘其坐隅执笔与对床细话时也。于是乎书。

时乾隆五十七年岁次壬子仲冬月下浣，知山西屯留县事碧云后学唐金呵冻谨识[③]

---

① "擢滇南罗次大尹，晋秩迤西刑厅，摄武定大守，果决神明，释冤抑某某等事。因更遡其先世以来，积德累仁，及三先生林下时"旁批改作"擢罗次大尹，晋迤西刑厅，迁武定大守，见吴逆不轨渐露，遽弃官归，果决神明。因更溯其历代嘉言懿行，暨三先生林下时"。

② 转致，旁批改作"处"。

③ 碧云后学唐金呵冻谨识，旁批改作"姻家后学碧云唐金呵冻顿首拜撰"。

《潘氏八代诗集》题跋[①]

莫友芝　莫祥芝

贵州家世有集者，曰越氏、杨氏、吴氏、潘氏，越至卓凡《屡非》，杨至龙友《洵美堂》，吴至滋大《敝帚》，并济前美，称一时一家之盛，而继者吴氏犹传复旦《漱石》，余则未之有闻。惟潘氏自朗陵《味淡轩》、士雅《瘦竹亭》已足埒越、吴、杨诸家，而观黔西潘生元炳所辑家集，始明万历迄国朝道光间，由朗陵而下凡八世十有三家，为诗若干卷，二百余年，风雅相续不衰。呜呼！尤可谓极盛者矣。朗陵之祖伯瞻，惠政在滇州，伯瞻子中池，活武定冤狱，朗陵乃以文章科第起其家。安贼围贵阳，朗陵毁家，誓死保城以完，慈惠忠贞，泽流无既宜哉！而元炳敬奉手册，至八世二百余年，罔有失坠，噫！亦可以风乡里之为子孙者矣。咸丰二年秋七月。

朗陵名润民。祖维岳，字伯瞻，号抑庵，贵阳人，嘉靖丁酉举人，知云南永平县，迁昆阳州，所至有惠政，卒之日，家无余资。思聪，字予忍，一字中池，司武定府狱，府欲冤杀武定民乐应举，力生之，乐氏祠祀累世。朗陵万历癸卯解元，丁未进士，改庶吉士，官至云南布政使。字用霖，号朗陵，著有《味淡轩诗集》。子驯、骧。驯字士雅，号韵人，一号纯庵，崇祯己卯举人，国朝顺治末知云南蒙自县，著有《瘦竹亭集》《出岫草》。骧字子襄，崇祯中选贡，考授，桂王时云南罗次知县，升四川崇庆知州，著《淡远亭集》。驯子德征，号亦韵，字道子，康熙己酉举人，官至武定知府，著《玉树亭集》。德征子奕、快。奕字允大，康熙中监生，著《滇游草》；快字无闷，康熙壬午举人，著《留余堂集》。奕子文芮、文苞。文芮字右质，一自彬也，贵阳优廪生，雍正中教授黔西州翠屏山，因家焉，自号"翠屏寄客"，著《翠屏寄客诗文集》；文苞字巩也，乾隆庚午举人，官福建盐大使，江西朴城知县，著《琢云轩诗草》。以上五世并贵阳人。文芮子晓，字白东，黔西州学生，著《宁愚堂集》。以溶字巨川，又字苍岩，大定府学生，著《思敬堂集》。以澄子桐、榑。桐字钟峄，监生，著《客留草》；榑字云表，黔西州学生，著《艺兰轩集》。祥芝附注。

---

① 辑自莫友芝《宋元旧本经眼录》附录一。

潘伯瞻先生事迹考

云南通志·名宦

潘维岳，字伯瞻，贵阳人。嘉靖丁酉举人，授永平县令，迁沾益州牧，三十五年转昆阳州牧。性廉直，政治有声，所至皆实惠及民，凡修废举坠，苟有益于闾阎者，虽倾家不计也。卒之日，家无余赀，至鬻产以葬。子思聪，武定司狱；长孙润民，俱另有《传》。

云南府志·昆阳州·名宦

潘维岳，贵州宣慰司人，举人，昆阳州知州，嘉靖三十五年任。廉平公直，政治有声。奉文崇祀。

云南永昌府志·永平县·名宦

潘维岳，贵州人，举人，嘉靖间知永平县，编审公平，折狱明敏。

贵州通志·贵阳府·乡贤①

潘维岳，字伯瞻，贵阳人②，嘉靖丁酉举人，知永平县③，迁昆阳知州。介节自持，所至皆有惠政。卒之日，家无余赀，至鬻产以葬。孙润民、济民，曾孙训，元④孙德征，相继登科甲。

道光《贵阳府志》卷七十四《明耆旧传》二《循吏传》第十一《潘维岳》

潘维岳，字伯瞻，贵州宣慰司人。嘉靖十六年举人。知永平县，迁昆阳

---

① 见康熙《贵州通志》卷十八，乾隆《贵州通志》卷二十八。

② 康熙《贵州通志》无“贵阳人”三字。

③ 知永平县，康熙《贵州通志》作“永平知县”。

④ 元，康熙、乾隆《贵州通志》皆作“云”。

知州，以廉介自持，所至有惠政，卒之日家无余赀。子思聪，字予忍。万历中官武定府司狱，部民乐应举为仇所诬，知府捕治系之狱。知府适闻飞语，恚应举，欲毙之狱，以告思聪。思聪擿之，使讼于巡抚。知府翌日见思聪，问应举生死，思聪答曰生，知府大怒，思聪徐曰：“闻彼家已诉于台，万一追摄，无生应举，奈何?”已而巡抚掬其事，直应举而释之，乐氏甚感思聪。久之以位卑不得行其志，自投劾而归。乐氏子孙世世祀思聪焉。事具《云南通志》，吴中蕃曾作《传》。思聪子润民、济民，润民自有传。济民，万历二十八年举人，官知州。

潘予忍先生事迹考

云南通志·循吏

潘思聪，字予忍，贵阳人。万历间司武定狱，惟以仁厚存心。时部民乐应举为仇家所讼，狱未竟，守夜召思聪，取应举绝命状，不应，卒以计免，乐氏世祀之。

云南通志·碑文

《贵阳潘公世德碑记》，《武定府志》不着撰人名氏。在太和寺，旧名乐家庵。明万历中，司狱贵阳潘思聪有德于郡民乐应举，思聪归，乐氏建庵祀焉，时为万历壬寅，历七十余年。思聪曾孙德征以司李来守郡，郡人重修是庵，为勒石纪。潘氏四世宦滇，名爵盖国朝康熙十余年也。

云南武定府志·秩官

潘思聪，贵州贵阳人，详《潘公世德碑记》。

云南武定府志·艺文

《贵阳潘公世德碑记》失名，见后。

云南武定府金龙山太和寺潘公祠牌位小引

明诰赠中宪大夫、广东按察司副使、武定府司狱潘公，讳思聪位。公字予忍，号中池，贵阳人。明万历间司武定狱，有德于民，而乐应举受再生之恩，故建庵、肖像、设位、书名以祀。康熙间，郡人思公之德，刻其事于石，历今二百三十余年，庵圮像废，惟位仅存，士民等与寺僧因旧址建祠三楹，更设牌位，其旧位仍列座前，一以志乐氏子孙之戴恩不忘，一以志阖州人士之思公不置云尔。

云南武定府士民祀司狱潘公赞

于哉潘公！贵阳望族。簪缨继世，名宦迭出。屡登贤书，志乘可读。笃庆锡光，征德之储。积功累仁，历历可数。自明之季，筮仕我武。仁慈恻怛，权势难屈。乐氏再生，德政所敷。召伯甘棠，惟公可续。报德酬庸，铭心刻骨。创建祠宇，昭兹来许。郡民沾恩，感蒙其福。宜在祀典，应推首数。远而愈芳，心悦诚服。作善降祥，昌期早卜。驷马兴门，遥为公祝。敬伸颂词，用垂芳躅。

贵州通志·人物

潘思聪，详吴中蕃《论传》。

贵州通志·艺文

《潘思聪传》吴中蕃。

潘思聪传[1]载《省志》

吴中蕃

思聪，贵阳人，维岳子也。维岳举嘉靖丁酉贤书[2]，历任昆阳州守，以清白闻。思聪援例起家，司武定府狱，虽在下位，能以仁厚存心，举厥职。

时武[3]民乐应举为仇家所讼，郡守捕治，狱未竟，忽中仇家蜚语，守恚甚，欲得应举而甘心之[4]，夜召公密语，意在明旦即不欲有生应举矣。公回署，仰天太息曰："上帝好生，人命至重，杀人媚人之事，吾不能为，若以此获罪，视去一官敝屣耳。"亟呼乐氏戚，属语之曰："此事罗织已成，非上控无由得白。"乐氏从之。翌日，入见守[5]，守曰："夜来事得当未?"公曰："不可。"守盛气相加，将迁怒于公，公徐曰："闻彼已遣人赴愬于台使，比来追摄，无生应举，奈何?"守悚然，乃寝其事。及台使按问，应举果直，而应举生。然乐初无所托于公，公亦未尝有所希于乐也。

公在官，随事体认天理，皆类是。然终以位卑，不得行其志。慨然拂衣归。公既归，乐氏感公再生之德，建庵肖公像以祀。厥后公长子润民，以乡试第一人成进士，读中秘书，历官中外，在滇尤久。分守安普，兼摄学政，备兵曲靖，分巡金沧，以至晋陟左辖。仲子济民，发[6]万历庚子乡试，仕至汉州守。公冢孙驯，登己卯贤书，为蒙自令。次孙[7]骧，以恩选令罗次，迁崇庆州守，食报于滇者，已四世矣。及公曾长孙德征亦举乡榜，兼守武定，庵与像犹存，乐氏子孙世奉其祀。德征仰奉先型，传为治谱，武人爱之，不

---

① 载康熙《贵州通志》、道光《贵阳府志》。

② 贤书，康熙《贵州通志》、道光《贵阳府志》作“乡试”。

③ 武，道光《贵阳府志》作“武定”。

④ 之，道光《贵阳府志》作“焉”。

⑤ 守，康熙《贵州通志》、道光《贵阳府志》无此“守”字。

⑥ 发，康熙《贵州通志》、道光《贵阳府志》无此“发”字。

⑦ 孙，康熙《贵州通志》、道光《贵阳府志》作“子”，误。

啻诸葛瞻。而乐氏之奉祀者留其家于武郡，因得免于庚申之变。

论曰：人事莫要于为善，天道莫显于报施，是二者，恒相因而可必不可必与焉。其可必也，如桴之应鼓；其不可必也，则分道而背驰，天道难知，自古慨之。此善不善所以并行于天地，而致疑于造物之有无也，久矣。然善可为，而不善必不可为，自人事之当然。使为善而必责报于天，则不报遂可不为善乎？不为善，将遂可为不善乎。唯不必报而为善，则其善为至善。善之至者，天究无不报，人定所以能胜天也。夫善之可为，孰如救人？东海于公，治狱多阴德，自高驷马之门，晋国王公，以百口保符彦卿，竟启三槐之堂，古今传为美谈，着为明效。然吾谓二公虽无责报之心，犹未免有必报之意。若思聪者，以狱吏而抗郡守，又教之控以生全之，此何尝望其报，而天卒报之。既昌其后，复全其家，始之终之，皆于武定。为之者无心，而报之者如有意，我是以知善可为，而不善必不可为也。

滋大后学吴中蕃拜撰

贵阳潘公世德碑记[①] 载云南《省志》并《武定府志》

失名

太和寺距城二十里，旧名乐家庵，乐氏捐赀创建，为报德也。曷言乎报德也？先[②]是万历中，有贵阳潘公讳思聪者，以援例起家，筮仕武定府司狱，虽在下位，率以仁厚存心，能尽其职。盖其先尊公守昆阳，多惠政，世传清白，公守而无失云。

时武定民乐应举为仇家所讼，郡守捕治，狱未竟忽中仇家蜚语，守恚甚，思得应举而甘心之。夜召公密嘱，意在明旦即不欲有生应举矣。公回署，仰天太息曰："夫上帝好生，人命至重，杀人媚人之事，吾不能为。若以此获罪，视去一官如敝屣耳。"亟呼乐氏戚，属语之曰："此事罗织已成，非上控无由得白。"乐从之。翌日，入见守，守曰："夜来事得当否？"公曰："不可。"守盛气相加，将迁怒于公，事且不测，公徐曰："闻伊已潜遣人赴诉于台使，比[③]来追摄，无生应举，奈何？"守悚然，乃寝其事。及台使按问，应举果直，而应举生矣。乐初无所托于公，公亦未尝有所希于乐，盖恻隐出于天性，无所为而为之也。

公在官，随事体认天理，皆类是。然以位卑，不得行其志。慨然曰："吾有子可教，安能郁郁久居于此？"遂致政归。公既归，乐氏感公再生之德，无以报，乃捐橐建庵，为公祈福。于庵之左，肖公像祀之，且教子孙世世无替焉。厥后公长子方伯公以解元成进士，读书中秘，历官方伯，在滇尤久，分守普安，兼摄学政，备兵曲靖，分巡金沧，以及晋陟左辖，皆其流膏布恺之区。仲子刺史公，登贤书，仕至汉州守。公冢孙亦登贤书，为蒙自令，次孙以恩选为罗次令，所在皆有颂声。滇人之食德于潘者，四世矣。今

① 据康熙《武定府志》校。

② 先，康熙《武定府志》脱。

③ 比，康熙《武定府志》作"彼"。

乃复有司李君来守是邦，则公之曾长孙也。弱冠抡魁，家学渊源，传为治谱，凡所措施，一本仁恕，绰有祖风。当扆向用方殷，不特[1]滇人被泽，将见泽及天下焉。又有诸子，皆英英玉立，潘氏之兴，政未有艾也。

庵建于万历壬寅，历七十余年，奉祀先型，俨然如在。兵燹之后，未免荒落，武人士见司李君如见公，兴言往事，虑公之美迹久而湮没，嘱余为记，勒之贞珉，以垂示来兹。余思昔于公治狱平恕，高驷马门以贻子孙。其后奕世荣显，如其所期，以公方之，先后一揆。夫人世可传之事，莫过于为善，为善之事，莫切于救人，至于积庆降祥，云礽[2]昌炽，天之报施，毫发不爽。诚使公救人食报一事，常在人耳目间，岂不令为善者益劝，而为不善者废然思返也哉！此[3]实大有关于人心世道，而感恩报德，犹其末也。余喜传而乐道之，遂为之记。

公父讳维岳，公长子讳润民，次子讳济民，长孙讳驯，次孙讳骧，曾孙讳德征，备书碑左，俾观者有所考云。[4]

---

① 不特，康熙《武定府志》无此二字。

② 礽，康熙《武定府志》作“仍”，误。

③ 康熙《武定府志》“此”后有“举”字。

④ 此段文字据康熙《武定府志》增加。

重修潘公祠记

张汝询

盖闻德足及人，其感之也自深；善足劝众，其行之也必远。秉彝有同好，人情无古今，此理之较然者也。

贵阳潘公讳思聪者，昔为武司狱，有恩于乐氏，生死人而肉白骨，乐氏感至深，因为祠以奉之。惟建自明万历之壬寅，迄于今，越二百余岁矣。乐氏子孙微不能复承先志，时加补葺，祠渐废。嗟嗟，祠虽废，而潘公之德岂亦废乎？其佚事播之乡闾井里间，父老髦士艳称之不少衰，不忍其就湮，思欲表彰之。以征好德之同，乃与僧谋重建，而人情佥同，共成善举。于道光之庚寅年庀材兴工，越五岁而落成。呈其情于州，适予守斯土，得其请而慨然曰："爱民不当如是耶？此予阅州志所引为同志者也。"今民之请命果如斯，信乎德及者深，善劝者远也。允其请，令仍其旧址，新其谥封，且亲往祭之。为缀数语于石，美彰德之，嘉乐善也。若其佚事及其子孙之蕃昌，则详在前《记》，载于州乘，兹不复赘于记。

道光乙未季冬上浣，赐进士出身知武定直隶州事涿鹿张汝询拜撰

附载贞节

贵州通志·贵阳府·列女

潘思聪侧室程氏，郡人。天启元年安贼叛，围城，程恐受污，即仰药死，屡奉旌表。

潘汝明妻杨氏，郡绅杨文焕女。适生员汝明，甫两载，夫亡。氏年十九，无子，以侄嗣，守节至八十四岁，题旌。

味淡轩集

潘润民　著

潘元炜　校录

潘朗陵先生传[①]

何世堪

先生讳润民，字用霖，朗陵其别号也。先世武陵[②]人，洪武间，讳兴者册内地实边法，徙黔，是为先生始祖。[③] 七传至抑庵公，讳维岳，登嘉靖丁酉贤书，官至昆阳刺史，所至清惠，祀[④]名宦、乡贤，是为先生祖。中宪公[⑤]讳思聪，武定狱官[⑥]，务行阴德，活濒死而非辜者若而人，武人德之，立祠以祀，[⑦] 是为先生父。

先生生而凝重，不与群儿戏，七岁就外傅，十三通制艺，十四能为诗、[⑧] 古文辞，十六补诸生，每试辄冠曹。偶受知于督学思充沈公、璞完胡公、中丞青螺郭公，[⑨] 年三十二举万历癸卯乡试第一，丁未成进士。改庶吉士，主春曹政，凡六年。迁广东督粮副使，摄藩篆，勒成《赋役全书》，垂为制，终明之世赖之。后擢四川参政，备兵建昌，凡一载，请[⑩]告归。

适安酋叛，围贵阳，先生输饷千金，为诸绅倡，积药草楼下，誓城破必死，一切兵食战守，为当事借箸，深中机要，城卒赖以无虞，围解，当事上

---

① 何世堪《何端简公集》中未载此文。

② 旁批“武陵”前增“楚南”二字。

③ “洪武间，讳兴者册内地实边法，徙黔，是为先生始祖”，旁批改作“明洪武间，其始祖兴奉诏实黔”。

④ 旁批“祀”前增“予”字。

⑤ 旁批“中宪公”前增“抑庵生”三字。

⑥ 武定狱官，旁批改作“司武定狱”。

⑦ “武人德之，立祠以祀”，旁批改作“武人树祠以祀”。

⑧ “十三通制艺，十四能为诗”，旁批改作“即能诗”。

⑨ “每试辄冠曹。偶受知于督学思充沈公、璞完胡公、中丞青螺郭公”，旁批改作“试辄冠曹，为督学胡璞完所器重，尝谓中丞郭青螺曰：‘是必元也，他日与君位不远矣’”。

⑩ 请，旁批删去此字。

血守功第一。召起河南参政，供[①]张甚胜，悉屏去。浃旬，拜粤东廉宪[②]，墨吏望风解绶去。民有母诉其子不孝者，召其子并至庭下，谕以天性至情，各大悔悟，遂为母子如初。

时黔难孔棘，滇为唇齿地，特晋先生右布政[③]，分巡普安道，粤人至阙下求[④]借寇，事格不行。先生治滇一准诸粤，岁大旱，为文祷于城隍，次日[⑤]霖雨，远近沾足。逾年，晋左布政，备兵曲靖。寻有水西之役，监军赴乌撒，军行有纪律，旋[⑥]克复乌撒。因制府动加掣肘，先生谓师行不能专，事必覆于是，决意拂衣。先生去后，逾月师丧，人服先生见事之早也。再起金沧道，未逾月，更拜总藩之命。[⑦] 进诸有司，告之曰："悉索敝赋，民脂竭矣。宽一分，当[⑧]受一分之福也。"时滇有二患：不产金而贡金，加派闾左以入贡；鼓铸之息既重，索兵饷以充。先生申于督抚，督抚怵于功令，寻报罢。其他民瘼不得行其志者，事非一端，无日不仰屋叹[⑨]息，至废寝食。请告弗许，竟以成疾，卒年七十[⑩]。

先生孝友出于天性[⑪]，与人交至诚无伪，嚬笑不苟。莅政简而不扰，廉而不刿，食不重味，衣不御帛，不规膏腴，不营台榭，唯以瞻族活贫为务。

---

① "供"前旁批增"入洛"二字。

② 廉宪，旁批改作"廉访"。

③ 旁批"右布政"后增"使"字。

④ 旁批删去"下求"二字。

⑤ 次日，旁批改作"以身请命，顷刻"。

⑥ 旋，旁批改作"至即"。

⑦ "因制府动加掣肘，先生谓师行不能专，事必覆于是，决意拂衣。先生去后，逾月师丧，人服先生见事之早也。再起金沧道，未逾月，更拜总藩之命"旁批改作"大军既至，懈而骄，贪虏获。先生曰：'懈则心弛，心弛则不整；骄则心纵，心纵则不固；贪则心乱，心乱则不暇。是三者，兵法大忌也，切宜戒之。'当事不用其言。先生言不用，知事必覆，遂拂衣而去。去未逾月，师丧，当事始悔，而已无及矣。己卯，再起原官"。

⑧ 当，旁批改作"民"。

⑨ 叹，旁批改作"太"。

⑩ 卒年七十，旁批改作"崇祯辛巳，拜大中丞，命未至，竟卒于官"。

⑪ 先生孝友出于天性，旁批改作"先生忠孝出于天性，临大事，不少震惊，胆略过人"。

围城中，惠泽尤多。

孜孜好学，老而不倦，著作盈箧，围城誓死，悉出焚之。今所[1]存《味淡轩》诗九十四首，解围后作，暨公子韵人先生所记忆也。[2] 生平事实详滇粤两省[3]《名宦》并贵阳《乡贤》云。

兵部侍郎右副都御史黔抚使者山左后学何世堪拜撰

① 所，旁批改作“仅”。

② “诗九十四首，解围后作，暨公子韵人先生所记忆也”，旁批改作“今体诗九十四首，皆得之兵燹之余，而字里行间，无不可想见其忠君忧世之思”。

③ 旁批删去“两省”二字。

潘用霖先生事迹考

云南通志·名宦[①]

潘润民，字用霖，思聪子。万历丁未进士，改庶吉士，除中书。天启间，累迁至云南右布政使，寻转左。值岁大旱，乃为文祷于神，以身请命，次日雨降，远近沾足。水西兵役，为监军。之行，纪律严整，旋克复乌撒城。以当事掣肘，师行不能专，遂致政归。己卯再起原官，仍惠逮小民，民困复苏。时滇有二患，不产金而贡金，鼓铸之息过重，请于大府，以格于功令，皆报罢。不得行其志者，事非一端，日每仰屋太息，至废寝食。请告，弗许。崇祯辛巳卒于官。润民性忠孝，立心制行必求无愧古圣贤，临大事不少震惊，有古大臣风。著有《味淡轩诗文集》行世。长子驯，崇祯己卯举人，授蒙自县令。凡子孙仕于滇者，咸著政迹焉。

云南府志·名宦

潘润民，贵州贵阳人。天启间任云南右布政使，晋左布政。有德于民，竟卒于任。

云南名宦祠牌位小引

明云南左布政使潘公，讳润民，神位公字用霖，号朗陵，贵州贵阳人，万历丁未进士。天启间任云南右布政使，晋左布政使，卒于任。崇祀名宦，向列何公闳中名次之后。因旧位脱去公讳下一字，道光九年十月，布政使王楚堂详考《省志》，更正重立。

湖南常德府志·科名

潘润民，字用霖，历官云南布政。贵州籍武陵人。

---

① 载《新纂云南通志》卷一百七十九《名宦传》二《明·潘润民》。

贵州通志·乡贤[①]

潘润民，字用霖，贵阳人。举万历癸卯第一，丁未成进士，读中秘书，历藩臬，以清节著。所至有恩惠，士民爱戴，每迁擢去，辄痛哭挽留不忍舍。壬戌[②]，安邦彦围贵阳，时在告家居，与当事誓死坚守，复捐千金以饷士，城赖以全。围解，疏荐起用，官至云南左布政。生平孝友端悫，一言[③]一动皆有法则[④]。著有《味淡轩集》。

贵州通志·邱墓[⑤]

潘润民墓，在府城北崆巄山。民[⑥]，云南左布政使。按:崆巄山潘氏祖墓共十一冢,昆阳知州潘维岳、武定司狱潘思聪同葬此山。制有祭田,付守冢者领种,旁有石表,黔抚何世瑾曾树碑禁止樵采。今年久碑坏,石表尚存。其裔孙杼有诗云:"十一崆巄墓,凭依万古魂。碑残牛砺角,字蚀藓添痕。守冢山田付,遗阡禁步存。我来谨稽考,相继望诸孙。"

安顺府志·潘氏乡贤坊

在城内北大街。坊上载第九世潘润民名。

贵州通志·名宦[⑦]

胡琳，字璞完，会稽人。万历三十一年为督学佥事[⑧]，才品卓荦，精于藻鉴，毫发不爽。初试黔东诸郡，还，抚军郭子章问曰："此行已[⑨]得元否?"曰："铜仁[⑩]饶生楷者可元也。"已而省试毕，入见，复曰："元当属

---

① 载康熙《贵州通志》卷十八《人物》、乾隆《贵州通志》卷二十八《乡贤》。
② 康熙《贵州通志》"壬戌"前有"天启"二字。
③ 言，康熙《贵州通志》作"官"。
④ 康熙《贵州通志》"法则"后有"真先辈典型"五字。
⑤ 载康熙《贵州通志》卷二十七、乾隆《贵州通志》卷七。
⑥ 康熙《贵州通志》无"民"字。
⑦ 载康熙《贵州通志》卷十七、乾隆《贵州通志》卷十九。
⑧ 佥事，康熙《贵州通志》作"使"。
⑨ 已，原作"也"，据旁批改。康熙《贵州通志》亦作"已"。
⑩ 铜仁，康熙《贵州通志》作"铜人"。

贵阳潘生润民矣。”比撤棘，潘果元，而饶亦登上第。其以首名得售[①]者十八人，余皆前列，无遗录[②]者。官至太常少卿。

黔书·人物

田雯

龙门史三十世家，七十列传，合三千年事，撰之五十万言，其辞深，其意远，后有作者，要不过寄其篱下。故凡为志乘之书，于人物必详，而仕于其地有功德可纪者，又复汇为一编，以求合乎列传之遗意。即别抒心裁，亦祇神明其意，而变化之无以加司马子长上也。《五代史》得《春秋》之旨矣，然不为韩通立传，后人议之。令狐德棻所作皆非实录，如是则论次古今人物，非失之漏，则失之诬耳。刘长卿诗云：“独继先贤传，谁刊有道碑。”盖言核实之难也。

黔之人物，尹珍以上无论已，明之以理学文章气节著者，如孙应鳌、李渭、陈尚象，以及王训、詹英、黄绂、秦禺[③]、蒋宗鲁、徐节、田秋、徐卿伯、易楚诚、张孟弼、许奇、申祐、吴淮、邱禾实、潘润民、王祚远、蒋劝善皆大雅复作，声称[④]特达者也，而文恭为之最。黔之名宦，庄蹻、唐蒙以前无论已，明如郭子章、朱燮元、江东之、应朝卿、王重光、尤安礼、吴讷、萧象烈、成务、胡宥、刘大直、王象乾、吴国伦、冯晋卿、陈士奇、王三善、李檩、史永安、刘锡铉、郭成、胡从议，皆今日所尸祝俎豆之者也，而青螺为之冠。

吾尝思之矣，士君子崎岖仕路，远入边陲，君亲万里，任巨而责重，苟非有因地制宜之用，鲜有不诟病而隳窳者。以视夫中原善地，捧檄拥传，润饰太平之所为，相去不倍蓰乎。余是以采摭而论次之，与夫其乡之先民硕德没而祀于瞽宗者，并志以不朽也。嗟乎！襄阳耆旧尚有典型[⑤]，召伯《甘棠》忍令剪伐，《五君》之咏每致叹于延年，《八哀》之篇曾兴歌于杜甫，余盖景行仰止而不自已云。若夫其人之生平事迹，则有黔之《通志》在。

---

① 售，康熙《贵州通志》作“隽”。

② 遗录，康熙《贵州通志》作“录遗”。

③ 秦禺，田雯《黔书》作“秦颙”。

④ 称，田雯《黔书》作“闻”。

⑤ 典型，田雯《黔书》作“典刑”。

历科人物策问钞存二则[①]

自汉时尹珍受五经于许慎，受经书图纬于应奉，归授乡里，南域始知学。桓帝时，珍以经术选用，历尚书丞郎、荆州刺史，以及傅宝、尹贡并有名，德显于汉者也。晋则谢恕尽忠保郡，官授忠义冠军；将军侯馥被擒不降，李雄叹其义。唐有赵国珍屡立战功，都督滇黔十余年，一方宁谧。明王训博学知兵，上《安边要政八策》，宣宗嘉纳之。詹英当麓川兵兴时上《边务十三事》，悉行之，又上疏论王骥贪功黩武，上大叹异，使往参其军，卒后罗玘[②]表其墓，盛称之，著有《止庵集》。他如易贵之经明行修，岩留点易；杨爽之省工惜役，恩著太和；蒋哲之法绳沐氏，徐节之直忤权珰，孟震教行于边陲，汤㝢行笃于门内，皆更仆难数者也。其著述之流传者，如陈文学《孏篨间录》、马廷锡《渔矶集》《惊愚录》、越民表《阅书评识》、吴淮《铜江集》《麟经独断》、潘润民《味淡轩集》、越其杰《屡非草》，亦指不胜屈云。

民禀五行之气以生，原不限以方隅，而风气之开有时，故人才之兴以渐。如吴越之间今称文薮矣，当春秋时，延陵观上国之光，周乐方睹言偃侍杏坛之席，孔道遂南，岂不以风砺濯磨，非一日之故乎？黔于十五国开辟最后，人材之寥落固宜，然天挺其秀，地毓其灵，或兴继绝学，或宣力王廷，或仗节留芳，或摛藻擅誉，后先辉映，不可没也。汉时尹珍受经于许慎，受经书图纬于应奉，学成还乡里，南域始知学。应世叔以经术辟司隶校尉，其最著也。暨王新建设教龙场，人文大启，如陈文学之究心理道，马内江、孙怀海[③]、李同野之闻而私淑，皆有朝闻夕死之意。师邹元标者，则都匀之吴铤、陈尚象，亦后起也。其经纬表著者，如晋谢恕之尽忠晋室；唐赵国珍之都督黔中时，丁安史之乱，国珍卧护五溪，黔中十余年安戢；明王训博学知兵，上《安边八策》，詹英上疏论王骥贪功黩武及《边务十三事》，悉行之；易贵宦迹所至，崇学爱民，历有循声；徐节为内乡令，治行称最，被征，士

① 历科人物策问钞存二则，原作“策钞人物”，据旁批改。

② 玘，原作“圮”，误，径改。

③ 海，原缺，据旁批加。孙怀海，即孙应鳌，字怀海，王阳明弟子，明代贵州著名学者，心学代表人物。

民遮道挽留，衣履为裂，后为云南右参政，连破梁山、竹箐诸贼；邱禾嘉之倚若长城，黄用章之天下仰望丰采，皆名动一时。其节义彪炳素著，如晋侯馥之不屈于李雄；明汤嘽之孝事继母，时比于王祥；李梅之入水扶榇，遇救获生；潘润民之死守以拒安邦彦；李司宪之忠孝两笃；敖宗庆之智勇兼全；郑安民之赴水以殉蜀王；郑逢元之正辞以拒孙贼，美不胜举。至著述博丽者，不能悉数，其最著则詹英《止庵集》，易贵《竹泉文集》《诸经直指》，范府《唐山诗集》，马内江《渔矶集》《惊愚录》，谢三秀正始遗音，有《雪鸿堂》诸集，杨文骢崇祯大家，有《山水移情》诸集，宋廷采有《桂轩拙稿》，周文化有《紫亭杂稿》，邱禾实有《经筵进讲》《循陔园》等集，汪大有有《宋元品藻》，何一中有《少霍山人集》，要皆英声相应者也。

道光《贵阳府志》卷七十三《耆旧传·潘润民》①

潘润民，字用霖。其先武陵人，有曰兴国者始徙贵州，及贵阳置府，遂为贵阳人。六世至松，松生昆阳知州维岳，维岳生武定府司狱思聪，维岳、思聪皆有《传》，在《循吏篇》。思聪生润民。

润民生而端凝，幼不好嬉，七岁丧母，哀毁如成人。十四能为诗、古文词。万历三十一年，以第一人举于乡，三十五年成进士。改庶吉士、散馆，授礼部主事。四十年，奉使肃王府，就进本部员外郎郎中。在礼部凡六年，多所厘饬。四十三年，出为广东按察司副使、督粮道。广东夙号财赋之区，经制无簿籍，猾胥豪右得因以为奸，细民病之，润民朝夕稽求，始有条理。顷之，布政使去职，润民摄事，即以所稽求者勒入《赋役全书》，垂为永制，广东之民咸赖焉。

明年，用廉卓擢四川布政司参政、建昌兵备道。建昌为川南边地，夷猓数为患。润民至，则严简练，裕储偫，谨烽堠，信赏罚，军政一新，夷猓不敢再复扰。既而告归，未半载，安邦彦反。将围贵阳，润民以银千两助饷，又预修北城以待贼。士大夫感其义，咸出私赀军饷，城工赖以具。及贼至，润民率诸生日夜巡城，督视守者，无少暇。为当事筹贼，深中事机。围十月，城卒全，润民之力居多。贼之初至也，润民积藁与火药于所居楼下，誓

---

① 辑自道光《贵阳府志》。

城陷自焚。及围解，当事上其功。

天启四年起河南参政，分守河南道。初履任，至洛阳见供张甚盛，悉却之。旬日，擢广东按察使，宪纲大举，墨吏望而解职。有母诉其子不孝者，润民谕之曰：“吾不难置若子于典，恐若后以无子悔耳，姑徐之可乎？”翌日，母遂息诉，携其子而归。其为政严吏宽民，先教后刑，类如此。

时安邦彦未平，云南与贵州邻近，群盗咸起，议者以润民熟悉军政，且有守城功，进云南右布政使，管分巡安普副使。至官安普，大旱，润民祷于城隍神，以身为民请命，顷之，甘雨大澍。又二年，进左布政使，管曲靖兵备副使。朝议四川、云南、贵州三路进兵剿贼，云南兵由乌撒趋瓦甸、黑章，会于毕节，以润民监军。时云南派民运粮，责有身家者任之，而挽卒米户故昂其直，一石约费银数两，稍有身家者困不支。润民以云南帑藏有余，下令改派运为募运，民安而运亦集。润民单骑先至乌撒，以待师。师至，润民见贼势方盛，檄诸军暂屯守，俟二省兵集声势相应援，然后至毕节。巡按自省城屡寓书促之，润民持重不肯进。沾益、乌撒之间，有土目曰鸡世昌，阴怀去就之志。议者欲以兵攻执之，润民谓：“世昌反形未露，姑羁縻，俟邦彦既馘，然后执之，未晚。大敌未克，万一遁去，是一敌未除又添一敌也。”亦不肯。巡抚即使人代润民监军，润民因告病归。其后二省兵不得至毕节，世昌亦觉而逸去为患，卒如润民言。贵阳人之脔，安氏使者也，总督朱燮元为之杀千户胡朝栋、巡按苏刿，更起大狱，株连士类，润民不平其事，乃去之武陵旧籍而家焉，久之乃还贵阳。

崇祯十二年，起云南金沧道副使。逾月，超擢云南左布政使。云南旧额岁贡黄金二千两，而其时云南已不产金，遂派敛白金于民，市以充贡，民力不支，积逋贡金六千两。先是云南铸钱，议行始事者迫欲见绩，岁报息可值银二万两，后钱日轻而银日重，不足偿，已停铸。而岁息仍旧额不改，主者以其虚息饷兵，兵饷不可缺，官每每偿之。久之，官亦不能偿，积而逋欠者，又白金四万两。往时督臣咸匿不敢以上闻，润民以告于巡抚曰：“明主可以忠言，吾将以实告，万一天威不测，愿以一官徇之。”巡抚不许，云南兵饷经奸胥侵蚀，有压欠，压欠者，谓以乙年之入补甲年之逋，又以丙年之入补乙年之逋也。以此饷不时给，兵亦虚冒。润民亦欲核实，巡抚亦不许，润民大以为忧，又积劳瘁，十四年三月，遂以疾卒于官，年七十。著有

《味淡轩集》。味淡居士，其自号也，又号朗陵云。子驯、骧皆有《传》。

《黔风旧闻录》卷一《潘润民》[①]

潘润民，字用霖，号朗陵，贵阳人。万历癸卯举人，丁未进士，累官至云南左布政使。先生生平孝友端悫，言动皆有教法，自读书中秘，外历藩臬，咸以清节著称。所至务广恩惠，去之日，士民辄痛哭挽留，不忍舍，真古之召父杜母也。当安邦彦叛时，围贵阳，先生在告家居，与当事誓死坚守，复捐千金饷士，城赖以全。围解，再起滇藩，动于官，旋卒。所著诗文甚富，《味淡轩集》，被围时付于火，今所得仅数十篇，忠愤激烈，楮墨间尝觉有英气，因亟登之。至其政绩卓卓者为，多载滇南东粤各《名宦传》及吾黔《乡贤传》中。

《黔诗纪略》卷十二《潘布政润民》[②]

润民，字用霖，号朗陵，贵州前卫人《省志》云贵阳人。万历三十一年举乡试第一，三十五年成进士，改庶吉士，散馆，授礼部主事。四十年进本部员外郎郎中，四十三年出为广东督粮副使，摄布政使事。明年，擢四川布政司参政，备兵建昌，寻告归。天启四年秋，召起河南参政，分守河南道。旬日，擢广东按察使，寻进云南右布政使，管分巡安普道。越二年，进左，兼备兵曲靖，后以病请告。崇祯十二年，起金沧道副使，逾月，擢云南左布政使，十四年三月，卒官，年七十。事迹具其子驯《行状》者，不具述，述其未详者。

朗陵之自四川参政告归也，未半岁，而水西土目安邦彦之乱作。邦彦，水西宣慰使安尧臣族子。尧臣死，子位幼，邦彦遂专其兵权，怀异志，阴与永宁土酋奢崇明合，崇明既反。天启二年二月，或传其陷成都，邦彦遂挟位叛，为声援，自称罗甸大王，首袭毕节，陷之。诸部头目且蠭起为助，乃分兵西破安顺、沾益，东下瓮安、偏桥，而邦彦自统水西军渡六广河，直趋贵阳。当是时，贵阳城中藩臬、守令皆入觐，巡抚李標将受代，闻变，乃与巡按御史石永安招朗陵等在告官亟议守城。標、永安与提学佥事刘锡玄等分门

① 辑自《黔风旧闻录》卷一。

② 辑自《黔诗纪略》卷十二。

当冲要。朗陵首以千金倡助饷，率乡官杨师孔、周思稷等，与学官周良翰镇远人，字拙存，以是年任教授，励诸生，率民兵，分陴拒守。贼攻不能克，则沿岩置栅，断城中出入。镇将张永芳率兵二万赴援，隔龙里不得进，诸将马一龙、白自强皆战没，外援遂绝。贼攻城益急，朗陵母程惧辱，仰药死。城中粮尽，食糠核草木败革，亦尽，遂食死人，以渐食生人。朗陵至，杀十岁女，周思稷亦有所杀，并以飨士，故士益奋死，守不遗余力。贼尽攻击之术，夜已登陴，天明忽自退，明日又梯而登，守城止饿卒六人，荷戈强起，杀贼一人，贼复惊退，堕梯死者无算，以为城中尚有精兵数万也。十二月，新抚王三善始分兵三道进夺龙里城，击杀别贼目安邦俊，邦彦骇走，乘胜抵贵阳城下，先以五骑传呼曰："新抚至矣！"举城欢呼更生。时被围十余月，城中户十余万，至是仅存数百人，而孤城卒全。大吏则榅、永安、锡玄功，乡官则朗陵功最多，事详《明史》榅本传。榅，字长孺，鄞人，万历辛丑进士。朗陵之自备兵曲靖病归也。总督朱燮元以贵阳人忿齮安贼使者，恐坏其抚，议执千户胡朝栋并无辜数人戮之，以谢于贼，且以变上株连缙绅。朗陵遂移家武陵，久之乃还。

朗陵童年能古文词，在庠序声名藉甚。巡抚泰和郭子章、提学佥事会稽胡琳并自负知人鉴，琳初试黔东诸郡，还，子章问："已得元否？"曰："铜仁饶生楷可元也。"逮毕省试，见子章则又曰："元已属潘生润民矣。"子章以为然。比撤棘，楷获隽，而朗陵果元。著有《味淡轩诗集》若干卷，毁于安贼之乱，其子驯掇所记忆，合以被兵后作，才九十余首，今汰存三之二。《围城》诸篇，慨慷悲壮，读之使人忠义奋发，想见其人。

朗陵之先，明初自武陵徙贵州，遂世著贵州前卫军籍。七传至维岳，字伯瞻，号抑庵，嘉靖十六年举人，知永平县，历沾益、昆阳知州，所至廉介有惠政。维岳子思聪，字予忍，即朗陵父也。万历中，为武定府司狱，部民乐应举为仇家诬陷，知府者欲立毙之，思聪教其家控于台使，事得白，乐氏世世祠祀焉，事详吴中蕃所为《传》。《传》载《省志》。朗陵子驯、骧，孙德征，曾孙奕、快，元孙文芮、文苞，来孙晓，晜孙以澄、以溶，仍孙桐、杼，传七世十二人，皆有集藏于家，驯诗尤名隽。杼子元柄、元炜会编为《潘氏八世诗集》若干卷。二百年风雅不坠，固朗陵有以植之，亦昆阳、武定之遗泽远矣。

潘朗陵先生守城记

杨毓芳

黔本西南之荒徼，历朝未有其地，至明百战辟之，始如版图。乃吾尝读《明史》，见天启中安邦彦叛，围省城，大肆猖獗，因想当时守城诸公不知如何运筹，始能保全。及问诸父老，考之志乘，而后知为潘朗陵先生之力也。

先生讳润民，字用霖，以乡试第一人成进士，读书中秘，及任四川建昌道，告致家居。归未阅月，适安酋之乱作，在先生，初无守土之责，即使飘然远遁，谁其议之！乃以父母之邦，不忍遇难而去，与当事协力坚守，一切战守机宜，皆所赞助，深中窾要。且悉倾其家之所有以饷士，率诸生日夜巡城，无时少暇。时北关不固，先生出资修之，为长守之计。后城中斗米百金，居民易子而食，折骸而炊，饿死者过半，至十阅月，贼围愈急，外无一卒之援，内无一日之粮，孤城破在旦夕。先生曰："吾虽非守土，世受国恩，城存存，城亡亡，城破有死而已。"乃作诗以自誓，其辞曰："婴城苦守岁云徂，望断援师泪眼枯。烽火连天云黯惨，僵尸满地血模糊。为怜豢养垂三世，遑恤伶仃有二孤。力尽自甘抛一死，昂藏宁肯负吾躯。"

时先生庶母程氏，见势危急，恐城陷为贼所污，又睹先生誓以身殉，乃谓左右曰："彼死国，吾死家，其义一也。"遂仰药而死。先生至是心愈坚而智愈出，决策其中，城卒赖以无虞。此固先生之苦志善谋，而亦由先生之忠忱，有以上格于天，故能使将陷之城延之数月，竟获保全而无恙。呜呼！此与张睢阳成败虽殊，而义胆忠肝，照耀千古，宁有异哉！

及至围解，当事上血守工第一。起河南参政，到任一月，迁广东廉宪，复升云南方伯，两省惠政尤多。卒祀滇粤名宦，及贵阳乡贤，独怪《明史》纪当时之事至详，而初未序及先生之功者，岂以先生非守土之官，而功尽归他人欤？抑亦黔少文献，网罗者未之知也，余故表而出之，以待后之考核黔事者。

邠州刺史杨毓芳撰

通奉大夫云南承宣布政使司左布政使显考朗陵府君行述①

潘驯

府君讳润民，字用霖，别号朗陵。先世武陵人，始祖讳兴，国初用内地实边法徙黔，遂为贵阳人。六传至先高祖古泉公，讳松，隐居不仕，富而好义，尝输镪若干，佐县官之急，事闻，锡冠服。先曾祖抑庵公讳维岳，登嘉靖丁酉贤书，自永平令，历沾益、昆阳州守，所至清惠。居乡尤谨厚，屡祀名宦、乡贤。

先祖中宪公讳思聪，幼警敏，识度过人，因门祚中衰，乃从事例起家，非其志也，筮②仕武定府幕，能举其职③，活濒死而非辜者若而人，以是忤上官意，竟拂衣归。从来冗僚非罢黜不去官，无致政者，致政自中宪公始，人多之④。事继母张宜人，视志爱诸异母弟，甚于宜人。析箸之日，田取其污莱者臧获，取其老羸者宅一区，无可曲行，其让悉推与诸弟。又不欲远违晨昏，而倍值市邻宅以奉宜人欢。宜人往来诸弟所，一日必数造定省，不就寝不归也。一味之甘必驰奉，不举箸不敢尝也，其笃孝如此。先是河阳令省庵余公有女，备幽闲贞静之德⑤，相攸不轻字，得中宪公归之，是为先祖母。先祖母既归中宪公，相庄如宾⑥，能以中宪公所以事母者事姑，内外无间言，咸曰："潘氏之后将大矣！"以府君两考绩，累赠中宪大夫太恭人，

---

① 辑自道光《贵阳府志》余编卷十二《文征》十二。

② "因门祚中衰，乃从事例起家，非其志也，筮"，《黔诗纪略》卷十二《潘布政润民》附《行述》作"从仕例"。

③ 能举其职，《黔诗纪略》附《行述》无此四字。

④ 人多之，《黔诗纪略》附《行述》无此三字。

⑤ 被幽闲贞静之德，《黔诗纪略》附《行述》无此七字。

⑥ 相庄如宾，《黔诗纪略》附《行述》无此四字。

故称“中宪公太恭人”云①。中宪公四子：长府君；次仲朗公讳②济民，汉州刺史；次栢源公讳泽民；次季朗公讳滋民。府君及栢源公，太恭人出，仲、季侧室程孺人出，而继祖母周孺人则均有抚育之恩者也。

府君生而凝重，不与群儿嬉戏。七岁就外傅，旋遭太恭人丧，哀毁如成人。十三通制举义，十四能为诗、古文词，十七补郡诸生，每试辄冠曹。偶受知于太守文炳谢公、督学思充沈公、讳完③胡公、大中丞青螺郭公。郭公夙负人伦鉴，知府君尤深，而卵翼倍笃焉。

庚寅，中宪公即世，府君毕力襄事，不以遗两弟，先产虽薄，府君④一无取，顾⑤笔耕自给，先恭人早夜掺⑥作以佐之。迨庚子，仲朗公裒然上第，而府君喜可知也。是科府君⑦仅录副，或以吊，府君曰：“自亡祖先君没，潘氏中微，不绝如线，今也吾弟幸徼一第，人力不及此，及此天也。其敢贪天乎?”癸卯，府君举乡试第一，或以贺府君第举，邹石城先生马上口占答之。

甲辰，公交不售，次武陵道病，病且革。一夕⑧，梦无数瓔珞幡幢导至一所，颇⑨类王居衮冕，上坐朱衣峩冠，侍俄呼府君前曰：“汝三世纯孝，已注冥籍，福禄未艾，何缘至此?”趋出，府君惊寤，霍然良已，惧涉不经，秘不传，既曰：“是亦可以教孝。”诏驯、骧识焉。往孝廉公车毕，辄放情于杯酒平康之乐，鲜衣怒马，曹辈相征逐，府君独下帷如诸生时。

丁未，成进士，改翰林院庶吉士，读书中秘，慨然以风节自持。尝曰：“士人行已，须于服官之始，脚跟立定，一或失足，即后来建树终难补。”盖以故清刚，为忌者所轧。庚戌散馆，仅授仪⑩部主事。同列不能平，府君

① 故称中宪公太恭人云，《黔诗纪略》附《行述》无此九字。
② 讳，《黔诗纪略》附《行述》，济民、泽民、滋民前均无“讳”字。
③ 讳完，《黔诗纪略》附《行述》作“璞完”。
④ 虽薄府君，《黔诗纪略》附《行述》无此四字。
⑤ 顾，《黔诗纪略》附《行述》无此字。
⑥ 掺，《黔诗纪略》附《行述》作“操”。
⑦ 喜可知也是科府君，《黔诗纪略》附《行述》无此数字。
⑧ 一夕，《黔诗纪略》附《行述》无此二字。
⑨ 颇，《黔诗纪略》附《行述》无此字。
⑩ 仪，原作“议”，据《黔诗纪略》附《行述》改。

曰："前年一措大耳，郎署不为薄，必欲辞枯集菀，恐非古人抱关击柝之旨。"

壬子，奉使肃藩，转祠部员外郎，再转客部郎中，主春曹政，凡六年，多所厘饬。

乙卯，迁广东督粮道副使。粤固财赋之区，经制无籍，猾胥豪右相穿贯为奸，民病焉。府君摄藩篆，朝夕讨求，勒成《赋役全书》，垂为制，至今赖之，有"潘副使润民不润己"之谣，以某御史属对焉。

明年，代方伯入计，用廉卓特[①]擢四川参政，备兵建昌，建昌为蜀极边，古称不毛地，夷猓数跳梁为患，或难其行。府君捧檄，五月渡泸，逾九折、坂叱驭去。至则严简练，裕储偫，核虚冒，谨烽堠，信赏罚，军纪一新。诸夷闻风喙息，边境以安。未几，忽倦游，予告归。

甫[②]半载，而安酋之乱[③]作。府君闻变，首输饷千金，为诸绅倡。贼围既合，积药草楼下，曰："吾虽非守土，世受国恩，旦夕城陷，有自焚耳，不可辱贼刃也。"一切兵食战守，每为当事借箸，深中事机。一段贞诚慨烈之气，尤足以廉顽立懦，当事时倚为重。三百日，孤城斗米百金，析骸易子，卒保无虞者，府君勚居多。围解，当事上血守功，评曰："忠心可格日，天真品独高。"月旦，又曰："忠忱自许，意气特抒。"皆实录也。府君痛黔人无噍类，为之赋大招，对客辄泣数行下，实不忍以功著。

甲子秋，召起河南参政，分守河南道。入洛，见供张甚盛，叹曰："一官如此，民何以堪。"悉屏去。浃旬，拜东粤廉宪，府君曰："宪府与诸司不同，总其大纲而已，无俟毛举也。"下车首严贪污之禁，墨吏多望风解绶去。若民有疾苦，皆得进于廷，而噢咻之无情之辞，必析[④]以理势，喻以利害，武健之俗少衰。有母诉其子不孝者，府君曰："吾不难置若于典，恐汝后日无子耳，姑徐之。"明日来，诉者大悔悟，遂为母子如初。府君先教化后刑威，多此类。

会黔难孔棘，滇实辅车主爵者，往往执同仇之谊，用邻省人为规便者

---

① 特，《黔诗纪略》附《行述》作"最"。

② 甫，《黔诗纪略》附《行述》作"未"。

③ 乱，《黔诗纪略》附《行述》作"难"。

④ 析，《黔诗纪略》附《行述》作"折"。

地，乃晋府君右布政使，分巡安普道，疑于左迁，粤绅在辇毂者昌言借寇事，虽格不行，然天下想望风采矣。于时滇途尚梗，仕者裹足，府君单车就道。盖滇，府君旧游地，抑庵公、中宪公之余泽在焉。彼中父老犹能言抑庵公、中宪公遗爱事，而中宪公所活濒死而非辜犹有存者，闻府君来，咸额手曰："此仁人之后也，必能保我子孙矣！"

府君治滇，一准蜀与粤。偶岁大旱，有司遍走，群望雨不即得，府君为文祷于城隍之神，愿以身为民请命[①]，顷之甘澍大霈，远近沾足，人以为诚感。

再逾年，晋左布政使，备兵曲靖，寻有水西之役，廷议三方并举，制府檄滇师由乌撒趋瓦甸、黑章而会于毕节，以府君护军。师既集，苦无粮，初派民运，责之稍有身家者。而担夫贩竖及[②]得操其力以相难，米一石约费数金，计且浮于值矣，民遂困不支。府君恻然，觇滇帑自大中丞太涵谢公节啬之后，稍有赢余，饷兵外可以佐民力之不及，乃下令改派运为募运，民争趋之。部署稍定，单骑往先复乌撒城，以壮军声。时黔师与贼相持久，府君檄诸将暂屯守，俟进止，议者恐蜀师先至毕节，而滇无功，疑府君过持重，直指手书督促数四，府君曰："孤军深入，兵法所忌。滇之去毕节也，视黔、蜀虽近实险，必黔、蜀相闻，然后间出奇兵，一鼓而扼其吭，庶几得当，不然，未易轻言毕节也。"土夷鸡世昌近在沾、乌间，中虽叵测，而阳受我戎索，议者谓当兵之以示威，诸将志在卤获，跃跃欲往，府君曰："世昌一营长耳，破之譬千金之弩溃痈，何足为威。设命[③]他逸，是大敌未除，又添一敌也。且彼巢穴逼我肘腋下，宁[④]保他日不为边患乎？宜姑示羁縻，俟水西既平，观其向背，贰而执之，服而舍之，不劳余力矣。"当事者佯[⑤]诺，内实相龃龉，府君郁郁不得行其志，痰症间作，遂决意初服。府君去，即以前议者代护军，黔、蜀两师卒不至毕节，滇师亦中止，再举[⑥]世昌兵，为所觉，遁去，仅获老弱数

① 愿以身为民請命，《黔诗纪略》附《行述》无此数字。
② 及，《黔诗纪略》附《行述》作"反"。
③ 命，《黔诗纪略》附《行述》作"令"。
④ 宁，《黔诗纪略》附《行述》作"讵"。
⑤ 佯，《黔诗纪略》附《行述》作"阳"。
⑥ 《黔诗纪略》附《行述》"世昌"前有"加"字。

辈。厥后世昌无所归，屡出没为滇患，始服府君见事之早。

府君既得请，将营菟裘为终焉计。适西事议抚酋，遣诸夷目辇金入黔，招摇道路，士民愤甚，群噪于督府之庭，督府为戮数人，以慰酋意。御史某更属意绅衿，株连蔓引无虚日。府君曰："无故而杀，士可以去矣！"遂策蹇东下，爱武陵山水之胜①，卜居焉，然松楸在念，未尝一日忘故乡也。居无何，复买棹还，日唯角②巾野服，安③步里门，暇则读史，兼课驯、骧两儿，里人文酒之会，间一赴而已。每见时事纷纭，忧悯形于词色，甚于身之负疴。而家政之不齐者，或以为必不④然之虑。府君曰："朝廷多事，而谓山泽能安枕乎？"先后直指台稔。府君忠猷未竟，不宜久家食，章数上。

己卯秋，不孝驯叨中乡试，府君微喜，宾旅进，争奉大白为寿，而金沧之命至矣。⑤ 府君曰："圣恩浩荡，顾迟暮之年，奈何碌碌作夜行不休乎？"拟控辞属上方，以先君父后身家之义，责天下士大夫，不得已一出，与亲友别，多不祥语。至金沧逾月，又拜总藩之命，进诸有司，告之曰："悉索敝赋，民脂竭矣！澄源塞窦，敢不唯力是视？寓抚字于催科，宽一分民受一分之赐，愿诸君勉之。"诸有司或不尽躬行，而无敢以苞苴通悃欸者。

滇有二大患：岁额贡金二千两，实不产金；加派闾左，市以入贡，加派穷而逋欠者六千金。先是，鼓铸议行，始事者迫欲见绩，岁报息二万两，比钱值日轻，子不偿母，遂议停铸，而二万之息无所出，反缩之兵饷以充数，饷诎而逋欠者又四万金。府君议曰："髅骸而忘国，恤罪人也；民隐壅于上闻，亦罪人也。明主可与忠言，请既⑥实入告，万一天威不测，愿以一官狥⑦之。"当事怵于功⑧令，旋报罢。全滇兵饷不知何故缺额至有压欠经年

① "东下，爱武陵山水之胜"，《黔诗纪略》附《行述》作"东下武陵"。
② 角，《黔诗纪略》附《行述》作"葛"。
③ 安，《黔诗纪略》附《行述》作"散"。
④ 必不，《黔诗纪略》附《行述》作"不必"。
⑤ "府君微喜，宾旅进，争奉大白为寿"，《黔诗纪略》附《行述》无此句。
⑥ 既，《黔诗纪略》附《行述》作"据"。
⑦ 狥，《黔诗纪略》附《行述》作"徇"。
⑧ 功，《黔诗纪略》附《行述》作"公"。

者，以去年之入补前年之逋，复以今年之入补去年之逋，明年后年亦然，[①]究竟饷不时给而日以无饷见告？庚癸之喧嚣，尺籍之虚冒，不可问也。府君议曰："饷固恒诎，兵亦恒虚，犹之无兵，犹之縻饷。不若月核其虚籍，而渐汰之，兵渐汰则饷渐足，饷既足则兵可按籍而求，庶几缓急足恃耳。万一众怒不可犯，愿以一身徇之。"当事牵于物论，亦报罢[②]，府君无日不仰屋而叹，至废寝食，积忧熏心，其征为怔忡，为麻木，犹手不停批，夜分始罢。驯[③]屡跽请节劳，府君曰："吾所职者，上关国脉，下系民命，讵敢忽诸是。"日早犹召驯指画数事，午衙退，云稍倦，旋就寝，鼾声如雷，不殊平昔。驯[④]犹不知异质，明遂抱终天之惨矣。呜呼痛哉！驯[⑤]哀茕迷离，扶榇东旋，滇人士思府君者，谋祀于泽宫；既抵黔，黔人士思府君，亦如滇主者，皆从舆论而允焉。

谨按：府君生平，端悫直谅，无机械，无城府，孝友出于天性，幼清早举[⑥]，能承中宪公之志，而得其欢心。既通籍，痛禄养未逮，遇讳日必蔬食惨怛，行之终身。待弟仁且恕，可与同寝食，可与共田宅，可与代婚嫁[⑦]，自髫及艾，无纤介之嫌。与人交，至诚无伪，嚬笑不轻，初见以为凛凛难亲，久而知其坦然温然也。莅政简而不扰，廉而不刿，不妄取一介，不轻挞一人，虽期月之治，而百姓恋慕如慈母，不忍舍有甚于藏鞭截镫者。居恒食不重味，衣不御帛，衣不敝不更。不迩声伎，不畜玩好，不规膏腴，不营亭榭，所得俸积，悉以赡族人及亲戚故旧之待飧而举火者[⑧]，围城中惠泽尤多。乡里有争讼，质于府君，片言而释，若非义所当为者，不敢令府君知。

---

① "以去年之入补前年之逋，复以今年之入补去年之逋，明年后年亦然"，《黔诗纪略》附《行述》作"以乙年之入补甲年之逋，复以丙年之入补乙年之逋，丁年戊年亦然"。

② 罢，《黔诗纪略》附《行述》作"寝"。

③ 《黔诗纪略》附《行述》"驯"前有"不孝"二字。

④ 《黔诗纪略》附《行述》"驯"前有"不孝"二字。

⑤ 《黔诗纪略》附《行述》"驯"前无"呜呼痛哉"四字，有"不孝"二字。

⑥ 幼清早举，《黔诗纪略》附《行述》无此四字。

⑦ "可与……，可与……，可与……"《黔诗纪略》附《行述》三句中皆无"可与"。

⑧ 亲戚故旧之待飧而举火者，《黔诗纪略》附《行述》作"亲旧之贫者"。

人以比陈太邱、王彦方。独耻干谒，从不以片牍溷诸有司，非公事不履公庭一步也。尝署座右曰：“活截恶，龙角生，撩猛虎，须若将，两事较，还比干。”人易请托者，望门而返。孜孜好[1]学，手不释卷[2]，老而弥笃，书文恒自抄写，点画不苟，即一刺亦自手出，虽贵，无佐书也。若夫临大事，决大疑，当大难，不震不惊，确乎不可拔，俨然古大臣之风矣。诗文追正[3]始，抑华丽，著《味淡轩集》若干卷。味淡轩者，府君晚茹蔬，自号“味淡居士”，谓于功名、富贵、声色、货利无所深嗜，故曰“味淡”云。

府君生于隆庆壬申年七月二十一日午时[4]，卒于崇祯辛巳年三月二十三日寅时[5]，享年七十。先嫡母齐氏，封安人，赠恭人，文学一庵齐公女，年十六归府君，不及事太恭人，事中宪公、周孺人、程孺人，有顺无拂也，事府君有规无拂也，睦姻婉而闲家肃。从府君于艰难，有内助功。享年四十三岁，先府君二十六年卒，行实详《志》《状》中[6]。生母杨氏，生男二，长驯[7]，己卯举人，娶杨氏，郧阳府知府杨公起鳌女；次骧[8]，选贡生，娶杭州府同知刘公元瀚女。女一，适岳州通判许公善所子，己酉举人世康。孙二：长德征，驯出；次德荫，骧出。女一，骧出。

今将以某年日月奉君[9]厝于先茔中宪公墓之北，谨泣血诠次如左[10]，以俟史笔采摭焉。伏念驯生也晚，府君宦游尚在髫龀，嘉言嫩政不能尽识，兹特庭训所及，耳目所睹，记一二端而已，浅见寡闻，不斐不详，无所逃罪。伏乞当世立言巨公哀怜而赐之铭，片语只辞，荣于华衮。先君子不朽之一日，即驯等衔结之千秋矣！敢百拜稽颡以请！

---

① 好，原无，据《黔诗纪略》附《行述》加。
② 手不释卷，《黔诗纪略》附《行述》无此四字。
③ 正，原作“止”，据《黔诗纪略》附《行述》改。
④ 午时，《黔诗纪略》附《行述》无。
⑤ 寅时，《黔诗纪略》附《行述》无。
⑥ 行实详志状中，《黔诗纪略》附《行述》无此六字。
⑦ 《黔诗纪略》附《行述》“驯”前有“不孝”二字。
⑧ 《黔诗纪略》附《行述》“骧”前有“不孝”二字。
⑨ 君，《黔诗纪略》附《行述》作“府君”。
⑩ 《黔诗纪略》附《行述》人“如左”后文字，俱省略。

味淡轩诗叙

王奕仁

诗以人传，不在多也，黔中前辈不乏能诗者[①]，然非有政迹彪炳[②]人间，能为桑梓捍大患，救大灾，树不可一世之功，则其人不传，其诗亦不久澌灭，求一二垂之后世，使后之人捧诵[③]而俎豆之，不可得也。

贵阳潘朗陵先生，前辈之能诗者也，丁未[④]成进士，读书中秘，前后历官，由观察晋[⑤]方伯，所至多善政，没而亦名宦祀滇粤，以乡贤祀贵阳，政迹载入告章，炳如也。中间请告家居时，会安酋窃发[⑥]围贵阳，先生则出千金[⑦]助饷，为荐绅倡，豫求杀人药草，誓城破啮之以死。[⑧] 复为当事借箸一切战守机宜，深中窾要，[⑨] 而城赖以全。呜呼，何其志之烈而功之伟也！然则先生自有足传者，诗其余事矣。矧是集也，仅解围后所作，于先生片羽一斑耳，何足为先生重。顾吾思先生年十四[⑩]即能诗、古文辞，著作盈箧，设使当日城不围，著作必不焚，则诗虽多而全城之功不显，其于传不传犹未可

① 者，《黔诗纪略》脱。

② 炳，《黔诗纪略》脱。

③ 诵，《黔诗纪略》作“读。

④ 丁未，旁批改作“由解元”，《黔诗纪略》作“由解元”。

⑤ 晋，《黔诗纪略》作“进”。

⑥ 酋窃发，据旁批改作“酋”，《黔诗纪略》作“酋窃发”。

⑦ 则出千金，据旁批改“倾囊”，《黔诗纪略》作“则出千金”。

⑧ “为荐绅倡，豫求杀人药草，誓城破啮之以死”，旁批改作“誓以身殉”，《黔诗纪略》未改。

⑨ “复为当事借箸一切战守机宜，深中窾要”，旁批改“一切战守悉为当事借箸，忠忱格天作”，《黔诗纪略》未改。

⑩ 十四，据旁批改“方总角”。

知。今则集中所载，诗[①]不满百篇，读其《围城诀命》及《答史侍御》诸作，悲壮激烈，发乎至性。其他酬赠登临之什，亦类多[②]忠君优世之思，非俗士唱和标榜流连光景之词可比，此[③]则先生之诗必传于后世无疑。此数十篇者，直可作数百篇读也，又悉以多为。

时乾隆己未中秋后一日，督黔学使华亭后学王奕仁拜撰

① 诗，《黔诗纪略》脱。

② 亦类多，旁批改作“无非抒其”四字。

③ 此，旁批改作“是”。

五言律

岳阳楼

地擅东南胜，楼凭霄汉间。杯棬七泽水，襟带九疑山。灏气开人眼，清光助客颜。[①] 喜悲随所寄，阴霁有何关。

眉批：二句合掌。

悼王彭伯大中丞之死内庄[②]

虎穴惊深入，龙韬竟不回。巢空逋贼狡，星殒重臣摧。碧血埋荒徼，丹心耿夜台。悬知英爽在，叱咤馘渠魁。

傅竹庄评：起二句得失俱见，中四分承，末翻转作结，格律老健，逼近唐音。

李云庵评：陈其愚诈降而遽信之，未免轻率，然视死如归，心同皎日，诗语有斟酌。

读惠烈传次韵[③]

青尉奇男子，鸿毛轻一身。刺心忧瘠土，洒血叩枫宸。遗泽千秋永，芳名万祼新。如何刍牧者，秦越视斯民。

竹庄曰：借一讽万，有《三百篇》遗意。

赠释真如

迹与支公并，心同惠远俱。烟霞生逸韵，水月湛灵珠。说法三车演[④]，

---

① “灏气开人眼，清光助客颜”，《黔诗纪略》作“柳色含离思，花光映醉颜”。

② 悼王彭伯大中丞之死内庄，道光《贵阳府志》《黔风》《黔诗纪略》作“悼王彭伯大中丞”。

③ 《黔风》题作“读惠烈传”。

④ 说法三车演，旁批改作“挂锡双凫隐”，《黔诗纪略》作“挂锡双凫隐”。

参禅一鹤癯。无劳分半芋，知我是凡夫。

送汭源弟参幕西粤

露缀枫①初冷，清秋客路长②。通纶除百粤，鼓棹泛三湘。幕次需先后，边猷藉③赞襄。君恩难报塞，慎勿易遐荒。

赠江伯通

世业兼文藻，箕裘付一身。词华珠错落，标④格玉⑤嶙峋。才巨堪张楚，道高应寡邻⑥。秋空霜⑦羽健，会见出风尘。

元亮曰：赞美中寓有规劝，愈见温厚。

旁批云：张初是陈涉事，似不切。

新添喜雨

恒旸嗟久旱，新雨忽生凉。爽籁鸣幽壑，甘霖沛大荒。枯苗回黍谷，望岁慰农甿。别绪怀桑梓，披襟喜欲狂。

赠白岩李隐居

风尘能摆脱，畎⑧亩独逍遥。爱客频投辖，逃名懒折腰。清芬流涧谷，高谊薄云霄。余亦倦游者，逢君慰寂寥。

---

① 枫，《黔风》作“风”。

② 清秋客路长，旁批改作“秋高路正长”，《黔风》作“清秋客路长”。“才巨堪张楚，道高应寡邻”，此二句，眉批有“已信诗无敌，应教德有邻”，似有改句之意。

③ 藉，《黔诗纪略》作“籍”。

④ 标，《黔风旧闻录》作“褾”。

⑤ 玉，《黔风旧闻录》作“王”。

⑥ 道高应寡邻，《黔诗纪略》作“学成宜入秦”。

⑦ 霜，《黔风》《黔风旧闻录》作“双”。

⑧ 畎，《黔风旧闻录》作“十”，《全黔诗萃》作“一”。

杂诗[①]

吟罢倚修竹，醉余盘古藤。补巢妨堕鸟，解网纵飞蝇。静室发孤磬，晚窗明一灯。诸缘俱淡尽，拟作在家僧。[②]

元亮曰：仁心仁术，言下蔼然，而字法、句法尤足楷模。

乡愁

痛定还思痛，惊魂忆昔时。亲朋半[③]宿草，弟妹尚[④]分岐。狐兔凭三径，鷦鷯借一枝。刀环空有约，未敢卜归期。

云庵评：心烦意乱，触绪即来，想见此公所遇之境与少陵无异，故诗亦摩浣花之垒。

竹庄评：（首联）真朴。

傅确园评：“半”字较“俱”字老健。

七星岩[⑤]

鬼斧何年劈，岩名[⑥]北斗齐。扪[⑦]萝穿曲磴，倚杖蹑丹[⑧]梯。天半疏钟度，林梢幽鸟啼[⑨]。振衣千仞上，四望众山低。

元亮曰：只从“登”字落墨，而岩之高自见。一结有登泰小鲁气概。

---

① 《全黔诗萃》题作“味淡轩杂诗”。

② “诸缘俱淡尽，拟作在家僧”，旁批改作“此心何所以，净比玉壶冰”，《黔风旧闻录》未改。

③ 半，《全黔诗萃》作“俱”。

④ 尚，旁批先改作“犹”，又改作“仍”，《黔风旧闻录》作“尚”。

⑤ 七星岩，旁批改作“登七星岩”。

⑥ 岩名，《黔诗纪略》作“崭岩”。岩，旁批改作“嘉”，《黔风旧闻录》作“岩”。

⑦ 扪，旁批改作“攀”，《黔风旧闻录》作“扪”，《黔诗纪略》作“攀”。

⑧ 丹，旁批改作“危”，《黔风旧闻录》作“丹”，《黔诗纪略》作“危”。

⑨ 林梢幽鸟啼，《黔诗纪略》作“云中好鸟啼”。林梢幽，旁批改作“云中好”，《黔风旧闻录》作“林梢幽”。

别东粤父老

一枝栖未稳，万里觐神京。彩鹢乘风驶，朱旛映日明。疮痍[①]方起色，调剂最关情。回首珠崖[②]远，骊歌百感生。

竹庄评：五六本色语，却深得敦厚之旨。

元亮曰：爱民之心，溢于笔墨。

赠别友人

素交零落尽，独尔结心知。真契芬兰茝，清言重鼎彝。十年肝胆共，千里梦魂随。不忍分携手[③]，悠悠云树思。

元亮曰：古道可风。

吊王清川大参知

不谓余来日，君先与化齐。云荒栽菊圃，月冷钓鱼溪。事业千秋在，图书几卷遗[④]。巫阳不可问，挂剑意凄迷。

里人喧传起用，解嘲

畏路君休问，闲居我自甘。但知三可罢，未许七能堪。梦入冲烟鹤，纶垂映月潭。误传登起[⑤]事，翻令[⑥]北山惭。

元亮曰：恬退之怀如见。

罗婺道中

小邑[⑦]千家聚，孤城百雉开。平畴禾黍秀，中泽雁鸿来。傲吏仍兼隐，

---

① 痍，《黔风旧闻录》作“痰”。

② 珠崖，《全黔诗萃》作“并州”。

③ 分携手，旁批改作“临岐路”，《黔风旧闻录》作“分携手”，《黔诗纪略》作“临岐路”，《全黔诗萃》作“相挥手”。

④ 几卷遗，《全黔诗萃》作“数卷题”。

⑤ 登起，《全黔诗萃》作“宣召”，起，《黔诗纪略》作“启”。

⑥ 令，《黔诗纪略》作“引”。

⑦ 邑，《黔风》《黔风旧闻录》作“屋”。

清时愧不才。停骖原上望，感旧首重[①]回。

寄训仲郎弟病[②]

吾弟病维摩，惊闻愁鬓皤。少无分寝食，老苦隔关河。药杂医难试，心安气自和。寸怀悬万里，书尺莫蹉跎。

送驯、骧两儿之武林[③]

快风乘彩鹢，计日到杭州。泛酒明湖月，裁诗观海楼。老夫空积兴，儿辈早能收。[④] 好倩丹青手，携归我卧游[⑤]。

---

① 重，《全黔诗萃》作“频”。

② 辑自《黔诗纪略》。

③ 辑自《黔诗纪略》《全黔诗萃》。

④ “泛酒明湖月，裁诗观海楼。老夫空积兴，儿辈早能收”，《全黔诗萃》作“酒泛清波月，诗裁白苧秋。西泠烟水腻，天竺雨花幽”。

⑤ 携归我卧游，《全黔诗萃》作“湖山我旧游”。

七言律

围中自誓[①]

婴[②]城苦守岁云徂，望断援师泪眼枯。烽火连天云[③]黯惨，僵尸满地[④]血模糊。为怜豢养垂三世，遑恤伶仃有二孤。力尽自甘抛一死[⑤]，昂藏宁肯负吾躯。

云庵评：忠愤填胸，语随泪落。

围中次史盘石侍御韵

雉堞荒凉形影孤，凄风冷露剥征襦。四郊密垒腥膻恶，十月重围鼠雀无。报国敢言心[⑥]已尽，叩阍何路泪将枯。牂牁亦是西南郡，应遣貔貅破豕狐。

眉批：“报国”与下“报帝”都复，“敢言”二字虚实不对。

亦知劫运复何尤，敢谓绸缪计未周。去食图存唯有信，多兵无补反添愁。堪怜屠割[⑦]同儿戏，更苦征求[⑧]作系囚。遐想他年凭吊者，西风夜雨不胜秋。

云庵评：（颔联）血性语。

---

① 围中自誓，《黔风旧闻录》《黔诗纪略》《全黔诗萃》作“围城诀命”。

② 婴，乾隆《贵州通志》作“孤”。

③ 天云，《黔风旧闻录》《全黔诗萃》作“营天”。

④ 地，《黔风旧闻录》《全黔诗萃》作“路”。

⑤ 力尽自甘抛一死，《全黔诗萃》作“自分力穷惟一死”。抛，《黔诗纪略》作“拌”。

⑥ 报国敢言心，旁批改作“敌忾有心才”，《黔风旧闻录》作“报国自分心”，《黔诗纪略》作“敌忾有心才”。

⑦ 割，《全黔诗萃》作“戮”。

⑧ 求，《黔诗纪略》作“输”。

经年血守巩金瓯，河上逍遥[1]几逗遛。仗钺何人能破斧，驱神无术可传[2]邮。千家已烬烟逾惨，万骨成堆[3]涕欲[4]流。忠愤满腔应不散，愿为厉鬼殄逋酋。

竹庄评：此指总制陈述驻沅观望不进。

云庵评：非血性人那能吐此等语句。

十月[5]孤城震鼓枹，干戈满地动兵符。从来职贡原遵轨，无奈[6]㷊㸺未讫诛。愁见[7]青磷昏日月，忧生[8]白雪满[9]髭须。睢阳节烈男儿事，留取丹心报帝都。

云庵评：（尾联）二语更悲壮。

解围后移家沅芷，仍次前韵[10]

寒夜萧萧旅兴孤，愁看明月照衣襦。萍浮楚泽乡心乱，梦绕黔山信使无。鸿雁分飞肠九折，松楸遥望[11]泪双枯。只今一统皇舆世，肯令且兰吠野狐。

血守金汤泯怨尤，解围岁序又将周。[12] 穷途空洒千行泪，浩劫难消万

① 逍遥，道光《贵阳府志》《黔诗纪略》作“中军”。

② 传，道光《贵阳府志》《黔诗纪略》作“通”。

③ 堆，旁批改作“陵”，《黔风旧闻录》作“堆”，《黔诗纪略》作“陵”。

④ 欲，道光《贵阳府志》作“共”。

⑤ 十月孤城，《黔诗纪略》作“厌听荒城”。十月，旁批改作“孑孑”，《黔风旧闻录》作“十月”。

⑥ 无奈，《黔诗纪略》作“可奈”。

⑦ 愁见，《黔诗纪略》作“满眼”。

⑧ 忧生，《黔诗纪略》作“无端”。

⑨ 满，旁批改作“染”，《黔风旧闻录》作“满”，《黔诗纪略》作“染”。

⑩ 道光《贵阳府志》题作“解围后移家沅芷望黔中消息仍次前韵”。

⑪ 遥望，道光《贵阳府志》作“望眼”。

⑫ “血守金汤泯怨尤，解围岁序又将周”，旁批改作“回首当时孰怨尤，飘蓬倏忽岁将周”，《黔风旧闻录》作“血守金汤泯怨尤，解围岁序又将周”，《黔诗纪略》作“回首当时孰怨尤，飘蓬倏忽岁将周”。

斛[1]愁。六出谁人[2]抒[3]妙略，八番何日馘俘囚。可怜城市今陵谷，惨淡风烟杀气秋。

云庵评：解围后兵复溃于内庄，真堪洒泪。

插羽征兵遍越瓯，王师何事久淹遛。也知井邑频涂炭，谁念封疆急置邮。败壁阴磷愁落日，荒原野哭咽寒流。残黔那复堪戎马，欲请长缨系逆酋。

云庵评：自写胸臆，如闻抚髀之声。

边风凛凛动征袍，多少材官佩虎符。应有元戎张汉帜，宁教小蠢抗王诛。徘徊中[4]夜星临曙，憔悴他乡雪满须。计日欃枪应迅扫，好音依旧报西都[5]。

云庵评：安邦彦于天启九年构乱，至崇祯元年朱公爕元讨平之，此语始验。

黔事有感，次蒋象岩韵

无端小丑肆炰烋，敢惜千金报国仇。[6] 徼外重围惊乍解，师中三锡望先酬。烟迷故里家何在？月冷荒原骨未收。此际登坛应不少，谁将一剑奏咸刘。

竹庄评：三四言围解而将不知，反急于望赏也。五六言生者流亡，死者涂炭，功无可论也。写“有感”，字雅有杜气。

禁苑闻莺

重阴结幄昼初长，百转流莺绕禁墙。对对傍花翻丽采，声声隔柳度清

---

① 斛，道光《贵阳府志》《黔诗纪略》作“绪”。

② 谁人，《黔诗纪略》作“仗谁”。

③ 抒，旁批改作“筹”，《黔风旧闻录》作“抒”，《黔诗纪略》作“筹”。

④ 中，《黔诗纪略》作“终”。

⑤ 西都，《黔诗纪略》作“皇都”。

⑥ “无端小丑肆炰烋，敢惜千金报国仇”，《全黔诗萃》作“无端烽火使人愁，竭力惟思报国仇”。千金，旁批改作“微躯”，《黔风旧闻录》作“千金”，《黔诗纪略》作“微躯”。

商。不将睍睆随鸥鸟，却喜栖迟伴凤凰。自是东风潜启物，一枝高处借明光。

初秋闻蝉

火云收尽素光流，禁苑寒声动客愁。几处禽言初变夏，万山蝉响又惊秋。凄清露底悲堪听，断续风前韵更悠。独坐翛然尘虑尽，恍疑笙鹤下浮邱。

云庵评：“初秋”二字拆点隽妙。

元日早朝

春宵漏永肃趋朝，雪色高寒逼皁貂。圣代旗常明[①]日月，尚方珍锡焕云霄。风开阊阖瞻银牓，冻合昆明积玉条。仙醖捧来惊宠渥，还听仙乐奏咸韶。

黼扆垂旒万国朝，螭头侍从佩蝉貂。欣瞻宝扇开黄道，惊赐银幡出绛霄。带雪宫梅舒绿萼，迎春御柳发青条。[②] 小臣深[③]愧沾殊锡，拜手赓歌咏舜韶。

云庵评：（颔联）冠冕称题。

眉批：黄、绛、绿、青同用在第六字，诗中大病。

送邱尼山应召之京

翩翩匹马向长安，两袖清风五岭寒。六载棠阴垂玉井，九重简召出金銮。主恩绿鬓文鹓列，客梦青云鸑鷟看。努力清[④]时惟献纳，好将封事述艰难。

傅确园曰：结处良友赠言，荩臣为国，雅得诗人之旨。

---

① 明，旁批改作“辉”，《黔诗纪略》作“辉”，《黔风旧闻录》作“昭”。

② “带雪宫梅舒绿萼，迎春御柳发青条”，旁批有“懒雪初融梅露萼，春风渐暖柳抽条”，似有改句之意。舒绿萼，《黔诗纪略》作“寒吐萼”。发青条，《黔诗纪略》作“暖抽条”。

③ 深，《黔风旧闻录》作“惭”。

④ 清，旁批改作“明”，《黔诗纪略》作“明”，《黔风旧闻录》作“盛”。

多君意气拂云天，折柳河干思惘然。冰鉴夜悬珠浦月，锦帆秋挂镜湖烟。暂从子舍披莱彩，好向中原着祖鞭。此去金台霄汉近，垂衣天子[①]正需贤。

云庵评：（颔联）琢句清丽。

送从孙学海还黔

西窗剪烛[②]话偏长，何[③]事匆匆束去[④]装。单骑远来瓯越国[⑤]，轻槎归泛水云乡[⑥]。更无余物充行李，唯有新诗佐别觞。去后家山悬梦寐，早题双鲤[⑦]慰相望。

舟中遇雨

移家又上木兰舟，行李萧萧一敝裘。雾暗白鸥迷远渚，风回青雀逐[⑧]斜流。征途[⑨]寂历偏逢雨，瘦骨凄其不耐秋。鸿雁纷飞劳梦寐，云山怅望几回头。

云庵评：写景如画。

奉赠蔡元履大司马督抚黔中

胸蟠蝌蚪[⑩]擅文雄，武略还看节钺隆。凛烈边声嘶万马，光芒剑气淬双龙。渠歼罗甸烽烟息，甲洗天河雨露浓。半壁西南今巩固，高标铜柱纪元功。

兼才谁许竞雌雄，仗钺行边威望隆。令肃五兵屯虎豹，谋深九地泣鱼

---

① 天子，旁批作“圣主”，《黔诗纪略》作“圣主”。

② 西窗剪烛，《黔诗纪略》作“尔来未久”。

③ 何，旁批改作“底”，《黔诗纪略》作“底”。

④ 束去，旁批改作“遽束”。《黔诗纪略》作“遽束”。

⑤ 单骑远来瓯越国，《黔诗纪略》作“单骑风霜辞百越”。

⑥ 轻槎归泛水云乡，《黔诗纪略》作“轻槎风雨渡三湘”。

⑦ 早题鲤，《黔诗纪略》作“勤书身世”。

⑧ 逐，《黔诗纪略》作“乱”。

⑨ 征途，旁批改作“孤怀”。《黔诗纪略》作“孤怀”。

⑩ 蚪，《黔诗纪略》作“斗”。

龙。干戈载戢民愁解，鸿雁来归帝泽浓。早晚陈琳濡笔待，即看露布[①]奏肤功。

赠诸将

东方千骑尽豪英，杀[②]气横[③]空拂旆旌。猿臂弓弯霜月冷，龙津剑击斗星横。丈夫应有封狼志，圣主何须叹狗烹。努力西征收大捷，无将鹊印让班生。

眉批：杀气，揆之曹彬下江南事，似有语病。“横”字复，大病，宜易。

旌旗猎猎影飞翻[④]，十乘[⑤]元戎出蓟门。幕府貔貅千队肃，岩关储糗万家屯。森严刁斗声先震，叱咤风云气欲吞。此去西氛[⑥]须早靖，南方[⑦]犹有未招魂。

傅确园曰：逼近唐□，结竟似杜。

云庵评：回应黔事，含毫邈然。此诗气势雄壮，风格高迈，意味深醇，宋元而后不多见也。

竹庄曰：此诗置之唐人集中，几无以辨。[⑧]

送杨霞标视学滇南[⑨]

星轺夙驾出金台，益部遥瞻紫气来。去日正逢梅雨节，到时应是菊花开。千秋山斗归人望，一代文章属匠裁。是处[⑩]标题留彩笔，知君不负子

① 布，《黔风旧闻录》作“市”。

② 杀，旁批改作“勇”，《黔诗纪略》作“猛”。

③ 横，旁批改作“凌”，《黔诗纪略》作“横”。

④ 影飞翻，《全诗萃》作“满郊原”。

⑤ 十乘，《全黔诗萃》作“闻道”。

⑥ 西氛，西，《全黔诗萃》作“边”。氛，《黔风旧闻录》作“气”。

⑦ 南方，《黔诗纪略》作“南中”。

⑧ 此评旁批删去。

⑨ 送杨霞标视学滇南，《黔诗纪略》作“送杨霞标学使之任滇南”，《全黔诗萃》作“送杨霞标学使之任滇南”。

⑩ 是处，《黔诗纪略》《全黔诗萃》皆作“处处”。

云才。

送莫瑞明少府[①]之任潮州

并州喜得[②]近云[③]天，拂曙双旌向海壖。六案寒冰名贯耳[④]，一帘秋水泽盈川。褰帷露冕行春日，栖凤驯鱼续旧年。看取棠阴千树满，明廷课最让君贤。

赠越卓凡佥使[⑤]监军赴黔二首[⑥]

剑南司马擅非熊[⑦]，诏领偏师[⑧]十万雄。匣有[⑨]青萍寒北斗，手挥白羽奢[⑩]西戎。良平计划抒心妙[⑪]，韩范威名震域中。猛将如云皆却避，知君饶有古人风。

途分文武尔兼通，狡贼情形在目中。草檄雄文淋鼻盾，枕戈壮志贯长虹。笑谈尊俎烟尘净，指顾风云蛇豕空。从此南人知不反，捷闻天子赐彤弓。

过荆州蒋象岩，以诗见投，依韵奉答

太史占星驻郢城，倏[⑫]然三径似元卿。襟期绝俗翔千仞，词赋登坛步二

---

① 少府，《黔诗纪略》作“郡丞”。

② 喜得，旁批改作“杳杳”，《黔风旧闻录》作“喜得”，《黔诗纪略》作“喜复”。

③ 云，旁批改作“南”，《黔风旧闻录》《黔诗纪略》作“云”。

④ 名贯耳，旁批改作“光射斗”，《黔风旧闻录》《黔诗纪略》作“名贯耳”。

⑤ 佥使，《黔诗纪略》《全黔诗萃》作“佥宪”。

⑥ 第二首辑自《黔诗纪略》。

⑦ 擅非熊，《全黔诗萃》作“立奇功”。

⑧ 偏师，《全黔诗萃》作“王师”，《黔诗纪略》作“貔貅”。

⑨ 有，旁批改作“韫”，《黔诗纪略》作“露”。

⑩ 奢，《全黔诗萃》作“靖”。

⑪ 良平几画抒心妙，旁批改作“良平奇策筹边外”，《黔诗纪略》作“良平计策筹边外”。

⑫ 倏，《黔诗纪略》作“翛”。

京。落纸烟云腾紫气，挥毫珠玉作金声。[1] 那堪聚首[2]还成别，班马萧萧落日情。

捧檄入洛

帝念中原望作霖，谫材犹[3]得辱华簪。天开嵩岳黄河注，地控函关紫气深。孤剑尚[4]存唯[5]报主，素丝不染独盟心。为[6]怜微尚[7]躭泉石，清梦悠悠绕故林。

得闪允修铨部书，寄答

金台握别十年余，喜得瑶华慰索居。卓荦风尘抛舄[8]绶，从容烟水伴樵渔。丹心皓首仍忧国，石室名山久著书。莫道归来徒四壁[9]，凤毛今已续簪裾。

太乙宫

太乙清都气郁葱，石林钟鼓振元风。云根盘礴三珠树，雪色晶莹百丈松。说到[10]真铨心地净，悟来妙境性灵通[11]。倦游每忆[12]尘嚣外，河上仙翁[13]

---

① “落纸烟云腾紫气，挥毫珠玉作金声”，《黔诗纪略》作“客子光阴重握手，诗家笔势益腾声”。

② 聚首，《黔诗纪略》作“一聚”。

③ 犹，旁批改作“偏”，《黔风旧闻录》《黔诗纪略》作“犹”。

④ 尚，旁批改作“犹”，《黔风旧闻录》《黔诗纪略》作“尚”。

⑤ 唯，《黔诗纪略》作“堪”，《全黔诗萃》作“惟”。

⑥ 为，旁批改作“惟”，《黔诗纪略》作“惟”，《全黔诗萃》作“自”。

⑦ 微尚，旁批改作“宿志”，《黔风旧闻录》《黔诗纪略》作“微尚”，《全黔诗萃》作“好静”。

⑧ 舄，《全黔诗萃》作“印”。

⑨ 莫道归来徒四壁，旁批改作“莫道深林长寂寂”，《黔诗纪略》作“莫道深林长寂寂”。

⑩ 说道，《黔诗纪略》作“听罢”。

⑪ 灵通，《黔诗纪略》作“天空”。

⑫ 忆，《黔诗纪略》作“意”。

⑬ 仙翁，《黔诗纪略》作“仙人”。

恨未逢。

荆门赠别霍养纯刺史

荆门①北去路漫漫，知己相逢握手欢。菡萏香风迎皂盖，梧桐新月照雕鞍。几年擘画驯盘瓠，计日旌②纶下禁銮。更羡征途携二美，凭君谈笑入长安。

入洛浃旬，寻拜东粤之命

中原揽辔矢澄清，又向珠江捧檄行。自愧风尘侵白发，可能雨露润苍生。道③经岘首思羊祜，舟下湘江④吊屈平。循省⑤旧游成底事，多惭父老远相迎。

元亮曰：公先在粤，民有“潘副使润民不润己”之谣，可谓不负斯言。

代庖选士次杨霞标韵

万里昆明圣化翔，彬彬俊乂郁相望。云边早下弓旌诏，徼外争依日月光。健翮鲲鹏思振翼，空群騄駬自腾骧。玉衡水镜非吾事，越俎题材浪笑狂。

《黔诗纪略》按语：朗陵权提学时，当选拔，有携千金求贡者，闻使者潘公也，瘢然去，曰：“是虽万金，亦安用哉？试卷必亲阅，不假幕客。”黜落者无怨言。

初度柴、冯二都阃招饮西楼⑥

初度⑦劳君折锦笺，相邀共醉⑧彩云边。月明海气侵城堞，夜静涛声落

① 荆门，《黔风旧闻录》《黔诗纪略》作“荆山”。
② 旌，《全黔诗萃》作“丝”。
③ 道，旁批改作“马”，《黔风旧闻录》作“道”，《黔诗纪略》作“马”。
④ 湘江，《黔风旧闻录》作“潇湘”。
⑤ 循省，《全黔诗萃》作“回忆”。
⑥ 初度柴冯二都阃招饮西楼，《全黔诗萃》作“五十初度柴冯二都阃邀饮西楼”。
⑦ 初度，旁批改作“此日”，《黔诗纪略》作“此日”。
⑧ 醉，旁批改作“集”，《黔风旧闻录》作“醉”，《黔诗纪略》作“集”。

酒筵。羡尔鹰扬夸二妙，惭余蹇劣①负三迁。凭高漫遣淳于兴，起视参横醉后天。

蒋象岩贻书见讯并惠新诗，依韵奉答

尺一瑶华寄海湄，开缄②喜极转生悲。七弦妙解谁能识，三素风高③信可师。楚水烟霞清梦远④，黔山猿鹤暮云低。只今桑梓风烟息，共把渔竿理钓丝。

送驯、骧两儿还黔应试

送尔南征⑤意惘然，索居形影倍堪怜。三秋羽翰飞腾远，千里关河梦寐悬。愁见孤鸿依塞外，好将双鲤寄江边。勉旃皇路联翩上，屈指看花尽少年。

刘又庭观察视师凯旋以诗见投，用韵奉酬⑥

铙歌听罢羽书稀⑦，氛净苍山霭翠微。犬豕敢将潢泽弄，雁鸿还向旧巢飞。谋臣自有攻心策，战士何劳溅血衣。从此天威欣远播，野人稽首⑧共来归。

请告答同寅⑨

自怜消瘦沈郎腰，忽枉轩车慰寂寥。静检方书祛⑩老病，闲扃户牖避寒飙。驽蹄未许驰千里，短翮何能奋九霄。筹略幸逢公等在，容将衰朽混

---

① 蹇劣，旁批改作“马齿”，《黔风旧闻录》《黔诗纪略》作“蹇劣”。
② 缄，《全黔诗萃》作“函”。
③ 风高，《全黔诗萃》作“高风”。
④ 远，《黔风旧闻录》《全黔诗萃》作“绕”。
⑤ 南征，《全黔诗萃》作“西行”，征，旁批改作“归”，《黔诗纪略》作“归”。
⑥ 用韵奉酬，用韵，《黔诗纪略》作“依韵”；奉酬，《黔风旧闻录》作“酬之”。
⑦ 稀，《黔风旧闻录》作“稀”。
⑧ 首，《黔风旧闻录》作“颡”。
⑨ 请告答同寅，《全黔诗萃》作“以病请告諸同寅枉顾诗以答之”。
⑩ 祛，《全黔诗萃》作“医”。

渔樵。

元日入早朝用前韵

鹓班曾缀紫宸朝，惭[①]愧迂儒误续貂。鸥鹭自宜闲[②]碧渚，凤鸾端合翥丹霄。烟缊元气凭葭管，骀宕和风绽柳条。十载栖迟惊白发，强簪花胜媚春韶。

只缘多病乞清朝，一卧江干老敝貂。自分闲身安陇亩，更无旧梦到云霄。春生[③]寒谷嘘银竹，冻解东风坠玉条。极目故园烽火息，两阶干羽慕虞韶。

越卓凡将归白门，以诗言别，用韵奉赠[④]

停舟未久又帆开，不禁[⑤]归心万里催。鹢首旌旄冲雪去，雁头书讯带霜来。人情到处堪挥泪，世难何时共[⑥]举杯。后会安知黔与楚，羁怀别绪总难裁。

一枝冷艳早梅开，归思翻从节序催。江上孤舟愁远涉，斗间双剑望重来。几年浪迹嗟萍梗，半晌离情寄酒杯。赋别惭余无丽句，阳春白雪待君裁。

还乡[⑦]和刘文成韵

万山落木带斜晖，冉冉征人此际归。乍[⑧]见令威城郭是，深惭元亮菊松非。浪游博得霜盈鬓，感旧还看泪湿衣。向后闲身堪自适，期从野老采山薇。

云庵曰：萧条景况，“乍见”而语和盘托出。一结寓有深意，当于言外

① 惭，旁批改作“深”，《黔风旧闻录》作“惭”，《黔诗纪略》作“深”。
② 闲，旁批改作“游”，《黔诗纪略》作“游”。
③ 生，《黔诗纪略》作“深”。
④ 赠，《黔风旧闻录》《全黔诗萃》作“答”。
⑤ 禁，《黔诗纪略》作“耐”，《全黔诗萃》作“觉”。
⑥ 共，《全黔诗萃》作“更”。
⑦ 还乡，道光《贵阳府志》作“还黔”。
⑧ 乍，《黔风旧闻录》作“愁”。

参之。

十年浪迹叹萍浮，此日还家已白头。开径乍惊群犬吠，入门犹喜四松留。长贫那复营金谷，垂老吾将问菟[1]裘。烽燧渐消耕钓稳，不归端负比[2]林邱。

送谢鹤岑铨部入都，兼简诸相知

皇华赋罢听骊歌，折柳长亭感[3]慨多。江汉[4]雄风看纵棹，蓟门芳草伫鸣珂。尔[5]从阙下瞻龙衮，我自山中卧薜萝。京洛故人如[6]问讯，为言衰鬓[7]且蹉跎。

再起滇藩志感

赋遂初衣已十秋，忽传起事[8]到林邱。应知守拙何堪用，自审时艰岂易酬。金马旧游藩翰重，紫微新宠简书优。为怜垂老蒙恩渥，感极翻令涕泗流。

确园曰：观时审己，不敢轻心，古君子之所以克肩大任也。先生于此，其殆庶几乎！

喜铁桥成[9]载旧《省志》，并载《永宁州志》

黑水由来波浪狂，何人石上架飞梁。千寻金锁[10]横银汉，百尺丹楼跨彩

① 菟，道光《贵阳府志》作“兔”。
② 比，道光《贵阳府志》《黔诗纪略》《黔风旧闻录》《全黔诗萃》作“此”。
③ 感，《黔诗纪略》作“慷”。
④ 江汉，旁批改作“汉水”，《黔风旧闻录》作“江汉”，《黔诗纪略》作“汉水”。
⑤ 尔，旁批改作“君”，《黔风旧闻录》作“尔”，《黔诗纪略》作“君”。
⑥ 如，《黔风旧闻录》作“相”。
⑦ 鬓，《黔诗纪略》作“病”。
⑧ 起事，《黔诗纪略》作“征召”。
⑨ 喜铁桥成，《黔诗纪略》作“喜盘江铁桥成”。
⑩ 金锁，《黔诗纪略》作“铁锁”。

凰。可信临流无病涉，因知济世有慈航。澜江[1]胜迹今重见，遗爱讴歌满夜郎。

青惠烈祠次韵[2]

龙阳尉血溅天阍，三万停租荷主恩。蕞尔江乡蒙利泽，巍然庙貌表忠魂。有司奉诏严时享，野老追思尚泪痕。我欲荐君惭不腆，大招歌就代羔豚。

别姚牲之次来韵[3]

召起田间握使旌，红亭尊酒别君行。晴原花柳迎车盖，春夜笙歌拥市城。自愧山林叨主眷，敢言屏翰副时名。君家宦迹留中土，愿借余波策治平。

题闪允修冰壶玉尺卷[4]

毫端写出见风流，长驾卢敖汗漫游。词赋千篇高白雪，襟期千仞俯丹邱。情酣山水琴尊共，骨带烟霞杖履收。试看擎霄双玉柱，闲情自合对沧洲。

喜盘江江西坡等城以次落成[5]

刚夷干落尽歼平，次第经营十一城。疏入至尊嘉伟绩，敕教司马下新名。兵民互恃烽烟熄，云贵相望井邑清。碎叶受降前迹在，盘江今古共边声。

---

① 澜江，《黔诗纪略》作“澜沧”。

② 辑自《黔诗纪略》。

③ 辑自《黔诗纪略》。

④ 辑自《黔诗纪略》。

⑤ 辑自《黔诗纪略》。

余年四十有八矣，感驹隙之易过，悲马齿之徒增，风尘碌碌，将有志于隐焉，因而赋此[①]

百岁光阴将过半，自怜种种发盈头。清时材谫惭无补，圣主恩深愧未酬。微禄常含负米恨，孤栖难解断弦愁。风尘老大何时息，好向沧洲结伴游。

咏蓑衣[②]

不须刺绣织将成，迢递溪山载远行。径滑扶筇风飒飒，江寒把钓雪盈盈。任从醉后披云卧，看取春来带雨耕。野服翛然偏自适，肯同袍笏竞峥嵘。

九日登显灵阁[③]

杰阁平临万象开，扶筇此日兴悠哉。金樽肯负登高节，彩笔深惭作赋才。寒勒东篱花半吐，霜清北塞雁初来。凭虚处处伤摇落，苹末商飙动地哀。

① 辑自《全黔诗萃》。
② 辑自《全黔诗萃》。
③ 辑自《全黔诗萃》。

七言绝

扁舟五湖图

烟水茫茫一棹孤，平吴霸越想雄图。功成正好铭钟鼎，便肯扁舟去五湖。

确园曰：语似反诘，然正以形少伯之智，为后来文种一流人加棒喝，寄慨更深。

周体元曰：高浑。

咏竹三首用韵①

黔山宜竹不宜柳，凝翠琅玕到处②有。一自兵甲③满四郊，新枝得似旧枝否？

漫说三军屯细柳，可怜寒玉化乌有。而今培护渐成阴，许我归来林下否？

柔媚春光输却柳，亭亭劲节寒冬有。居少此君奈俗何，就中清味能知否？

元日④

元日江城瑞霭生，烟霾收尽泰阶平。清泉白石皆君赐，擎壤讴歌颂圣明。

桃花源⑤

幽寻曲磴踏苍苔，中有人焉避世来。一自渔郎问津后，桃花寂寂向谁开。

---

① 前二首辑自《黔诗纪略》《全黔诗萃》，第三首辑自《全黔诗萃》。

② 到处，《全黔诗萃》作“随处”。

③ 兵甲，《全黔诗萃》作“兵戈”。

④ 辑自《黔诗纪略》。

⑤ 辑自《全黔诗萃》。

五言排

春日郊游[①]

春郊晴正丽，逸兴野偏长。约客临渔浦[②]，寻僧过[③]雁堂。鸭头[④]新水绿，翡翠远山光[⑤]。云淡疑无影，花深别有香。兴来[⑥]忘潦倒，醉后[⑦]发清[⑧]狂。明月前溪满[⑨]，归途晚未防[⑩]。

有感[⑪]

野人怀国恤，老眼阅封章。品已淆泾渭，材尤杂缶珰。厦倾荷作柱，火厝燕怡堂。兵甲尘为饭，金钱雪沃汤。狡酋仍[⑫]虎视，逋寇尚[⑬]鸱张。未集泽中[⑭]雁，谁驱当道狼？杞天宁过计[⑮]，桑土岂迂防。独使忧君父，无臣良[⑯]可伤。

---

① 春日郊游，《全黔诗萃》作“春日郊行晚归”，共八句，前两句作“春郊日正长，水色映山光”而无“约客临渔浦，寻僧过雁堂。鸭头新水绿，翡翠远山光”四句。

② 约客临渔浦，《黔诗纪略》作“曳履过渔浦”，临，旁批改作“过”。

③ 过，旁批改作“到”，《黔诗纪略》作“到”。

④ 鸭头，旁批改作“一篙”，《黔诗纪略》作“一篙”。

⑤ 翡翠远山光，翡翠，旁批改作“半面”，光，旁批改作“苍”，《黔诗纪略》作“半面远山苍”。

⑥ 兴来，旁批改作“多情”，《黔诗纪略》作“多情”。

⑦ 醉后，旁批改作“小醉”，《黔诗纪略》作“小醉”。

⑧ 清，旁批改作“疏”，《黔诗纪略》作“疏”。

⑨ 明月前溪满，旁批改作“恰好月初上”，《黔诗纪略》作“恰好前溪月”。

⑩ 防，《黔诗纪略》作“妨”。

⑪ 有感，《全黔诗萃》作“有感五言八韵”。

⑫ 仍，《全黔诗萃》作“犹”。

⑬ 尚，《黔诗纪略》作“更”。

⑭ 泽中，《黔诗纪略》作“中泽”。

⑮ 杞天宁过计，旁批改作：“杞天非过虑”，宁，《黔诗纪略》作“非”。

⑯ 良，旁批改作“实”。

云庵曰：应指温体仁.周延儒辈，又曰：君非忘国之君，臣皆忘国之臣，千古同慨。

五言绝

又读《惠烈传》[1]

青尉气嶙峋，重民轻一身。如何刍牧者，秦越视斯民。

① 辑自《黔诗纪略》。

味淡轩诗跋

潘淳

右诗九十三首[①]，吾族曾祖朗陵公所作也。公当前明万历癸卯以第一人举于乡，丁未成进士，由庶吉历官[②]云南方伯。《传》曰："太上立德，其次立功，其次立言。"是三者，轻重悬殊，而世人不察，肆力以求工于文章，谓得其一，亦可以不朽。呜呼！何慎也！德者，本也，功者，德之推也，言则必载功德而后可以行远，否则，夸诞而已矣。忆幼时尝闻先王父言，朗陵公端悫刚大，忠孝之性轮困郁勃，立心制行必求无愧于昔[③]圣贤，诚传所谓立德者矣。生平宦辙所至，无久暂，皆令人爱慕[④]，如桐乡之于朱邑然。捐金[⑤]全贵阳城，以[⑥]为分所当然，无沽誉心，非本德行[⑦]以为事功者耶。

今读《味淡轩诗》，不事浮华，独根至性，《诀命》诸作，尤见孤忠浩气，薄日月而挟风霆，公之言即公之德也，其足以行远，夫复何疑！或以篇什太少为公惜，予谓唐张[⑧]睢阳旷代伟男，子学尤该洽，而所传诗篇寥寥，不闻以是病睢阳者。颜鲁公书法，有唐岂无颉颃之人，独鲁公偶一起草，而

① 九十三首，《黔诗纪略》卷十二《潘布政润民》作"若干首"，旁批改作"一卷"。

② 由庶吉历官，《黔诗纪略》卷十二《潘布政润民》作"由庶常仕至"。历官，旁批改作"仕至"。

③ 于昔，旁批改作"古"，《黔诗纪略》卷十二《潘布政润民》作"古"。

④ 令人爱慕，旁批改作"有惠政，士民"，《黔诗纪略》卷十二《潘布政润民》作"令人爱慕"。

⑤ 旁批"捐金"后加"运筹以"三字，《黔诗纪略》卷十二《潘布政润民》如旁批所改。

⑥ 旁批"以"后加"视"字，《黔诗纪略》卷十二《潘布政润民》"以视"作"视"。

⑦ 德行，《黔诗纪略》卷十二《潘布政润民》作"德性"。

⑧ 《黔诗纪略》卷十二《潘布政润民》无"张"字。

后世珍同球璧。蔡京书侪苏、黄，以其奸回，当世黜京而进蔡襄。元佑党籍一碑，只留供后人唾骂。士无功德之可称，而区区以文艺猎名，读《味淡轩诗》，可以憬然悟矣。

时乾隆戊午季秋，翰林院检讨族曾孙淳顿首拜撰

潘用霖先生诗后序

傅玉书

先生当承平之世，少年科第，仕致通显，旬宣保惠，屡典大藩，可谓荣矣，而文采风流，又复流传后世。韩子谓欢娱难工，愁苦易好，其不然欤！然方在籍时，值安酋之乱，佐当事城守，困重围者屡年，誓以身殉，卒能完城保家。及为方伯，年未及艾，即遂初衣。再被简命，不忘恬退，庶几澹泊宁静者矣。今读其诗，和平温厚，犹可想见其为人。因思昌黎愁苦云云，亦谓动心忍性，不汩没于荣利耳。夫人果居宠思危，处膏粱[①]文绣，犹布蔬也，又何欢娱累其心耶！

正习书院主讲，前任安福县知县，瓮安后学傅玉书序

① 粱，原作“梁”，据旁批改。

文

端俗约言序[①]

夫医者为方必求对症，苟能已病，虽单方无异黄岐，否[②]则即日读《内经》《素问》诸书，欲[③]病之瘳也，胡可得哉？由斯以谭救世砭俗，固有要欤？

往万历初，莱山何公、前峰马公，凡民间吉诸礼，务崇俭约，告[④]诫谆谆，不少寘用，是风移俗易，庶几复古，虽其后俗尚渐靡然，古人浑朴之气[⑤]犹存什一于千百，浸淫至今，滥觞逾甚。大而婚姻丧祭，小而酬酢燕会，群然以此[⑥]相尚，譬诸江河愈趋愈下，令贾长沙而在，可胜流涕太息哉！

顷者，方伯朱公慨风会之日流，穆然动宁俭宁戚之思考，据古礼，征信先贤，著《端礼约言》一编，民受而卒业[⑦]，诚对症之药石，深有造于风化也。盖俗之敝有二，贤者患在易移愚，不肖患在易溺不提醒，则沉冥不返，言之不可，已如是夫。然公匪徒以言教也，公扬历有年，志坚于砺石，操苦于茹蘖，居处服食，无异寒生，盖以身先之矣。复绻绻于维世范俗，期返于沕穆华胥之盛，公之意殆不欲独为君子耶。黔人由此是训是行，去奢去泰，上不至犯造物之忌，下不至蹈迷复之凶，则是《约言》也，所裨补世道人心，岂渺哉！矧士民趋向，端在缙绅，风俗不古，士大夫之耻也。民愿与同志先恪守之，宁作法，勿作俑，宁砥中流之柱，毋扬鼎沸之波，俾古道复见于今，庶无负公绻绻端俗之雅意矣！

---

① 辑自道光《贵阳府志》余编卷十一。
② 否，《黔阳潘氏七世诗》作“不”。
③ 《黔阳潘氏七世诗》“欲”前有“而”字。
④ 告，《黔阳潘氏七世诗》作“诰”，误。
⑤ 气，《黔阳潘氏七世诗》作“意”。
⑥ 此，《黔阳潘氏七世诗》作“侈”。
⑦ 业，《黔阳潘氏七世诗》作“读”。

玄晏斋诗叙①

夫惟囿与超，其致悬矣，囿者，波流与俱，常俛仰于衷怀之不胜给；超者，蝉脱尘埃而自决于云霄之外。等是乾坤也，而超者处之，风云助其神思，花雨相其天趣，山水发其奇灵。其所树立，划然一定，不荧于是非，不蒂于去就，来不可圉，往不可御，此古之圣贤豪杰所为敻绝人群，而不徒文章之焕郁也。

《玄晏斋诗》，少宗伯毘陵孙先生集也。先生视礼篆，凡所擘画，要于光主德而襄巨典，綦拮据矣。乃公余稍暇，不废唫咏。一日请先生所著诗，将付剞劂，余侪幸卒业，再四赞异焉。诗分内、外、杂三篇，内篇抉先天之秘而洞玄机，外篇括诸藏之解而参禅偈，杂篇感物兴怀，咳唾韶景，而真盛唐之律。盖以尧夫之胸次、紫阳之理解而从容出之，直寄李杜于唇颊，沨乎有声，蔚乎有色，隽永乎有旨也。

夫玄与禅，儒家所不横道，谓彼窃吾儒之绪，以成其旁致耳。乃丹经万卷，何往非易？《楞严》千语，总归一艮。彼谓禅玄不道，犹之乎囿之说也。超世者出于入今古之风神，而独擅其至，无非玄而非玄，无非禅而非禅，此老杜之所为精于乐府也，然兹特绪屑焉耳。

先生值朝家，典礼殷繁，有争之十余年不得者，先生翼翼然尽力维持，积诚感动，置祸福利害于弗顾，然后知先生之树立，迥不可及，而不独以诗名矣。顷以病请，辄飘然拂袖，高风亮节，耿如也，真超世而不囿于世者。青原白鹭之间，其恬适宁有既乎？它日起蔼轴而调敦彝，则先生事业文章正勃勃乎其未有艾也。

甲寅岁仲秋望月，礼部主客司郎中潘润民等谨序

① 辑自孙慎行《玄晏斋诗》（明万历刻本）。

重修海潮庵记略[①]

高梁桥之海潮庵，一名巡河厂，相传为古刹也，距都城不数十武。佛殿、禅房、桥梁、园圃、亭台、池沼，无不具备。左瞻北阙之祥光，右挹西山之爽气，碧水盈前，茂林环后，春则举目皆深红嫩绿，夏则当筵多出水芙蕖，秋冬之交则丹枫映日，翠荇牵风，雁落平沙，鸥浮浅渚。至于斯者，靡不心旷神怡，且佛力灵通，随感辄应，以故游人佛子争奔走焉，凡欲登眺西山之胜，率以此为第一。涉[②]岁既久，寖就颓废焚修，释子通忠者，四顾愀然，于是广募十方，共醵锾捐粮，相率乐助。阅岁余，鸠工庀材，颓者修，废者举，一旦焕然改观。工既竣，属记于余，是为记。

万历丙辰孟夏

① 辑自窦光鼐等纂《钦定日下旧闻考》卷九十九（乾隆刻本）。
② 涉，四库本《钦定日下旧闻考》作“步”。

瘦竹亭集

潘　驯　著
潘元炜　校录
张立新　辑汇

潘士雅先生传[①]

程春翔

先生姓潘氏，讳驯，字士雅，号韵人。[②] 先世武陵人，家于贵阳。曾祖刺史，祖宪副，父方伯。[③] 先生生而颖异，年十六，即以回文诗三十首行世[④]。崇祯己卯[⑤]，举于乡，受知于陈大士先生，赴公交车，及楚而返。少时与马瑶草[⑥]、杨山子诸公同事笔砚，相友善[⑦]。瑶草用事，手书见招，先生不赴，亦不答。后[⑧]御史克达蒋公[⑨]累疏荐之，不出。义王时[⑩]授石屏州牧，以母老辞，改授遵义令，又辞，卒不就[⑪]。避乱山居十余年，所饮酒赋诗辄以渊明自况[⑫]。

国初，始选[⑬]蒙自令，凋残之余，一以宽大从事，有老佛之称。士则课

---

① 此传亦载于道光《贵阳府志》卷七十六《耆旧传·潘驯传》附《潘士雅先生传》。

② “先生姓潘氏，讳驯，字士雅，号韵人”，旁批改作“先生姓潘，讳驯，号韵人，士雅其字也”。

③ “曾祖刺史，祖宪副，父方伯”，旁批改作“曾祖维岳，祖思聪，父润民”。

④ 行世，旁批改作“擅名吴下”，道光《贵阳府志·潘驯传》附《潘士雅先生传》作“行于世”。

⑤ 崇祯己卯，旁批改作“长”。

⑥ 道光《贵阳府志·潘驯传》附《潘士雅先生传》无“马瑶草”。

⑦ 相友善，旁批删去此三字。

⑧ “瑶草用事，手书见招，先生不赴，亦不答。后”，道光《贵阳府志·潘驯传》附《潘士雅先生传》无此句。

⑨ 克达蒋公，旁批改作“蒋克达”。

⑩ 不出义王时，旁批删去此五字。道光《贵阳府志·潘驯传》附《潘士雅先生传》无“义王时”三字。

⑪ 卒不就，旁批删去此三字。

⑫ “十余年，所饮酒赋诗辄以渊明自况”，旁批改作“蒿目时艰，放怀诗酒”。

⑬ 国初始选，旁批改作“洎我朝举逸民，征为”。

以文艺，董以德行，谊若友生。[①] 自所著诗，题曰《出岫草》，以出山无心而知还不远也。上官方以廉能擢最，请告，弗许。未几，土逆李世藩之变，肆杀无忌[②]，于先生独不加害，亦不敢侮。先生誓不偷生，必以死报国，贼且发卒轮[③]守，不令自尽。大师既至，贼将遁，犹拜辞涕泣。后以失陷城池[④]被议，当事以贼不加害，由先生仁廉所至，特疏题请而赦，诏适下，因放还。去之日，父老子弟如失慈母，远近栖遑，泣送遮道左，其得民如此[⑤]。

归里后，惟适志林泉，不复问外事也。[⑥] 壬子，修通志，中丞曹公延主其事，自万历间修志后[⑦]，中间六十年事实悉出胸臆，无丝毫舛误，大有文献功矣。卒年七十有二，滇[⑧]人请祀先生于名宦，复建潘、骆二公祠祀之，乡人士亦请于当事，俾崇祀先生于乡贤，[⑨] 不可以知先生之为人哉？

生平所著《瘦竹亭诗》四卷，未付剞劂，《出岫草》则脍炙人口者。公[⑩]子亦韵公，余同年友也，复能世其家云。

康熙壬戌年小阳月上浣日，拣选知县[⑪]年愚侄程春翔拜撰

① “士则课以文艺，董以德行，谊若友生”，旁批改作“士鲜知孝，先生日集诸生，董以德行，课以文艺，三数年间，文教大兴”。

② “土逆李世藩之变，肆杀无忌”，旁批改作“土司李日森与其子世藩、世屏应宁州禄昌贤叛，攻临安，陷蒙自，士民遭屠戮”。

③ 轮，道光《贵阳府志·潘驯传》附《潘士雅先生传》作“输”。

④ 失陷城池，旁批改作“失守”。

⑤ 其得民如此，旁批删去此五字。

⑥ “惟适志林泉，不复问外事也”，旁批改作“逍遥林泉，日与渔父、农叟相往来，葛巾野服，萧然意远”。

⑦ 自万历间修志后，旁批改作“自万历丁酉以后”。

⑧ 滇，旁批改作“蒙”。

⑨ “复建潘、骆二公祠祀之，乡人亦请于当事，俾崇祀先生于乡贤”，旁批改作“乡人亦请崇祀先生于乡贤”。

⑩ 公，旁批改作“先生”。

⑪ 拣选知县，旁批删此四字。

潘士雅先生事迹考

云南《蒙自县志·名宦》[①]

潘驯，贵州举人，除蒙自令。先是开滇时令蒙自者，为湖南郑钦简，遣牛羊土司入安南，安南之复通中国，锡封贡自此始。驯接钦简之后，以简易为治，吏民大悦。迨康熙四年，而土司李日森与其子世藩、世屏，应宁州禄昌贤叛，攻临安，陷蒙自，士民遭屠戮，独不加害驯，更善守护之。事平，大宪廉知其状，升任某府同知。

驯能诗，《咏蒙自道中》云："地与南交接，乡从北望赊。瘴云浓似墨，瘠土赤于霞。站站鸢将堕，飞飞燕故斜。客心正慈绝，野戍更鸣笳。"又《署中登楼》云："荒署生云气，颓垣隐薜萝。楼从今日上，山似故乡多。俗朴疑初古，官闲养太和。四郊初乐业，隔岭有樵歌。"玩二诗，其风致可想。

按，驯令蒙自之日，正当吴三桂藩滇之时，三桂欲擅兵固位，因纵部人凌虐激变，诸土酋故反者凡十五司，迤东诸郡皆震动，凶焰腾沸。驯乃居乱而能保身全名节，非德惠素着，曷克臻此。又于嘉庆二十五年，其裔孙桴自黔致，公行述备陈，家世及生平宦迹并载公诗文集，因即所睹记而略志之。

湖南《常德府志·科名》

潘馥，字士雅，号韵人，中贵州乡试，清授蒙自县知县，武陵人。

贵州通志·贵阳府·乡贤[②]

潘驯，字士雅，贵阳人[③]。性端平仁恕，孝友过人，多学能文，弱冠即

① 现存康熙、乾隆朝修《蒙自县志》，宣统《续修蒙自县志》皆无此载。

② 载于康熙《贵州通志》（后志）卷十八《人物》，乾隆《贵州通志》卷三十《文学·贵阳府》，非在《乡贤》。

③ 贵阳人，《贵州通志》作"郡人"。

以回文诗三十首擅名吴下。崇祯[①]己卯举乡试，为主司陈际泰[②]所赏识，曰："国家欲以策论收贤才[③]，此其首选也。"驯以母老不仕。国初，始补蒙自县令，在任洁己爱民，日与诸生讲学论文，考绩[④]以廉能荐，会因土逆李世藩之叛，遂诖误归。壬子修通志，自万历丁酉以后六十年事实，悉出胸臆，无丝毫舛谬，其博闻强识如此。卒年七十有三，子德征登己酉贤书。生平所著有《瘦竹亭集[⑤]》《出岫草》行于世。

全黔要览

失名

黔，古西南荒徼也，地界川湖云广之交，东连楚，西连滇，南接粤，北接蜀，星属参井翼轸之末，虽曰僻远，岂梯山栈谷、绳行沙度者比哉。

三代时，禹服为梁州境，兼荆之西裔。殷为鬼方，周为靡莫、髳微、羌巢之属。战国庄蹻奉楚王命略地至滇，秦为黔中。汉武元鼎六年，置牂牁、犍为、越巂、夜郎四郡，以隶益州。后汉武侯平南方，济火与有功，封罗甸国王，兼设二郡。由晋而隋而唐，或仍复四郡，或属巴东，或属黔中、剑南二道，虽隶图籍，叛服[⑥]不常，不过羁縻勿绝而已。迨宋元丰致和中，始有总管府，宋以田佑恭为贵州防御使，于是始有贵州之名。元至元十六年，始有宣慰司。

明永乐八年，征香炉山八蛮。十一年，田酋拒命，削夺其地，多立卫所，始设贵州布政司。正统后，开设郡县，遂有镇抚重臣矣。置省之初，惟有贵阳七郡，计其才赋，不足当中州一大县。弘治六年，添设都匀。万历十二年，添设安顺。二十八年，以播之东隅设平越。

国初顺治十八年，征马乃；康熙间，拓水西，平郎岱，歼叛藩，屡勤师旅，扩清壤奠。二十四年，改湖广之镇远、偏硚二卫隶贵州。雍正五年，又

---

① 崇祯，《贵州通志》无此二字。

② 主司陈际泰，《贵州通志》作"陈际泰先生"。

③ 贤才，《贵州通志》作"真才"。

④ 考绩，《贵州通志》作"考续"。

⑤ 集，原缺，据《贵州通志》补。

⑥ 服，原作"复"，据旁批改。

割四川遵义府、湖南天柱县以隶之，版图之廓，迥非昔比。于是黔中形势，把粤、蜀之背而扼楚、滇之吭，居然为西南一重镇矣。

若夫山川之形势，牂牁、夜郎而外，山不列于益、汜，水不注于桑《经》，然东跨沅江、铜崖、潕溪之险，足凭也；西接滇服、赤虺、蟒山之奇，可据也。南抵粤之柳州，则盘江扼其前，北界蜀之重庆，则乌江限其后，故镇远、威宁实上下之门户，而石阡、都匀乃左右之藩篱也。平越、遵义拊贵阳、安顺之背。霭翠之妻奢香曾刊山开驿以通道，而杨应龙所据以为雄，即其地也。

夫黔以弹丸黑子之区，屡为患于中土。昔唐困于南诏，元罢于蛇节，明则杨应龙、安邦彦先后被猖，播孽方平，水西旋叛，东南半壁，绎骚殆尽，岂关河之险，果有足恃与？抑控驭之失其宜耳。所赖屡朝文武节镇类多贤哲，戡乱致治，厥有成绩。其间或立卫，或立所，或立屯，或改土为流，或从他省改辖以增益之。其经营惨淡，各殚厥心，不惟有以易卉裳椎髻之陋，而风俗亦骎骎乎日上矣。

考其功德之最著者，自汉之唐蒙奉使，诸葛南征而后，前明如傅友德、郭子章、蔡复一、朱燮元诸名宦，后先接踵。我国初如鄂相国、甘忠果、尹文端诸公，踵前哲之芳型，百余年揆文奋武，以抚柔此土也。又况流寓谪宦，代有达人，如李太白、王阳明、杨升庵、邹南皋、钱开少辈，道德文章，功名气节尤堪景仰。故土著之英，闻风而起，蔚然与上国争光。在汉则有尹珍从学汝南许慎，受五经而还，教授于乡，此黔中经术之导源也。在明则有马内江、孙淮海、李同野，皆闻龙场之教而能私淑之者也。他如黄绂、何腾蛟、陈尚象、申祐诸贤，或以文章著，或以经济显，或以节义传，非前代之杰出者乎！潘士雅、周渔璜之诗篇脍炙人口，《瘦竹》《桐埜》流传海内，非近代之名流乎！且其风俗之日醇，科名之日盛，潜德隐逸之士，孝子悌弟、义夫节妇之日多，其移荒裔之风，而向圣朝之化者，又驾前明而上之也。

独是黔省苗多而民少，地尤硗确，以苗计之，共有三十余种。其性甚悍，以樵猎为生，以抄盗为乐。而深山密箐，绝涧悬崖之奇险，又易以藏凶而逞顽，必欲凿其浑沌，则难以相安。听其蠢愚则易于扇惑，故钤束稽走之法，从容化导之方，不可一日稍驰也，司牧者其留意焉。

道光《贵阳府志》卷七十六《耆旧传·潘驯传》[①]

潘驯，字士雅，一字韵人，云南布政使润民子。幼颖异，年十六作回文诗三十首，工丽自然，为当时名宿所知。崇祯十二年，举于乡，主试者为陈大士际泰，奇驯文，为之延誉于士林，文名大噪。驯比上，道梗，至湖南而返。少时常与杨大宾同师，相友善。大宾之殁也，驯哭之恸，为题“君山读书处”于东山，表章之，惟恐不至。御史蒋克达累疏荐驯，驯不出。

永明时，孙可望据贵州，帝制自如，矫永明王诏，授驯石屏知州，以母老辞；改近别授遵义知县，亦不就，逃之山中。弟骧充选贡生，赴永明王行在，朝考得优等，授罗次知县。骧见驯不出，亦欲共隐，驯曰：“子出保境，以匡国难，兼得升斗禄以养母，我处侍母，夫道一而已。”骧始决意就官，驯以诗送之，有曰：“知尔因亲屈，怜予送弟行。”驯居山中十余年，饮酒赋诗，辄以渊明自况，非不思用世，以可望起自流寇，不与之相近也。及可望降我大清，还居京师，贵州尽如版图。明亡，驯复以旧资需次除蒙自知县。

蒙自之初入版图也，知县为郑钦简，湖广人，尝遣牛羊司长官某入安南招其主，未报命而钦简去。驯到官，经理其事，于是安南始通朝贡，盖钦简及驯召之也。驯在蒙自有惠政，百姓名之为“老佛”。吴三桂之开藩云南也，擅兵权，恣肆自如，又纵其所部军人凌虐诸土酋，诸土酋咸不服，反者十五。蒙自土官李日森与其子世藩、世屏反，晋宁州土酋禄昌贤亦叛，攻临安，围蒙自。蒙自凋残未起，仓储军实一无所有，驯不能守，城卒陷。世藩既陷城，大肆杀戮，以报绿营兵之怨，独不害驯，以驯绥服遗黎，特多善政也。驯以失土将自尽，世藩使卒轮守，驯不得间，因不死。俄而大兵至蒙自，复，世藩走，诸贼见驯犹各叩头涕泣而去，贼旋平。驯以失城被议上官，以贼不加害由驯廉惠所致，保升同知，议未决，以还。去蒙自之日，士民遮道送之。

十二年，贵州巡抚曹申吉奉敕修《通志》，延驯纂辑。贵州自万历以来，《通志》虽经重修，然马文光当崇祯末兵乱之际，校辑不周，缺略颇

① 辑自道光《贵阳府志》。

多。驯既家世文学，又博通黔中掌故，举六十年事实，补其散佚，数月而成，人称其博洽敏捷焉。

年七十二卒，云南祀于名宦，贵州祀于乡贤，所著有《回文诗》一卷，《瘦竹亭诗集》四卷，及《出岫草》《瘦竹亭文集》。《出岫草》者，官蒙自时所作，取出山无心知还不远之意，以自况也。子德征别有《传》。

《黔风鸣盛录》卷一《潘驯》[①]

潘驯，字士雅，号韵人，前明崇祯举人。国朝顺治中，奉檄赴部，授云南蒙自知县。罢归，与修《通志》，旋卒，祀乡贤。著有《瘦竹亭》《出岫草》等集。

按：同邑程春翔序先生集中云：先生登贤书后赴公车，至楚，道梗而返。旋遭国变，奉母避乱十余年所。少时尝与杨山子、马瑶草诸人同事笔砚。方瑶草用事，手书招先生，不赴，亦不答。御史蒋克达累疏荐之，亦不出。至国朝顺治十五年，王师底定黔中，檄征赴部，始出为令。从前黔未归版图时，遭孙可望、王祥、皮熊、李定国、白文选、刘文秀、张先璧诸凶先后逸入劫夺屠烧，凋残极矣！先生身丁多难，百死一生，故其时所作诗，多悯时伤乱，悲愤凄凉之语。今登其和平诸什冠于斯篇，以昭我朝风行草偃之化。间亦采全集中之可备参考者附之，俾览者既可藉以知其时事，而益征我盛朝武功文德耆定，誕敷生民向化之初，知和其声，以鸣国家之盛。不但击壤康衢，歌谣遍作，将见卿云纠缦，群拜扬于光华复旦之廷，猗欤休哉！猗欤休哉！

《黔诗纪略后编》卷一《潘蒙自驯》[②]

驯，字士雅，贵阳人。崇祯己卯举人，入国朝知蒙自县，士雅家世详《前略》中。年十六以回文诗三十首噪吴下。乡举时，座师临川陈大士际泰激赏其文，北上道阻，至湖南而返。御史蒋克达累疏荐，士雅不就。孙可望据贵州，矫永明诏，授士雅石屏知州，以母老辞，改授遵义知县，亦不就。

① 辑自《黔风鸣盛录》。

② 辑自《黔诗纪略后编》。

弟骧充选贡赴永明行在，朝考优等，授罗次知县，骧逡巡不出，士雅曰：“子出保境以匡国难，获禄以养母。我处侍母，道一而已。”骧始决，士雅送弟诗有曰“知尔因亲屈，怜予送弟行”，纪其事也。居山中十余年，饮酒赋诗，及贵州平，士雅以旧资除蒙自知县。蒙自初入版图，知县湖广郑钦简尝遣牛羊司长官某，入安南喻国家威德，未还而钦简去，士雅继事，安南始朝贡。治蒙自有惠政，百姓呼为“老佛”。吴三桂擅兵恣肆，纵其部兵凌虐土官，反者十五。蒙自土官李日森与子世藩、世屏反，晋宁土酋禄昌贤亦叛，攻临安，围蒙自，凋残之余，仓储虚竭，士雅不能支，城陷，世藩不害士雅，以平日多善政也。大兵复蒙自，世藩走，诸贼见士雅，叩头泣涕去。士雅以失城被议，会赦还。康熙十二年，贵州巡抚曹申吉延士雅与吴滋大中番辑《贵州通志》，士雅家世文学，博通掌故，补葺散佚，数月而成。年七十二卒，祀云南名宦、贵州乡贤。著有《回文诗》《出岫草》，《瘦竹亭》文八卷、诗四卷。

莫先生称：“潘氏七世十二人皆有集，藏于家，士雅诗尤名儁。”士雅父润民有《味淡轩集》，弟骧有《淡远亭集》，子德征有《玉树亭集》《贫居集》，孙奕有《滇游草》，快有《留余堂稿》，曾孙文芮有《翠屏寄客诗》，文苞有《琢云轩诗稿》，元孙晓有《断续亭稿》，来孙以澄有《宁愚堂稿》，以溶有《思敬堂稿》，昆孙桐有《客留草》，椁有《艺兰轩稿》，可谓世擅风雅矣。傅玉书《黔风鸣盛录》：士雅少时，尝与杨山子、马瑶草同事笔砚，方瑶草用事，手书招士雅，不赴，亦不答。身丁多难，百死一生，故所作多悯时伤乱、悲愤凄凉之语。

《全黔诗萃》卷九《潘驯》[①]

潘驯，字士雅，号韵人，贵阳府人，云南布政使润民长子。明崇祯己卯举人，工诗能文，以母老不仕。国朝顺治末，始补云南蒙自县知县，洁己爱民，以廉能卓荐，因失察土逆李世蕃罢归。著《瘦竹亭稿》三卷，《出岫草》一卷。

按：《贵州通志》以潘驯入国朝《文学列传》之首，傅玉书选《黔

① 辑自《全黔诗萃》。

风》，亦以之冠卷。鄙见以驯系胜国举人，不可以居兴朝之冠，因以附于明末。

《晚晴簃诗汇》卷二十二《潘驯》[①]

潘驯，字士雅，贵阳人。明崇祯间举人，入国朝官蒙自知县。有《出岫草》、《瘦竹亭诗》。

诗话：士雅宰蒙自，有惠政，晚与吴滋大中番、李寿人祺应安邱曹中丞之聘，纂修《通志》。潘氏故大家，七世十二人皆有集，父润民《味淡轩集》，弟骧《淡远亭集》，子德征《玉树亭集》、《贫居集》，孙奕《滇游草》，快有《留余堂稿》，曾孙文芮《翠屏寄客诗》，文苞《瑑云轩诗稿》，元孙晓《断续亭稿》，来孙以澄《宁遇堂稿》，以溶《思敬堂稿》，鼻孙桐《客留草》，枵《艺兰轩稿》，世擅风雅，为黔中之冠。

《清代贵州名贤像传·潘驯》[②]

潘驯，字士雅，一字韵人，贵阳人。幼颖异，年十六作回文诗三十首，工切婉丽，为当时名宿所重。崇顾十二年，举于乡。主试者为陈大士际泰，奇驯文，为之延誉于士林，文名大噪。北上道梗，至湖南而返。

少时，常与乡人杨大宾同师，相友善。大宾之殁也，驯哭之恸，为题“君山读书处”于东山，表章之惟恐不至。御史蒋克达累疏荐，皆不出。永明时，孙可望据贵州，帝制自为，矫永明诏授驯石屏州知州，以母老辞。改近别授遵义知县，亦不就，逃之山中。弟骧见驯不出，亦欲共隐。驯曰：“子出保境以匡国难，兼得升斗禄以养母，我处侍母，道一而已。”骧始决就官。驯以诗送之，有曰：“知尔因亲屈，怜予送弟行。”驯居山中十余年，饮酒赋诗，辄以渊明自况，非不思用世，以可望故不欲出耳。及可望降，贵州尽入版图。明亡，驯复以旧资需次，除蒙自知县。

蒙自之初入版图也，知县为郑钦简，湖广人，尝遣牛羊司长官某入安南招其主，未报命而钦简去。驯到官，经理其事，于是安南始通朝贡，盖钦简

① 辑自《晚晴簃诗汇》。

② 辑自凌惕安《清代贵州名贤像传》。

及驯召之也。驯在蒙自有惠政，百姓名之为老佛。吴三桂之就藩云南也，擅兵权，恣肆自如，又纵其所部军人凌虐诸土酋，诸土酋咸不服，反者十五。蒙自土官李日森与其子世藩、世屏反，晋宁州土酋禄昌贤亦叛，攻临安，围蒙自。蒙自凋残未起，仓储军实一无所有。驯虽力守，城卒陷。世藩既陷城，大肆杀戮，以报绿营兵之怨。独不害驯，以驯绥抚遗黎，特多善政也。驯以失土将自尽，世藩使卒轮守，驯不得间，因不死。俄而清兵至，蒙自复，世藩走，所部见驯犹多叩头涕泣而去。驯以失城被议，上官以驯不受害由廉惠所致，保升同知。去蒙自之日，士民遮道送之。

康熙十二年，贵州巡抚曹申吉续修《通志》，延驯与吴中蕃任纂辑。贵州自万历以来《通志》虽经重修，然马文光当崇祯末兵乱之际校辑不周，缺略颇多。驯既家世文学，又博通黔中掌故，举六十年事实补其散佚，数月而成，人称其博洽敏捷焉。

年七十二卒。云南祀名宦，贵州祀乡贤。所著有《回文诗》一卷，《瘦竹亭诗集》四卷，《瘦竹亭文集》八卷。又有《出岫草》，盖官蒙自时所作，取出山无心，知还不远之意，以自况也。

瘦竹亭诗叙

王奕仁

贵阳潘生文芮，携其高祖方伯公①诗稿，请②叙于余。余既叙而归之，继又以其曾大父韵人公③诗文集示余，且道公行己出处甚悉。

公幼嗜学④，登乡榜，受知于江右陈大士先生，声名藉⑤重。中年阅历沧桑，遍游京、洛、吴、楚间，所过名山大川，辄登览凭吊，触景感会，借以抒发其志气，而开拓其心胸，故其诗放旷澹逸，跌宕⑥有奇致，文亦称是⑦。盖公之学殖远过乎人，而得之游览之助者，为更深也。家居不问生产，饮酒赋诗，以渊明自况，有劝之仕者，夷然不屑也。会以荐授石屏州⑧牧，辞不就，改遵义令，又辞。观集中所载《却聘》诸启，其确乎！不拔之概亦足表见于世矣。⑨ 洎乎王师⑩平定西南，始出宰蒙自。蒙固僻邑，公因俗为治，民咸安之⑪。适苗民窃发围城⑫，城陷，而贼不敢加害，非公之

---

① 公，道光《贵阳府志·艺文略》作“君”。

② 诗稿请叙，旁批作“诗问叙”。

③ 公，道光《贵阳府志·艺文略》作“先生”，下同。

④ 公幼嗜学，旁批改作“公幼敦敏，年未冠，即以回文诗蜚声两部”。

⑤ 藉，旁批改作“益”。

⑥ 宕，道光《贵阳府志·艺文略》作“岩”。

⑦ 文亦称是，旁批删此四字。

⑧ 道光《贵阳府志·艺文略》无“州”字。

⑨ “家居不问生产，饮酒赋诗，以渊明自况。有劝之仕者，夷然不屑也。会以荐授石屏州牧，辞不就，改遵义令，又辞。观集中所载《却聘》诸启，其确乎！不拔之概亦足表见于世矣”，旁批改作“遭时艰危，隐居养母，寄意诗酒，屡荐不出。盖既知时之不可为，不肯轻于一仕，而一腔忧世忧民之念，未尝一日忘怀。其诸吟咏，发为诗歌，无非写其厌乱思治之心”。

⑩ 洎乎王师，旁批改作“洎我朝”。

⑪ 民咸安之，旁批改作“教化大行，识者谓公非百里之才，上官亦方以廉能荐”。

⑫ 适苗民窃发围城，旁批改作“乃未几，值土逆李日森之叛，窃发围城”。

德望有以素服之欤！然竟以此落职归。晚年诗益公工，其高古处有魏晋人风味，近体亦略似①陆放翁。文不多作，间有纪述，皆得《史》《汉》精髓。昔人称少陵为“诗史”，读公诗，于兴废出处之际，亦大概可见，② 所谓得游览之助而不专恃夫学殖之渊博者也。公令嗣君道子公亦有《玉树亭诗集》，足以绍公③家学。顾自方伯公后，科第蝉联，儒雅不坠，而名位都不甚显，积而有待，其将有以昌大其后乎？余既喜得见潘氏三世诗文集，而又嘉潘生表彰先人之志如是其勤且笃也，故复为之叙。

乾隆丁未中秋后一日，督黔学使华亭后学王奕仁顿首拜撰

① 亦略似，旁批改作“则酷似”。

② “于兴废出处之际，亦大概可见”，旁批改作“而明季危乱气象，犹无不昭然若揭，此岂吟风弄月、无关世道者所可同日语哉”！

③ 公，旁批改作“其”。

瘦竹亭回文诗叙

越其杰

诗有二十四品，由古至律，由律至杂，双声叠韵，郡名离合之类，未易缕数，然总不若回文之难。盖首尾反复，组织成文，又必宫商克谐，丰约合度，一似声音之先，默有此诗，而笔意偶到，适发其秘，乃能镕铸无痕，具天然之妙。不则一字有碍，一句废矣，一句有碍，一篇废矣。古今才人往往阁笔，非不欲为，不能为也。晋傅咸仅有二作，唐刘宾客集中虽载，亦不多，皮、陆间亦唱和，而所长不在①，此难可知矣。余友潘君士雅，年甫弱冠②，即饶此技，多而且速，繁音迭奏，异彩纷披，措造化于毫端，走烟云于纸上，慧性灵通，真再来人未可以雕虫小技目之也。竟君之才，他日定以文章名海内，凡有目者，无不鉴赏。乃欲以余言为元宴，正恐余言反借君诗以垂不朽耳，余幸甚！

河南巡抚③越其杰拜识

---

① 所长不在，旁批改作“实非所长”。

② 弱冠，旁批改作“成童”。

③ 巡抚后，旁批增加有“使者年愚弟”五字。道光《贵阳府志》，“河南巡抚”四字，作“崇祯甲戌仲冬望日”。

瘦竹亭回文诗叙

莫天麒

回文诗，不知何所仿，惟苏蕙璇《玑锦图》不盈尺，织诗三千余首，屈折伸缩，皆成文章，此天孙之巧，而匠心之极矣。他有作者以首尾十韵，反复成诗，或抑意以就辞，或叠辞以谐声，不纤则靡，鲜有佳者。余年世丈士雅潘君，髫龄能文，即能诗，乃诗又不作铮铮细响，奇情逸思，超人意表。而丰神跌宕，不可一世，青莲之豪迈，辋川之雅秀，迩来诸作家，不知何人可与并席也。已而出所为回文诗示余，则又翩翩有奇趣，市僚弄丸，回风舞雪，耀目莹心，未可方物，正读之，而起结中次，确乎不可易也。复读之，而起结中次，确乎不可易也。极流动而气不浮，极绰约而骨不媚，不叠床，不鹤膝，不纽合，不饾饤，居然合作。是回文而无妨于律，近体而适合于雅者也，其殆游戏四声之场，而未有涯涘者也[①]。若士雅者，可与言诗也已矣。

知禹州府知府[②]莫天麒拜识

① 也，旁批改作“乎”。

② 知府，旁批改作“事年世弟”。

瘦竹亭回文诗序

王道元

余年友黔中潘朗陵，起家木天扬，历藩臬，勋猷茂著，顷者悬车，东山养重，志莫测也。世丈士雅，鉴标俊朗，逸思雕华，文藻嗣兴，高踞词苑。偶自韶石入端，出回文诗相示，盖仿苏氏《璇玑》诸什也，粤稽鼓瑟，杨家吹箫，秦女片楮人间，香而且艳。至若三千锦字，迈古超今，有文士顾之才尽者，独士雅分制艺余晷，援毫戏拟，以戛玉敲金之响，兼回风舞雪之姿，诵之悠然，味之冷然，反复而有余芬，纵横而成异彩，形似耶，神似耶，婉娈夺词坛之帜，子衿揭闺怨之宗，真耀目莹心，芬生泓颖矣。嗟乎，裁小窗八寸之锦，回安南千里之盼，即阳台神技，藐如遗迹，怜才有甚于怜色者。金轮听政之暇，特为之记，当宗匠辈出，必勖以丹霄之价，知将为上国奇珍矣。瀛岛君家，故物无虑，玉山青鸟，仙使难通也。

年世弟王道元识

回文诗[1]三十首上平回下平，下平回上平

一东回用一先

篇诗草罢倚帘栊，小鉴方池映碧空。褰帐冷香幽郁馥，倦眠春日晓昽曈。烟寒喜鸟啼深绿，雨夜知花落尽红。妍翠柳堤平入望，天晴敞座拂微风。

风微拂座敞晴天，望入平堤柳翠妍。红尽落花知夜雨，绿深啼鸟喜寒烟。曈昽晓日春眠倦，馥郁幽香冷帐褰。空碧映池方鉴小，栊帘倚罢草诗篇。

二冬回用二萧

潮归望说故人逢，久别悬知自抚胸。杓转斗移三滴漏，烬残灯尽数声钟。娇怜月冷孤留影，惜见花深病减容。腰瘦怯寒春夜半，遥思静听彻鸣蛩。

蛩鸣彻听静思遥，半夜春寒怯瘦腰。容减病深花见惜，影留孤冷月怜娇。钟声数尽灯残烬，漏滴三移斗转杓。胸抚自知悬别久，逢人故说望归潮。

三江回用三肴

嘲吟懒尽酌寒缸，好日斜时望远江。梢柳啭声莺款款，叠巢将子燕双双。爻重卜罢焚香篆，玉弄歌残听调腔。敲乱磬音幽榻晚，郊晴面面对虚窗。

窗虚对面面晴郊，晚榻幽音磬乱敲。腔调听残歌弄玉，篆香焚罢卜重爻。双双燕子将巢叠，款款莺声啭柳梢。江远望时斜日好，缸寒酌尽懒

① 回文诗，前三首《潘氏八代诗集》缺，据《黔风鸣盛录》补。《黔风鸣盛录》只有上篇，无回文，按《潘氏八代诗集》体例，特将回文部分补出。

吟嘲。

四支回用四豪

舠轻试拟[1]戏涟漪，水满池经几别离。高阁夜声风细细，暮原春色草萋萋。毫挥赋[2]就拈香瓣，绣刺闲来结带丝。劳思苦看清[3]影瘦，涛倾泪尽数寒脂。

脂寒数尽泪倾涛，瘦影清看苦思劳。丝带结来闲刺绣，瓣香拈就赋挥毫。萋萋草色春原暮，细细风声夜阁高。离别几经池满水，漪涟戏拟试轻舠。

五微回用五歌

娥眉淡扫坐深帏，暑盛消香汗湿衣。萝薜隐阶幽冉冉，藻苹浮涧浅依依。珂鸣听马嘶芳草，曲奏闻蝉怨落晖。螺髻拥青山锁黛，过窗小雨带云飞。

飞云带雨小窗过，黛锁山青拥髻螺。晖落怨蝉闻奏曲，草芳嘶马听鸣珂。依依浅涧浮苹藻，冉冉幽阶隐薜萝。衣湿汗香消盛暑，帏深坐扫淡眉娥。

六鱼回用六麻

茶新啜罢理妆梳，湿鬓香寒睡起初。霞绮散光江灿锦，彩云飞驭日翻车。斜窗倚遍纫蘅藻，冷翠啼[4]残望帛书[5]。花落满阶闲立伫，华年惜别怅欷歔。

歔欷怅别惜年华，伫立闲阶满落花。书帛望残啼翠冷，藻蘅纫遍倚窗斜。车翻日驭飞云彩，锦灿江光散绮霞。初起睡寒香鬓湿，梳妆理罢啜新茶。

---

① 拟，旁批改作“泛”，《黔风鸣盛录》不改，下同。

② 赋，旁批改作“急”。

③ 清，旁批改作“惊”。

④ 冷翠啼，旁批改作“短烛烧”。

⑤ 帛书，旁批改作“雁鱼”。

七虞回用七阳

光容减尽望欢娱①，恨锁眉来信有无。塘小聚萍春泛鸭，树高飞月夜惊乌。狂夫恨却②抛遗③剑，贱妾惭多缀敝襦。堂下懒行闲脉脉，妆新巧态怨④情孤。

云庵评：（颔联）调新采丽。

孤情怨态巧新妆，脉脉闲行懒下堂。襦敝缀多惭妾贱，剑遗抛却恨夫狂。乌惊夜月飞高树，鸭泛春萍聚小塘。无有信来眉锁恨，娱欢望尽减容光。

八齐回用八庚

盈盈独槛倚亭西，晚对⑤愁多恨鸟啼。征雁几行分月冷，远山千叠乱云迷。琤琮奏响流弦管，沥淅悲风振鼓鼙。清梦觉来秋夜永，檠灯剔罢绣帐⑥低。

云庵评：（首、颔联）善于写景，稳中带秀。

低帐绣罢剔灯檠，永夜秋来觉梦清。鼙鼓振风悲淅沥，管弦流响奏琮琤。迷云乱叠千山远，冷月分行几雁征。啼鸟恨多愁对晚，西亭倚槛独盈盈。

九佳回用九青

亭幽绕槛碧云埋，湿浸苔花踏小鞋。青抹乱翻鸦似鬓，玉簪斜舞凤为钗。蓂新换叶霜飞砌，柳败惊寒雨滴阶。醒眼望残秋寂寂，汀兰野草茂思⑦怀。

---

① 欢娱，旁批改作“遥途”。
② 恨却，旁批改作“怨久”。
③ 遗，旁批改作“长”。
④ 怨，旁批改作“媚”。
⑤ 晚对，旁批改作“日落”。
⑥ 帐，《黔风鸣盛录》作“帷”。
⑦ 草茂思，旁批改作“菊弄愁”。

怀思茂草野兰汀，寂寂秋残望眼醒。阶滴雨寒惊败柳，砌飞霜叶换新蓂。钗为凤舞斜簪玉，鬓似鸦翻乱抹青。鞋小踏花苔浸湿，埋云碧槛绕幽亭。

云庵评：回读更巧。

十灰回用十蒸

灯孤伴影落残煤，未解愁添强酌杯。凝霰积花檐合冻，暖阳回律管吹灰。冰壶玉映清心素，泪烛银销怨调哀。澄碧一天寒断雁，凭谁远寄好音来。

来音好寄远谁凭，雁断寒天一碧澄。哀调怨销银烛泪，素心清映玉壶冰。灰吹管律回阳暖，冻合檐花积霰凝。杯酌强添愁解未，煤残落影伴孤灯。

十一真回用十一尤

侯封觅去教谁嗔，远望人归已暮春。骝紫踏花残北苑，蝶狂牵絮落东邻。楼危映水飞虹断，岸曲连江过雨新。收泪暗脂残粉剩，愁多照镜对眉颦。

颦眉对镜照多愁，剩粉残脂暗泪收。新雨过江连曲岸，断虹飞水映危楼。邻东落絮牵狂蝶，苑北残花踏紫骝。春暮已归人望远，嗔谁教去觅封侯。

十二文回用十二侵

琴弹怨曲几声闻，苦调同心妾意①君。阴转月华秋吐桂，黛连山色野铺云。砧寒捣素衣沾泪，鼎古焚香案染芬。衾封影孤人寂静②，临登倦坐晚愁分③。

分愁晚坐倦登临，静寂人孤影封衾。芬染案香焚古鼎，泪沾衣素捣寒

① 意，《黔风鸣盛录》作“忆”。

② 寂静，旁批改作“寂寂”。

③ 临登倦坐晚愁分，旁批先改作“深情寄锦织回文”，又改作“吟呻独坐晚愁纷”。

砧。云铺野色山连黛，桂吐秋华月转阴。君意妾心同调苦，闻声几曲怨弹琴。

十三元回用十三覃

函愁旧泪湿新痕，远路遥天绕梦魂。南浦咽声寒笛弄，北邻喧呗晚经翻。三更听彻啼鹃瘦，只影悲残照月昏。簪上髻来羞色丽，探幽懒种万花园。

园花万种懒幽探，丽色羞来髻上簪。昏月照残悲影只，瘦鹃啼彻听更三。翻经晚呗喧邻北，弄笛寒声咽浦南。魂梦绕天遥路远，痕新湿泪旧愁函。

十四寒回用十四盐

檐前噪鹊报声欢，久伫凭栏夜景残。帘卷半窗芸案冷，锦裁新①袖翠衫单。纤钩月影烟迷岫，小叶荷珠露滴盘。添恨晚灯孤对坐，淹留客路远漫漫。

漫漫远路客留淹，坐对孤灯晚恨添。盘滴露珠荷叶小，岫迷烟影月钩纤。单衫翠袖新裁锦，冷案芸窗半卷帘。残景夜栏凭伫久，欢声报鹊噪前檐。

云庵评：回得工妙。

十五删回用十五咸

缄情怨满泪潸潸，夕永虚亭晚坐闲。帆过远洲横积水，月悬孤镜照空山。衫轻拂树飞岚翠，步浅移阶响佩环。衔雨暮云阴霭杳，岩高绣嶂列前湾。

湾前列嶂绣高岩，杳霭阴云暮雨衔。环佩响阶移浅步，翠岚飞树拂轻衫。山空照镜孤悬月，水积横洲远过帆。闲坐晚亭虚永夕，潸潸泪满怨情缄。

① 新，旁批改作“双”。

一先回用一东

从芳万树野迷烟，倦鸟归巢傍月眠。空阁晚凉生细簟，小亭幽夕咽新蝉。风回舞线轻飘柳，蒂并闻[①]香暗度莲。笼盖翠深花径浅，栊帘拂袖锦躚翩。

翩躚锦袖拂帘栊，浅径花深翠盖笼。莲度暗香闻并蒂，柳飘轻线舞回风。蝉新咽夕幽亭小，簟细生凉晚阁空。眠月傍巢归鸟倦，烟迷野树万芳丛。

二萧回用二冬

浓阴写影竹森萧，缓步闲情怨夜遥。封翠晚山分雨小[②]，绣苔深径落花飘。慵妆病靥双奁镜，醉墨题诗几叶蕉。重幕卷来香雾湿，溶溶月杳凤台箫。

张大有评：一结清景远神，非食人间烟火气。

箫台凤杳月溶溶，湿雾香来卷幕重。蕉叶几诗题墨醉，镜奁双靥病妆慵。飘花落径深苔绣，小雨分山晚翠封。遥夜怨情闲步缓，萧森竹影写阴浓。

三肴回用三江

双莺语[③]树喜[④]交交，满路垂杨绿映郊。龙吠近村依水岸，燕栖高栋傍云巢。腔翻笛韵梅残落，局半[⑤]棋声竹乱敲。窗倚夕阳辽望远，幢幡数罢听歌铙。

铙歌听罢数幡幢，远望辽阳夕倚窗。敲乱竹声棋半局，落残梅韵笛翻腔。巢云傍栋高栖燕，岸水依村近吠龙。郊映绿杨垂路满，交交喜树语莺双。

---

① 蒂并闻，旁批改作“雨过含”。

② 封翠晚山分雨小，旁有“春碓远溪流水过”，回句旁亦有，似有改句之意。

③ 语，旁批改作“度”。

④ 喜，旁批改作“语”。

⑤ 半，旁批改作“弄”。

四豪回用四支

迟迟日卷昼帘高，折尽荷花荡小舠。欹翠鬓丝青湿雾，绕尘歌扇锦翻桃。池窥鹭影新开镜，雨带松声远送涛。眉画懒添羞[①]粉黛，知心别后梦思劳。

傅确园曰：从“岂无膏沐”诗会得。

劳思梦后别心知，黛粉羞添懒画眉。涛送远声松带雨，镜开新影鹭窥池。桃翻锦扇歌尘绕，雾湿青丝鬓翠欹。舠小荡花荷尽折，高帘昼卷日迟迟。

五歌回用五微

飞飞戏蝶怨情多，静[②]影疏帘映绿莎。微月夜窥愁态媚，暖风春舞醉颜酡。菲芳苑里堆红紫，熳烂花中队绮罗。稀见梦来年却度，归期数尽蹙眉蛾。

蛾眉蹙尽数期归，度却年来梦见稀。罗绮队中花烂熳，紫红堆里苑芳菲。酡颜醉舞春风暖，媚态愁窥夜月微。莎绿映帘疏影静，多情怨蝶戏飞飞。

六麻回用六鱼

疏风冷露透窗纱，薄袂惊秋倚槛斜。虚碧浸寒霜似月，彩红飞湿水沈霞。梳鬟巧样新裁鬓，曲艳翻歌漫落花。[③] 书素托情遥怅怅，初回雁影过天遐。

遐天过影雁回初，怅怅遥情托素书。花落漫歌翻艳曲，鬓裁新样巧鬟梳。霞沈水湿飞红彩，月似霜寒浸碧虚。斜槛倚秋惊袂薄，纱窗透露冷风疏。

---

① 羞，《黔风鸣盛录》作“差”。

② 静，旁批改作“透”。

③ “梳鬟巧样新裁鬓，曲艳翻歌漫落花”，旁批改作“鱼游沼面萍生浪，鸟弄园中树落花”，眉批改作“鱼多戏沼新摇浪，鸟众穿林满落花”。

七阳回用七虞

途长隔绝信茫茫，远去思郎①为断肠。孤塞暮笳吹日落，乱林枫叶拥云黄。炉熏暖砚呵凝冻，蘂放寒梅爱淡香。珠泪滴残吟思②苦，襦罗冷静夜来霜。

霜来夜静冷罗襦，苦思吟残滴泪珠。香淡爱梅寒放蘂，冻凝呵砚暖熏炉。黄云拥叶枫林乱，落日吹笳暮塞孤。肠断为郎思去远，茫茫信绝隔长途。

八庚回用八齐

凄凄漏永夜窗明，落叶③飘阶滴露轻。迷砌冷烟凝瘦菊，满枝新绿缀香橙。闺中织杼丝萦恨，阁后调笙玉咽声。啼泪湿红沾袖翠，西楼挂月望鸡鸣。

鸣鸡望月挂楼西，翠袖沾红湿泪啼。声咽玉笙调后阁，恨萦丝杼织中闺。橙香缀绿新枝满，菊瘦凝烟冷砌迷。轻露滴阶飘叶落，明窗夜永漏凄凄。

九青回用九佳

阶空立④影鹤梳翎，片片云来晚径青。排阵远天横过雁，乱星疏水度飞萤。怀秋淡素抛纨扇，梦旧凄寒掩翠屏。钗玉冷残烧烛短，斋幽坐倦绣针停。

停针绣倦坐幽斋，短烛烧残冷玉钗。屏翠掩寒凄旧梦，扇纨抛素淡秋怀。萤飞度水疏星乱，雁过横天远阵排。青径晚来云片片，翎梳鹤影立空阶。

---

① 远去思郎，旁批改作“别久思君”。

② 思，旁批改作“调”。

③ 落叶，旁批改作“叶落”。

④ 立，旁批改作“弄”。

十蒸回用十灰

裁缝倦后倚[①]楼凭，丽影朝烟远望凝。梅熟雨阴清簟暑，竹含[②]风韵冷绡冰。台琴动响流云遏，箧镜生尘暗泪增。来去任狂蜂与蝶，苔阶隐树碧阴澄[③]。

澄阴碧树隐阶苔，蝶与蜂狂任去来。增泪暗尘生镜箧，遏云流响动琴台。冰绡冷韵风含竹，暑簟清阴雨熟梅。凝望远烟朝影丽，凭楼倚后倦缝裁。

十一尤回用十一真

尘香绕榻半亭幽，镜对寒妆黯别愁。颦翠压钿花样小，缕青垂带柳枝柔。嶙嶙瘦石悬危壁，漾漾轻波浴懒鸥。新露滴桐疏雨过，银床一叶落初秋。

秋初落叶一床银，过雨疏桐滴露新。鸥懒浴波轻漾漾，壁危悬石瘦嶙嶙。柔枝柳带垂青缕，小样花钿压翠颦。愁别黯妆寒对镜，幽亭半榻绕香尘。

十二侵回用十二文

熏兰郁起篆香沈，冷阁春余理线针。云去似郎羞幸薄[④]，水流如妾怨[⑤]愁心。分林隔月烟[⑥]峦秀，远寺传钟晚涧深。曛带夕阳残照返，芬芳弄色树留阴。

阴留树色弄芳芬，返照残阳夕带曛。深涧晚钟传寺远，秀峦烟月隔林分。心愁怨妾如流水，薄幸羞郎似去云。针线理余春阁冷，沈香篆起郁兰熏。

---

① 后倚，旁批改作“坐小”。
② 含，旁批改作“摇”。
③ 阴澄，旁批改作“澄澄”。
④ 幸薄，旁批改作“薄态”。
⑤ 怨，旁批改作“恨”。
⑥ 烟，旁批改作“孤”。

十三覃回用十三元

暄寒久别恨愁谙，裹裹[1]垂丝绿鬓鬖。猿啸暮闻惊滴泪，雁归秋寄远封函。温香玉艳花临座，淡影霜痕月印潭。门掩夕烽烟散乱，昏黄落雨过江南。

南江过雨落黄昏，乱散烟烽夕掩门。潭印月痕霜影淡，座临花艳玉香温。函封远寄秋归雁，泪滴惊闻暮啸猿。鬖鬓绿丝垂裹裹，谙愁恨别久寒暄。

十四盐回用十四寒

攒峰翠黛敛眉尖，聚散生憎默恨添。寒墨点波秋淡淡，秀[2]脂凝腕玉纤纤。檀栴染帖香分笔[3]，带绣悬钩月挂帘。残雁北归春断望，餐眠废久病情恹。

恹情病久废眠餐，望断春归北雁残。帘挂月钩悬绣带，笔分香帖染栴檀。纤纤玉腕凝脂秀，淡淡秋波点墨寒。添恨默憎生散聚，尖眉敛黛翠峰攒。

十五咸回用十五删

湾前绿水一归帆，目极朝云接翠岩。山远带烟回嶂合，树芳堆锦簇花嵌。闲窗倚石欹寒枕，曲槛飞岚浸薄衫。颜改几年频恨别，还期梦后寄书缄。

张大有曰：回文诗只在虚字、活字用得稳洽，此首已尽字法之妙。

缄书寄后梦期还，别恨频年几改颜。衫薄浸岚飞槛曲，枕寒欹石倚窗闲。嵌花簇锦堆芳树，合嶂回烟带远山。岩翠接云朝极目，帆归一水绿前湾。

---

① 裹裹，旁批改作“袅袅”。

② 秀，旁批改作“嫩”。

③ 檀栴染帖香分笔，旁批改作“檀香染案烟拖袖”。

此余髫年[①]时作也。是时先大夫日课举子业，不令作诗，未敢以示人。偶父执莫瑞明先生见而称之，遂命之梓，兵燹之后，原本尽失，不复记忆一字。往年余友李友白自滇肆中抄得一本见寄，展卷怃然，不胜今昔之感。回思当日，萤案咿唔，鲤庭趋对，情景如在目前，不忍弃也，故复为杀青以行。

① 年，旁批改作“龄”。

瘦竹亭诗跋

潘淳

《瘦竹亭诗》，四卷，为吾族叔祖韵人公[①]所著，族侄正也属予校订。公生而颖异过人，读书五行齐下，甫[②]弱冠，即以回文诗三十首驰誉寰中。登贤书后[③]，遭时艰屯，恣情[④]诗酒，有终焉之志[⑤]。我国初[⑥]定鼎，筮仕得蒙自令[⑦]，弦歌之化方兴，旋以土贼跳梁，诖误归里。生平所经，人世之悲欢离合，山川之名宅奥区，下逮花晨月夕，草虫风露，兴会所至，一发于诗。而其诗清挺拔俗，如游渭川。檀栾千顷，笼烟带雨，不知襟怀之何以洒濯也。又如入筼筜谷，凤尾飘飘，凌云[⑧]琅玕，戛击鸣金石，吴仲珪不能写其清姿，响泉不能谱其逸韵也。明诗一变，而为崆峒，北地再变，而为历下弇山，三变而为竟陵，一时士大夫解为声诗者，出乎此即入乎彼，于是古学丧其根干，流俗沸其蜩螗，鸟空鼠即，诚有如钱受之所讥者。公生当其时[⑨]，不沿洄于俗学，而根柢古人，直摅襟抱，可不谓卓然能自树立者哉。余讽诵再四，稍有删汰，良由公以“瘦竹”名其亭，即以“瘦竹”况其诗。疏影劲节，数百竿与千竿等耳。王右丞藻思泉飞，襟情云散，而其生平所为诗，不过三百余首，方诸谪仙、杜陵，宁多让耶？因语正也，原本与删本子俱付

① 公，道光《贵阳府志·艺文略》作“先生”，下同。

② 甫，旁批改作“未”。

③ 登贤书后，旁批删去此四字。

④ “恣情”前，旁批增“乡举不仕，隐居养母”八字。

⑤ 有终焉之志，旁批删去此五字。

⑥ 我国初，旁批改作“我朝”，道光《贵阳府志·艺文略》无“我”字。

⑦ 筮仕得蒙自令，旁批改作“征令蒙自”。

⑧ 云，道光《贵阳府志·艺文略》作“雪”。

⑨ 时，旁批改作“际”。

袭谨藏，天壤不乏牙旷，或不纰缪余言矣。

时乾隆三年岁在戊午菊月，翰林院检讨狮岭族侄孙淳盥手[①]敬题

① 盥手，道光《贵阳府志·艺文略》无此二字。

五言古

石上古松[1]

群木皆丽土，兹独附于石。结根数百年，离奇一千尺。只缘性孤高，不妄受膏液。岂无软美乡，爱此崚嶒骨。臭味深相投，胶漆永不释。比及历岁时，遂难辨主客。树以盘益固，石以荫弥泽。唯能具古心，相助成奇迹。

《黔风》眉批： 寓意毫无芜杂。

寄题程石门远山亭[2]

昔人爱修眉，况之以远山。扬且不可即，秀色留人寰。吾友烟霞姿，意在山水间。作亭选佳丽，群峰之所环。美人朝暮来，娟娟弄烟鬟。苍翠滴几席，不必劳跻攀。岂独政整暇，亦由神安闲。我有爱山癖[3]，一往常忘还。安得坐兹亭，长啸纵天顽。他时或乘兴，应门莫上关。

冬夜自起看月[4]

人言冬月冷，我爱冬月孤。月亦知我心，娟娟下庭隅。林疏影不留，霜清神更癯。是时群动息，有色皆虚无。岂意尘浊间，得此智慧珠。一啸裂寒云，天地为之殊。道念未遑萌，而况忧与虞。

---

① 辑自《黔风》《黔风鸣盛录》《全黔诗萃》。

② 辑自《黔风》《黔风鸣盛录》《全黔诗萃》，道光《贵阳府志》题目中无“寄”字。

③ 道光《贵阳府志》“我有爱山癖”前有“胸中具邱壑，于此见一斑”二句。

④ 辑自《黔风》《黔风鸣盛录》《全黔诗萃》。诗题，《黔风鸣盛录》作“冬夜看月”。

春日闲步[①]

春风吹百昌[②]，草木自茬苒。夜来微雨过，新绿忽已满。幽事恍在目，高兴不暇懒。策杖失嵚崟，放脚无近远。才觉经平畴，倏复[③]登绝巘。匡居[④]喜石危，信步[⑤]爱莎软。更逢田野叟，共话桑麻晚。朴语寡差池，真景陋妆点。初暾已出门，日入犹未返。杂花开不歇，好鸟啼[⑥]渐缓。应接应[⑦]忘疲，清享赤[⑧]云腆。

十日小集遣怀[⑨]

佳晨与好友，兼之良亦难。昨日快登临，幽兴犹未殚。朝来雨初霁，寥寥天宇宽。数峰落庭前，苍翠若可餐。更有含霜枝，偏翻弄金丸。妆点成秋容，未觉春花繁。留连爱光景，开尊邀所欢。倾倒忘日夕，善谑增波澜。诸子烟霞姿，臭味如芳兰。出处虽不同，共保此岁寒。伊余抱远心，区区一寸丹。鸿雁久不来，回首欲阑珊。安得南阳菊，一食生远翰。

重安江看晓雾[⑩]

好奇恣远游，所贵于意适。日行崎岖中，反令心眼窄。早起[⑪]雨初霁，万壑晨光幕。仿佛洞庭秋，际天惟一碧。日月忽已荒，陵谷浑无迹。伟哉元化功，遂使夷险易。补燮关至理，何须炼奇石。我欲往采真，苦乏凌风翮。

---

① 辑自《黔风》《黔风鸣盛录》《全黔诗萃》。

② 春风吹百昌，《全黔诗萃》作“拂面春风吹”。

③ 复，《全黔诗萃》作“忽”。

④ 匡居，《黔风鸣盛录》作“贪奇”。

⑤ 信步，《黔风鸣盛录》作“小立”。

⑥ 啼，《黔风鸣盛录》作“啼”。

⑦ 应，《全黔诗萃》作“欲”。

⑧ 赤，《全黔诗萃》作“亦”。

⑨ 辑自《黔风鸣盛录》。

⑩ 辑自《黔风鸣盛录》《全黔诗萃》。《全黔诗萃》题中无“看”字。此诗，《全黔诗萃》只有前八句。

⑪ 早起，《全黔诗萃》作“江上”。

须臾失所在，惆怅车马客。

拟读曲[①]

但存朴实心，何用指沧海。琢玉作连环，怜欢不能解。痴心望欢来，开门长引领。微风吹却灯，不使侬见影。小婢不解事，烧灯照明月。顾见侬影双，疑是欢在侧。昔与欢相约，将逾寒暑期。司天错历日，误侬非一时。

早起登东山[②]

系余遭世乱，窘迫非一状。独有山水缘，梦寐不能放。无才合幽栖，岂曰抱微尚。迩日秋正清，诸峰竞殊相。泺[③]墨两三重，拔翠几千丈。奇光入我怀，高兴遂难量。晨起揽衣裾，历历穿林上。四际天宇宽，元气恣洸漾。忽讶青山移，始知白云涨。少焉发初暾，明媚互争让。恰似丹砂丸，跃出碧瑶盎。暂领心颜开，久坐形神畅。天地尚干戈，风尘日凋丧。世俗[④]固称险，江海未云旷。安得生羽翰，直往凌元阆。

曹官堡山居[⑤]

山林称小隐，遗事敢差池。向子游输早，渊明归未迟。净锄瓜蔓草，疏插菊花篱。邱壑饶新趣，闲身尽可私。犹喜双眸豁，闲中阅岁华。入窗峰易瞑，傍屋树多斜。燕拙巢危幕，蜂迷扑画纱。病身甘寂寂，开落任繁花。冥心暂物外，匿影且林中。近水无多碧，幽花别样红。世情看野马，老眼送飞鸿。境地知何似，云埃点太空。韵事何常废，虽贫境较清。僦居还种竹，有客共班荆。高致贪朝爽，佳游重晚晴。如斯消暇日，或不负浮生。高卧寡尘事，经时只闭门。山深春不暮，岚重昼常昏。元草幽人宅，桃花处士村。但求身可隐，心迹不遑论。

---

① 辑自《黔风鸣盛录》。

② 辑自《黔风》《黔风鸣盛录》、道光《贵阳府志》。《黔风鸣盛录》题作“早起登山”。

③ 泺，《黔风鸣盛录》、道光《贵阳府志》作“泼”。

④ 俗，《黔风鸣盛录》作“路”。

⑤ 辑自道光《贵阳府志》。

七言古

还山作和罗宣子①

家山久别人如雨，此日还山山有主。朝瞰听鸟出柴门，夕阳领鹤行花坞。数竿疏竹长龙孙，半架葡萄垂马乳。有时风卷云去尽，峰峦一一落庭庑。更无俗物败人意，已觉眼前见太古。邻翁真率日往来，开樽②杂坐吐③肺腑。怪我区区恋风尘，几回怅望隔南浦。入林把臂堪一笑，抱琴拟为翻新谱。回首低眉束带时，今何洒落昔何苦。短④笻双屐未为惫，残书短褐非全窭。老妻酿酒胜琥珀，孙儿学语似鹦鹉。须臾客去恣醉眠，翛然一梦到天姥。

《黔风》眉批：诗亦几欲眼前太古。

黔有竹实之异闻，所在居民颇采食，歌以纪之⑤

黔民艰食生机促，天遣琅玕化种稑。粒似真珠色如玉，薄言采采动盈掬。舂揄簸蹂须臾熟，浮浮渐上腾清馥。我曹取之果饥腹，咽喉开美精神足。轻飞径欲登真箓，奚事芝田仙药斸。尝闻有邰植嘉谷，此种胡遗在空谷。又闻长离不啄粟，来非其时何碌碌。始信九工重亭毒，未忍苍黎坠沟渎。贶兹灵实资陶育，污邪不待豚蹄祝。至理由来有往复，含哺安得康衢曲，乘沴潜消调玉烛。

---

① 辑自道光《贵阳府志》、《黔风》、《黔风鸣盛录》、《全黔诗萃》。

② 樽，道光《贵阳府志》作“尊”。

③ 吐，道光《贵阳府志》作“倾”。

④ 短，《全黔诗萃》作“孤”。

⑤ 辑自道光《贵阳府志》。

黔农叹[①]

前日苦雨今苦旱，低田色喜高田怨。桔槔搰搰不敢休，一滴如膏忍滋漫。自从烽火生四郊，虽无禾稼亦征苗。安得五日一风十日雨，人含其哺腹可鼓。

星回节行[②]

蒙城六月无炎暑，夜夜凉飔拂庭树。二十五日昏火中，闭阁闲居歙清醑。忽闻四面尽欢呼，俄见赤光耀天宇。不夜城头落日红，烛龙冲照应如许。呼童策马走康庄，六街三市何辉煌。束松列炬齐然火，火烈脂流满城香。欣看此夜人相乐，千门歌管声铿锵。争道床头新酒热，酌兕调弦夜未央。城中火树花如霰，城外朱烟起方甸。翕赩千峰似画图，滟滟湖光澄素练。疑是长杨大合围，山空野烧从风转。亦如边塞报平安，夕烽万里遥相见。相传阿南赴火死，此日年年常罢市。还余一炬吊贞魂，贞魂化作磷光紫。或言武侯征蛮濮，庭燎欢迎歌且祝。千载风流说卧龙，火照蛮碑苔藓绿。厥后六诏齐称王，中有蒙氏为虎狼。奸雄叵测假宴会，一簪摧残五部亡。忆我尝读南诏史，不知此俗何时始。子夜喧阗举国狂，逐疫焚虫古如此，须臾云拥山头月，星火依稀半明灭。荒城无复上元灯，良宵只有星回节。

朱夫子铁桥胜迹歌[③]

盘江西来是何年，巨灵劈破群山巅。下汇千丈溪，上悬一线天。秋风起兮春水涨，瘴烟毒雾和蛟涎。五色迷离马头起，行人毛骨皆森然。浪花喷雪怒雷走，龙颔鱼腹多颠连。开辟经今几千载，过者岂无圣与贤。争言补天不补地，坐看往来赤子沦深渊。天情恻皇心喟命，公来霖荒裔浩气。能令山灵开精诚，曾对江神誓镕金。络铁宝轴寒人巧，天工一齐至轮啼。驾汉稳不

---

① 辑自道光《贵阳府志》。

② 辑自宣统《续蒙自县志》卷十一《艺文·诗》。

③ 辑自《铁桥志书》。

惊，补尽世间缺陷事。君不见秦王鞭石梁，沧海如填精卫无津涯。亦有架鼍与浮鳖，横倚略彴徒逶迤。诸葛澜江有神迹，差可比拟无其奇。势如飞来欲凌高空翔，鸟不度鲛人所宫。奇形瑰状不可以悉数，但觉笔舌难形容。或如楼台结蜃气，或如绝壑垂长虹。或如织女填乌鹊，或如仙人乘鸾龙。万叠荒峦尽西鹜，忽辟异境嵯峩中。经过到此耳目改，停驺驻辖披长风。或如逗入蘂珠阙，冰题银榜光玲珑。或如春游锦绣谷，千溪万涧花蒙茸。或如久客还家得即次，或如登岸逍遥不知波涛之悸恟。吁嗟乎！形胜胡为若兹雄，人不识无乃造化之奇功。古来覆踬日相继，饥溺繇已公之志。博望仙槎未足矜，傅岩舟楫元堪济。从此铜标屹八番，贡琛永达西南藩。始知天险不足惧，唯有至诚可以通。乾坤我来游壮颜，色快登临忘行役。陋相如，思黄石，美神功，歌明德，明德浩荡如江波。千秋万岁同山河，而我无才可若何？吁嗟乎！聊为系楫盘江歌。

五言律

水边[1]

远郭春容淡，临流幽事便。[2] 野航轻过叶，新水碧于天。意钓全鱼乐，忘机信鹭眠。停桡花影下，致较武陵偏。

怀友[3]

不眠当永夕，散步激清音。之子今[4]何许，伊余劳此心。碧云秋一片，黄叶暮千林。独鹤长凝望，惊霜怨已深。

《黔风》眉批：晚唐遗音。

病起[5]

一从亲药裸[6]，不觉改居诸。黄叶催秋老，幽花慰病余。朝衣思故褐，夜榻记忘书。镜里惊相避，翻疑不是余。

《黔风》眉批：病起实有此况。

孤行同野鹤，间出吠家厖。苦趣静[7]中少，尘心淡后降[8]。小疲聊隐几，微冷不开窗。独有怜余影，灯前共一双。

《黔风》眉批：字字入骨，写出凄凉苦况。

---

① 辑自《黔风》《黔风鸣盛录》《全黔诗萃》。

② “远郭春容淡，临流幽事便”，《全黔诗萃》作“绕郭春光好，还宜在水边”。

③ 辑自《黔风》《全黔诗萃》。

④ 今，《全黔诗萃》作“杳”。

⑤ 辑自《黔风》《黔风鸣盛录》《全黔诗萃》。

⑥ 裸，《黔风鸣盛录》作“裹”。

⑦ 静，《全黔诗萃》作“闲”。

⑧ 尘心淡后降，《全黔诗萃》作“雄心病后降”。

春日山行[①]

出郭始知春，山行事事新。烧痕青欲遍，烟景腻初匀。采蕨怜[②]游女，耕畬羡野人。前林花艳处，村落自成邻。

晚出[③]

迩日谙岑[④]寂，行吟亦自便[⑤]。饥乌喧老树，倦犊卧荒田。地僻惊秋早，山平得月先。夜阑犹未返[⑥]，归袖湿寒烟。

《黔风》眉批：句句是晚出。

送友[⑦]

尊酒临岐意，未行先订归。春随游子去，花与素心违。独鹤依人立，寒虫绕烛飞。风光多误客，莫忘故山薇。

雨过[⑧]

灵[⑨]雨膏春野，幽人启荜[⑩]扉。水光遥自活，云势重难飞。笠镈崇朝出[⑪]，纶竿向晚归。犹然[⑫]耕与钓，不敢慕山薇。

《黔风》眉批：妙景欲活。

---

① 辑自《黔风》《全黔诗萃》。

② 怜，《黔风》作“邻”，一诗中有二“邻”字，显误，据《黔风鸣盛录》改。

③ 辑自《黔风》《黔风鸣盛录》《全黔诗萃》。

④ 岑，《全黔诗萃》作“幽”。

⑤ 自便，《全黔诗萃》作“偶然”。

⑥ 未返，《全黔诗萃》作“独步”。

⑦ 辑自《黔风》《黔风鸣盛录》《全黔诗萃》。

⑧ 辑自《黔风》《全黔诗萃》。

⑨ 灵，《全黔诗萃》作“一”。

⑩ 荜，《全黔诗萃》作“竹”。

⑪ 笠镈崇朝出，《全黔诗萃》作“蓑笠侵晨出”。

⑫ 犹然，《全黔诗萃》作“依然”。

春日社集，值雨，留宿山寺二首[①]

友朋难聚会，信宿亦良缘。老我唯浮白，多君能草元。山从烟外落，花向雨中偏。卜夜休辞倦，留欢动隔年。

同人犹暇豫，选地得幽偏。云满山中寺，寒生夜半天。钟声醒雁[②]梦，雨气带蛟涎。记取连床语，他时忆[③]惘然。

秋晴[④]

每到深秋候，常多积晦天。讵期昨夜雨，散作满林烟。红叶沿溪寺，黄云带郭田。佳时不易得，暂醉菊花前。

早行[⑤]

驱车残月在，小聚未鸣鸡。客子魂方悄，居人梦正迷。乱峰云里路，寒响雾中溪。何事怪[⑥]乘险，空山不肯栖。

上巳日舟中[⑦]

旷[⑧]望宜山色，佳晨况水边。人[⑨]风交楚甸，客梦怅黔天。雨冷疑春浅，花稀觉地偏。遥知竹林下，相忆定相怜。

---

① 辑自《黔风》《全黔诗萃》。
② 雁，《全黔诗萃》作“鹤”。
③ 忆，《全黔诗萃》作“意”。
④ 辑自《黔风》《黔风鸣盛录》《全黔诗萃》。
⑤ 辑自《黔风》《全黔诗萃》。
⑥ 怪，《黔风鸣盛录》作“轻”。
⑦ 辑自《黔风》《黔风鸣盛录》《全黔诗萃》。
⑧ 旷，《全黔诗萃》作“野”。
⑨ 人，《全黔诗萃》作“民”。

雨[1]

一雨淡秋色，千家[2]生暮[3]烟。寒城孤雁外，远浦片帆边。今古同为客，游栖别有缘。湖湘清绝地，凭吊亦凄然。

秋日和李玉庵韵四首[4]

望中秋色淡，倚槛自[5]依依。渐薄云难定，将还鸟倦飞。酒狂思旧社，官拙想初衣。却愧陶居士，初[6]来便赋归。

敢言仙作令，休怪府称蛮。顾影客中客，怀乡山外山。寒温惟自慰，出处竟何关。诗涩囊应减，从人咲老悭。

乍听嚣声寂，始知秋夜清[7]。月华浮旷野，岚气覆[8]荒城。宅土鸿方集[9]，眠郊犬不惊。庭间[10]无一事，吏隐任相[11]名。

萝深荒署冷，月过半庭阴。有鹤只[12]孤影，无虫独[13]苦吟。寒声[14]刚到[15]梦，秋意尽归林。自顾何为者，悠悠千里心。

---

① 辑自《黔风》《黔风鸣盛录》《全黔诗萃》。雨，《全黔诗萃》作“秋雨”。

② 家，《全黔诗萃》作“林”。

③ 暮，《黔风鸣盛录》作“墓”，误。

④ 辑自《黔风》《黔风鸣盛录》《全黔诗萃》，第一首又见《黔诗纪略后编》。

⑤ 自，《全黔诗萃》作“日”。

⑥ 初，《全黔诗萃》作“新”。

⑦ 始知秋夜清，《全黔诗萃》作“方知夜气清”。

⑧ 气覆，《全黔诗萃》作“翠压”。

⑨ 宅土鸿方集，《全黔诗萃》作“集泽鸿初定”。

⑩ 庭间，《全黔诗萃》作“讼庭”。

⑪ 相，《全黔诗萃》作“呼”。

⑫ 只，《全黔诗萃》作“怜”。

⑬ 独，《黔风鸣盛录》作“非”，《全黔诗萃》作“和”。

⑭ 声，《黔风鸣盛录》作“烟”。

⑮ 到，《全黔诗萃》作“入”。

新柳[①]

春风来几日，偶一上高城。芳树已如此，良人方远征。愁听篴里曲，漫折路旁情。更有撩人[②]处，黄鹂作意鸣。

雨后看山[③]

雨过[④]看山色，空青未可名。淡于天一间，秀与水相生。窗外含幽意，林间称[⑤]野情。更余难画处，一缕[⑥]暮云平。

春晓[⑦]

乍启柴扉望，昏昏远近迷。笼烟花半睡，向曙鸟争啼。野色浓将合，山容乱不齐。晴郊农事早，耕牧遍前溪。

又和吴大身种竹[⑧]

自分埋荒涧，何缘近小斋。淡中愈气味，意外得朋侪。落落今难合，猗猗古所怀。无论眠与食，朝夕总堪偕。

早发[⑨]

楚客舟行处，吴江雨止初。风微帆影正，秋老岸容舒。近翠辨松竹，遥烟知井闾。游情兼旅思，两念较何如?

---

① 辑自《黔风》《黔风鸣盛录》《全黔诗萃》。

② 撩人，《全黔诗萃》作“无聊”。

③ 辑自《黔风》《黔风鸣盛录》《全黔诗萃》。

④ 雨过，《全黔诗萃》作“过雨”，过，《黔风鸣盛录》作“后”。

⑤ 称，《全黔诗萃》作“惬”。

⑥ 一缕，《全黔诗萃》作“绕郭”。

⑦ 辑自《黔风》《全黔诗萃》。

⑧ 辑自《黔风》。

⑨ 辑自《黔风》《黔风鸣盛录》《全黔诗萃》。

除夕[①]

有贫仍未疗，问岁又将除。世运更新日，天心厌乱初。冰霜留竹栢，烟水纵樵渔。十载成何事，神荼应笑余。

三月初五夜望新月[②]

新月才生夜，羁人远望情。娟娟花外见，淡淡柳边明。照泪痕方浅，如眉画不成。翻愁容易过[③]，几度下阶行。

沅江舟中[④]

四望楚天尽，孤舟恋夕阳。春波连岸绿，新月半湖光。兴逐渔舠远，愁随客路长。湘娥何处吊，烟水正茫茫。

秋日郊行晚归二首[⑤]

出城眈野色，归路及斜曛。叫月鸿初至，违山螗不闻。晴烟空若水，秋稼蔚如云。更爱疏林外，千峰紫翠纷。

十里前村路[⑥]，归来日已曛。鸦群[⑦]寒渐集，虫响静初闻。秋色明于画，闲身轻[⑧]似云。回看原上草，沾露白纷纷。

---

① 辑自《黔风》《黔风鸣盛录》《全黔诗萃》。

② 辑自《黔风》《全黔诗萃》。

③ 过，《全黔诗萃》作“落”。

④ 辑自《黔风》《黔风鸣盛录》《全黔诗萃》。

⑤ 辑自《黔风》，道光《贵阳府志》、《黔风鸣盛录》、《全黔诗萃》选第二首。

⑥ 前路村，《全黔诗萃》作“芳郊路”。

⑦ 群，《全黔诗萃》作“飞”。

⑧ 闲身轻，《全黔诗萃》作“吟情淡”。

村行[①]

溪曲斜开径，萝[②]深半掩关。客来沿[③]水际[④]，犬吠出花间。岁俭乡风朴，村贫妇子闲。相逢问城市，到此几重山。

上巳日小饮，值段纲伯至[⑤]

羁栖聊自遣，独酌对方晨。禊事风流尽，乡思岁月新。山寒初著雨，花瘦不成春。何以破岑寂，相过有故人。

酿酒二首[⑥]

糟床才欲注，涎口便应垂。按候全真味，缄封戒漏卮。留需花放日，开必客来时。一酌百情远，渊明是我师。

坐客虽难满，秫田幸未荒。一杯人影月，三态醉痴狂。胜地频相引，高天忽可忘。山妻能劝饮，有瓮不须藏。

雨后看山[⑦]

雨后看山色，空青未可名。淡于天一间，秀与水相生。窗外含幽意，林间称野情。更余难画处，一缕暮云平。

---

① 辑自《黔风鸣盛录》《全黔诗萃》。

② 萝，《全黔诗萃》作“林”。

③ 沿，道光《贵阳府志》作“缘”。

④ 际，《全黔诗萃》作“畔”。

⑤ 辑自《黔风鸣盛录》。

⑥ 辑自《黔风鸣盛录》。

⑦ 辑自《黔风鸣盛录》。

冬日[①]

不有冱寒意，安知暖燠[②]时。废眠慼[③]永夜，曝背恋初[④]曦。水浅鱼疆蹙，林疏鸟室危。无劳嗟岁晚，弹指即春期。

登城[⑤]

独上高楼望，湘江清且深。去帆天际影，归鸟故乡心。久罢长沙策，空怀泽畔吟。虚舟唯任运，何用泪沾襟。

江边夜坐[⑥]

不知何所事，尚滞楚江浔。今夜月方皎，故园秋已深。雁寒云外叫，虫苦蓼边吟。湘水摇摇[⑦]碧，伊余[⑧]此际心。

舟中卧月[⑨]

轻霜疏落木，断岸激[⑩]清流。对此波间月，能生枕上秋。江[⑪]声归梦乱，渔火客心愁。莫畏[⑫]风吹去，余[⑬]同不系舟。

① 辑自《黔风鸣盛录》《黔诗纪略后编》《全黔诗萃》。
② 暖燠，《全黔诗萃》作“妍暖”。
③ 慼，《全黔诗萃》作“愁”。
④ 初，《全黔诗萃》作“朝”。
⑤ 辑自《黔风鸣盛录》。
⑥ 辑自《黔风鸣盛录》《全黔诗萃》。夜坐，《全黔诗萃》作“秋夜”。
⑦ 摇摇，《全黔诗萃》作“连空”。
⑧ 伊余，《全黔诗萃》作“游人”。
⑨ 辑自《黔风鸣盛录》《全黔诗萃》。
⑩ 激，《全黔诗萃》作“驶”。
⑪ 江，《全黔诗萃》作“滩”。
⑫ 畏，《全黔诗萃》作“怕”。
⑬ 余，《全黔诗萃》作“身”。

雨止[①]

秋雨愁难霁，新晴亦偶然。万山青楚塞，一鹭白江天。世事浮云外，乡心落照边。片帆轻似叶，计日到花源。

江州夜泊[②]

霜轻枫未落，寒意满孤舟。往事生新感，今来非昔游。湓池波上月，庐岳气先秋。为问狂司马，青衫欲湿不？

蒙自道中[③]

地与南交接，乡从北望赊。瘴云浓似墨，瘠土赤于霞。跕跕鸢将堕，飞飞燕故斜。客心正愁绝，野戍[④]更鸣笳。

初夏[⑤]

日永凭书力，身闲赖酒权。轻阴肥麦雨，小霁熟梅天。两部蛙喧鼓，群枝鸟弄弦。畏人成夙癖，刚喜遂幽偏。

雨坐[⑥]

老至快幽素，雨中增静深。移时山改色，转盼笋成林。蜡屐高人致，炉烟倦客心。知音久荒绝，匡作自长吟。

早寒[⑦]

短景忽云暮，严寒渐作威。林疏风易响，雾重日无辉。远戍仍征甲，穷

① 辑自《黔风鸣盛录》《黔诗纪略后编》。

② 辑自《黔风鸣盛录》。

③ 辑自《黔风鸣盛录》。

④ 戍，康熙《蒙自县志》作“署”。

⑤ 辑自《全黔诗萃》。

⑥ 辑自《全黔诗萃》。

⑦ 辑自《全黔诗萃》。

檐未授衣。病身难早出，寂寞掩柴扉。

送子襄弟之任滇南①

三年才一晤，千里又孤征。会暂情难已，时危别易轻。官程春草绿，亲舍彩衣荣。相赠无多语，清名慰乃兄。

雨望②

偶来高处望，烟景正昏昏。好客难乘兴，幽人恰闭门。云移稍辨树，爨冷不知村。溪水关何事，寒声自吐吞。

即事③

寒月吐素秋，风檐展奇籍。遥同古初人，对此一轮碧。孤光静者宜，奥义于焉获。心目两莹然，空庭自生白。

春兴十六首④

诸诗皆指孙可望邀封秦王，皮熊、王祥邀封忠国公、匡国公时所作。

一自中原乱，伊谁咏大风。妖风千里合，杀气万方同。燕雀仍安处，蜗蛮未罢攻。儒冠真可溺，不敢说雕虫。

偃蹇酬幽壑，支离卧小窗。壮心徒尔热，傲骨不能降。冰炭难同调，伧依别一腔。悠然人境外，顾影自成双。

涉世终嫌浅，谋生亦竟痴。雅知清太苦，深恐俗难医。野菜朝炊美，寒江晚钓迟。塗中堪曳尾，庄叟是吾师。

远心耽水石，幽性便耕渔。行到云生处，归来月上初。偶逢高士语，如对古人书。取静还乘兴，流光始不虚。

杂花开不歇，新酿熟堪携。昼静初眠犬，村贫尚乳鸡。幽人频过从，韵事每分题。攘攘干戈际，萝阴暂可栖。

---

① 辑自《全黔诗萃》。

② 辑自《全黔诗萃》。

③ 辑自《黔风鸣盛录》。

④ 辑自《黔风鸣盛录》。

盗贼犹横日，江湖渐老身。伤心花影丽，牵恨柳丝匀。骨瘦怜征马，家轻羡野人。索居何用卜，有酒即佳邻。

兴至每孤往，余情寄一樽。松间频过寺，花下自敲门。选石苔侵履，沿源水湿裈。香清茶半熟，吾更妒诸髡。

破愁宜痛饮，习懒但高眠。出世真无策，全生或用权。青云羞入梦，白雪渐华颠。独有清风好，赊来不用钱。

扫迳花粘袂，分泉月在瓢。歌随黄鸟哢，烛为海棠烧。蓬屋刚容膝，荷衣恰称腰。是山堪署史，不必羡冰条。

空囊羞仆从，病骨谢知交。出处频看镜，忧虞拟废爻。破衣风满袖，颓壁月穿茅。底事人生幻，蘧庐寄一巢。

遗烬悲秦火，招魂怨楚骚。即今闻跃马，何日会藏刀？志士轻沟壑，高人重羽毛。从来经丧乱，性命抵纤毫。

篱疏严护槿，墙短半垂萝。幽意具于此，浮生当若何。未全抛世鞅，幸得远虞萝。长夜何时旦，南山莫漫歌。

沙头才宿鹭，林表未栖鸦。夕照连山火，云光隔暮笳。蚁封催锡壤，蛙鼓正排衙。恰好寻归路，冰轮倒影斜。

笑嚬俱不敢，动静总皆妨。渐惯幽居法，才知养拙方。草丰麋鹿逸，风急鹳鹅忙。大地犹疑窄，宽平或醉乡。

四海殷多难，频年想罢兵。岂知司马法，不到亚父营。草窃争盘踞，王师未徂征。孔璋还落落，空拟檄书成。

未辨白非马，谁云海是咸。达人齐一致，古圣戒三缄。曼倩由来谑，君平暂谪凡。忘忧惟酒德，曲部拜新衔。

即事[①]

但觉身为累，安知物可齐。朝饥甘野荠，午睡憎邻鸡。食指危时满，松楸乱后迷。一邱仍屡徙，谁道稳幽栖。

① 辑自《黔风鸣盛录》。

夜坐[1]

静坐足幽意，空庭生晚凉。露交[2]千树白，月落众星黄。萤度聊为焰，乌瞻[3]未定方。干戈何日已？清夜问行藏。

山居[4]

漫有烟霞癖，非耽黄绮名。况逢多难日，益切住山情。野鸟回翔审，孤云来去轻。闲登高处望，蚁阵正纵横。

新秋[5]

入秋才几日，衣袂渐生凉。趣到衰来减，心从静后伤。惊纶鱼跃定，辞社燕归忙。莫向高楼望，千峰又夕阳。

夕望[6]

积雨经旬冷，晴光此日暄。水涵秋影静，山向夕阳奔。红树霜前寺，孤烟乱后村。风尘犹未息，老眼正昏昏。

晚步[7]

索居情自远，晚出亦何心？返照千峰乱，寒烟一径深。无言禅抱叶，盘势鹤归林。未审空山里，何人听足音。

不眠[8]

不眠愁永夜，欹枕听鸡鸣。百虑衰难遣，孤心静易惊。酷寒山阁峭，伪

---

① 辑自《黔风鸣盛录》《全黔诗萃》。
② 交，《全黔诗萃》作“沾”。
③ 瞻，《全黔诗萃》作“栖”。
④ 辑自《黔风鸣盛录》、道光《贵阳府志》。
⑤ 辑自《黔风鸣盛录》。
⑥ 辑自《黔风鸣盛录》。
⑦ 辑自《黔风鸣盛录》。
⑧ 辑自《黔风鸣盛录》。

晓雪窗明。犹喜春将近，阳和渐渐生。

登揽胜楼[①]

忆昨虎狼穴，今登鸿雁秋。山高青拥县，水近白当楼。往事犹谈虎，闲心渐狎鸥。不堪风景异，王粲久淹留。

月夜[②]

素月满高林，沉沉秋夜深。将君万古色，照我一生心。白[③]露疏犹滴，寒虫苦自吟。何时不相见，感慨却从今。

山居[④]

高兴无所待，出门寒露侵。选幽宜别径，诣极必孤岑。落叶此中满，秋光何处深。空劳尊酒意，行迹定谁寻。

秋日村行[⑤]

清秋气萧瑟，泽畔共行吟。惆怅十年事，低徊此日心。溪寒晴易雨，岚重昼长阴。渔父休相问，沧浪意已深。

冬晚[⑥]

高卧三冬暖，长吟百虑煎。干戈仍满地，鱼雁动经年。计拙姑名隐，愁多懒问天。药扶双眼在，会见净风烟。

除日[⑦]

天地军麾满，山林岁月徂。但求安苟且，不敢惜居诸。浊酒酣村味，辛

① 辑自《黔风鸣盛录》。

② 辑自《黔风鸣盛录》《全黔诗萃》。

③ 白，《全黔诗萃》作“清”。

④ 辑自《黔风鸣盛录》。

⑤ 辑自《黔风鸣盛录》、道光《贵阳府志》。

⑥ 辑自《黔风鸣盛录》。

⑦ 辑自《黔风鸣盛录》。

盘萃野蔬。故寒今夜尽，愁思可能除。

平越道中望三丰影[①]

仙在山之后，焉能预写真。定由[②]无色处，先有不亡身。羽化亦已久，兹形何尚新？始知惟肖者，反是再来人。

村中[③]

春不怜愁客，年年及早归。望中芜渐绿，林表燕还飞。落日频驱犊，深山半采薇。桃花新涨近，须护钓鱼矶。

山行[④]

小隐在郊坰，寻幽度石汀。野情闲过鹿，冷焰暂飞萤。秋水澄堪钓，寒林疏可亭。渐谙邱壑理，毛骨亦空灵。

自黄平归曹官[⑤]

久客乍还家，依依惜岁华。恰逢秋尽日，犹有晚香花。破屋牵萝补，颓垣引岫遮。此身无复事，酒国是生涯。

思归黔中[⑥]

故山惊久别，不复记朝昏。且喜松无恙，应知竹有孙。同人新旧雨，乡梦往来魂。何日成归计，寒花静掩门。

送吴大身赴遵义令[⑦]桂王时除县令。大身，中蕃别号

劝斗驾初无意，临岐聊赠言。才高微露颖，世乱易为恩。太白仙曾谪，

① 辑自康熙《贵州通志》、乾隆《贵州通志》。

② 由，乾隆《贵州通志》作“知”。

③ 辑自道光《贵阳府志》。

④ 辑自道光《贵阳府志》。

⑤ 辑自道光《贵阳府志》。

⑥ 辑自道光《贵阳府志》。

⑦ 辑自民国《续修遵义府志》卷三十四。

平原谱尚存。知君同肺腑，持此代加餐。

署中登楼[①]

荒署生云气，颓垣隐薜萝。楼从今日上，山似故乡多。俗朴疑初古，官闲养太和。四郊初[②]乐业，隔岭有樵歌。

过友人山居，以云、山、风、月索诗，赋以归之[③]

有云山乃奇，云实山所吐。动静因依间，山去云如住。举似窗中人，默然无一语。右云

有山当户牖，日夕如佳客。不知苍翠来，但觉衣裳湿。犹陋宗少文，拘拘画四壁。右山

有风自南来，披之冷然善。入室惟有君，高帘任舒卷。一枕到羲皇，雌雄谁复辨。右风

有月挂山头，山高月更小。幽人一片心，玲珑窥象表。此境知何似，冰壶与瑶岛。右月

---

① 辑自康熙《蒙自县志》卷之四。

② 初，民国《续蒙自县志》作“均”。

③ 辑自《黔风鸣盛录》。

七言律

送证儿北上[①]

万里修途在此行，长亭立马倍含情。壮游转觉加餐套，远志须知内顾轻。计日帆开云梦泽，到时春满凤凰城。看花屈指皆年少，珍重清时早策名。

癸丑修志，用曹大中丞诗韵[②]

史家分派似流溪，漫说秦先与汉西。三食神仙惭脉望，一封瓮牖笑醯鸡。名山灰烬文谁在？故老凋残事不齐。多少幽潜难尽纪，几回落笔鬼环啼。

闱中即事[③]

声教旁敷遍远陬，抡文此日集英流。彩云又向南中见，金马仍劳使者求。自愧登仙同李郭，敢言暗索得何刘。清时不少真麟凤，还藉弥天一细收。

雁字诗[④]

谁将墨沈洒瑶天，似草疑真断忽[⑤]联。散佚非关秦火后，文明应在洛书

① 辑自《黔风》《黔风鸣盛录》《全黔诗萃》。
② 辑自《黔风》《黔风鸣盛录》。
③ 辑自《黔风》。
④ 辑自《黔风》《黔风鸣盛录》《全黔诗萃》。《全黔诗萃》题作“雁字”。
⑤ 忽，《黔风鸣盛录》《全黔诗萃》作“复”。

前。霜翰俊挟银钩转，雪[1]阵横飞玉箸悬。点画不留摹仿迹，家鸡野骛任争先[2]。

送万旅臣之任齐东[3]

樽酒离亭得暂留，弹冠判袂两[4]悠悠。十年苜蓿余清味，一路芙蓉黯别愁。帆指洞庭秋色远，天高岱岳暮云收。清[5]时应有怜才者，莫谓明珠忌暗投。

喜晴[6]

晓起柴扉杖履轻，山山翠滴写新晴。经时积雨非无故，此日明霞若有情。乔木千寻看鹊喜，秋空一碧听[7]鸿征。天心人事差堪卜，为报银河欲洗兵。

春日[8]

弹指吾生亦有涯，浮云无定未须嗟。书田岁晚仍余种，酒国春长暂作家。好我床头唯绿绮，关心人外是青霞。得闲一日皆征福，及此晴光早看花。

西湖[9]

雨洗天容夕照斜，堤边随步踏寒沙。三春烟景偏宜月，十里湖光半是霞。画舫歌残移别浦，香车归晚出深花。六桥胜事难描写，暂借枯毫纪岁华。

---

① 雪，《全黔诗萃》作“云”。

② 先，《黔风鸣盛录》作“看”。

③ 辑自《黔风》《黔风鸣盛录》《全黔诗萃》。

④ 两，原作“雨”，据《全黔诗萃》改。

⑤ 清，《全黔诗萃》作“当”。

⑥ 辑自《黔风》《黔风鸣盛录》。

⑦ 听，《黔风鸣盛录》作“快”。

⑧ 辑自《黔风》。

⑨ 辑自《黔风》《黔风鸣盛录》《全黔诗萃》。

读高氏二母双节传敬赋有序[①]

高明柱先生，封公三子[②]，伯也，嫡母何出也；仲及先生，生母吴出也。未[③]髫而封公殁，吴殉节，何抚孤。吴有子而弗子，何自有子，而子二子犹己子。后[④]先生及伯氏先后荐[⑤]贤书，登[⑥]膴任，人以为双节之报云。

苍梧志烈栢舟寒，凛凛双贞一肺肝。肯为伶仃留半息，忍将毛里即殊看。事分难易心俱尽，迹异存亡节并完。千古纲常重如许，独怜巾帼砥颓澜。

立夏[⑦]

景物虽迁兴未妨，幽情历历引弥长。自矜野服松萝称，更爱山供茗笋香。浓绿渐深知鸟逸，乱红将尽觉蜂忙。山中应是[⑧]无炎暑，高卧长林不待商。

题杨君山先生读书处[⑨]

读书人去迹犹存，鸟语蛙声任寂喧。匡谷至今传太白，懒公曾此识长源。荒烟断壁留残碣，夜月空山想旧魂。悔不十年真达见，先生往矣向谁论。

---

① 辑自《黔风》《黔风鸣盛录》《全黔诗萃》。
② 《全黔诗萃》“三子”后有“也”。
③ 未，《全黔诗萃》作“垂”。
④ 《全黔诗萃》“后”前有“厥”。
⑤ 荐，《全黔诗萃》作“登”。
⑥ 登，《全黔诗萃》作“膺”。
⑦ 辑自《黔风》《黔风鸣盛录》《全黔诗萃》。
⑧ 山中应是，《全黔诗萃》作“尘喧隔断”。
⑨ 辑自《黔风》《黔风鸣盛录》。

雨后小集[①]

松萝带雨一亭幽，石濑涓涓漱乱流。云散晚阴成小霁，凉生夏夜作深秋。山间求友刚逢月，世外忘机恰对鸥。默坐冥心如有会，水光烟气淡相投。

秋吟四首，次蒋梦范先生长安韵[②]

行踪寥落类鸿泥，万里孤身影自携。杖底烟霞归野鹤，瓮中天地笑醯鸡。幽岩选胜留名姓，秘境探奇费品题。为问好山游欲遍，何峰可构白云栖。

黄云满空霜欲来，遥怜砧杵声相催。凄凄秋水何皎洁，漠漠烟岫空崔嵬。此子原宜置邱壑，高人况复多草莱。欲辞松菊远游去，他年恐被山灵猜。

引睇丹枫想治安，问边无复使车单。烟昏赤社铜驼暗，云扰中原铁骑残。痴燕处堂仍泄泄，妖蟇蚀月正漫漫。腐儒补救无奇策，且戴山中旧鹖冠。

一泓彻底映灵襟，洁癖从人号水淫。蜡屐久悬苍藓合，沈香初散紫烟深。饱餐麦饭聊当药，细听松风可代琴。但取目前幽意足，不须岩壑也堪吟。

后秋吟十二首[③]

> 余去秋曾有《秋吟次蒋梦范先生长安韵》，今夏避乱村居，日长无事，再拈前韵，用破岑寂，仍以秋名，盖山中冷况萧瑟如秋，不须一叶惊梧也。丁亥四月望日。

自怜轮困乏先容，剩有溪山可杖筇。久悟循环同失马，聊将止足法犹

---

① 辑自《黔风鸣盛录》。
② 辑自《黔风鸣盛录》。
③ 辑自《黔风鸣盛录》。

龙。惊回尘梦廖天鹤，消尽名心晚寺钟。一卧深林淹岁月，匣中空老旧芙蓉。

村居日永吠山龙，一枕羲皇傲北窗。看到槿荣情益淡指瑶草辈，曾经荼苦志难降。焚巢燕子营新垒，变夏禽声失旧腔。惟有忘机鸥与鹭，飞来沙际自双双。

安仁多病赋闲居，逐队山樵侣水渔。韵出寒松风过后，凉生幽篆月明初。野蔬晚食逾珍味，至友清言当异书。岂但余生堪自适，阎浮世界本空虚。

半生濩落判云泥，独有吴钩手自携。欲度残年看射虎，久无壮志厌闻鸡。丹青未许幽人画，名胜终需彩笔题。何日赢粮访仙侣，桃花深处借山栖。

衣冠不称此形骸，憔悴支离卧小斋。乱后呻吟皆楚些，眼前人事半齐谐。山藏鬼谷身堪隐，地近陶家骨可埋。珍重纸窗修竹里，半龛灯火慰幽怀。

还家疑是令威来，满目风烟客思催。白骨只增新黯惨，青山不改旧崔嵬。数椽已废况松菊，十亩就荒多草莱。欲抱鼎铛学仙去，凡胎恐惹白云猜。

冰簟清凉稳梦魂，常将白眼对青樽。高风敢谓追南郭，雅志无劳叹北门。山水久闲安石屐，英雄未免伯伦裈。淹迟不觉居诸改，短鬓萧骚任笑髡。

隔林珍鸟送绵蛮，涤我元心老住山。骨带烟霞常独往，神存岩壑屡忘还。蒯缑剥落何堪煮，诗卷烧残不待删。莫笑孤逋甘寂寂，人间难得是真闲。

不衫不履兴萧萧，放浪湖山酒一瓢。杨柳月来清似水，杜鹃花老艳于烧。孝先经笥惭枵腹，沈约诗名叹瘦腰。何日还家理三径，庭前嘉树正抽条。

万事浮云眼底抛，深山木石结新交。浑忘物我聊观化，历过盈虚欲玩爻。不改素风仍五柳，传来丹诀自三茅。惊乌绕树飞无定，且向南枝补旧巢。

何日干戈始尽弢，梦魂哀怨意牢骚。逢人皆贱悲长铗，知己相从愧宝刀。四海征求贫刺骨，十年盗贼乱如毛。平生悔被儒冠误，未向君亲补一毫。

朱颜难驻日蹉跎，樽酒空山慰薜萝。犊鼻高悬聊复尔，龙渊未试欲如何。行云暂寄应无迹，野鹤孤飞不可罗。时际式微忧悄悄，临风长咏采薇歌。

船石四首[①]

贵阳城东数里，牛渡河边有石数丈，俨然一叶之舟，泝流而泊，登之可以命酒，俗呼为“龙船石”。

凿石为船鬼斧奇，翩然一棹欲何之。空横野水无人渡，徒有中流击楫思。风定可垂严子钓，月明疑自剡溪移。莫言刳木般倕巧，形制先留邃古时。

弱水三千未可浮，何人舣傍白苹洲。岂无烟月堪乘兴，似避风波不浪游。百丈几时牵彩鹢，长年终日对眠鸥。郁林太守如知此，肯向江边载石头[②]。

占断空明水一方，何须锦缆与牙樯。闲停可信川能济，虚放惟应壑可藏。欸乃无声知浪静，漂摇不动任风狂。莓苔渐蚀纹斑驳，疑是当年普济航。

片叶天然谢镂雕，若非越舫定吴舠。芦花浅水同空旷，芳草寒汀共寂寥。张子烟波难泛宅，米家书画暂[③]停桡。自从一系成千古，阅尽江头早晚潮。

飞云岩[④]

动静相因理固然，石飞云定反难诠。安知极朴能生巧，或者从虚可入坚。特立奇标钟自地，拓开凡径别为天。眼前妙境生新悟，始信山灵总

---

① 辑自康熙《贵州通志》（后志）、乾隆《贵州通志》、道光《贵阳府志》。康熙《贵州通志》收一、二、四三首，乾隆《贵州通志》收第一首，并题作“石船”。

② 头，道光《贵阳府志》作“不”。

③ 暂，道光《贵阳府志》作“只”。

④ 辑自康熙《贵州通志》（后志）卷三十二。

是禅。

白水河观瀑布①

百尺谽谺挂玉虹，飞涛溅沫雨溟蒙。散为雨气侵晴处，激作雷声响雪中。潮上钱塘无此壮，河倾碧落几时空。坐来神骨无何有，消尽寒岩一霎风。

吴大身昆仲招饮，梦草堂看牡丹②

宾王相看乱后身，经逢佳丽亦含颦。人同向曙星还少，花剩残妆粉未匀。风景不殊微有异，色香如许岂常贫。暂时幽赏酬清暇，肯为愁多便负春。

九日同诸僚陪抚军登东山③

落帽龙山礼数宽，得从幕府罄交欢。札侨意气天涯合，韩范威名徼外寒。选胜刚逢秋九月，探奇休惜路千盘。迩来牧马郊原静，闲看三军解玉鞍。

还曹官④

黄叶纷飞秋满庭，幽人此际返柴扃。松惊老大仍含翠，竹报平安不改青。日月暗消双短鬓，乾坤虚泛一浮萍。萝阴深处堪招隐，不向桐江混客星。

还黔⑤

岁暮还家百感生，候门儿女竞相迎。夜深秉烛犹疑梦，老去狂歌空复

---

① 辑自康熙《贵州通志》（后志）卷三十二。

② 辑自道光《贵阳府志》。

③ 辑自道光《贵阳府志》。

④ 辑自道光《贵阳府志》。

⑤ 辑自道光《贵阳府志》《全黔诗萃》。还黔，《全黔诗萃》作“还家”。

情。知己问来频指家，乡邻别久错呼名。人生几度能堪此，况复[1]明年又远行。

题行署中[2]

肩舆行过野桥西，重叠山前路欲迷。沙径晴云麇鹿卧，竹岗春雨鹧鸪啼。林间哨集乡兵守，洞口诗留木客题，地僻寻常来往少，东风处处发棠梨。

① 复，《全黔诗萃》作“我”。

② 辑自康熙《蒙自县志》卷之四。

五言绝

瓶梅[①]

幽贞君子性，绰约仙人姿。借问贮金屋，何如空山时。

杂歌二首[②]

但记临歧意，安知别后容。两乡应有梦，最苦不相同。

孤舟前日去，犹自倚江干。只恐风波恶，郎成不意还。

听春[③]

比[④]日眠慵起，幽情逐绪生。欲知春几许？处处卖花声。

赠春[⑤]

折得自江南，殷勤寄驿使。到时春或阑，须识春前意。

恼春[⑥]

众鸟何区区，春来啼不歇。空斋人未眠，望落楼头月。

① 辑自《黔风鸣盛录》。

② 辑自《黔风鸣盛录》。

③ 辑自《黔风》《黔风鸣盛录》《全黔诗萃》。

④ 比，《全黔诗萃》作“此”。

⑤ 辑自《黔风》《黔风鸣盛录》。

⑥ 辑自《黔风》《黔风鸣盛录》。

惜春[1]

倏忽春将去，羁人全未知。起看庭柳意，无复更丝丝。

① 辑自《黔风》《黔风鸣盛录》。

七言绝

张子房椎[①]

博浪椎秦计亦偏，副车误中岂非天？祖龙若死扶苏在，嬴祚宁应四十年。

张骞槎[②]

博望乘槎汉可通，君平贤者亦雷同。武皇剩有凌云意，肯信蓬山阻飓风。

咏古物四首[③]

汉武帝承露盘

金茎百尺露华浮，岂道神仙不可求。一曲横汾歌未阕，寒烟深锁茂陵秋。

司马相如犊鼻裈

负弩郊迎势位尊，莫将前倨笑王孙。人非困阨安能激，珍重当年犊鼻裈。

---

① 辑自《黔风》《黔风鸣盛录》。

② 辑自《黔风鸣盛录》。

③ 辑自《黔风》《黔风鸣盛录》《全黔诗萃》。《黔风》《黔风鸣盛录》无此题，《全黔诗萃》将《汉武帝承露盘》《司马相如犊鼻裈》《严子陵羊裘》《羊叔子堕泪碑》以“咏古物四首”总括，今从《全黔诗萃》。

严子陵羊裘

自向羊裘认客星，清风千载一鸿冥。当年若有翻然意，未必云台果画形。

羊叔子堕泪碑

缓带轻裘亦已[1]徂，尚留残碣岘山隅。迩来遗爱碑何限？请问行人堕泪无？

按[2]：先生当孙、皮诸凶入黔时，跋扈恣睢，人咸抱垫隘愁苦之嗟，先生诗多感时事而作，所谓怨而不乱之音也。兹间录其佳者，附刊于左。又先生未冠时，即以回文诗三十首擅名吴下，虽非诗之正轨，然匠心独运，组织镂雕，极其工巧，而能归于自然，亦启发后生之一道也。并载篇末，以备观览焉。

明妃曲四首[3]

欲遣还留缱绻深，几回清泪湿宸襟。汉廷多少承恩者，谁念君王念妾心。

初辞金屋已含辛，想到龙沙倍惨神，闻说明朝方出塞，今宵犹是汉家人。

君为苍生强割恩，妾身如土复何论。不须重诘画图事，恐被单于料至尊。

粉黛三千汉掖春，几曾同得奉清尘。当时纵不穹庐去，亦是长门白首人。

① 亦已，《全黔诗萃》作“岁月”。

② 此按语为傅玉书所写。

③ 辑自《全黔诗萃》。

文

瘦竹先生传[①]

先生好竹，不能多种，种数竿，瘦甚。名其亭曰“瘦竹”，人称“瘦竹先生”。或曰，先生不食肉，瘦如竹云。先生潘姓，驯名，字士雅，号韵人，又曰平远。先世武陵人，家于贵阳，生于京邸，遨游于四方，谓楚人可，黔人可，燕人可，东西南北之人，亦无不可。

先生生而騃，读书[②]好《易》，好《庄》《骚》，好苏长公嬉笑怒骂之文，于诗好陶元亮[③]，好孟浩然，好刘长卿[④]。间作诗，不求工。好游[⑤]，若燕若齐，若豫若吴，若越若楚，若西江，若两粤，若滇蜀，皆游地。好山水，过辄登涉，辄忘返。好饮酒，饮少辄醉，醉辄号呶跳踯，倾吐狼藉以为常。不忤人，人揶揄不解，面骂如不闻，欲欧则避之，不及避则受之。不治生产，有钱辄用辄尽[⑥]，即瓶罄不顾。不汲汲于荣进，举[⑦]于乡，不仕，仕亦不久。

屡遭大难不死，今年四十五矣。时而城市，时而山林，时而放言，时而庄语，时而衣裳楚楚，时而蓬首垢面，时而顾影独坐，时而散发浩歌，不知老之将至云耳。

骨骼高迈，脱俗清挺简古，真所称“瘦劲”者。其中风流蕴藉，处如

---

① 辑自道光《贵阳府志》《黔阳潘氏七世诗》。

② 《黔阳潘氏七世诗》“读书”前有“好”字。

③ “好苏长公嬉笑怒骂之文，于诗好陶元亮”，《黔阳潘氏七世诗》作“好苏长公嬉笑怒骂好文好称诗好陶元亮”，其“好文好称”中，前一“好”字疑为衍文。

④ 好刘长卿，《黔阳潘氏七世诗》无“好”字，后有“于明好钟伯敬”六字。

⑤ 《黔阳潘氏七世诗》“好游”后有“少从方伯公游于宦，长浪游于四方”数字。

⑥ 有钱辄用辄尽，《黔阳潘氏七世诗》作“有钱辄用，用辄尽”。

⑦ 《黔阳潘氏七世诗》“举”前有“己卯”二字。

筛风自在，然豪放荡漾，处如数竿直上，枝叶纵横。诵先生之《记》与先生之号，名实相符矣。滇南张汝源读。[1]

瘦竹亭小引[2]

东坡先生云："无肉令人瘦，无竹令人俗。"余以为俗不可也，瘦则何妨，故不食肉而尤好竹。窗前种数竿，瘦甚，每风朝月夕幽，哦其下，清芬泠致，暗来袭人。久之，余诗遂有竹意，虽无万尺寒梢之势，而枯淡过之，不敢求工，聊免俗耳。夫舞低杨柳，歌罢桃花，自是富贵家风韵，若乃山泽之癯，清真自赏，还当向嵇、阮林中寻吾瘦侣。倘曰："清虚日来，渣滓日去。"余不能及，宁可清饥，不可浊饱，或庶几焉。

酣似柳柳州集中小品。云庵李为读。

丙戌记事[3]

查显仁者，年可四十许，未详何许人，亦不知何时为僧。丙戌春，挟两徒游食于黔之平、清间，自称宗藩，所过村落，厚索饮食供给，居民以其天潢也，稍饷之。去则舁以舆，如是者月余。遂入平溪，止于萧寺。时楚宗之避难者多在平，偶遇一宗人，教之曰："君托迹缁流，恐为世人所侮，曷标识之？"显仁辞以无。有宗人赠两小赤棒，树门侧，于是人咸以显仁为宗室矣。

南丰王者亦楚宗，闻之过访，适显仁他出，南丰留刺而去。翼日，显仁令其徒报刺署曰："华岩僧拜。"而不名，又不亲往，南丰怒其轻己，率诸僮往诘之。显仁匿不出，南丰益怒，遂排闼入，显仁不得已，与南丰相见，南丰亟询显仁名派，显仁曰："问欲何为？"南丰迫之，显仁终不言。南丰曰："得非诈乎？"显仁曰："即诈，亦何与君事？"南丰曰："若此支吾，定奸徒也。"叱僮捽赴官，显仁微哂，曰："何遽至是，吾当往耳。"遂振衣缓步，无惧容，亦无难色。诸僮不敢逼，但拥之行，南丰随其后，往叩喻

---

[1] 此评，道光《贵阳府志》无，据《黔阳潘氏七世诗》补。

[2] 辑自《黔阳潘氏七世诗》。

[3] 辑自《黔阳潘氏七世诗》。

司马。

司马名思恂，蜀人，曾抚浙，流寓平城，新奉督饷之命者也。阍人通焉，思恂报曰："吾奉命来莅事，且诘奸。"诸有司责其付卫讯之，南丰遂返，令诸僮尾显仁至卫署。显仁入，登堂，据公案南向坐，两徒鹄立，侍卫弁见之愕然，前致辞曰："师系出何藩？因何至此？幸明语我，庶可复司马命。"显仁欲言复止，久乃叹息曰："此间人那得知，须黔抚范矿乃识我耳。"弁愈益讶之，密引两徒入内，叩其详，徒曰："吾等相随未久，实不知所从来。微闻师云，是弘光帝脱难云游，恐为人觉，戒我等勿泄。"弁闻言，大骇，亟走白思恂，思恂曰："那有此，姑縻寺中，徐察之。"弁乃躬送显仁还寺，而道路遂喧传为弘光矣。僮归告南丰，殊惊悔。

平有金国鼎者，诞人也。先是凤督马士英征兵于黔，鼎部数十人往应之，入金陵，得列裨校。金陵陷，鼎遁归，每对人言，迎驾时亲把弘光御衣，以是夸耀于乡闾。平人偶忆其语，谓弘光鼎当辨之。趣召鼎，顷之，鼎至，一见显仁，即匍匐叩头，涕泗交颐曰："臣何幸，今日复睹天颜。"显仁问何人，左右以国鼎对，显仁曰："好忠臣！"众听之，咸以为真弘光矣。又孝廉高士美偕计归，亦云，过南都，曾与朝谒，至是观正疑似间，见国鼎拜，士美亦拜，众见之，益以为弘光无疑矣。盖国鼎所据者，道路之喧传，而士美所信者，国鼎之认识，两人实未尝亲炙弘光也。

思恂闻二人言，已确立命驾至左右，传呼司马来，显仁命取片纸，举笔书曰："朕乃弘光主也，脱难至此，赖卿保护之。"思恂览竟，即就席前行一拜三叩头礼，奏曰："皇上尘北去，何缘得出？"显仁曰："朕行至中途，守者稍懈，乘间脱身，仗天地祖宗福庇，间关至此，国已有君，无颜复出，托身空门不欲人知，不幸为汝等所觉。"言已，泣数行下。又问："圣母安在？"思恂对曰："臣阅邸报，马士英拥护至杭，两月后，杭复告陷，今不知所往。"显仁大恸，悲咽不自胜。思恂奏曰："道远，尚未有的耗，幸宽圣怀。"俄思恂出，议奉跸之所，士美进曰："官署久荒落不治，且百无一备，某家有园宅，去某第仅数武，稍华整，愿奉圣安居之。"思恂以为可，遂以思恂舆拥显仁去。至则各官以次班谒毕，士美具兰汤，献绮縠，为显仁沐浴更衣，日进庶羞珍味，夜设锦衣绣幄，趋事罔不恪。

明日，思恂率各官起居，一面具状闻于朝，一面飞书四达，远近来朝者踵相接矣。又明日，遂命士美为太仆少卿，国鼎及诸弁为锦衣卫。鼎等循故事，谨巡逻，城门戒严。一日，显仁语思恂曰："朕今已皈依西方，修净土业，无复问天下事，大小臣工远来修谒，不惟废职，恐摇人心，宜禁之。"思恂乃榜示各路云："某日早朝，奉圣安皇帝面谕。"云云。初，远迩风传，识者疑之，此示出而人益信，来朝者日益众，然左右须赂乃引见，有为所阻抑不得一面觖望而去者。显仁间设晏与诸臣，淋漓大嚼，谑浪笑敖，呼诸臣为儿子，众莫测，以为弘光素不娴礼，或应尔。显仁每饮必火酒，且令每日进御，盖人言弘光嗜此物，显仁或得之传闻云。

越数日，国鼎等议设羽林卒以备非常，下令召募，诸不逞之徒往往应之，旬日至千人，而储偫无所出，乃命抚、按、司、道下至郡邑长各输金有差，又以平城狭隘，议徙沅，刻期启行。思恂以老病辞，士美等从。

及抵沅，士民郊迎，皆掬香道左，有司饰台使署为行宫，备极华靡，诸器具牢醴茗粲称是。黔旧督李若星时寓黔阳县，闻显仁至，星驰来见，拜跪战栗。显仁命赐坐，谓若星曰："儿子颇矍铄，何马士英遽谓老也?"若星叩头谢，侍宴时，显仁举卮酒赐若星曰："儿子饮此增算。"若星避席叩头跽，饮讫，又叩头谢。显仁见若星恭谨，遂留视帷幄，与密计，显仁又降谕曰："朕出亡时对天默祝，幸免于难，当建无遮大会，施千僧以答神庥。今仰仗佛慈得至是，宜践斯言，诸臣为朕行之。"乃召多僧于东寺，大演法事，施僧帽千顶，衣千领，鞋千緉，有司竭蹷从事。至日，显仁诣寺拈香入门，即下车，若星掖左，士美掖右，升殿观者如堵。礼毕，显仁谕众僧："宜虔诚，用称朕报答至意。"众僧俯伏不敢仰视，显仁还宫。

初，思恂报至黔，巡抚范矿、总镇皮熊先后往谒。黔绅进见，于矿曰："圣安真伪未可知，且抚、镇俱去，会城空虚可虞，请留。"矿曰："闻旧主出不一觐，臣子谊谓何?即使非真，就彼处分之，亦所以郑重其事也。"时黔绅李章玉者，在弘光时为职方郎，矿约同行，且为给传，章玉曰："圣安被絷北庭，必无脱理，其伪无疑。"辞不往，矿强之，中途托病而还。矿行次镇远，蹶马折右足，不得前，而熊已先至沅矣。熊部校王达观，洛阳人，曾充福邸仪卫，侍福世子久，熊携之入见。时当盛夏，显仁恒以幅巾蒙首，止露半面，达观出曰："顷虽未睹其全，然与福世子殊不类。"熊知其诈而未敢仓卒，姑顺左右意以觇其动静。而国鼎等遂执金吾礼与熊抗，熊亦不校。

越数日，而蜀按米寿图又至，寿图则真南都劝进舟中，亲奉玉音，而日簪笔起居者也。入视显仁，果大非，伏谒不起，大言曰："自南都不守，诸大臣为社稷计迎立新主，陛下失国之君，既削发为僧，固应屏居萧寺，候旨安置，何得俨然南面临莅臣民，署官职，蓄士马，摇动人心？非自全之策。"显仁不能答，寿图又再申前说，慷慨抗论，声泪俱下。显仁色阻，左右俱叱："米御史起，皇上自有鉴裁！"寿图不得已，趋出，往晤若星，若星极言圣主隆遇，感恩之状期以死报。寿图知不可与言，晤熊，熊细叩弘光真伪，寿图曰："伪也！"熊曰："某部校王某亦言其非，犹恐识认未确，且羽翼已成，未可轻动，俟公来耳。"寿图曰："须缓图之。"相与握手而别。

次日，左右传谕："昨米御史惊圣躬，今不豫趋，召医诊视。勅寿图勿得再见。"寿图就熊画计，熊曰："君昨言太激切，故群奸惮之，某稍委婉，彼不疑也。某部将某某皆可使，明日言于左右，请以备宿卫。倘许之，吾事就矣。"又曰："吾观左右皆小人，可以利诱。君若啖之，以重赂必就吾绦旋。"寿图深以为然。迟明，熊即以前说告左右，皆许诺。熊因进曰："昨米御史语言伉，遂有忌，故主意若执迷不晤，当绳以法，以儆后来者。"左右是其言，而寿图亦致重馈于国鼎等，且谢畴昔唐突之罪，祈代为缓颊，国鼎受之。二人计已就，乃密约各官同歃血盟。与盟者为太仆卿郑逢元、辰沅道佥事徐炜，惟不令若星知，以其翼戴甚坚，恐生异议偾事也。月几望，拟显仁当出，熊等选厩马十匹，饰以锦鞯，络以金勒，每马令壮[①]士控之，皆衷甲以待，俾寿图缮疏进献。

翼日，显仁御正殿，熊等先入侍，次传御史进马，左右以受赂，故听入，诸壮士控马随之，立丹陛下。寿图持疏上奏曰："臣远来，无以将悃，不腆下乘以充外厩。"显仁颔之。寿图复奏曰："天无二日，国无二君，今新主践祚已久，陛下复招摇于此，是二君也。臣日前恳请退居屏迹，以安人心，实为陛下计，愿听臣言。"显仁曰："已知。"寿图曰："陛下不听臣言，臣不敢爱一死。"反复辨析，声色愈厉。熊进曰："皇上南归，臣民共戴，寿图倡邪议，辜恩背德，无人臣礼，宜逮治。"显仁目左右，叱缇骑执下，

① 壮，原作"状"，因形近致误，径改。

寿图遽起，曰："吾天子从官，谁敢执者！"众方欲前，为控马卒所格，不得近。熊亟呼宿卫士共擒寿图，诸将应声鼓噪而进，直趋堂上，显仁知事不谐，急向后走，诸将士追及之，去其幅巾，左额上一刀瘢长二寸许，左右见显仁被缚，皆长跽请死，寿图曰："汝等认假为真，未足深罪，所可恨者，遽受伪职，作威纳贿，不容于诛耳！"令俱付狱。若星闻之大恧，自批其颊数十，熊等遣人邀之，已挐舟遁矣。熊等就鞫显仁于庭，显仁闭目摇首，曰："儿子辈反矣！"欲加刑，恐致毙，乃取弓弦绞其足，显仁楚，大呼曰："若星儿子何在？速来救朕！"鞫其姓名，终不言。承沅之长老曰："沅有查显仁者，昔年为僧，出外竟未归，貌殊类之。"遂皆以为查显仁云。

先是思恂等疏达于隆武，隆武批云："朕因乱为众所推勉，即大位，实无利天下心。据奏圣安复出，朕心慰悦。既识认果真，当即备礼迎请前来，朕不难避位归藩。"九卿科道会议以闻，议者或谓宜还大内，待以太上之礼，或谓宜置善地，厚以养膳之，资隆武批。着遣部臣某、监臣某往彼恭迎，经过地方官用心保护，所备供亿，不许怠事。使臣方就道，而寿图擒妖之报至矣。隆武批云："妖僧查显仁假冒圣安皇帝，大逆不道，卿等设计擒获，具见忠智，皮熊封定番伯，米寿图升都察院右佥都御史，郑逢元等加秩有差。金国鼎等附逆显著，即着寿图究问正法，喻思恂不审来历，几致燎原，先虽误认，后未相从，犹为不远之复，宜从薄罚。李若星身居大臣，妄冀拥戴之列，甘受儿子之呼，叩首乞怜，衣冠扫地，姑着革职为民。显仁作速解来行在，沿途严加防守，勿令致毙，俟与在廷诸臣及通国军民共质，以释天下后世之疑。"旨下，熊等乃取国鼎等杖杀之，士美得从末减。

显仁方就监车，而八闽继陷，遂不果行，显仁在狱，每自言必称朕，衣服必称御用，饮食必称进膳。或饭不时至，则曰"朕躬饥了"，稍粗粝，则曰"殊非朕所御"，人至今传笑。

后数月，熊恐其在狱召衅，遂斩之。

胡公传[①]

胡公名朝栋，字杞楠，未详何许人也。先世以从龙功世为[②]贵州卫百

---

① 辑自《黔阳潘氏七世诗》、道光《贵阳府志》。

② 为，原无，据道光《贵阳府志》补。

户，因家焉。公少袭祖职，困于穴弁，居数岁，无所建明。然性戆直，无城府，机械，见义勇为，遇事敢言，其大略也。

先是天启壬戌，安酋叛，攻围贵阳十阅月，城中析骸而炊，易子而食，饥死者上万人。又连陷安顺、毕节、乌撒、普安、龙里、贵定诸郡、卫所杀戮。称是朝议征七省兵讨之，我师一折于陆广，一折于鸭池，一折于内庄，一折于杨家海，所杀又十数万。内庄之役，全师覆没，巡抚大吏歼焉，其他小衅无算。盖督抚数易，抚剿互用而未有当也。

戊辰春，督抚朱公始莅黔。其秋，酋出犯永宁，为蜀帅侯良柱所败，擒斩渠率略尽，酋势稍蹙。明年再举，捣巢之师屡战克捷，功垂成。督府中酋计，忽撤兵议抚，酋遣目把辇金入省，招摇过市。士民愤恚，群诉于督府之庭，公力陈酋不可轻信，恐反复，为异日患，言甚激切，督府衔之[①]。无何，而黔人之茹酋毒者捽[②]诸目把，立毙拳石下，至有嚼[③]其肉而啖之者。督府遂抱伤心之痛[④]，亟捕公及无辜五人，斩于市，以奉酋欢[⑤]。

公被缚，犹曲辨，知不可脱，遂肆言无忌[⑥]。临刑，引颈就刃，毫无惧色，时庚午三月之廿三日也。是日，天正霁，忽晦冥，大风扬沙，远近震骇，为之罢市，亦异变[⑦]也。

越数日，督府上其事，并劾绅衿之在事者，株连蔓引，犹匿杀公状，不以闻。大司马坛石熊公覆疏曰："黔人与酋不共戴天，情实可原，宜量惩一二，以示创艾。"而不知公等已先死矣。善乎[⑧]大参知李公中行奏略曰："黔人所杀者，敌也，夷也，非人也。"又曰："黄金有灵，苍生无主。黔人罗

---

① 衔之，道光《贵阳府志》作"弗听"。
② 捽，道光《贵阳府志》作"猝"。
③ 嚼，道光《贵阳府志》作"烹"。
④ 遂抱伤心之痛，道光《贵阳府志》作"恐伤抚议"。
⑤ 以奉酋欢，道光《贵阳府志》作"以坚酋志"。
⑥ 肆言无忌，道光《贵阳府志》作"极言督府之失计"。
⑦ 变，道光《贵阳府志》作"事"。
⑧ 道光《贵阳府志》无"善乎"二字。

刹，无天可吁。”[①] 皆实录也[②]。

野史氏曰：酋杀官民数十万，似不为少，复杀六人以益之，岂酋之虐焰未甚，犹烦大吏助之薪而扬其烬耶？至若公之慷慨论列，从容就义，庶几匹夫不可夺也。人固有死，刀锯之，与牖下等耳。而或轻于鸿毛，或重于泰山，公之死有余荣矣。余独叹古之奸臣乱贼专以斧钺荣人，怪哉！

① 又曰：“黄金有灵，苍生无主。黔人罗刹，无天可吁”，道光《贵阳府志》无此句。

② 皆实录也，道光《贵阳府志》作“盖皆平允之论云”。

淡远亭集

潘　骧　著
潘元炜　校录

子襄潘[1]先生传

胡国衡

淡远先生，潘姓，讳骧，字子襄，滇藩朗陵公之子，蒙自令韵人公之弟也。生当鼎革之秋，事实文章，多澌灭不传，即《淡远亭诗》，寥寥若干首，亦得之兵燹之余，残编断简，非复完本，将何从而传之？然先生自有可传者。

先生生于京邸，少与韵人同学朗陵公宦署，及补弟子员，试辄冠军，食廪饩，选进士。因时艰不欲仕，又以太夫人甘旨故，商于韵人，韵人曰："子出养母，我处侍母，夫道一而已矣。"乃行，韵人送之，有诗云："知尔因亲屈，怜予送弟行。"即此之谓也。

朝考优[2]等，首罗次大尹[3]，旋晋秩崇庆州牧。政教洋溢，吏民奉若神明，亲若父母，所在皆以廉能称，罗次惠政尤多。《滇志》载入《循吏》，读其《志》而先生之梗概见矣。莅任未久，即请终养，以家贫亲老出，依然以两袖清风归。遂日与韵人侍太夫人，以娱其欢。故傅竹庄之言曰："崇庆与蒙自兄弟，出处先后互殊，而谨身荣职，若合符节。"其知先生之深者乎！

《省志》载先生领袖郡县，具《疏》请广中额，巡抚[4]阎公为之题奏，由是广中[5]额十名，黔省文风一[6]振，今之掇巍科而登显仕者，其受先生赐

① 子襄潘，旁批改作"潘子襄"。
② 优，旁批改作"一"。
③ 尹，旁批改作"令"。
④ 巡抚，旁批改作"中丞"。
⑤ 由是广中，旁批改作"增"。
⑥ 一，旁批改作"由是大"。

岂少也哉？夫一出一处，大节存焉，见义必为，大勇存焉。先生之孝义如此，不与韵人之忠荩，皆卓卓可传耶。然则先生虽多不传之事，而即此一二事之合宜，而先生传矣。即此一二事之合宜，而其他事无不合宜，而先生愈传矣。

衡生也晚，不获亲炙先生之教泽，然读先生之诗，亦可想见其为人，窃不禁心仪而向慕之。谨论世而为之传。

时乾隆五十一年岁次丙午孟秋月望日，门下晚学生[①]胡国衡顿首拜撰

① 望日门下晚学生，旁批改作“望二日后学”。

潘子襄先生事迹考

《云南通志·循吏》

潘骧，字子襄，贵阳人。选贡。授罗次令，多惠政，有廉能声。著有《淡远亭诗文集》。

道光《贵阳府志》卷七十五《明耆旧传·吴中蕃附潘骧》[①]

时又有潘骧者，亦遗民，能诗。骧，云南布政使润民之子也，字子襄，以贡生授罗次知县，多惠政，擢重庆知州，已而乞归，后遂不仕。骧与兄驯皆能文章。驯见世乱不欲仕，而骧以家贫无以为养强就铨。骧之行也，驯送之以诗[②]，有曰“知尔因亲屈，怜予送弟行”，目其事也。骧著有《淡远亭集》，驯别有《传》。

《黔诗纪略》卷二十四《潘崇庆骧》[③]

骧，字子襄，贵州前卫人，云南布政润民仲子也，明末贡生。与兄韵人驯皆有文名。兄以世乱不欲出，子襄以养母，岁甲午春二月谒永明王行在，试一等，授云南罗次知县。丙申秋，晋知四川崇庆州，并以廉惠著。逾二年，大清兵定川贵，遁，免归，守义不复仕，而其兄乃以康熙元年出山。其谒试也，韵人赠之诗曰：“知尔因亲屈，怜予送弟行。”后此韵人复有赠弟诗曰：“虽然殊出处，面目本来真。”可以想其风尚。所著《淡远亭诗集》十无一存，《黔风录》收者仅十八篇，今更就其从孙元炜《潘氏八世集》增

① 辑自道光《贵阳府志》。

② “骧之行也，驯送之以诗”，原作“驯之行也，骧送之以诗”，据胡国衡《子襄潘先生传》及潘驯相关资料改。

③ 辑自《黔诗纪略》。

七篇。

《全黔诗萃》卷九《潘骧》[1]

潘骧，字子襄，贵阳府人，云南布政使润民次子。明末以荫官云南罗次县知县，迁四川崇庆州知州。著《淡远亭集》。

① 辑自《全黔诗萃》。

五言古

晓日载《黔风旧闻录》

晓日涌海来，天地豁然辟。峰峦贡明媚，云霞绚成色。安知霾曀消，但觉疏爽即。佳禽鸣且和，时花苞欲坼。为报同心子，从今破岑寂[①]。

雾载《旧闻录》

蛮山多毒雾，天地[②]为之昏。疑是古蚩尤[③]，壅塞施妖氛。咫尺不可辨，遑问谷与陵。欲往穷目力，静观劳心神。翻念混[④]沌初，元黄良未分。万物基于中，安安何纷纭。厉阶盘古氏，苦为奠乾坤。日月勤往来，血气滋斗争。安得凭封姨，净扫无纤尘。不然长如此，相将游冥冥。

题[⑤]杨君山先生读书处载《旧闻录》

读书人已往，犹存读书处。遥想抗心时，古今旦暮遇。至今苍莽中，先生神所据。我来览遗踪，旷望动遐慕。庶几辅嗣魂，居然士龙晤[⑥]。空山久寂寥，依稀宛相语。

① 岑寂，旁批改作“尘积”，《黔风旧闻录》《黔诗纪略》作“尘积”。

② 天地，旁批改作“大宇”，《黔风旧闻录》《黔诗纪略》作“大宇”。

③ 疑是古蚩尤，旁批改作“狡狯疑蚩尤”，《黔风旧闻录》《黔诗纪略》作“狡狯疑蚩尤”。

④ 混，《黔风旧闻录》《黔诗纪略》作“浑”。

⑤ 《黔诗纪略》无“题”字。

⑥ 晤，《黔风旧闻录》作“遇”。

五言律

元日载《旧闻录》

正日祥风回，村居野性宜。客稀修[①]刺减，童懒应门迟。新艳生寒蕊，微和动晚[②]曦。春光从此丽，次第到花期[③]。

李云庵评：想见淡泊家风。

元夕客至

山中惊艳节，况复客初来。歌向前溪发，春从子夜回。雪花侵火树，藜影映冰梅。相对成佳夕，深杯不厌催。

正月望后饮马家寺[④]，看杏花载《贵阳府志》，又载《旧闻录》

春事今年早，看花不待期。前村开遍处，双燕未来时。艳色争衫浅，轻香入酒迟。最怜灯月下，形影倍相宜。

云庵评：倩丽处恰似少游。

见[⑤]花载《旧闻录》

日为寻花出，花稀春可猜。偶凭孤兴远，忽见数枝开。幽鸟无人[⑥]下，游蜂隔岭来。疏篱[⑦]亦自韵，不必近亭台。

---

① 修，《全黔诗萃》作“投”。

② 晚，《全黔诗萃》作“晓”。

③ 到花期，《全黔诗萃》作“看花时”。

④ 马家寺，《黔诗纪略》作“马寺”。

⑤ 见，旁批改作“寻”，《黔风旧闻录》作“见”。

⑥ 无人，《黔诗纪略》作“窥人”。

⑦ 疏篱，《黔诗纪略》作“疏林”。

野步

积晦初开日，孤怀独往时。花因晴益艳，月在野偏宜。小倦刚逢石，幽哦忽就诗。胜游有深理，贵勿预为期。

云庵评：大有兴会，躁心人未许领取。

春望载《旧闻录》

群芳犹未歇，不解是春残。何处堪舒眺，高楼独倚阑①。阴云笼涧黑②，骤雨入③窗寒。情绪从容纪④，求之乃⑤百端。

夜发放舟⑥载《旧闻录》

孤舟才一叶，寒夜正三更。忽被风吹去，恍如月载行。⑦ 渔歌前浦入，鹤影半江横。漠漠⑧烟波外⑨，凄然百感生⑩。

云庵评：遣事无迹。

平越道中望岩间吕仙影

迥若风前立，飘然月下归。生成冰雪骨，尚著羽毛衣。不辨仙真幻，安知形是非。山灵无俗笔⑪，貌⑫出尽天机。

---

① 阑，《全黔诗萃》作“栏”。

② 黑，《全黔诗萃》作“暗”。

③ 入，《全黔诗萃》作“逼”。

④ 情绪从容纪，《全黔诗萃》作“情事中间满”。

⑤ 乃，《全黔诗萃》作“念”。

⑥ 《黔诗纪略》《黔风旧闻录》题作“月夜放舟”。

⑦ “忽被风吹去，恍如月载行”，旁批改作“不觉乘风去，何妨载月行”，《黔诗纪略》《黔风旧闻录》。

⑧ 漠漠，《黔诗纪略》《黔风旧闻录》作“渺渺”。

⑨ 外，旁批改作“远”，《黔诗纪略》《黔风旧闻录》作“远”。

⑩ 生，旁批改作“并”，《黔诗纪略》《黔风旧闻录》作“并”。

⑪ 笔，《黔诗纪略》作“骨”。

⑫ 貌，旁批改作“写”，《黔诗纪略》作“貌”。

旅中[1]别友载《旧闻录》

暂作一宵聚，同为万里身。非关情太重，只是境俱真。秋老霜催雁，天寒月恋人。临岐犹惝恍，后日[2]倍伤神。

夜泊怀友人[3]载《旧闻录》

兰舟维断岸，枫叶暗前溪。犬吠村孤[4]静，禽喧老树迷。身随湘水远，梦到草堂西。应有怀人者，开门自杖藜。

咏舟载《旧闻录》

远浦柳初绿，春江水渐深。晓烟移渡口，明月系花阴。久罢乘风志，空怀泛宅心。虚游应不怒，断岸任萧森。

北固山

寒烟不可际，况对此江涛。但觉群形小，方知所历高。北来山隐隐，东下水滔滔。不必褰裳往，兹游亦自豪。

投宿村中

人烟希[5]欲断，聚[6]落近方知。匹马横云[7]处，群山半暝时。犬惊初至客，乌绕未安枝。一宿蘧庐[8]意，明朝信[9]所之。

---

① 旅中，《全黔诗萃》作“客中”。
② 后日，《全黔诗萃》作“回首”。
③ 《黔诗纪略》《黔风旧闻录》题作“夜泊怀人”，旁批改作“夜泊怀人”。
④ 村孤，旁批改作“孤村”，《黔诗纪略》作“孤村”。
⑤ 希，《全黔诗萃》作“稀”。
⑥ 聚，《全黔诗萃》作“村”。
⑦ 横云，《全黔诗萃》作“孤征”。
⑧ 蘧庐，《全黔诗萃》作“聊随”。
⑨ 信，《全黔诗萃》作“任”。

小立[1]载《旧闻录》

泠泠风露下，小立倚阑干[2]。杨柳黄初绽[3]，梧桐碧未残。月来魂欲动，秋入思无端。不待冰霜后，秋蛩[4]已戒寒。

独坐

霁景供游畅，伊余反快闲。晚蓉秋隔岸，远树暮连山。事简无名后，神全不语间。如斯幽意足，非是懒跻攀。

云庵评：写“独”字入微。

雨中载《旧闻录》

雨里虽无事，幽情未可封。摊书观世务，瀹茗佐山供。妖绿吐修竹，寒香生古松。静[5]寻闲者理，勿谓纵天慵。

菊[6]载《旧闻录》

南国木微落，东篱花始妍。数枝斜倚月，一径冷生烟。傲骨谁怜瘦，霜心素本[7]坚。欲知开晚意，为待色香全。

云庵评：秀句不可多得。

① 《黔诗纪略》题后有小注：“一作秋夜”。
② 阑干，《黔风旧闻录》作“栏杆”。
③ 初绽，旁批改作“兹始”，《黔诗纪略》《黔风旧闻录》作“兹始”。
④ 秋蛩，旁批改作“阴虫”，《黔诗纪略》《黔风旧闻录》作“阴虫”。
⑤ 静，《黔诗纪略》作“栖”。
⑥ 《全黔诗萃》只录前四句。
⑦ 素本，《黔诗纪略》作“本耐”。

七言律

春游山寺载《贵阳府志》

袅袅萝阴覆古藤，乱峰深处一龛灯[①]。松含雪意微存傲，石抱云根浅露棱。故态狂来[②]宜对酒，尘心淡后喜逢僧。空山坐久偏生[③]寂，透骨春寒冷似冰。

云庵评：句新而奇。

春晴

晴朝新盥试轻衣，一屐穿林入翠微。风引泉渠归碧落，山含旭日散清晖。平原嘶马芜[④]初绿，深树啼莺花未飞。掩映须眉真不俗，烦忧涤尽淡忘归。

云庵评：稳切春景，语特清丽。

郊行载《旧闻录》

千[⑤]林啼鸟尽春声[⑥]，客里招寻仗友生。漫对青山消旧恨，闲从白社订新盟。花源有路通渔子，泽畔何人问屈平。见说故园风景好，绿杨芳草总关情。

---

① 龛灯，旁批改作“筇登”，《黔诗纪略》作“筇登”。

② 来，《全黔诗萃》作“时”。

③ 生，《全黔诗萃》作“幽”。

④ 芜，旁批改作“草”。

⑤ 千，《全黔诗萃》作“一”。

⑥ 声，《黔风旧闻录》作“深”。

舟行别友

东西岐路片帆分，咫尺风期那得闻。白水素盟原自淡，紫芝清梦有余芬。去留不系轻如叶，聚散无端幻似云。尘土惭余仍碌碌，五湖烟水却输君。

送官素士游滇省觐

秋云冉冉骑骖骖，金碧风谣可夙谙[1]。地渐近炎[2]寒不酷，水多称海碧方酣。千岩选胜君收几？百舍趋庭我得三。此去题桥须彩笔，应知名誉重西南。

云庵评：二语紧切滇省，移不得别处去。

重阳值雨载《旧闻录》

清秋景物好扶筇，月令何当忽似冬。一夜飘萧寒气簇，崇朝蒙密爨烟浓。黄花独对吟魂冷，白发相看酒兴慵。犹[3]恐登高更摇落，故将风雨黯前峰。

云庵评：拍合值雨。

雪载《旧闻录》

晓梦惊寒未可寻，六花飘处冻云深。何人门外知高卧，有客桥边费苦吟。㳽[4]漫忽看陵谷改，萧疏一任鬓毛侵。烟林雾壑皆图画，始信元工宜[5]匠心。

---

① 可夙谙，旁批改作“夙所谙”，《黔诗纪略》作“夙所谙”。

② 地渐近炎，旁批改作“地近炎方”。

③ 犹，《黔诗纪略》作“尤”。

④ 㳽，《黔诗纪略》作“弥”。

⑤ 宜，《黔风旧闻录》作“亦”。

雪霁[1]

雪后探幽野色妍，晴光万里觉空鲜。孤村历历见烟树，小涧丝丝鸣暗泉。高卧谁知怜骨傲，闲游毕竟匪情缘。晚来意外逢佳境，云白风青月正圆。

秋暮野游[2]

野寺残钟生远音，欣穿屐齿出疏林。心能忘世真无累，情匪伤秋却易深。夜月迷云偏作态，寒流咽石不成吟。归来坐看千山色，未历冰霜气已森。

① 辑自《黔诗纪略》。
② 辑自《黔诗纪略》。

七言绝

桃花源

踪迹分明说避秦，如何再至便迷津。应知传者所微意，只恐桃源未必真。

五言排

㵾水放舟载《旧闻录》

袂分黔竹雨，香接楚兰风。一派涵清浅，千峰划碧空。地移星始辨，天少月难中。怪石奇于鬼，枯泉倒作虹。学人猿揖让，避客鸟西东。寇警居无定，田硗耨不工。阴云当霁合，春翳与秋同。忽听渔歌起，沅湘思未穷。

七言古

闻郑敬修长史殉蜀难[①]

君不见渔阳鞞鼓舞刑天，怒卷腥风彻骨寒。天子不肯下殿走，百僚殊死涴南冠。芙蓉城中千尺血，飘没宫垣殿瓦赤。百万髑髅断锦流，天人眉宇先摧折。君王死国国有章，从官逐逐述苍黄。群儿不信终膏斧，节使游魂乃独香。就中那识忠贞士，简尽天家百执事。帝子投渊尸未沈，兼闻郑史捐身继。郑公可怜仕末流，偃蹇王僚经几秋。仕宦坎壈不得志，投艰那复辨恩仇。呜呼！大吏之殉殉以分，分在君看累累若若，偏多不可问。小吏之殉殉以义，义激那知爵秩崇与卑，荣名显与晦，而此日区区行吾志。魂兮魂兮今谁怼，绛节九天垂委佩。汨罗泉脉通峨岷，留作千秋浩然气。

① 辑自《黔诗纪略》。

玉树亭集

潘德征　著

潘元炜　校录

潘道子先生传①

杨毓芳

先生为黔阳大手笔，筮仕以廉明称当世，无知与不知，莫不重其名，士林有声者得先生一顾为荣。余幸生其时，未得一亲其教，至今以为憾。

先生姓潘，讳德征，字道子，号亦韵。曾祖中池，祖朗陵，韵人公其父也。少年以文章自雄，登康熙己酉贤书，慨然有步武先人、黼黻太平之志，顾乃屡赴礼闱辄不售。授黄平学正，有声，擢云南罗次尹，以才调昆明首邑，旋卓最晋秩迤西刑厅。善决疑狱，有尸浮水面者，尸父识其为子，未得其所以死之者，鸣之有司，不能决。佥曰："非诉之于刑厅潘公不可。"讯之，则迤东之兵丁也，先生曰："得之矣，兵不离营，出必有方。"廉其事，有老翁一子八孙，素寒苦，以佃种为业，突使其孙贸易，疑之。秘饬有司根究，不服，先生亲提讯，亦不招，徐讯其丁壮老幼，则有其孙十三岁者，先生曰："得之矣，孺子无欺，善诱必吐。"秘使人诱之，果然。兵因赴乡递派里民，负行李，翁以老抗，兵恃势鞭辱。其长孙不平，遂斧死其兵而投之河，得其身之银八两，始贸易，等语。具覆一讯，立招。上官以其孙得银，律以图财，无首从，皆论死。先生曰："不然，财得于既死之后，非知其财而后死其兵也。恃势鞭辱，兵实始之，情犹可原。但斧凶器，律以斗欧则轻，图财过重，依故杀，以其长孙抵之，则生者不屈，死者不冤。"卒如其议，一时称明决焉。其见事之敏，折狱之平，类如此。

致政后，优游于省北曹官堡之野，日以著书课子为乐，暇则赏怀山水间，足迹不履城市者二十年。当事有大著作，遣人礼恳之，欲致其驾，不能也。乡士大夫暨流寓名人，欲得先生一面，类皆不惮跋涉。余时方总角，以

① 辑自《黔阳潘氏七世诗》。

故虽世戚不得一亲其教。生平著有《玉树亭》《贫居集》行世。元亮先生称其“气味清远，风格高淡”，方之柴桑，先生之文章行诣概可知矣。

壬戌岁，裔孙白东出其诗文稿索序，并请传于余，余曰：“先生，一代之文人也。余少时常恨其孱弱，欲求一见不可得，至今耿耿。今乃得为先生传，亦快事也！”遂援笔而为之传云。

乾隆七年中秋前二日，知陕西直隶邠州事愚表侄杨毓芳拜撰

潘道子先生事迹考

云南通志·循吏

潘德征，字道子，贵阳人。举人，历罗次、昆明诸令，晋迤西推官，摄武定守。在任勤政爱民，负气节，不苟世俗，以廉明称。

贵州通志·选举

潘德征，康熙己酉举人。任罗次县，调昆明，擢迤西刑厅，兼摄武定。著有《玉树亭集》。

云南武定府志[①]

潘德征，见《潘公世德碑记》。

道子先生墓所[②]

潘德征墓，在贵阳府城北三十里汤家山。德征，云南武定府知府，不附吴逆，拂衣归里。著有《玉树亭集》。

道光《贵阳府志》卷七十七《耆旧传·潘德证》[③]

潘德征，字道子，蒙自知县驯子。德征幼好学，家世能文，慨然有步武先人之意，凡先世手迹、家集、著述一一研究，因纵观古今图籍、大著，声称于南域。

康熙八年举于乡，时寇难甫平，而吴三桂开藩云南，专恣自如，又好罗

---

① 辑自《黔阳潘氏七世诗》。

② 辑自《黔阳潘氏七世诗》。

③ 辑自道光《贵阳府志》。

致人士以为羽翼，士大夫多趋之。德征知其有异志，绝迹不往。俄而三桂叛，污诸名士以为爵，德征逃之野，腰笭箵，荷蓑笠，杂田夫渔父中，人不知其士流也，吴逆平，乃出，授黄平学正。教士有方，擢罗次知县，调昆明，改武定推官。

德征性明断，善决狱，府有疑狱，无不属之德征者。水中有浮尸，其父识之，而未得其死之由，鸣之有司。有司不能决，其父曰："吾闻刑厅潘公善决疑，吾儿之冤，非潘公不能明也。"乃诉之德征。德征讯之尸，乃迤东之兵也。德征曰："是甚易决也。兵不离营，出必有方。"因移迤东营汛，知其出汛之巅末，秘不言。乃遍詧其所往之乡。乡中有老翁，子一孙八，素以佃种为业，兵死之月，忽使其孙贸易，乡人疑之。德征使其有司讯，弗承，德征又亲讯之，亦弗承。老翁有幼孙，年方十三，德征召，置之室中，与之饮食而诱之言，始知兵出汛，派里民负行李，翁以老抗，兵鞭之。其长孙不平，遂斧之，兵毙，投之水，搜其橐银而藏之，既乃使贸易也。覆讯于老翁，老翁乃承，狱具上官，以图财律论翁父子死。德征曰："财得于既死之后，非先知有财而死其兵也，恃势鞭辱，兵实始祸，情犹可原。但斧非救鞭之具，律以故杀，坐其长孙，而贷老翁可也。"上官卒如德征议，一时称明决焉。

俄署武定知府，旋辞归，筑室于曹官堡而老焉。家居二十年，足迹不履城市，日以著书课子为乐。贵州再修《通志》，巡抚卫既齐、阎兴邦尝使人礼召之，卒不就。四方士大夫至贵阳者，闻德征名，罔不就见之。久之，卒。

所著有《玉树亭诗集》《贫居集》，潘亮序其诗曰："气味之清远，风格之高澹，有如朱子所云，陶渊明不待安排，胸中自然流露者。"其言为允当。其《送王佐人归贵阳》云："共是琴山客，君归我尚留。交情兰味永，离绪雁声秋。此地难为别，何年复共游。家园多乐事，还忆旧知不?"居然韦左司、刘随州也。

子奕，字允大①，国子生，著有《滇游草》一卷。快，字无闷，康熙四十一年举人，未仕，卒，著有《留余堂集》。孙文芮，字右质，贵阳府优行

① 大，原作"夫"，据《潘氏八代诗集》改。

廪膳生，徙居黔西翠屏山下，自号“翠屏寄客”，亦能诗文，著有《翠屏寄客诗集》《文集》。文苞，字巩也，乾隆十五年举人，官福建盐大使，升新城知县，未上任，卒，著有《琢云轩诗集》。曾孙晓，字白东，文芮子也，州学生，有《断续亭诗》。晓子以澄，字静川，州学生，有《宁愚堂集》。以溶，字巨川，府学生，道光元年黔西州将以孝廉方正荐于上官，弗就，有《思敬堂集》。以澄子桐，字钟峄，国子生，有《客留草》。杼，字云表，州学生，有《艺兰轩集》。潘氏自润民以来，屡世有诗集，贵阳人所谓《潘氏八世集》是也。

《晚晴簃诗汇》卷三十六《潘德征》[①]

潘德征，字道子，贵阳人。康熙己酉举人，由学正历官武定推官，署知府。有《玉树亭集》《贫居集》。

《黔诗纪略后编》卷一《潘推官德征》[②]

德征，字道子，贵阳人，知县驯子，康熙己酉举人。道子家世能文，声著南域。吴三桂开藩云南，罗致人士，道子绝迹不往。三桂叛，污诸名士以伪爵，道子逃之野，腰笭箵，荷蓑笠，杂田夫渔父中，人不知其士流也。吴逆平，授黄平学正，擢罗次知县，改昆明，升武定推官。道子善决狱，迤东有兵为人所贼，尸投水中，道子秘察，得其主名，乃汛兵驱里民，负行李，民以老辞，兵鞭之，其长孙不平，斧兵投之水，攫其橐中金。狱具上官，以图财律论民翁孙死，道子曰：“财得于既死之后，非先知有财而死兵也。恃势鞭辱，兵实首祸，但斧非救鞭之具，律以故杀，坐其长孙，而贷老翁。”时称明决。署武定知府。归田后筑室曹官堡，足迹不履城市，四方士大夫至贵阳者，无不知有潘道子也。所著有《玉树亭诗集》《贫居集》。

《黔风鸣盛录》卷二《潘德征》[③]

潘德征，字道子，号亦韵，贵阳人，驯子。康熙己酉举人，官知县，晋

① 辑自《晚晴簃诗汇》。
② 辑自《黔诗纪略后编》。
③ 辑自《黔风鸣盛录》。

迤西道判，摄武定知府，著《玉树亭集》。

《全黔诗萃》卷十一《潘德征》[①]

潘德征，字道子，号亦韵，贵阳府人，明云南布政使润民孙，举人驯子。康熙己酉举人，官云南罗次[②]县知县，迁迤西通判，署武定府知府。著《玉树亭集》。

① 辑自《全黔诗萃》。

② 罗次，原空白而缺，据道光《贵阳府志》补。

玉树亭诗序

潘淳

古之诗人，如陶靖节，无意于为诗者也，抱不平之才，遭逢不偶，淡然若忘于世，而感慨忠愤之怀，有时不能自已，而微见其情，此岂与耸肩拥鼻者流较工拙于尺寸，然其诗遂为余诗人之所不及矣。

吾族伯父道子先生，为韵人公之子，朗陵公之孙，少负气节，不苟世俗。通籍后，将欲大建白于时，值吴逆蠢动，义不苟，遂慨然拂衣，腰笭箵，荷蓑笠，偕田夫渔父相羊空山涧水间，不复知世之有我，而我之遗世也。素不称诗，亦不苟作，裒集五十余年所遗断纸零墨，仅得五七言今体一百九十余首，可谓无意于为诗者矣。循览之余，气味之清远，风格之高淡，类朱考亭，称陶渊明，不待安排，胸中自然流露者，岂先有一柴桑处士于意中，而规规然心摹手追哉？良以其才其遇，其感愤之怀，不能自已，皆与[①]柴桑有相似者，故无意为诗而诗亦不可及也。族子文范，为先生第九孙，有表扬先人之志，问序于余，余为揭其大端，以告世之读《玉树亭诗》者。

乾隆三年岁在戊午菊月，翰林院检讨族侄淳敬题

① 与，《黔阳潘氏七世诗》作“于”，误。

五言律

早发

万峰藏冷月，匹马度荒城。偶忆家园梦，难禁客邸情。鸦翻残影出，风突乱烟生。自笑何为者，劳劳又远征。

傅竹庄评：东野佳句。

李云庵评：（首句）起势突兀。

其二①

莽苍②长途寂，微茫古戍闲。曙开寒渐弱，梦苦续难删。水气昏朝树，云阴暗远山。故乡长在望，屈指若时远。

游龙标阁

迁客祠中阁，登临境故殊。高如天可问，拜喜石堪呼。野鹤自来去，寒烟时有无。歧亭诗欲拟，愧我是凡夫。

夕阳

万壑生烟后，寒空返照时。岚光纷历乱，秋色共参差。寻寺孤僧远，归林独鸟迟。凭高吟望③久，处处画中诗。

---

① 此首在《黔阳潘氏七世诗》中为《游龙标阁》第二首。

② 莽苍，眉批曰：“炜按：苍，采朗切。莽苍，寒状，亦曰近郊之色。徐嶷《送日本使还》诗‘晨征满苍中’”。

③ 望，《全黔诗萃》作“眺”。

秋夜听雨

空山方独坐，疏雨正三更。寒向窗前入，秋从林外生。虫悲鸣易切，涧涩①响愈清。寂寂孤灯下，长吟万古情。

闻蝉

寂寂秋光里，忽闻林外声。乍摇疏柳碧，徐响众山清。断续风前韵，萧森雨后情。幽怀正无际，对尔意难平。

晓月

露溥良夜尽，素白满轩墀。② 风紧鸣蛩寂，光残宿鸟疑。群灵③皆欲动，孤意欲④何之。此际难言似，徘徊别有思。

滇南秋日和李玉庵韵四首

秋色晓刚至，郊原看渐清。残霞明远塞，野水薄孤城。浪迹人千里，惊寒雁一声。徘徊凭槛久，怅望却难平。

云庵评：（颔联、颈联）二联落纸有声。

商节露初白，空庭夕易阴。鸟过⑤惊旅梦，虫响答微吟。皎皎月当户，森森秋满林。轻寒频到袂，倏忽动乡心。

云向晚来薄，幽斋月到窗。心闲乡梦永，句冷俗尘降。爱鹤频开笼，怜蛾好护缸。夜深风露重，何异在寒江。

云庵评：澄淡入古，三联写出仁人之心。

闲来每出郭，散步野林间。云气侵⑥危岭，松阴冷急滩。长吟消寂寞，久坐爱潺湲。薄暮砧休拭，游人殊未还。

---

① 涧涩，《黔风鸣盛录》作“水落”。

② “露溥良夜尽，素白满轩墀”，《全黔诗萃》作“沉沉秋夜尽，素影满阶墀”。

③ 灵，《全黔诗萃》作“生”。

④ 欲，《黔风》《全黔诗萃》作“复”。

⑤ 鸟过，旁批改作“猿声”，《黔风》作“鸟过”，《全黔诗萃》作“雁行”。

⑥ 侵，《黔风》《黔风鸣盛录》作“低”。

同友人游天池寺限韵

看山情不减，闲里每恣游。偶过村边径，时闻树杪秋。此中堪自得，世外复何求。人我机忘后，禅灯共一幽。

滇南秋夜怀章聚伯

漠漠寒烟乱，归鸦掠晚林。伊人天末思，孤影客中心。蟋蟀夜何苦，蒹葭秋已深。残灯挑欲尽，不寐尚微吟。[1]

中秋对月

月到今宵正，人宜此际看。烟销天一静[2]，光满墅能宽。独鹤归林晚，鸣虫咽露寒。兴来还不寐，怅望欲更残。

云庵评：斗健。

小关岭

鸟道半空入，犹存古刹名。蛮烟孤旅思，禅意定浮生。耸壑千峰势，穿云一磬声。下观来往路，如蚁正纵横。

三月十五日雨坐

地僻无嫌雨，幽斋景自清。万峰烟际落，一鹭蓼边明。吟苦神还逸，身闲病亦轻。晚来云渐薄，片月报新晴。

秋日过澄江，同章元仲、于穆侯游华藏寺

乱松围一壑，古刹绿云间。迹记[3]他年盛[4]，人同此日闲。香林通[5]野

① “残灯挑欲尽，不寐尚微吟”，《黔风鸣盛录》《黔诗纪略后编》作“篝灯同耿耿，助我短长吟”。

② 一静，旁批改作“益净”。

③ 记，《全黔诗萃》作“选”。

④ 盛，《黔风》《黔风鸣盛录》《全黔诗萃》作“胜”。

⑤ 香林通，《全黔诗萃》作“林霏笼”。

涧，秋气肃空山。向夕钟声动，留连未肯还。

秋夜同友人坐月次韵

良朋兼好月，此际去闲愁。竹弄一池影，虫吟四壁秋。无云天益淡，有露夜偏幽。共对忘更永，论文任校雠。

送王佐人还贵阳[①]

共是琴仙[②]客，君归我尚留。交情兰味永，离绪雁声秋。此地难为别，何年复共游。家园多乐事，还忆旧知不？

晚霞霜月冷，处处捣衣声。送友还三径，愁余到五更。明朝云里路，今夜酒中情。欲慰相思切，秋风鹿早鸣。

李云庵评：宛转曲至。

鳌矶浮玉限韵[③]

嶙峋一片石，独立水中央。鳞甲秋风动，楼台夜月凉。烟波同浩渺，云树共[④]苍茫。尽日临流坐，沧浪意更长。

登舟

夙具看山癖，登舟一放情。盈盈湘浦阔，漠漠楚云横。客路帆千里，乡心雁数声。烟波无限好，不是为浮名。

泊舟

暮寒江色晚，烟际宿孤篷。渐觉云皆北，方知月上东。客心渔火外，乡梦水声中。夜气清如此，明朝可信风。

---

① 本题下原只有第二首，第一首辑自道光《贵阳府志》《黔阳潘氏七世诗》。

② 仙，《黔阳潘氏七世诗》作“山”。

③ 鳌矶浮玉限韵，道光《贵阳府志》题作“鳌矶”。

④ 共，《黔风》《黔风鸣盛录》《全黔诗萃》作“总”。

旅中[1]除夕

关心惟节物[2]，况是客中身。寒自今宵尽，春从明日新。角声催永漏，灯影恋羁人。耿耿不成寐，难言归梦频。

云庵评：（寒自今宵尽）稳切。

中秋旅舍

可[3]爱清光好，偏于旅舍看。群峰惟一碧，孤影耐多寒。吟苦虫相接，杯空露未干。霓裳何处曲，有客倚阑干。

八月十六夜[4]

岂意今宵月，清光[5]较胜前。分秋虽过半，入夜尚能圆。树树摇疏影，峰峰宿乱烟。深杯不成醉，偶一[6]问青天。

云庵评：自然稳切。

九月初五日李在竹伯仲招饮赏菊

新绽篱边菊，招余一过之。含霜才点点，映月已枝枝。兴在衔杯外，香来得句时。重阳殊不远，再订看花期。

种竹和韵二首

才添三径绿，已覆半庭阴。霜老枝逾劲，烟浓色倍深。多君存直道，许我寄遥心。尽日无尘到，清风自满林

云庵评：寄托高妙。

---

① 旅中，《全黔诗萃》作“客中”。
② 物，《全黔诗萃》作“候”。
③ 可，旁批改作“最”。
④ 八月十六夜，《全黔诗萃》作“八月十六夜月”。
⑤ 光，《全黔诗萃》作“辉”。
⑥ 偶一，旁批改作“仰首”。

数尺梢[1]才吐，长空势欲摩。神偕秋水远，韵在晚烟[2]多。赋性原无倚[3]，依人谅匪阿。以兹相重意，日日盼庭柯。

云庵评：写竹之神。

嵻峨三丰亭

仙寄当年迹，兹山遂擅灵。高云常片片，老树尚亭亭。选石堪呼丈，凭虚欲认星。我来闲半日，尘梦一为醒。

白水河观瀑[4]

水意直趋壑，却逢绝壁隤。晴飞千尺雪，寒响一溪雷。鼍窟骄澜气。蛟涎冷石胎。徘徊凝望久，疑是岱云来。

云庵评：（寒响一溪雷）阴森。[5]

入滇界

入滇才一日，风物便光华[6]。偶听他乡语，方惊客子车[7]。山平云不碍，天迥雁还斜。莫漫嗟萍梗，游情应渐奢。

沾益道中

犹是昔游地，重来感倍深。风尘惊老大，书剑愧登临。雁影催乡思，溪声佐客吟。更怜松与柏，只抱岁寒心。

---

① 梢，《全黔诗萃》作“稍”。

② 烟，《黔风》《黔风鸣盛录》作“尘”，《全黔诗萃》作“烟”。

③ 赋性原无倚，《全黔诗萃》作“出土原无倚”。原，《黔风鸣盛录》作“元”。

④ 白水河观瀑，《黔阳潘氏七世诗》题作“白水河”。

⑤ 此眉批，《黔阳潘氏七世诗》作旁批，故从之。

⑥ 风物便光华，旁批改作“风景入荒遐”。

⑦ 方惊客子车，旁批改作“方惊远客车”。

昆明[1]旅舍雨后望昆明池

纵目乘新霁，悠然到客亭。残云浮浪[2]白，远岫接天青。但得寰中胜，都忘物外形。征帆过片片，谁不感漂萍。

易门游龙洞阁

水石互吞吐，怀幽仗境偏[3]。潺湲喧共[4]寂，曲折后居前。岩倚云边树，楼窥鸟外天。吟成当夕照，处处薜萝烟。

叶榆游三塔寺

古刹千年屹，浮名一日逃。钟声连水阔，塔势[5]竞峰高。扪碣殊今昔，逢僧判逸劳。老松涛谡谡[6]，好共话牢骚。

登高顶寺[7]

危峰开曲径，步步入烟深。寺古资禅悦，人闲长道心。当杯残磬落，倚杖宿云侵。归路斜阳里，飞鸦返旧林。

旅夜

永夜千思集，真堪愧此身。常愁宁独病，既拙自多[8]贫。裘敝寒欺梦，灯残影恋人。平生成底事，碌碌尚风尘。

云庵评：新隽。

---

① 昆明，《黔风鸣盛录》《全黔诗萃》作“昆阳”。

② 浪，《全黔诗萃》作“水”。

③ 怀幽仗境偏，《全黔诗萃》作“心幽境亦偏”。

④ 共，《黔风》《黔风鸣盛录》《全黔诗萃》作“更”。

⑤ 势，《黔风鸣盛录》《全黔诗萃》作“影”。

⑥ 老松涛谡谡，《全黔诗萃》作“松涛风谡谡”。

⑦ 登高顶寺，道光《贵阳府志》、《黔阳潘氏七世诗》作“登东山”，《黔风》《黔风鸣盛录》《全黔诗萃》无“登”字。

⑧ 多，《黔风》《黔风鸣盛录》作“宜”。

同友人游石庵

与世通方少，同人古道存。选幽刚得寺，逃俗欲忘言。磬冷云归栋，僧闲鹿到门。桃花常[①]片片，疑是武陵源。

香海庵和壁间韵

不竞寒暄处，容余[②]一会心。人谁耽白石，僧或贱黄金。秋老云常幻，机闲山益深。松涛天籁发[③]，谡谡胜鸣琴。

昆明别刘摩青以诗见赠，依韵奉答

讵谓飘零客，论交尚有君。惟真能用直，非党不妨群。谊浅昆明水，情深高岭云。何须怅离别，两地慰书闻。

罗婺九日

十度重阳日，羁栖总客亭。霜心徒羡菊，水国尚怜萍。对酒衣谁白，窥篱眼自青。登高慵竞俗，不独是忘形。

春日游许景凡表弟野园[④]

苍藓引微步，穿林一径[⑤]斜。有时还选石，无处不看花。云满山情古[⑥]，春深鸟语哗。好[⑦]投君一券，我欲借邻家。

---

① 常，旁批改作“飞”，《黔风鸣盛录》作“飞”。

② 余，康熙《武定府志》作“来”。

③ 发，康熙《武定府志》作“夜”。

④ 《全黔诗萃》题作作“春日游许景凡园林”，《黔风》《黔风鸣盛录》无“表弟”二字。

⑤ 一径，《全黔诗萃》作“曲径”。

⑥ 云满山情古，《全黔诗萃》作“山静尘喧远”。

⑦ 好，《全黔诗萃》作“试”。

过蕃子弟有竹亭

闲来宜眺听①，况复一亭幽。日影朝疑暮，风声夏亦秋。探书存古处②，得句减新愁。向夕衔杯处，千峰③画④里收。

乾御上人赠以新茶，试之佳甚，因成一律

癖与卢仝并，茗从惠远分。烹添三径霭，汲动一泉云。有竹难争色，惟兰许共芬。七瓯痊我疾，不但腋风熏。

云庵评：工雅绝伦。

贫居吟

世既皆疏我，何由结素封。水山供早暮，烟月称疏慵。小立惟看竹，幽哦偶听钟。忘机成习惯，炊每待村舂。

先产从来薄，皆⑤缘澟四知。况余途更蹇，与世俗难宜⑥。欲富未能也，逃贫安所之。逢人辞便拙，不待叩⑦门时。

纷华曾不近，剥啄自应稀。固已饶清韵，兼之⑧养静机。凭他分冷暖，自⑨我忘褒讥。闻说城中客，裘轻马正肥。

不识趋炎者，曾知此景无。苔痕三径涩，竹影数竿癯。入夜惟清梦，经时只敝襦。一编寒士传，常对老耕夫。

关市⑩居贫者，犹然叹索居。况于荒且僻，宁⑪不众皆疏。晚食无需肉，

---

① 听，《全黔诗萃》作“咏”。

② 处，《全黔诗萃》作“坐”。

③ 千峰，《全黔诗萃》作“千山”。

④ 画，《黔风》作“尽”。

⑤ 皆，《全黔诗萃》作“都”。

⑥ 与世俗难宜，《全黔诗萃》作“难与俗相宜”。

⑦ 叩，《全黔诗萃》作“扣”。

⑧ 之，旁批改作“能”。

⑨ 自，旁批改作“在”。

⑩ 关市，《全黔诗萃》作“城市”。

⑪ 宁，《全黔诗萃》作“岂”。

徐行可当车。夜来萤数点，佐我半窗书。

竹外理[①]荒径，池边结小斋。应[②]知鱼性乐，复爱[③]鸟音佳。所得皆清况，无求只素怀。伊予[④]尝自许，水石或同侪。

自怜还自笑，多病不多财。咄咄何为者，营营安[⑤]事哉。留余从既往，有待听将来。且仗村醅熟，花时便举杯。

一水绕篱根，潺潺任吐吞。有时还洗砚，无事只[⑥]窥园。岁俭增怜爱，家贫少怨恩。床头书数卷，尚足课儿孙。

奚俟问青天，寒暄理固然[⑦]。无庸[⑧]身碌碌，一任腹[⑨]便便。小饮当花际，微吟过石边。清风与明月，赊得不须钱。

安愚兼守拙，四壁任萧萧。书卷惭边腹，医方笑沈腰。引泉滋淡远，邀月涤烦嚣。我且形骸忘[⑩]，焉知吝与骄。

十亩傍山斜，兹山固[⑪]可家。朝窥云过竹[⑫]，晚酌月当花。爱恶忘投鼠，公私懒问蛙。所甘惟一淡，交谪任频加。

眺听[⑬]一山房，消他岁月长。愁多忘缱绻，贫不碍疏狂。松响常疑雨，枫丹且借霜。更于秋色外，检点雁鸿行[⑭]。

地僻少人事，安论醉与醒。病余方觉[⑮]病，形老更忘形。仗雨封苔砌，

---

① 理，《全黔诗萃》作“通”。
② 应，《全黔诗萃》作“闲”。
③ 复爱，《全黔诗萃》作“静觉”。
④ 予，《全黔诗萃》作“余”。
⑤ 安，旁批改作“低”。
⑥ 只，旁批有“且”字，似有改字之意。
⑦ 理固然，《全黔诗萃》作“任自然”。
⑧ 无庸，旁批改作“已知”。
⑨ 腹，旁批改作“语”。
⑩ 形骸忘，旁批改作“忘形骸”。
⑪ 兹山固，旁批改作“山还信”。
⑫ 朝窥云过竹，旁批改作“朝耕云出岫”。
⑬ 眺听，《全黔诗萃》作“小小”。
⑭ 鸿雁行，《全黔诗萃》作“雁成行”。
⑮ 觉，《全黔诗萃》作“识”。

留云护草亭。每当[1]逃俗处，一放眼中青。

白云常一片，许我寄遥心[2]。落落还如昨，悠悠匪自今[3]。桂[4]香和[5]午梦，蝉响答[6]秋吟。何必深山里，无营山自深。

物外足幽趣，那[7]知较米盐。新泉分竹韵，宿雾敛峰尖。顾我偏宜冷，逢人却逊炎。窗前莺可听，不必更携柑

讷乃贫之分，何难守一缄。既怜蝉寂寂，翻笑燕喃喃。潦倒樽前傲，鬑鬖镜里芟。五湖还有兴，何日便风帆。

纵不遗斯世，伊谁与立谈。一身仍草草，两鬓已毵毵。困既居爻六，谦犹退舍三。父书曾读未，老且愧为男。[8]

竹庄评：《贫居》诸作，类香山、放翁集中语，如“逢人词便拙，不待扣门时”“闻说城中客，裘轻马正肥”“岁俭增怜爱，家贫少怨恩”“松响常疑雨，枫丹且[9]借霜”“仗雨封苔砌，留云护草亭”，皆佳句也。

云庵评：以上诸作，大有安贫乐道气象，读其诗，则平日之所养可知也。

都匀游高真观[10]

古刹屹峰巅，松杉不记年。径依危石转，偈向断碑诠。客至僧还定，云深鹤未旋。可通呼吸处，偶一问青天。

---

① 当，《全黔诗萃》作“逢”。

② 许我寄遥心，旁批改作“与我寄遐心”。

③ 匪自今，《全黔诗萃》作“遂至今”。

④ 桂，《全黔诗萃》作“竹”。

⑤ 和，旁批改作“酣”。

⑥ 答，旁批改作“触”。

⑦ 那，旁批改作“焉”。

⑧ 此首辑自《全黔诗萃》。

⑨ 且，原作“却”，据原诗改。

⑩ 辑自《黔阳潘氏七世诗》。

晓行[1]

漠漠荒烟外，行行古戍间。林疏秋意老，野旷客心闲。水气昏前浦，云光暗远山。故乡犹在望，屈指几时还。

雨坐晚晴[2]

地僻无嫌雨，幽斋景自清。万峰烟际落，一鹭蓼边明。吟苦神还逸，身闲病亦轻。晚来云渐薄，片月报新晴。

同友人游香海庵[3]

偶为逃俗客，至友况相宜。穿石逢幽寺，扪苔识古碑。松风山寂寂，鹤梦日迟迟。薄暮言归去，千峰画里诗。

秋日与段飞叔诸友言别[4]

聚首春光暖，分襟秋气清。半年诗酒兴，一夜别离情。淡淡月方上，微微霜已生。更愁茅店里，处处晓鸡鸣。

途中值雨[5]

装轻逃湿易，冒雨不关情。暑较朝来减，凉偏此际生。依林群鸟寂，纵壑乱泉鸣。小倦刚逢寺，疏钟报晚晴。

遣病[6]

多病少人事，山居尘累疏。掩扉溪水外，倚杖雨晴余。趣较鸥还适，心同竹共虚。终朝堪自赏，数卷古人书。

---

① 辑自《全黔诗萃》。
② 辑自《全黔诗萃》。
③ 辑自《全黔诗萃》。
④ 辑自《全黔诗萃》。
⑤ 辑自《全黔诗萃》。
⑥ 辑自《全黔诗萃》。

中秋迟月[①]

月于今夕贵，怅望起歌謡。雨过云犹重，风轻雾未消。登楼刚薄暮，引领渐深宵。素魄终当吐，相期慰寂寥。

八月十五日夜雨后玩月[②]

连日愁霖暗，今宵得月奇。岂缘矜瘦影，不肯负良时。云去天逾回，山空秋更宜。广除清露满，凝望起遥思。

① 辑自《全黔诗萃》。

② 辑自《全黔诗萃》。

七言律

春日蒙自道中

路接南郊地渐平，游人此日快新晴。三千远道他乡梦，九十春光倦客情。花气浓时堪问酒，柳丝长处乍闻莺。溪边日日看山色，虽在风尘境较清。

赠刘顿斋先生

飘然一棹到遐陬，出岫闲云任去留。君以忘年交孺子，我因问字识荆州。文章大雅难为和，山水高风得共游。计日长安应有诏，客星未许着羊裘。

集张先生归乐园

修竹亭亭护短篱，栖心世外少人知。寒暄不觉机忘后，语笑无拘意到时。花弄晚香频入座，鸟矜幽影偶窥池。多君所得惟清旷，摩诘当年画里诗。

云庵评：隽永。

嵾峨三丰亭和韵

虚亭面面带溪流，眼底烟霞次第收。扪碣恍疑仙路近，闻钟渐觉我生浮。珊珊石骨苔纹古，谡谡松声鹤梦幽。竟日登临尘不到，闲心几为白云留。

杨升庵杨先生祠[1]

继统原非继嗣同，先生岂未谅宸衷。只缘至性存匡主，宁执危言不恤躬。万里边城淹岁月，千秋词馆听私公。看来节到能完处，论事原心总一忠。

李云庵评： 继统而非继嗣，自是璁、萼等私意，论世及大义，还当以升庵父子之言为正。

七月望日，赤松上人招宿黔灵寺感赠[2]

物外招携仰素衷，攀跻共入翠微中。阴连远岫云皆北，影遍疏林月正东。说法岂徒言有得，寻诗不但句能工。他山在在栖禅悦[3]，惟与兹山并远公。

乾御上人以诗见寄，依韵和答[4]

凭他四壁只[5]萧然，且就岩阿学种田。病却沈腰常落落，眠惭边腹任便便。月涵花影疑窥镜，风度松声当听泉。我过禅林师[6]过我，相期应在九秋天。

九日登东山和韵[7]

平原霜落景尤宽，此际登临好纵欢。石径层层探曲折，松声处处听高寒。鸿来远塞轻千里，鹤爱晴空偶一盘。归晚尚携余兴在，半轮新月照雕鞍。

---

① 题目旁批改作“杨升庵先生”，《黔阳潘氏七世诗》作“升庵杨先生祠”。

② 诗尾有注：此首载巡抚于公准鉴定《黔灵山志·艺文》内，作“黔灵山访松师留宿赋赠”。《黔阳潘氏七世诗》作“秋日宿黔灵山赠释赤松”。

③ 悦，《黔阳潘氏七世诗》作“说”。

④ 此诗题，旁批改作“乾御和尚以诗见投，依韵和答”《黔阳潘氏七世诗》作“答黔灵山释乾御韵”。

⑤ 只，旁批改作“尽”。

⑥ 师，旁批改作“君”。

⑦ 辑自《黔阳潘氏七世诗》。

飞云岩[①]在平越

高云不逐长风去，飞作层岩驻远林。幻化或从真处得，灵奇应向朴中寻。峰头揽胜人南北，石上留题代古今。苍狗白衣随所见，须知出岫本无心。

礼斗亭[②]

虚亭面面俯溪流，不尽烟霞次第收。扪碣恍疑仙路近，闻钟忽感我生浮。磷磷瘦石苔纹古，谡谡松声鹤梦幽。竟日登临尘不到，远心几为白云留。

① 辑自《黔阳潘氏七世诗》。

② 辑自《黔风鸣盛录》。

五言绝

饮溪边洞中和韵

水石闲于我，烟霞静此身。落花时点袂，空翠欲沾巾。

五言排

五月三日段年伯载酒至署中，并邀杨、江二先生及段飞伯、飞叔、絅伯同饮，适水西捷至，兼时雨大沛，志喜和韵

芳时[①]逢令节，佳[②]气满琴堂。坐上欣来[③]客，花前快举[④]觞。高人神自畅[⑤]，知己兴相当。忽[⑥]尔音传凯，兼之雨送凉。流膏敷大野，露布奏鸿章。遥识烟尘净，旋闻播植忙。名亭篇可赋，归马事难忘。丽句裒千腋，奇文灿七襄。编氓占既足，国步兆平康。少长情皆畅，频呼醉欲狂。

云庵评：两层周密。

---

① 芳时，旁批改作“他乡”。
② 佳，旁批改作“芳”。
③ 欣来，旁批改作“集佳”。
④ 快举，旁批改作“飞素”。
⑤ 畅，旁批改作“暇”。
⑥ 忽，旁批改作“倏”。

过访潘道子先辈山庄

任衡

兰桂清风香冉冉，蒹葭秋水色苍苍。不辞命驾轻千里，岂必当欢尽百觞。洵不可无瞻古道，未曾得有领仙方。宝山谁谓空回手，拟贮冰壶岁月长。

长钧后学任衡拜稿

滇游草集

潘　奕　著

潘元炜　校录

潘允大先生传[①]

杨毓芳

允大先生，贵阳人，潘姓，奕名。少警敏，有至性，从太翁先生任于滇，历刑厅，守武定郡，刻不忍[②]离，因援例为大学生，视科名直身外物也。太翁致政归，始赴棘闱，不售。太夫人善病，遂弃举子业，苦志医术，故于岐黄最善。然不乐以是知名当世，千金致之不能得，其至性为人不可及如此，而吾犹甚慕先生之为人。

先生家居，屏弃一切，唯日出其历代先人著作以训课其子弟，虽农夫野老未尝不处之怡也。及学中有公事，则慨然以身任之，屹如山立，卓尔多古豪杰风，一时风教大赖维持，至今先达犹时时乐道其梗概也。吾黔学校于今为盛矣，当先生之世，去吴逆蹂躏未久，历艰苦者畏仕途，伤元气者乏膏火，巨家旧族半就凋零，远人挟赀走足倚势，冒我衣冠，以败坏我风教，非先生以方正持之，学校几不可问。今求其人不可得矣！

维时余方总角，以中表至戚得从先生后，犹忆其时风气，后进无新故，遇先生，达执弟子礼，途必让，骑必下，入席不敢当，尊称谓不敢以姓字，曾几何时，俨如太古时事，又未尝不叹，皆先生与诸先达维持之力居多。呜呼！学校为典礼所自出，风教之所关甚巨，故吾于先生生平概不俱传，传其有关学校者。

先生享年六十有五，孺人章太君偕老。子文芮、文华、文范俱知名当世，诸孙林立，至今家学称最焉。

知陕西直隶邠州事表弟杨毓芳拜撰

---

① 辑自《黔阳潘氏七世诗》。

② 忍，前原衍一“离”字，删。

潘允大先生事迹考①

《黔风鸣盛录》卷五《潘奕》②

潘奕，字允大，贵阳人。德征子。康熙中国学生。

《黔诗纪略后编》卷四《潘太学奕》③

奕，字允大，贵阳人，推官德征子。康熙中国子生，有《滇游草》一卷。

① 原无此标题，据本书体例加。
② 辑自《黔风鸣盛录》。
③ 辑自《黔诗纪略后编》。

滇游草诗序

傅汝怀

先生，道子公之长子也，于朗陵公为曾孙，承祖若父之家学，能诗。其为人也，端直有干济，从道子公官云南，由罗次历昆明尹。昆明，首邑也。当国初承兵燹之后，丛残为甚，先生襄擘画，兴革胥，当务举而民康，道子公以绩晋迤西别驾，权武定太守，兴革如昆明时。道子公所至，民咸德之，而亦知先生之赞佐者多也。

先是，先生高祖中池公为郡司狱，德于民，而于乐氏应举者，为仇家贿死之案，不受上官嘱，而转斡[1]旋之，冤乃雪，乐深德公，肖像而庙祝之。道子公继至，庙像如新焉。及道子公致仕将归，斧资乏，乐之裔留馆其家者数年。凡先生与道子公在滇之作，邦人争传写之。归里后，道子公卒，家綦贫。

子彬也，授徒黔西，弟子虑来往之劳而难久也，为筑室翠屏山下，遂居焉。后毁于火，以故先生之作[2]无存。道光戊子，先生来孙敬臣[3]试仕云南，权禄劝尉，近武定，往谒庙像，因于其地得先生《滇游草》，亟录以归。予惟为善无不报，乃理之常人，仅于身受者征之，而不知天之主宰于其间，不但于其人，而于其心思之所寄者，亦若为之呵护焉，而不使之零落，益以见善之获报者远也。先生生平行事，自有传，兹第述其诗显晦之崖略如此。

时道光二十有三年岁次癸卯中和节，后学确园傅汝怀序

① 斡，原作“幹”，因形近致误，径改。

② 作，《黔阳潘氏七世诗》作“集”。

③ 敬臣，旁批改作“元熙”，《黔阳潘氏七世诗》作“敬臣”。

五言古

昆明即事

随宦滇南行，昆明壮哉县。戡定日未久，凋瘵象初变。谁怜兵火余，为德求之遍。严君薄领繁，日昃少息晏。庭训司琐屑，触手罅漏见。承乏何所承，檄到误则谴。

望点苍

点苍高际天，六月犹贮雪。云气常皓皓，清极森毛发。寄言广场人，能来涤烦热。

五言律

家大人守武定，解组后部民乐姓留寓所，建太和寺中先高王父遗庙[1]

祖父昔参佐，严亲今建麾。恩曾[2]人肖像，政尚口传碑[3]。旧谊绵三世，新知重此时。瞻依忘罢宦，归计且迟迟。明万历时，先高祖中池公司狱武定，曾平反乐姓死狱，忤上官，归。乐氏感之，建太和寺为公祈福，并肖像，俾世祀公。今家大人复典此郡，罢官，贫不能归[4]，乐氏裔孙留寓遗庙累年。

登贵阳城感怀

地界[5]荆梁徼，星分翼轸辉。犬牙诸郡错，螺髻昔年非。水似双龙绕，山如万马归。何时招济火，千载仰天威。[6]

登黔灵山赠释乾御[7]载《黔灵山志》

可并支公迹，如亲惠远身。吟诗清且逸，抱道朴还真。猿鹤依禅榻，襟期绝世尘。木樨香过处，忽使记前因。

---

① 《黔诗纪略后编》诗题作“家大人守武定，解组后部民乐姓留寓太和寺”，诗中注在诗题后。

② 曾，《黔诗纪略后编》作“深”。

③ 政尚口传碑，《黔诗纪略后编》作“政异口成碑”。

④ 《黔风鸣盛录》“归”前有“遽”字。

⑤ 界，旁批改作“接”。

⑥ “犬牙诸郡错，螺髻昔年非。水似双龙绕，山如万马归。何时招济火，千载仰天威”，旁批改作“竹王名已没，罗国事俱非。万树堆秋色，千峰带夕晖。登临感今昔，搔首几歔欷”。

⑦ 登黔灵山赠释乾御，《黔风鸣盛录》，乾御前无“释”字，后有“首座”。

自驻[①]林间锡，惟余物外身。本无安间[②]有，非假岂论真。爱月留清影，怜花拂素尘。依然来石畔，又是[③]一生因。[④]

晚秋登东山留宿，有怀杨君山先生[⑤]

万峰三面合，孤嶂独崔嵬。路曲斜阳入，秋深野菊催。[⑥] 敲门云忽散，倚树月初来。欲起君山语，清宵共一杯。[⑦]

雪崖洞偶吟

隔岸群山拱，当门一水斜。客来穿曲径，龙吠入深花。樵担檐朝雨，渔歌唱晚霞。仙源何处是，洞口忆胡麻。[⑧]

曹官山居

邯郸狂梦觉[⑨]，睡起坐南窗。涤笔云浮碗，烹茶露上缸。僮闲谙饲鹤，客惯不惊龙。永日消清福，繄余应寡双。

---

① 驻，旁批改作“挂”。

② 间，旁批改作“得”。

③ 是，旁批改作“结”。

④ 此首原在《滇游草诗序》前，移于此，与第一首合于同题下。

⑤ 诗题旁批改作“晚秋登东山”。晚秋，《黔阳潘氏七世诗》作“秋晚”。

⑥ “路曲斜阳入，秋深野菊催”，旁批改作“远赴山僧会，多因逸兴催”，《黔阳潘氏七世诗》不改。

⑦ “欲起君山语，清宵共一杯”，旁批改作“趺坐穷禅理，瓶中菊正开”，《黔阳潘氏七世诗》不改。

⑧ “客来穿曲径，龙吠入深花。樵担檐朝雨，渔歌唱晚霞。仙源何处是，洞口忆胡麻”，旁批改作“僧闲栽瘦竹，鹊喜噪深花。此境能相觑，吾生自有涯。携尊来柳下，日日醉烟霞”，《黔阳潘氏七世诗》未改。

⑨ 邯郸狂梦觉，旁批改作“山居何所事”，《黔阳潘氏七世诗》不改。

八月十四日夜玩月[①]

河汉澹如许，微凉生远天。明宵秋过[②]半，今夜月初[③]圆。幽意杳何处，赏心非偶然。一杯对孤影，不忍妒婵娟。

中秋值雨望月不至[④]

当秋望明月，倏讶雨斜飘。[⑤] 云重雾犹涌[⑥]，风轻烟未消。登楼[⑦]刚薄暮，引领到深宵。素魄终须吐，空山慰寂寥。

晓月

漏尽光犹满，阳生影渐藏。帘波留浅淡，野色辨微茫。旅雁征方[⑧]急，邻鸡唱未央。倏看群动汇，杲之上东方[⑨]。

诸友送别[⑩]

离别[⑪]亦常事，今朝愁转深。天涯刚聚首[⑫]，旅馆忽分襟。马足秋云涌，蝉声客思侵[⑬]。应知难割处[⑭]，两地少同心。

---

① 本诗原在“五言律”题下，显系后来所加，因题上有顺序号“十”，故移于此。

② 过，旁批改作“始”。

③ 初，旁批改作“先”。

④ 中秋值雨望月不至，旁批改作“中秋值雨望月”。自此诗至《八月十五夜作》共八首，原在《滇游草诗序》前，除《登黔灵山赠释乾御》与前题合在一处外，其他统移于此。

⑤ “当秋望明月，倏讶雨斜飘”，旁批改作“登楼望明月，几度举杯邀”。

⑥ 雾犹涌，旁批改作“雨犹注”。

⑦ 登楼，旁批改作“凭栏”。

⑧ 方，旁批改作“初”。

⑨ 倏看群动汇，杲之上东方，旁批改作“倏看群动出，回首白东方”。

⑩ 诸友送别，旁批改作“昆明别友”。

⑪ 离别，旁批改作“聚散”。

⑫ 聚首，旁批改作“识面”。

⑬ 蝉声客思侵，旁批改作“鸡窗晓月沉”。

⑭ 应知难割处，旁批改作“最怜离别后”。

秋夜

独坐凭[1]虚槛，微微清露生。蒹葭秋渐老，蟋蟀夜方鸣。月好伫杯问，诗宜刻烛成。深山不可醒，萧瑟遍风声。[2]

种竹

数竿初种□[3]，清境较[4]如何。雨过生灵气，风来卷绿波。[5] 虚中殊卉木，直上出藤萝。坐对相怜爱，清芬孰较多。[6]

此君殊落落，相对倍[7]亭亭。不俗何妨瘦，惟虚乃益灵。穿云才脱颖，照月欲翻翎。余亦耽幽者，于兹眼倍青。

礼斗亭

仙寄当年迹，兹山遂擅灵。闲[8]云常片片，老树自亭亭。选石堪呼丈，凭虚欲认星。我来闲半日，尘梦一为醒。

旅中除夕

关心惟节物，况是异乡身。已作半年客，忽逢明日春。角声催永漏，灯影恋羁人。耿耿不成寐，难言归梦频。

---

① 凭，旁批改作“倚”。
② “深山不可醒，萧瑟遍风声”，旁批改作“空山最萧瑟，落叶荡风声”。
③ “□”，旁批改作“后”。
④ 清境较，旁批改作“境地竟”。
⑤ “雨过生灵气，风来卷绿波”，旁批改作“露坠垂清响，风生卷绿波”。
⑥ “坐对相怜爱，清芬孰较多”，旁批改作“好伴松梅住，幽芳尔较多”。
⑦ 倍，旁批改作“更”。
⑧ 闲，旁批改作“飞”。

七言律

武侯祠

寄托由来匪易殚，卧龙双际古今难。武汤先定商周鼎，尹旦欣逢甲诵贤。圣主无儿忧内顾，皇天不祚[1]恨偏安。千秋俎豆神祠壮，老柏鸦鸣夕照寒。

秋夜过牛渡河

木屐贪游夕照暝，渔歌忽起数峰青。一轮金镜波心月，万颗明珠水面星。仙子何年封石洞山上有仙人洞，龙船终古对寒汀河侧有石龙船。归来两袖添秋色，拾得黄花入野垧。

① 祚，旁批改作“助”。

七言绝

大观楼望春二首

瓦甸金沙卫益州，烟云万里一登楼。阳春与物方延伫，顿使心同造化游。

当年荒徼号羁縻，疆索于今入抚绥。最是东君能解意，楼头极望到无私。

自滇归留别乐氏诸君子二首

薪水年来荷指囷，一家不啻守庚申。凭君安稳归桑梓，弥信三生作受因。

恩明谊美结缠绵，镇勿离群话各天。从此椒聊定蕃衍，乘车戴笠约他年。

留余堂集

潘　快　著

潘元炜　校录

潘无闷先生传

先生贵阳人，讳快，字元快，号无闷，亦韵公第四子也。生平笃孝友，以亦韵公文章经济未获大展，先生胞兄允大公又以亦韵公暨莫孺人故，功名亦复未遂，故先生于一切家政淡然若忘，悉听允大公经营，惟苦志力学，慨然有步武先人之志。登康熙壬午贤书，庚子赴选北上，卒于都门。子文艺，郡廪生；文苞，乾隆庚午举人，能继书香，先生为不死矣。

录《家乘·小传》

潘无闷先生事迹考[①]

《黔诗纪略后编》卷四《潘举人快》[②]

快，字无闷，贵阳人，推官德征子，康熙壬午举人。有《留余堂集》。

《全黔诗萃》卷十六《潘快》[③]

潘快，字无闷，贵阳府人，云南迤西通判德征子。康熙壬午举人。著《留余堂诗草》。

① 此题目原无，据该书体例加。

② 辑自《黔诗纪略后编》。

③ 辑自《全黔诗萃》。

五言古

皆翁镇抚偕令侄中岳、蔡子荣若、吴子金铉宴集，集凉水阁赋赠，时中岳将壮游，诗并及之

我豉迹西河，君适镇此疆。尔我交相得，不觉形两忘。日就君子宅，招友倾壶觞。当其快意时，角逐翰墨场。致鸟百仞上，人谓弓之良。致鱼千仞下，人谓饵之香。投契一罕譬，渔弋技何藏。伊谁实具此，于时维鹰扬。欢会殊未已，有客志四方。首塗骄骢马，赠行折垂杨。远别难为情，金樽迭相将。颂子好自壮，方依日月光。伫看侍彤廷，虎贲与龙骧。

五言律

登黔灵山赠释乾御[①]第二首载《黔灵山志》

拓开尘世界，石畔话三生。境静神弥淡，缘空志自清。山中栖慧远，社外入渊明。豫订篱边约，黄花酒一觥。

众皆烦解说，师也但心明。自在观无碍，虚空境共清。争开花有觉，相习鸟忘情。聋俗吾曾悯，渠当负此行。

秋夜梦允大家大兄

蟾光常在牖，虫响渐亲床。几度神飞越，何堪道阻长。相依虚有梦，早计祝还乡。枨触临歧况，凄然又断肠。

秋夜梦允大兄[②]

蟾光常在牖，虫响欲亲床。幸得鱼书至，因之蝶梦长。脊令诗已负，鸿雁影徒伤。记得叮咛语，依稀陟彼冈。

寄彬也侄

作客惊新岁，相欢忆旧年。欲招桂树饮[③]，那得[④]竹林偏[⑤]。祖武谁堪继，孙枝尔独先。家庭施有政，端赖仲容贤。

---

① 第二首有旁批题目作“黔灵再赠乾御禅师”。

② 此诗载于《黔风鸣盛录》，除首联与《秋夜梦允大家大兄》相似外，其余三联皆不同，故录而存之。

③ 招桂树，旁批改作“偕兰砌”，本诗《黔风鸣盛录》皆不改，后面不再注出。

④ 那得，旁批改作“好共”。

⑤ 偏，旁批改作“眠”。

秋夜哭先大夫

回首趋庭日，悲伤不自禁。遗书虽可读，笑貌杳难寻。含恨月沉色，助哀虫苦吟。临风歌玉树先子集名，徒使泪沾襟。

吾以诠选来京，病将不起，因作诗寄示文艺、文苞诸儿

老至还为客，思家梦淼茫。秋梧怜渐坠，晚菊喜多芳。诸子挂怀抱，阿谁能奋强。吾今翻自悔，何故恋轩裳。

秋夜梦允大兄

霜威摧落叶，客思满琴堂。① 幸有②鱼书至，因之③蝶梦长。鹡鸰④诗已负，鸿雁影徒伤。记得叮咛语，长歌⑤陟彼冈。

---

① “霜威摧落叶，客思满琴堂”，《黔风》作“蟾光常独夜，虫响欲亲床”。叶，旁批改作“木”。

② 有，《黔风》作“得”。

③ 之，旁批改为“教”，《黔风》未改。

④ 鹡鸰，《黔风》作“脊令”。

⑤ 长歌，《黔风》作“依稀”。

七言律

秋日思归[1]

行年忽忽近知非，对镜频嗟发渐稀[2]。家况[3]由来传竹瘦先祖亭名[4]。乡思那[5]独为鲈肥。楼头纵酒怜[6]华萼[7]，堂上宜春惜[8]彩衣[9]。鸿[10]雁不[11]堪愁里听[12]，声声都[13]似唤南归。

李云庵评：援古对今，遂成佳调。

族弟南垞自京寄诗，依韵转答[14]

五夜东风落尽红[15]，无端[16]旅况一诗中。才多自以文为富，老至遥[17]知律

① 《黔阳潘氏七世诗》、道光《贵阳府志》题作“秋日思归黔中”。

② 对镜频嗟发渐稀，《黔诗纪略后编》作“负耒西畴愿屡违”。频嗟，《全黔诗萃》作“惊看”发渐稀，《黔风》《黔风鸣盛录》作“白发飞”。

③ 家况，《黔诗纪略后编》作“祖德”。家，《全黔诗萃》作“官”。

④ 先祖亭名，《全黔诗萃》作“先祖韵人公亭名”。

⑤ 那，《全黔诗萃》作“岂”。

⑥ 怜，《全黔诗萃》作“吟”。

⑦ 华萼，《全黔诗萃》后有注“接允大兄来书”。

⑧ 惜，旁批改作“负”。《黔风》《黔风鸣盛录》作“负”，《全黔诗萃》作“恋”。

⑨ 彩衣，《全黔诗萃》后有注“有母在家”。

⑩ 鸿，《全黔诗萃》作“旅”。

⑪ 不，《全黔诗萃》作“那”。

⑫ 听，《黔风》《黔诗纪略后编》《黔阳潘氏七世诗》后有小注“用唐人句”。

⑬ 都，《黔风》“都”后有小注“一作‘俱’”。

⑭ 此诗前原录有潘淳《呈无闷四兄》原诗，此次整理，将潘淳诗移至《橡林诗草》中。

⑮ 五夜东风落尽红，旁批改作“点缀春光几树红”。

⑯ 無端，旁批改作“十年”。

⑰ 遥，旁批改作“方”。

更工。羡尔登台作仙[1]侣，嗟余行径似渔翁。相思酌尽山村[2]酒，懒[3]忆陴阳大竹筒。

① 作仙，旁批改作“皆凤”。
② 山村，旁批改作“酤来”。
③ 懒，旁批改作“尚”。

翠屏寄客集

潘文芮 著

潘元炜 校录

翠屏寄客诗集序

杨毓芳

《书》曰："诗言志。"《礼》曰："温柔敦厚，诗教也。"少陵神明之而集大成，翠屏意会之而自成一家，凡以各言其志，统归于温柔敦厚，不失先王造士之意也云尔。钱虞山创为艰深险怪之论，辄令注者搁笔，朱鹤龄则谓有可解有不可解，假令杜诗难注，士何由造有可解有不可解？论世何为？

翠屏家世贵阳，代以文章德业光显志乘，而于诗尤着，因授徒于黔西之翠屏山侧，遂家焉。怅望故园，情惓俎豆，不忘先业，故自号为翠屏寄客，此翠屏之志也，即翠屏之诗也。少陵处开元、天宝间，备极离乱，而忠义感愤，无不依切神京，景物悲歌，何非忠义之寄托；朱鹤龄乃以托物假象，兴会适然，为不可解，不可解则不知其志矣。志不可明，则温柔敦厚之旨亦不著，何以诗为？吾亦不知二子之极情尽致，而深服叹美之者之何凭也，知此可以读翠屏之诗。

翠屏，孝友人也。家素封食指日繁，而其子弟又皆从事于学，坐耗待尽，假贷资其胞叔无闷公，谒选于都门，没，复扶榇①归，既无旧业，以授徒家于翠屏，固非其志，以故登眺所及，境触情生，只自写其孝友之忱，可独喻，不可以共喻，而究无不览之而即喻，则寄客之心景固如是也，是亦论世于少陵之意也。若夫论学谈心，怀友思弟，则又朱鹤龄所谓指事陈情，意含风喻之所可解者也。吾初读其诗而疑焉，意每含而不尽，柬尤韵而悠扬，何乃文章德业不能竟其志，而中道告殂。继见其二子皆端谨有志，足绍其先，益见诗教之益人造就者，已自著于家学云。

时乾隆十四年岁次己巳冬至日前，邠州刺史愚表叔杨毓芳拜叙

① 榇，原作"衬"，形近而误，径改。

潘文芮先生事迹考[①]

道光《大定府志》卷三十五

《俊民志·耆旧传·潘文芮》[②]

文芮字右质，贵阳府学优行生也，雍正中教授于黔西之翠屏山，因家焉，自号“翠屏寄客”。文芮能诗文，著有《翠屏寄客诗集》《文集》，其《贵州开辟考》《竹王辨》，多资掌故，亦有学之士也。文芮生晓，字白东，黔西州学生，著有《断续亭诗》。晓生以澄、以溶。以澄字静川，黔西州学生，有《宁愚堂集》；以溶字巨川，又字苍岩，大定府学生，性淳懿，年二十以孝闻。潘氏自云南布政使润民、蒙自知县驯、驯弟崇庆知州骧、武定推官德征、国子生奕。奕弟举人快，以至文芮、文芮弟新城知县文苞，屡世有诗集，而驯、骧、德征诗尤著名于当世。以溶能读家集而绍其业，时论以此贤之，贵阳、遵义、安顺、大定四府士人多从之游。以溶之学以思敬为要，其诲子弟也，咸首之以孝友慈恭，无论闲居接人，勿使一刻有懈怠。授经就句读、训诂一一剖析晓畅，然后进于宏旨奥义，以故成遂者极多。道光元年，年八十矣，知州就见之，将举于上官，以应孝廉方正之选，以溶力辞乃止，有《思敬堂集》。以澄有子桐，字钟峄，国子生，有《客留草》。桪，字云表，黔西州学生，有《艺兰轩集》。盖潘氏之居黔西者又四世，有才学，道光二十年，桪子元炜合钞其先世诗文，命名《潘氏八世集》，大定知府姚柬之为之序焉。出《黔风》《潘氏八世集》《贵阳府志》《黔西州志》。

---

① 原无此题目，据本书体例加。

② 辑自道光《大定府志》。

《黔诗纪略后编》卷八《潘秀才文芮》[①]

文芮，字右质，贵阳人。推官德征孙，雍正中诸生，有《翠屏寄客集》。

① 辑自《黔诗纪略后编》。

五言古

夜忆先大父

笑容犹在目，训诲[1]犹在耳。如何欲见之，一梦难得矣。家法[2]未克承，栗栗多危惧。回思教孙言，人生谨跬步。辗转自思维，何曾体一句。愀然倚孤枕，隙月来相顾。

与同人论学载《鸣盛录》

读书果何为？将以全所得。即书求古人，宛立古人侧。向往更体验，兢兢恐或失。假令物偶交，一引千里隔。所以古圣人，先务慎幽独。学问详内心，英华自外发。不然摛浮词，枵然一空质。诸子从我游，何以长相[3]益。惟期勿闲过[4]，事事衷切实。试看松柏姿，侵剥不改色。

无米叹载《鸣盛录》

厨人报无米，童仆色不平。驱之邻家借，迟迟乃复行。雪花满锅中，滚滚似泉鸣。顾之还自笑，因念古人情。十日不举火，尚有金石声。

云庵云：此诗独得一“真”字。

寄常西伯

独坐对青灯，寒鸡啼夜半。何处笛声来，添我相思乱。启户看斗南，怅怅乏羽翰。欲眠不成眠，忽忽天已旦。临风寄双鱼，好鸟来窥案。伫望锡瑶

---

① 训诲，旁批改作“謦欬”。

② 家法，旁批改作“先绪”。

③ 长相，《黔风鸣盛录》作“相长”。

④ 勿闲过，旁批改作“绝浮慕”，《黔风鸣盛录》作“勿闲过”。

函，新蓺许把玩。千里亦谈心，何必发永叹。

云庵评：一气舒卷。

十四日纪哭

终天同有恨，嗟余恨独深。送死难为悦，吞声更至①今。忆昔我生时，吾父年廿七。② 吾上先有兄，三龄伤③暴卒。下有茂与芬，相继伤于疾。戊辰及庚辰，乃是华生日。前此④十余年，惊骇状非一。不令作更夫，苦令读儒书。家计窘万端，灯⑤火供不虚。有时恨愚鲁，捶挞共欷歔⑥。十六补诸生，课诵仍未疏。父苦于斯极，芮也竟何如？青衿二十年⑦，屡⑧负双亲望。砚田苦不丰，菽水惭缶盎。更复仰亲慈，云儿能色养。远游事舍耕，每每定省旷。⑨ 垂白倚蓬门，盼儿朝及昏。音书偶一滞，辗转劳梦魂。归来岁云暮，称觞不盈樽。未及三五日，饥驱又转辕。行时⑩结柔肠，牵裾不能言。父今成永别⑪，伤心气欲绝。不孝共三人，谁云力可竭。我生无如死，万端责此躬。何年事得了，瞑目谢长空。⑫

云庵评：以上诸作，读之如凄风苦雨，令人酸鼻，由于情真也。

---

① 更至，旁批改作“匪自”。

② “忆昔我生时，吾父年廿七”，旁批改作“在昔我生日，父年廿又七”。

③ 伤，旁批改作“竟”。

④ 此，旁批改作“后”。

⑤ 灯，旁批改作“膏”。

⑥ 捶挞共欷歔，旁批改作“刻责自欷歔”。

⑦ 青衿二十年，旁批改作“悠悠倏及壮”。

⑧ 屡，旁批改作“空”。

⑨ “远游事舍耕，每每定省旷”，旁批改作“所伤长远游，经年定省旷”。

⑩ 行时，旁批改作“临行”。

⑪ 父今成永别，旁批改作“生离忽死别”。

⑫ “不孝共三人，谁云力可竭。我生无如死，万端责此躬。何年事得了，瞑目谢长空”，旁批改作“犹记在时容，一见不可得。罔极恩未报，临酹增恸悼。形声隔重泉，一滴可能到”。

七言古

瓮城桥小憩歌[1]在贵定

瓮城桥下水西来，日夕东流不复回。瓮城桥上人几家，风烟惨淡日将斜。我来小憩瓮城边，愀然听说败师年。当年中丞多英风，统领偏师十万雄。一时贵阳围事急，邦彦蛮兵百万集。可怜羽书日日下，中丞偏师堪叱咤。如何儒生不知兵，山中逍遥散漫行。挨桥四面彝兵伏，弓刀箭弩发深谷。大师失计小丑撗，我兵强半死瓮城。贼返贵阳益猖狂，城中上下尽彷徨。掘冢焚尸虐焰骄，叩阍无路哭天遥。守御全杖李抚军，誓死孤城念不分。肯向兵民说力竭，围困直教十阅月。一时情事足歔欷，只因瓮城一失机。不独儒生中贼计，明季纪律亦凋敝。将军塞外久逗遛，曾无片纸到遐陬。玉仗鸳班盈廷宁，黔事谁人出一语。一事如此他可知，寇起中原不复支。念此凄凄胆气寒。桥头小憩发长叹。

云庵评：酷肖岑嘉州体。

李云庵评：推开一层，烟波无际。

---

① 辑自《黔阳潘氏七世诗》。

五言律

春游扶风山载《贵阳府志》

倏动烟霞兴，春风酒一樽[①]。欣然随屐齿，不惜破苔痕。花亚树如醉，日斜山欲吞。勾留归路晚，芳草恋王孙。

访阳明洞

谁凿仇池穴，幽然小有天。龙场来逐客，石阁悟真诠。雾彻千峰净，云开一月悬。code低徊不能去，愧说守蹄筌。

晚过永镇桥

万山吞落日，班马恋孤征。忽渡石桥去，遥闻砧杵声。村[②]烟前岸出，渔火半江横。更听秋蛩语，诗肠此际清。

过访夏清源别业载《贵阳府志》

结庐穿曲径，竹外户斜开。树老宜栖鹤，棂疏欲透梅。樵歌闲处得，鸟语静中来。几度回车马，寒花掩绿苔。

夜喜友人过

几年伤契阔，一晤笑颜酡。短檠篝忘灺，村醪饮易多。清风环我室，白雪听君歌。莫取吴钩看，浮生两鬓皤。

---

① 樽，《黔阳潘氏七世诗》、道光《贵阳府志》作“尊”，误。

② 村，旁批改作“炊”。

移家水西留别贵筑诸友暨许昆毓表弟

携家如泛梗，南浦怅悠悠。金竹云千里，黄沙水北流。举杯双鬓白，策马四山秋。此后莼鲈①会，诸君忆我不？

客斋

阶草留春绿，瓶花裛露香。客中虚戏月，醉里认风光。懒慢苏裘敝，逍遥谢屐忙。黑甜酣一觉，梦不到黄梁。

访陈集生玉螺山别业前二首载《鸣盛录》

言访幽人宅，云岚拥玉螺。路危嵌②石小，人上拂松多。活活泉声细③，嘤嘤鸟语和。赏心知久得，为问定如何。

自适山林趣，常从鹿豕游。嗤予同淡宕④，到此且夷犹。气象遥空迥，尘寰下界浮。青天如可问，相与一搔头。⑤

一枕消长昼，三杯养太和。犁云晨戴笠，钓月夜披蓑。壁破常嵌⑥石，茅穿但补萝。坐来余道气，令我恋岩阿。

招饮⑦宜栽竹，逃名贵选岑。朝看云出岫，夕领鹤归林。发短搔堪笑，腰寒瘦不禁。独来还独往，世务少关心。

玉螺山赠陈集生⑧

地僻无尘杂，开轩景自幽。平田⑨青到眼，古树碧当楼。世在羲皇上，人皆绮夏俦。高风应可企，策蹇共遨游。

---

① 莼鲈，旁批改作“逢文”，《黔阳潘氏七世诗》未改。
② 嵌，旁批改作“嵌”。
③ 细，《黔风鸣盛录》作“静”。
④ 宕，《黔风鸣盛录》作“荡”。
⑤ 《黔阳潘氏七世诗》无此首。
⑥ 嵌，旁批改作“堆”，《黔阳潘氏七世诗》未改。
⑦ 饮，旁批改作“隐”，《黔阳潘氏七世诗》作“隐”。
⑧ 此首在《黔阳潘氏七世诗》中为《访陈集生玉螺山别业》第四首。
⑨ 平田，旁批改作“平畴”，《黔阳潘氏七世诗》作“平田”。

访雁上人载《鸣盛录》

尘嚣不到处，中住一僧闲。心定常[1]持偈，吟馀[2]偶[3]看山。有书藏石室，无客扣禅关。西竹先生在，居然共往还。[4]

寄怀四弟衷也，兼讯其病载《鸣盛录》

不眠偏夜永，纷出奈愁端。山月到窗白，溪风吹枕寒。病须清处却，心自暇中安。消息常常寄，知予远望难。

山居载《鸣盛录》

披衣寻逸径，散步到山园。树老花迟放，林深鸟肆言。有苔侵石砌，无客扣蓬门。不尽低徊意，高歌待酒樽。

云庵评：句中有法，须玩。

访陈世垂见川亭[5]

不独园林好，亭高喜见川。标题觇旨趣，即景悟渊泉。物望云生岫，风期月在天。我来尘念息，吟罢乐陶然。

送学博任大兄[6]归里

一官才半载，便肯赋归田。五斗腰难折，三余腹自便。穿云锄菊圃，带月棹渔船。独有劳亭客，停杯思惘然。

云庵评：立言有体，炼语精工。

---

① 常，旁批改作“非”，《黔风鸣盛录》《黔诗纪略后编》作“非”。

② 吟馀，旁批改作“缘空”。

③ 偶，《黔诗纪略后编》作“但”。

④ “有书藏石室，无客扣禅关。西竹先生在，居然共往还”，旁批改作“寻诗披竹径，招月入松关。顾我难从俗，忘形许往还”，《黔风鸣盛录》《黔诗纪略后编》同改句。

⑤ 访陈世垂见川亭，旁批改作“游陈世垂园林见川亭”，《黔风鸣盛录》同改题。

⑥ 送学博任大兄，旁批改作“送任学博”。

题杨君山先生读书处

高风今已杳，何处景先生。碣破莓新补，编残蠹欲倾。招魂孤月落，搔首碧云横。倚案添惆怅，空怀尚友情。

余旧居金竹人山，诸及门为筑室于水西翠屏山下，移家居焉，因自号曰“翠屏寄客”

已作人山主，翛然出故闾。移非营兔窟，寄且似鸠居。夜卧云中石，朝餐雨后蔬。清风明月下，吾自爱吾庐。

登黔西城楼

逆旅余清兴，登临望眼赊。浮云连六诏，落日杳三巴。萍梗羞常泛，沧桑自古嗟。秦碑与鲁殿，惆怅思无涯。

云庵评：波澜壮阔，得自工部。

登黔西东山载《鸣盛录》

夙夕[①]耳东山，兹乘半日闲。不愁苔路滑，且喜俗情删。禅意松声里，诗心落照间。更从高处望，得意几忘还。

同庐兼三小酌溪边

夙多山水兴，况复偶同人。倚石心俱静[②]，浮杯酌易频。由来天地阔，不碍性情真。醉里寻归路，东山月一轮。

移家后过宜也诸弟载《鸣盛录》

归来成作客，相对欲沾襟。团聚昨年事，低徊今夜心。合离同梦幻，鱼雁苦浮沈。怕听歌华萼，衔踟念旧林。

---

① 夕，《黔风鸣盛录》作“昔”。

② 心俱静，旁批改作“机全活”。

六弟至斋中同宿，别去赋此载《鸣盛录》

几向斋头立，匆匆独往人。思深缘会暂，别易奈家贫。露下蛩何切，天空月又新。踌躇无限意，遥望若为陈。

病中遣怀

北牖支床稳，乾坤一啸中。三杯生意足，七碗病魔空。集蓼神弥肃，搜枯兴未穷。深山恣高卧，新日到窗红。

偶从阶下立，山态与云齐。远树碧遮北，斜阳红向西。泉声听不厌，花意望将迷。乍觉游情勃，前村杖可携。

斗室安[①]容膝，何须问米盐。清风春入座，明月夜穿帘。腰怯沈郎瘦，贫非仲子廉。起居惟意适，那复有猜嫌。

山月照南牖，松风来北邻。黑甜消白昼，九食过三旬。足曳登高屐，头缠漉酒巾。去留心自委，落落葛天民。

六广吊王阳明[②]

蛮荒来北学，混沌辟南天。《易》自窝中玩修文有阳明玩易窝，心从洞里传修文有阳明洞。高风垂泰岳，妙句壮灵川阳明经六广有诗。神往湘江上，文惭贾谊贤。

① 安，旁批改作“能”。

② 辑自《黔阳潘氏七世诗》。

七言律

过镇西水阁感旧载《鸣盛录》

依然楼阁水云间，安得登临半日[1]闲。犬吠疏篱惊异客，莺鸣[2]古木响空山。人于此日难寻旧，句在当年未忍删。马上徘徊频极目[3]，烟开远岫破愁颜[4]。

至无闷四叔家上叔卒于都门

猿狖悲鸣欲雨天，惊看拱木独凄然。黔山燕月七千里，死别生离二十年。膝下欣逢花萼茂，楼中空忆竹林眠。归途宛转青衫湿，怕见城头一缕烟。

挽毛贯两

日日伤君泪莫收，分明命运复何尤。陈琳忍令埋尘土，李贺偏教赴玉楼。流水高山琴欲碎，苍松古柏句难酬贯两寄余诗有“苍松古柏老竹箭”句。不堪最是谈心处，烟锁寒云[5]一片愁。

---

① 日，旁批改作“晷”，《黔风》《黔风鸣盛录》作“晷”，《黔阳潘氏七世诗》作“日”。

② 鸣，《黔风》《黔风鸣盛录》作“啼”。

③ 频极目，旁批改作“回首处”，《黔风》《黔风鸣盛录》作“回首处”。

④ 烟开远岫破愁颜，旁批改作“夕阴偏与助愁颜”，《黔风》《黔风鸣盛录》作“夕阴偏与助愁颜”。

⑤ 寒云，旁批改作“云封”。

五言绝

步断桥载《鸣盛录》

平生履坦人，到此生危惧。此念若常存，安得苟一步。

七言绝

客斋除夕

岁除乡思倍依依，寂坐空斋半掩扉。因想高堂当此夕，梦魂如接远人归。

雨后

纶竿昨夕①雨中还，枕听芭蕉一夜间。晓起熏风吹不尽，又从烟外见青山。

八月十三夜对月②

人爱中秋月正圆，我于此③夕兴翩翩。从来盈后亏还易，对月如何在望前。

云庵评：与邵子“好花看到半开时”之句同一，有余不尽之意。

① 夕，旁批改作“暮”。

② 八月十三夜对月，旁批删去“对月”二字。

③ 此，旁批改作“今”。

贵州通志稿[1]

邢端致朱启钤书[2]

桂老尊鉴：

昨承枉斗驾倾谈，极慰。承嘱检阅潘文芮略历及李云庵事，兹得其大概，如别纸所书，聊备参考。敝处所得黄中丞寿诗册，其中有陈定斋诗，余有黔中康熙时绅士，容暇携奉台阅，原书暨尊处书目，并奉缴。

即请道安。

乡晚生　端谨启　　十七日

再，《查初白集》中亦有黔中诗，又阮文达、桂未谷两公集亦应有诗文，如尊斋有诸集，可一查。

《黔省开辟考》之潘文芮，为潘士雅驯之曾孙，著有《翠屏寄客诗》，所谓“贵阳潘氏七世皆有诗集”者也。卷中眉批之李云庵，系遵义人，嘉庆庚申举人，戊辰进士，官西宁知县，以父老致教授，主讲贵山书院。贺藕庚中丞与郑子尹皆称之，所著有《翠竹亭草》。其祖父名凤翽，举人。

其功德各《名臣考》中之沈翼机，康熙丁酉贵州学政，敝藏有《奉祝大中丞黄公寿序》，即沈所作。此书如居奇，似可令人抄副本，不必定购也。

---

① 辑自国家图书馆藏抄稿本《贵州通志稿》，贵州图书馆一九六五年据此本复制油印。《黔阳潘氏七世诗》以单篇文章形式将此书收入，但删去所有文中夹注。此次整理以国图藏本为底本，所有夹注皆收入，不再出注。

② 此札在国家图书馆藏《贵州通志稿》前端，是邢端写给朱启钤之信札，国图藏《贵州通志稿》原为朱启钤所收藏，应为当时朱启钤寻访此书时，邢端写给朱启钤之信札。今照录于此。

黔省开辟考

昔禹定九州，黔为荆梁之边陲，同三吴、楚、蜀皆未得通中国。黔尤鄙远，开辟最后。于商曰鬼方，于周曰靡莫，战国时楚将庄蹻略地，至于且兰，始附楚。张仪欲以商于易黔中，即其地，楚灭并于秦，为黔中郡，黔之名始于是乎见。汉武帝元鼎六年，平西南彝，置牂牁、犍为、越嶲、武陵四郡，犍为隶蜀，越嶲隶滇，武陵隶楚，牂牁则黔地也，盖以牂牁江得名云。晋益兴古郡，其地即今之安顺府。隋为巴东、黔安、清江、明阳四郡。唐贞观十六年，拓其地，置牂彝、播、珍等州，属黔中、剑南二道采访使。其时所谓黔中者，皆思南、思州、黎平、镇远、都匀、石阡之附近楚蜀者，贵阳不与焉。五代时，楚王马殷遣八姓帅率邕管柳州，讨两江溪洞，留兵戍之，遂各分据，号八番，是为今之定番州。宋至道三年，分隶荆、湖、剑南之三路。宣和元年，以田佑恭加贵州防御使。嘉定庚午，以宋永高升贵州经略安抚使，至今黔称贵州，实本于此。

元宪宗时，于矢内附。至元十六年，西南八番、罗氏等国亦内附，置八番、罗甸等处宣慰司，以蒙古人为元帅，置府贵州，弹压之。十七年，大兵讨罗氏鬼国。十九年，以降彝，八番、金筑、百万砦皆为郡县，置顺元路、金筑府领其事。二十年，讨平九溪十八洞，并置郡县，立总管府，俱听顺元路宣慰司节制。其时间设流官，实同羁縻[①]，无城郭田赋之制，无乡会宾兴之典，犹然荒服陋区也。

明初，分隶滇、楚、西蜀三省。洪武四年，蛮长密定等举土来附，置贵州卫。五年，命江阴侯吴良等平古州等蛮，是年，置永宁卫。八年，置黄平所。十年，命安陆侯吴复讨普定阿买寨。十四年，命颖国公傅友德为征南将军，征讨云南，还定贵州之普定、乌撒等处，置普定、乌撒两卫。十五年，开设屯堡，筑贵州省城，设贵州都指挥使司，领各卫所，以重臣汝南侯权其事，卒，以平凉侯费聚署理。是时，纪纲初定。十六年，置普定军民府，置都匀安抚司，置永宁州，改习安州为安顺州，置毕节卫。十八年，思州苗叛，命信国公汤和为征虏将军，周德兴副之，帅师从楚王名桢，洪武之子平其

① 羁縻，一九六五年贵州图书馆复制本作“羁縻”。

地。洞蛮吴面儿寇古州，复命信国公从楚王剿平，诏楚王还国。十九年春，长兴侯耿炳文偕颍国公傅友德帅师讨云贵诸蛮。夏六月，颍[①]国公讨平平越、麻哈。二十年，靖宁侯叶升、普定侯陈桓讨东川、普定诸蛮，平之，勅谕屯田于毕节等卫。二十一年，东川蛮复叛[②]，以西平侯沐英、普定侯陈桓俱副征南将军颍国公，帅师平之，仍命普定侯屯田毕节，宋国公冯胜镇永宁。二十二年，狼洞黄平苗叛，颍国公移师讨平之，置赤水、兴隆、安庄三卫。平普旦阿资马乃，置普市所。二十三年，命延安侯胜宗讨平贵州叛苗，置新添、龙里、威清、安南、平坝、清平六卫，改都匀安抚司为都匀卫。二十四年，凿永宁河。二十五年，命越嶲侯俞通渊征古州洞蛮，命都督王成通贵州道路。二十八年，贵州蛮阿榜、曹宁等司叛，守将夏国公顾成讨平，置贵州前卫。三十年、三十一年，分命夏国公顾成讨水西，楚王桢、湘王柏讨古州，都督杨文讨清平、黔阳，平羌将军何福擒永宁蛮十八加如，讨毕节、都匀，进征五开，诸蛮悉平。

永乐成祖，即太宗十一年，叛苗田琛《通鉴》作田琛、田宗鼎伏诛，罢罗甸宣慰司，置思州、新化、黎平、思南、镇远、石阡、铜仁、乌罗八府，设贵州布政使司二月辛亥始设贵州布政，贵州于是始为专省。补：八月乙丑，镇远侯顾成讨思州、靖州叛苗。补：十二年正月庚寅，思州苗平。十三年，改普安安抚司为州。十八年，设贵州提刑按察司。

洪熙仁宗元年，令贵州就试湖广。宣德宣宗元年，诏定云贵两省乡试。补：宣德八年，总兵官、都督萧授讨平贵州乌罗蛮。

正统英宗元年，以木瓜、麻向、大华割属金筑。三年，设安顺州流官。补：四年，总兵官萧授平贵州计砂叛苗。四年，始命右副都御史丁璇巡抚贵州。六年，添设屯田副使。九年，置施秉县。十二年，增云贵解额五名。十四年，卭水、草塘、烂土、凯口诸苗叛，陷思州、都匀、石阡、黄平、思南等卫府，总督侯琎率同副总兵官方瑛讨平。补：十四年十二月，王骥为平蛮将军，充总兵官，讨贵州叛苗。

景泰景帝元年，补：三月，保定伯梁珤[③]代王骥讨贵州叛苗。五月，侍郎后进、副总兵田

① 颍，原作“颖”，据前改。

② 叛，原作“畔”，《黔阳潘氏七世诗》作“叛”，据此并据上下文改。

③ 珤，《黔阳潘氏七世诗》作“瑶”，因形似致误，下同。

礼大破贵州苗。七月，尚书侯琎、参将方瑛①破贵州苗，擒其酋献京师。苗贼韦同烈叛，据清平之香炉山，命保定伯梁珤督征。补：九月，巡抚河南副都御史王来总督湖广贵州军务，讨叛苗。二年，韦同烈伏诛。四月，梁珤、王来等破平越苗，献俘京师。是年，始专设巡抚。补：七月，普定、永宁、毕节诸苗复叛，梁珤等留军讨之。四年二月，五开、清浪诸苗复叛，梁珤、王来讨之。五年，方瑛破草塘苗，封瑛南和伯。七年，定云贵乡试三十名。

天顺英宗复位年号元年，大坝山都掌蛮叛，补：三年，南和侯方瑛克贵州苗。成化宪宗二年，兵部尚书程信督川湖云贵四省兵讨平。打罕州土蛮韦阿礼叛，调泗成兵会剿，平之。四年，增云贵乡试解额十名。八年，裁巡抚。十年，置程番府，增云贵乡试解额五名。十一年，复设巡抚。

弘治孝宗四年，烂土蛮叛。五年，副都御史邓廷瓒②率师讨烂土蛮。六年，置都匀府，改印江司为县。八年，置麻哈、独山二州，清平、永从二县。增云贵乡试解额五名。十一年，普安彝妇米鲁叛，执太监杨友，右布政司间钲死之。置镇远县。十六年，南户部尚书王轼讨米鲁，平之。

正德武宗二年，裁巡抚。五年，定云贵乡试解额五十五人，是年复设巡抚。六年，平江津贼方四。八年，平卧龙司贼王伦。十一年，讨香炉山叛苗，不克。十二年，湖贵合师讨平。十四年，芒彝寇永宁。

嘉靖世宗四年，参将何卿平之。六年，芒彝复叛，仍以副总兵何卿讨平之。十三年，迁中左所于香炉山。十四年，定贵州乡试解额二十五人，开科本省，节劳损费，向学者日益多，思南田秋之力也。十六年，都匀苗叛。十九年，金石司苗叛。二十一年，铜镇③苗叛，陷石阡府，执推官邓本中，官军前后讨平。二十五年，增贵州解额五名。二十七年，罗番龙受祖叛，苗贼龙许保陷印江县。二十九年，铜仁苗陷思州，知府李允简死之。三十年，置铜仁抚苗通判。三十一年，平金筑叛苗阿季。是年，设湖川贵总督驻沅州，节制三省。

隆庆穆宗元年，改程番府为贵阳府，益以金筑、平伐二司徙治省城，首郡既设，规模冠冕矣。

---

① 瑛，原作"英"，据上下文并据一九六五年贵州图书馆复制本改。

② 邓廷瓒，原作"邓廷赞"，据《明史·孝宗本纪》改。

③ 铜镇，原作"镇镇"，据《黔阳潘氏七世诗》改。

万历神宗三年，平者芽苗，立宣威营。十四年，以程番府旧治置定番州。十九年，置新贵县。二十四年，迁贵阳府学于北关。二十六年，置铜仁县。二十七年，皮林蛮叛，播贼寇平越，杀都司等官，复寇东坡，寇龙泉，寇乌江，参将以下多死之，赐总督李化龙剑，令便宜从事。二十八年，贵抚郭子章及督臣李化龙、湖抚支可大誓师讨播，杨应龙自缢死，余党悉平。以其地设平越、遵义两府，湄潭、瓮安等十县，遵义府辖遵义、绥阳、正安、仁怀五县，隶于蜀；平越府辖平越、瓮安、湄潭、余庆、黄平州四州县，以龙泉县、石阡府隶于黔。二十九年，贵抚郭子章如镇远，会楚师、粤师，协剿皮林。三十年，改安顺州为军民府。三十一年，奢氏续叛。三十二年，奢贼平，改水德司为安化县，诏征西路、水银山等苗。三十四年，征东路苗。三十七年，红苗陷印江县，典史邵士元死之。三十九年，置广顺州。四十二年，加贵州广额二名。四十四年，平定番狆苗。

天启熹宗二年春二月，水西罗鬼安邦彦叛，围贵阳，总督张我续督兵来援，十二月围解，城中饿毙者过半，苗猓之害，于兹最酷。三年，进师六广，偏裨以下姚旴等二十七人死之。红夷据澎湖、贵州，官军三路进讨水西，副总兵刘超败绩于陆广河。是年十月，王三善剿水西，屡破贼至大方。四年，巡抚王三善督战，为逆贼陈其愚诈降遇害正月，王三善自大方旋师，遇伏被执，死之。同时死者，参将以下百二十余人，御史傅宗龙疏请赴黔讨贼，诏命以巡按监军安邦彦犯普定，右参政陆梦龙偕总兵黄钺以三千人御之，直前薄贼，贼大败。三山苗叛，思州告急，梦龙夜遣中军吴家相进捣贼巢，挝苗鼓，声振山谷，苗大奔溃，焚其巢而还。五年，巡按傅宗龙擒其愚，诛之，进师鸭池河，败绩，总兵鲁钦没于战。正月，总理鲁钦、刘超自织金旋师，为贼所袭，诸营兵溃。三月，朱燮元总督云贵川湖广西军务，讨安邦彦。六年，进师至杨家海，不克。

崇祯庄烈元年，川贵合师会剿，总兵官侯良柱、许成名斩安邦彦于永宁。二年，建上卫、连云等十一城，诏命贵州、四川、云南合兵讨水西余党。三年，安贼乞抚，疏闻，许之。四年，置开州，设敷勇、镇西二卫，修文、熄烽[①]、赫声、濯灵、于襄、威武、定南、柔远、诘戎等九所。十五

① 熄烽，今作“息烽”。

年，增贵州乡试解额[1]二名。十六年，即宣慰司旧学基修新贵县学。开州狆苗叛，陷州城，知州黄嘉寓死之。

终明之世，叛复不常，大小百十余征讨，辟地十郡，州县二十有一，卫十八，所千[2]户九，遂为十三省之一。

至我本朝德威所及，无远不服。世祖章皇帝顺治十五年，命经略洪承畴率师取贵州。十六年，定乡试额数。十七年，通黄平水运。马乃苗叛，平其地，置普安县。

圣祖仁皇帝康熙三年，水西罗鬼安坤叛，命吴三桂讨平之，以其地水西为黔西府，比喇为平远府，大方为大定府，乌撒为威宁府，乌撒卫仍其旧。五年，平郎岱[3]，诛陇安藩。十一年，改龙里、平越、清平、都匀四卫为县，裁安庄卫归镇宁州，裁黄平所归黄平州，裁新平所归普安县。十二年，广顺州苗变，杀吏目蒋士璘。二十二年，改黔西、平远二府为州，割湖广镇远、偏桥二卫归黔。二十五年，徙土司韦有伦等，以其地入永从县。二十六年，改贵、前二卫为贵筑县，敷勇卫为修文县，以修文、濯灵、熄烽、于襄四所益其地；裁新添卫，归并贵定县，隶于贵阳；改威清、镇西二卫为清镇县，益以赫声、威武二所；改平坝卫为安平县，益以柔远所；改安南卫为安南县，裁普安卫，归并普安州；裁定南所，归并普定县；裁安笼所，归并南笼厅，隶于安顺；改大定府为州，改永宁、毕节二卫为县，裁普市所归永宁，裁赤水卫归毕节，裁乌撒卫归威宁，俱隶威宁府；裁兴隆卫，归黄平州，隶平越府。三十四年，并新贵县于贵筑。

世宗宪皇帝雍正二年，改湖广玉屏、清溪、天柱、开泰、锦屏五县隶黔。三年，巡抚毛文铨讨定番叛蛮，擒贼首阿匠，斩之。四年，威宁镇总兵官石礼哈帅师讨定广蛮。五年，讨古州、郎岱、耒牛、郑旦生苗，设古州兵备道、古州理苗同知、清水理苗同知、清江理苗通判、郎岱同知，置永丰州，置荔波县，改东路由柳杨驲达楚。改遵义合属隶贵州。八年，改南路越铁锁桥由普安州达滇。十年，古州逆苗复叛，巡抚元展成发兵剿捕，伤副将

---

① 解额，原脱，据《黔阳潘氏七世诗》补。

② 千，原作“十”，误，改为“千”。

③ 郎岱，《黔阳潘氏七世诗》皆作“郎代”。

以下十余人，署提督鹤丽镇总兵官帅师讨平之，提督哈元生至自京，平其余党。十三年，古州苗陷黄平、清平等州县，世宗宪皇帝下诏罪己，经略张公广泗[①]帅川、湖、贵、粤、滇五省兵讨平，斩首万余。进张公总督，设古州镇总兵官，清江协副总兵官镇其地，千百年苗患至是一靖，守其土者，总督暨监司大员外，设贵阳、安顺十二郡太守，定番等处十四州刺史，贵筑、贵定三十三县邑令，科取士四十四人，登进士者十二三名不等，声名文物埒于中州矣。

论曰：黔处万山中，土不厚于西北，财不富于东南，而其地则在所必开。三代以前，诗惩荆舒，何有于黔？周末吴楚争盟中夏，黔日内近，汉高龙飞吴楚之间，而其财赋又十倍于他郡国，黔实邻之，卧则鼻鼾，何有安吾民于衽席？况犍为、越嶲、牂牁皆古西南彝，犬牙相错，滇无黔则扼其吭，蜀无黔则掣其肘，一隅之不靖，圣天子之忧也，此历代所为羁縻畜之，前明百战辟之，我朝礼乐征伐，多方定之。不则竭其土之所纳，不足以供本土之用，岁糜协饷，动余万计，其何利于黔而辟之者？惟是辟之非难，抚之为难，未辟则化外之彝也，既辟而生聚吾民于其地，不为之策其万全，是何异捣群虎之巢，而置吾赤子于其穴，何不为之争食也？安酋自济火为功于蜀，代封重爵，雄长诸蛮，播贼自杨端应募平南，诏世袭唐职，阅五代宋元至明，横踞播、珍，诚所谓夜郎自大。余苗类皆野性难驯，罔知法纪，一旦削其土地，治以流官，虎视眈眈，俟隙而动，遑顾问哉。

前明盛时，于镇远、黎平各要害皆设兵戍之，正统中，以麓川之役撤回戍兵，诸苗遂得深入，陷没我城池，杀戮我官民，终明之世，叛服不常，苗性固难驯，亦谋国者之疏也。《周书》曰："国无三年之蓄者亡。"苏秦说赵，称其粟支十年。明天启中安酋叛，围贵阳，未匝一载，而城中饿毙者过半，有备无患之谓，何遂至坐困若此？今黔无不辟之地，无不化之苗，古州、清江皆设重镇，仰见朝廷硕画，远过前明。其熟苗之在我肘腋间者，徐徐化导，广储天庾，以图久安长治之术，将见风气日厚，富庶有加，枕滇带蜀，可作屏藩，金锡丹砂，足资国用，亦西南一大要都也，安得深谋远虑，仰体国恩，尽如今之贤执事者。

---

① 广泗，《黔阳潘氏七世诗》脱。

黔省功德名臣考

读《黔志》，庄蹻，楚庄王裔也，因王滇，通黔中者，实自蹻始。汉唐蒙因贾人得知夜郎，即临牂牁江，江广百余步，能行船，上书称通夜郎，可得精兵十万，由江出不意，足以破越，许之，遂见夜郎侯，谕以威德，为置吏，黔由是得通中国。之二子者，不可谓无功于黔也。

蜀汉武乡侯亮征滇蛮孟获，于黔无与，五月渡泸，亦未闻假道于黔，黔《名宦》志之，至今黔地多传孔明坟，孔明藏甲洞诸古迹，祠祀者不一其处，镇苗辅汉，咸藉流风，则虽称黔名宦也亦可。唐德宗时，南承嗣为清江太守，多惠政，供其父南将军像于署，明初显圣八番，黔人肖像祀之，是为今之黑神，巡抚王宪请入祀典，忠孝感格祖父，为之临保，纪之志乘宜哉。

明初辟黔功臣，则黔宁王沐英、颖国公傅友德、黔国公吴复、夏国公顾成、江国公吴良、信国公汤和、凉国公蓝玉、靖宁侯叶升、普定侯陈桓、越隽侯俞通渊、安庆侯仇成、征蛮将军杨文、平羌将军何福，是皆披荆棘，临虎穴，沐风栉雾，大有功于我黔者。按其功则尤以颖国为最，黔今得乐土而居之矣。

当明之初辟，无高城深池之卫，苗猓出入，其何以固吾圉，都指挥马华请建会城，而民居始定。永乐中，设布政使，居然专省，其地尚多隶于楚、蜀，会城亦未置守，地小则力薄，力薄则苗猓易叛，官缺则事废，事废则民冤不理。抚臣杜拯有《十便》之疏，始改程番府为贵阳首郡，余格部议，后皆率如公言。迄今，读其全疏，如见公之生平，而《名宦》不载，抑独何欤？朱家民修铁锁桥而滇路通，曹震开永宁河而蜀道辟，刘大直延工教纺而民知织，李睿增修学舍而民兴教，颁乐器以崇祀典，功出萧俨，抗丹砂以苏民困，陈尧最著。

至歙州江公东之为巡抚，则百废俱举，造士置右文田，重民置备赈田，体恤卒伍，置恤军田，矜孤寡，怜废疾，置恤隐局、惠药局等田，推及爱物，置递马谷田。甲秀楼，黔之巨观也，皆公修之，《志》称，黔抚当首屈公，信然。维时应公朝卿巡按贵州，捐赀佐公置以上诸田，巡按，客官耳，亦复能此，谓非志在生民，为当世之矫矫者欤？

继江公抚黔者，当难其人，青螺郭公子章继之德望，经济尤为卓越，殆集明抚黔诸贤之大成。抚黔十载，事功非另传，难以殚述，于《设官定界》一疏概其智，于《化民成俗》一疏概其仁，于《平播贼讨皮林》概其勇。《黔记》一书网罗百代，后之修志者宗之，尤见苦心。《功成请养疏》凡九上始得允，殆又有明一代之完人也。

黔理学之传，接统于阳明，黔士大夫至今俎豆之。微学使席公名书者，敦请至省，主文明书院，以训诲诸士子，则阳明亦龙场一驲吏耳，席公之功当与文成等。嗣是官于黔，如徐公樾、胡公尧时辈皆常师事阳明。徐公时为贵州提学，以昌明理学为己任，虽苗民子弟皆得衣冠听讲，尝谓此理无古今，无中外，苟有以兴起之，无不可化。胡公则贵州按察使，每称职司刑名，当先教化，修阳明书院，梓阳明文，阳明之学于是益名。阮公用和，隆庆四年抚黔，时冯公成能为廉使，与马心斋、滕少松诸公讲学黔中，阮公乐。其同志会议阳明旧祠，狭隘不足以容诸生，移建于军门前之左侧，买民居益其地，规模最扩，后皆因之，为造就人才之所。成化时，廉使钱公越、参议吴公倬，类皆能振兴学校。钱公制乐器，增学舍，设社学；吴公置学田，置站军田。弘治中，伯通吴公为按察使，尚德缓刑，以黔疆新辟，教化尤要，时进诸生，讲明经义，至今黔地人才，埒于中州，诸公之力居多。

御灾捍患，重于祀典，都掌蛮剧贼也，程公信剿之，香炉山凶苗也，邹公文盛平之。智如阴子淑，擒叛苗于谈笑之中；勇如郭成，歼贼首于窝巢之内。蔡潮誓死以保孤城，王鉴之仗节而服强虏，徐问、邓廷瓒、王来、王轼、天祥诸公，皆能威振南彝，除苗患以福我边疆。

孔公镛威信特传，民到于今称之。昔为太守，曾以单骑服贼，诸蛮闻公抚黔，皆气夺。时有清平苗阿溪多智，养子阿剌多力，相资为害，而时以金帛给上官左右，王指挥为之用，几成大患。公至，不动声色，即以其用人王指挥授计擒之，阿剌被隶，叹谓："吾不畏千人，畏一孔公，但不知成擒如是之易耳。"剌死，一境皆安，惜其事不多概见。

又有陈公俨、宋公钦者，陈公景泰进士，为贵州巡抚，先德后威，西堡苗梗化，亲临其寨谕之，负固者，躬擐甲胄剿之，终公之任，苗民不敢为害，以儒生而壮疆场，伟人哉！《志》纪宋公殊，落落然，苗民相戒勿犯，足知威信。吾黔抚署形胜甲天下，考之《题名碑记》，实公所移建，明作有为，殆又于兹可想。王三善不纳尹伸之言，致令全军覆没，朱燮元不剖李中行之宽，几使会城不守，苗猓之害匪轻，诸公之泽又何可忘耶？

科目者，达道之阶，开科本省，思南田公之力也。巡按王公名杏者，同时上其事，不无其力。抚臣王公学益、林公乔相、郭公子章、布政萧俨、巡按薛公继茂，先后疏请增额，俱得允行，自是名人辈出。林公《疏》称以人事君，大臣之道，固自当尔，《诗》曰：“古之人无斁，誉髦斯士。”[①] 不溯其所自来，没前贤之苦心，士大夫之过也。

至我本朝，名贤踵至，如舜代之五人，更益成周之十乱，黔至明季中叶，城围于安酋，地陷于流冦，继以吴逆僭窃，苛政百出，层汤叠火，民艰莫状，列圣忧之，故简任多海内名人。卞公入境，首赈饥民，上书待罪；曹公下车先除虐税，敷陈欲泣；赵公有兴教之疏，佟公有安边之请，甘公题禁协夫，民得归农矣；慕公请拨协饷，卒能安伍矣；杨公缉阳明书院于将坠之余，田公、卫公继之，学校大振。卞公名三元，赵公名廷臣，皆由黔抚节制两省，甘公则制宪，城南忠烈即其祠。曹公名申吉，杨公名雍建，慕公名天颜，田公名雯，卫公名既齐，皆黔抚，此其大略也。

宣化阎公兴邦抚黔，凡所设施，类皆宜民，见之奏章者，题广额，表精忠，除积弊，肃边防，按诸志乘，黔事多所建白，父老称其重士爱民恤兵，宽大有为，视闾阎疾苦如切己肤。康熙庚子，金抚军欲改其祠为迎送之所，为士民力诉得寝，《诗》云：“有斐君子，终不可谖兮。”[②] 其公之谓欤？

海宁陈公，吾犹及见其事。公名铣，兴利除弊，常若不及，公又富于财，足敷所用，以黔兵苦，庐舍多茅屋，易火，延及民居，戊寅、癸未两岁，会城焚毁几尽，捐两标营房数千间。常称黔地山川明秀，建置未尽合法，某山脉错其土不达，某水直无畜，其民易贫，改北门之城，更通楚之路。城成，桥工未竣，公调剧湖北，一时士民如失慈父母，咸虑无复有能继公者。刘龙门继之，亦如郭青螺之继江歙州，其担当负荷，直空从前。公名荫枢，政持大体，与民休息，遇大事敢为，西征策旺，例当借饷，公疏黔瘠苦状，得免。永宁为滇、黔、蜀界壤，年羹尧屡拘苗犯不得，大其辞请剿，

① “古之人无斁，誉髦斯士”，语出《诗经·大雅·思齐》。誉髦斯士，原作“士斯誉髦”，据《诗经》改。

② “有斐君子，终不可谖兮”，语出《诗经·卫风·淇奥》。终不可谖兮，原脱“终”字，据《诗经》补。

钦差会勘，三省制抚咸在，公曰："此鼠窃，吾为公致之。"差官役各一人，苗民畏公威信，立即赴辕待罪，公据其情入告，事遂寝。抚黔十余载，创建修补，遍地甘棠，于公皆为末节。公秦人，其乡行与官声等，陕抚陈公请祀乡贤，而我黔名宦缺焉，伊谁之责？

山左何公，名儒也，知不自用，朔望必谒圣，升明伦堂，与诸生讲明朱程之理，同日赴讲约所，进父老而与之言，所在问历任善政，盖将大有造于黔。未几，奉诏还京，黔人思公赈饥、修学、建桥、爱民诸惠政不置，君子惜其功之未竟焉。高公其倬以静镇节制两省，士民阴受其福；鄂公尔泰改土归流，平定诸蛮，辛勤十载，功在百世。士卒疲于征伐，议者或疵其纷更，讵知养贼如护痈，溃不可救，前明安酋之叛几危省城，鉴戒不远，君子之所为，众人固不识也。

提学中能以道德文章造士子者，则有张既亭、孙莪山、沈西园、张匠门诸公。昔黔以小省，学使多系道衔，受制督抚，操守淆于请托，刘公某不得行其志，拂衣而去。自既亭张公始以翰林视学黔中，风采峻厉，虽权重如王宛平，莫敢谁何，从前积滞，拣拔一空。以黔地艰于购书，刻励学斋，并古今文集，至今多士赖之。

孙莪山名襄，慨然有继续阳明之志，与刘龙门同时，相得甚雅，拔诸生百余人于阳明书院，膏火取办于龙门，造就则公力任之。每出巡回，辄寝食其间，与诸生讲学[1]不倦，虽抱病亦不少懈，曰："吾若死，当埋阳明左右。"其任重道远有如此者。

西园沈公名翼机，视人才风气皆吾分内事，于试童子尤加慎，尝谓诸生已为学校中人，童子能文，额于数，不加奖励，或以贫改而他图，后虽欲振拔无由，节孝则随所至为采访。亲书匾字，进其子若孙，劳之酒而拜赠之。神鼓舞，善维持，有功于世道不小。

匠门张公，江南十才子之一也，名大受。提学黔省时，书院久废，又无同志如刘龙门者，公自任之。膏火悉出清俸，所拔士或贫而授徒，如其馆谷与之。制宪高公其倬、滇藩李公卫皆遣人捐千金为公助，德信不孤，公之望重为何如。

---

① 学，《黔阳潘氏七世诗》作"业"。

今抚军张公广泗、布政则陈公德荣，两君子相与有成。张公挥扩圣庙，置乐器、祭器，请改提学于南关，以旧署益棘闱，修明远楼，增号舍。陈公觅工师教民组织，修北城外郭，创三城楼于其上。内城旧建阁于东子城，祀文昌，建祠于北子城，祀玄帝，各如其位，皆重有关于民。社将圮，公俱新之。适闻张公现在委员查都匀河，陈公又将修次南门桥，完海宁未竟之功，辟雪厓洞为观澜，两君子造福黔疆，无时少暇，吾又乌乎窥其所至哉！

论曰：九州无禹一水窟，无稷则阻饥，无契且近禽兽，有数大圣人者出，而其地遂重，重以人，非重以地也。黔在宋元以前，深林密箐，久为虎豹豺狼之所居，苗猺彝猓之所踞，千百年来，视若废壤。辟于前明，挥阔于我大清，声名文物，遂与中州鼎盛。微司土诸君子，懋德懋功，曷克逮此？《记》曰："非有功德于民者不祀。"则有功德于民者之宜祀，可知也。考之志乘，有明诸公，事久论定，类皆请祀庙庭。我朝方兴未艾，公道在人，余故表而著之，尊先型，范来兹，窃向往，且以备他日贤执政之人告焉。

娓娓数千言，叙次历落，断制分明，非熟于史笔未易臻此。后学芸庵李为识[①]。

全黔苗猓种类风俗考

牂牁未辟，其先为苗猓杂处，种类各别，风俗固殊焉，未入版图，采风者不之问也。《志》称有虞氏伐三苗，高宗伐鬼方，史固有之，未详其说。汉武帝定西南夷，以其地为牂牁郡，仍以其人官其地，故种类风俗，多不可考。蜀汉济火从征孟获，封罗甸国王，则安慰宣之远祖也。唐普露始率其九郡入贡，逮宋普贵，纳土得赐爵，至元而阿画，又以军功授昭勇大将军，世袭宣慰司，加罗甸侯，奉朝廷正朔，然不纳贡，朝廷以化外置之，故其种类风俗，亦多不可考。

明洪武初年，阿画子霭翠与蒙古歹，各以其地献，明祖大悦，仍世其官宣慰司，筑贵阳省地[②]，命都指挥顾成镇之，浸设流官，迁三吴大姓实其地。然城北即宣慰旧城，诸苗种类实逼处此，故终明之世，每多苗患。

---

① 识，《黔阳潘氏七世诗》作"读"。

② 省地，《黔阳潘氏七世诗》作"省城"。

我朝德威所及，群苗向化，穷乡僻壤，尽隶版图，其种类风俗，班班可考。按其种类，则有猓罗、狆家、犵狫、狆犷、僰人、洞人、蛮人、八番、杨保、龙、宋、蔡家，并诸苗三十余种。其中以苗名者，又凡二十余种类。

在新贵者曰花苗，在广顺者曰克孟、牿羊，在镇宁州者曰青苗。诸苗之中，惟兹四种，类多淳朴，畏朝廷，急输将，为主人服役，不敢玩。其次则龙里之白苗，思州之短裙苗，贵定之平伐苗，烂土坝之夭苗，或顾役，或力作，虽娶葬无礼，夷俗类然，尚无聚众抢劫出入为民害者。紫姜苗在都匀，则与独山州之九名九姓苗同其狙诈，嗜杀尤甚。谷蔺苗在定番，性凶顽，善击刺，出入必持枪弩，蛮党皆畏之。其族氏皆不大繁，故虽凶顽嗜杀，犹不至大为民害。施秉有生苗，铜仁有红苗，黎平有阳洞罗汉苗，兴隆、剀里司有九股苗，偏桥有黑苗，之数种者，凶狠狡诈，异于群苗，时结党为大道之患，明季往往啸聚称乱，官斯土者，非精明强干，恩足以结之，威足以惕之，绳其下不至以粮草差徭荒其业，苦其身，异类视之，凌虐其妇女，而鱼肉其种类，未见能久安而不蠢动者。

罗罗即卢卢，有黑白二种，杂处平、大、黔、威间，黑者为大姓，白罗罗其奴隶也。俗尚鬼，故又名罗鬼。历汉、唐、宋、元、明，雄长诸苗，最强大，今就衰矣。

狆家则贵阳、都匀、镇宁、普安皆有，环青门左近，杂居民而耕种之，嗜杀，喜为盗，村落牛马少不谨，即被盗去。然其性猾，而妇人女子又勤于织，富者居多，且盛朝富庶，居民十倍，无复聚众出劫者矣。

犵狫之属有五种，各以其类，不通婚姻。翦头犵狫，男女咸剪其发，死则积薪焚之。猪豕犵狫，不洗不濯，与犬豕同牢，等犬豕又何殊焉。打牙犵狫，其殆凿齿之民与？腰间类围幅布，谓之桶裙，花布者为花犵狫，红布者为红犵狫，贵定、清平、石阡、黎平、古州往往有之，性固狡，未若狆家之猾，故其人多贫。

黔之西南有番子焉，以八番土官长之，服食器用与汉人同，平其地为定番一州，土人则历代遗民也。

狆犷，亦曰杨黄，散其种于都匀、石阡、施秉、龙泉、黎平、龙里万山之中。荆壁不涂，门户不扃，出入以泥封之。婚丧以犬相遗。

僰人，即俗所称僰耳子也。男女冠毡一片，虽垢不浴。唯普安有之。

蛮人，隶新卫丹、行二司管辖。性犷戾，以丑戌为场，十月朔日为节。

洞人则性多忌，喜杀，出入夫妇必随。在黎平者尤惰于耕，故洪州之盗为最。

杨保，播州之裔，其党最繁。明刘珽平其地，设流官守之，为遵义、平越两大郡，至今渐化其俗，颇类汉人。

又有所谓木老者，性狡悍，善制刀，尚鬼，知长幼之节。

马镫龙家，狗耳龙家，盖徙𪓟氏之讹。其种有四，善石工，好依深山林木。

凡兹群苗，种类既杂，居复星散。其势弱，其力单，与居民互处，久将渐化，非若生苗、红苗之足虑也。宋家、蔡家则楚子伐宋伐蔡，逐窜夜郎，帝王之胄，遂为九种蛮夷，良可悲夫！不知其类，无以善其俗，不知其俗，无以敷其教，人其人，格其面，明先王之道以道之，将见用夏变[1]夷，而有苗来格，不难再见于今矣。

① 变，《黔阳潘氏七世诗》作“蛮”，误。

文

抚黔苗猓得失议[1]

粤称《尚书》所载“有虞氏舞干羽，而有苗来格”，又曰“窜三苗于三危”。《易》称“高宗伐鬼方”。[2]，而《诗》亦曰“荆舒是惩”。凡以“非我族类，其心必异”，非有以大创其势而渐变其俗，则逞其佶聱不驯之性，以为吾民害者，长此安穷？[3] 故礼乐征伐并行不悖，自昔皆然[4]。今则入我版图，实逼处此抚剿之议，实不能不盱筹其得失，而用图夫久安长治也。[5]

愚窃以为，不抚而剿，则不足以服其心而威不立；不剿而抚，则不足以折其气而恩不著。政持其常，兵制其变，不失之宽以养奸者，亦不失之苛以滋事，抚剿并行，则恩威大著，而苗患可以立除，议良善也。不知今日之急务尤莫要于善后事宜，是不可不深为图度者。汉武帝定西南夷，以越隽为蜀地，而不及黔中；武侯渡泸，深入不毛，只服其心，不设官以守者，盖以其时大远于中国，善后事宜无庸深为置议。试看今日之黔中，六十余郡县，孰非我士女，而其人顾犹杂我民而居也。讵犹往日善后事宜可容或缓耶？不然

① 辑自《黔阳潘氏七世诗》、道光《贵阳府志》余编卷三《文征》三。

② 《易》称“高宗伐鬼方”，语出《易·既济》。易，原作“史”，据道光《贵阳府志》改。

③ “非有以大创其势而渐变其俗，则逞其佶聱不驯之性，以为吾民害者，长此安穷”，道光《贵阳府志》作“非有以大创而骤变其俗，则逞其佶聱不驯之性，以为吾民害者无穷”。

④ 自昔皆然，道光《贵阳府志》无此四字。

⑤ “今则入我版图，实逼处此抚剿之议，实不能不盱筹其得失，而用图夫久安长治也”，道光《贵阳府志》作“今苗猓逼处于版图之内，蠢动无常，既大惩之矣，论者犹以剿为尚”。

者，以[1]天下之大，四海九州之众，我黔不足以当一隅，逆苗之负固不服者，又不足以当我黔之一隅。叛而剿，剿而灭，直可朝食耳。顾[2]措置之未善，十年生聚，其患犹在我肘腋[3]间也。

故吾谓善后事宜尤为[4]今日之要务，或曰设重镇守之，又或曰置屯田为久远计，是诚军国至虑，老成硕画，无逾于兹。唯是苗猓之杂处我黔中者，固不第一郡一邑，自青[5]门左近，以及山[6]州小县莫不有之。凡物莫不各从其类，我朝声灵赫濯，罔不震叠前明，流寇扰攘，遂乘间围我省城，大为居民害。[7] 则重兵之设，屯田之计，于新辟苗疆万不可少。[8] 而欲其久安而长治，措置尤贵得宜。统诸苗皆在善后之内，以成一道同风之盛。[9]

某常见苗猓之纳钱粮于省会，而受吏役之作贱者，动曰贼苗，少不如意，鞭挞及之。其入乡而肆虐，更当不知何如。独不思未附则殊域之异类也，既附则朝廷之赤子也。既入其笠，又从而招之，譬彼搏虎，不致之死而烦苦之，其不致伤人者几何？司土者不于此加之意焉。致令受吏役之作贱鱼肉，不能以上达，则挟其深仇宿怨以大舒于一旦，亦其势之所必然，有心世道者所为目击而长叹也。

海宁陈公、韩城刘公、山东何公三君子抚黔时，或设化夷生教诲之，或进诸酋长开导而与之谋其衣食，或令薙其发以渐更其俗，是皆可彷而行之也。盖教化明则礼义可乐，衣食足则田土可安，薙其发而更其俗，则格面格心，久可并忘[10]其种类，争嗜我冠裳，以为子孙荣显计，遑肯挺而走险，以

① “议良善也，不知今日之急务……不然者，以”，道光《贵阳府志》无此段文字。

② 顾，《黔阳潘氏七世诗》无，据道光《贵阳府志》加。

③ 腋，原作“掖”，据道光《贵阳府志》改。

④ 故吾谓善后事宜尤为，道光《贵阳府志》缺此数字。

⑤ 青，道光《贵阳府志》作“省”。

⑥ 山州小县，道光《贵阳府志》作“诸州各县”。

⑦ “凡物莫不各从其类，……大为居民害”，道光《贵阳府志》无此段文字。

⑧ “则重兵之设，屯田之计，于新辟苗疆万不可少”，道光《贵阳府志》作“而新疆全无汉民，重兵之设，屯田之计，于新疆万不可少”。

⑨ “统诸苗皆在善后之内，以成一道同风之盛”，道光《贵阳府志》无此句。

⑩ 久可并忘，道光《贵阳府志》作“久则自忘”。

自取其灭亡哉！三吴、百粤，非古荆蛮之国乎？今其文明且甲天下矣。《王制》曰："移风易俗而天下宁。"措置诸苗，其在斯乎？其在斯乎？

黔省开垦足食议[①]

从来为政必先足民，足民之道莫大农桑。地无遗利，民无遗力，自尔生众食寡，财可恒足，则开垦其最要者。况[②]我黔山川土田，辟于前明，渐廓于我国家，土[③]不尽垦，而荒芜于穷乡僻壤者，不知凡几。层峦叠嶂，路不堪车，溪滩陡[④]狭，复阻舟运。居民食用，除耕田凿井外，毫无生理，其不足而待上之人之经理者，又不知何如。其殷也，则开垦足民，于我黔更[⑤]为因地制宜、匡时[⑥]之善政。

惟是室家田庐，百姓之自为计，甚于官之代为计。地苟可耕，谁甘置之？则劝垦之议，徒为具文而未可以收实效也。将饬有司实力清查，限年开垦。其或奉行未善，则督责过当，徒为滋扰。甚或以熟作荒而贻害无穷，是限年开垦之议又未可以轻责之有司也。然欲求有利无弊之实惠，必当循夫尽善之良规。

愚窃以为，自古有治人无治法，首在[⑦]有司能体国家爱民之盛心，以足民为先务，以升科为后图[⑧]，杜一切之蒙蔽，图百年之休养，然后酌民力之能与不能，而议其所从事焉。民力之能者开导之，俾得收其自然之利；民力所不能者官任之，以成其乐利之休。事筹其可行而言出如山，理酌其至当而法垂不易，官掺可为之权，民无难行之虑，又何患口惠而实不至？抑或可与观成，难与图始哉！[⑨]

---

① 辑自《黔阳潘氏七世诗》、道光《贵阳府志》余编卷三《文征》三。

② 则开垦其最要者况，道光《贵阳府志》无此数字。

③ 辟于前明渐廓于我国家土，道光《贵阳府志》无此数字。

④ 陡，道光《贵阳府志》作"斗"。

⑤ 更，道光《贵阳府志》作"尤"。

⑥ 匡时，道光《贵阳府志》无此二字。

⑦ "然欲求有利无弊之实惠，必当循夫尽善之良规，愚窃以为，自古有治人无治法，首在"，道光《贵阳府志》作"愚以为"三字。

⑧ 图，道光《贵阳府志》作"计"。

⑨ "杜一切之蒙蔽，……难与图始哉"，道光《贵阳府志》无此段文字。

诚以开垦，莫重于水利，莫先于工力，[①] 山高水远，开渠截堰，动费不赀，民力几何能荷兹任[②]？此所为闲园旷土，多委之于榛莽间，徒望洋增叹，而不能以尽垦也。是以[③]我皇上特置设营田水利观察使，而于各省河道之可以开渠灌田者，无不准其题报修筑。今诚欲开垦足民，是[④]莫若饬行各郡邑实心清查，有无可以开渠截堰足灌民田若干顷者，具详覆勘，并多张告示，俾其民得以上达。其大者为民请命[⑤]，其小者劝谕里中贤豪长者，照依乐善好施之例优奖之。地方官实心奉行受上赏，疏忽者分别纪过，匿不以告者罚无贷。水利既兴，开垦自易，其谁甘弃其利于地[⑥]而不为之开垦者？即或有地无力，有力无地，利之所在，人以性命争之，是岂犹待上之劝谕[⑦]督责！某知于彼于此断无不互相设法以共食其开垦之利矣。譬彼金银铜铁诸厂务，其中衰旺隐埋于深山土窟之内，但有一线，谓之圹苗，即冀开垦，倘得题允，千百人咸驱之，况明明水利在前，立望膏腴以活其妇子，而顾弃之而不前，当无是人情，此固官掺[⑧]可为之权，民无难行之虑，开垦足民，莫要于斯。

若夫高山峻[⑨]岭，水道难通，亦自杂粮可种，邠梨交枣，山林之利何穷？张益州治蜀，令民刈茶树桑，至今川丝甚行，民称殷富。顾其如何遵行，以期可久可大，是又在有司之因地制宜，以无负我国家爱民之盛心也夫。

---

① “诚以开垦，莫重于水利，莫先于工力”，道光《贵阳府志》作“则莫重于兴水利矣”。

② 道光《贵阳府志》“任”前有“巨”字。

③ 道光《贵阳府志》“我”前无“是以”二字。

④ 是，道光《贵阳府志》无。

⑤ 命，道光《贵阳府志》作“帑”。

⑥ 于地，道光《贵阳府志》作“其利”。

⑦ 谕，道光《贵阳府志》作“喻”。

⑧ 掺，道光《贵阳府志》作“操”。

⑨ 峻，原作“竣”，据道光《贵阳府志》改。

王宗师归养碑记[①]

雍正甲辰春，学宪王大宗师视学黔中。越三年，报满，圣天子特旨复留视学，异数也。黔人士方深庆幸，而宗师陟屺念切，甫承命，欲以养请，何大中丞曰："即出此，恐负圣天子眷顾意。"学宪不得已暂缓其事。岁校贵阳毕，遂决意题请。先是诸生叩请攀留，捐资迎太夫人至黔，庶校阅之下，得慰晨昏。学宪以为由吴抵黔，水陆数千里，使高堂历道路，经险阻，于心尤不安者。既而天子垂鉴乌哺志笃，恩允所请。

将装归，适秋八月之望，大中丞讲学泽宫，窥诸生无计攀留，皇皇如孺子之不忍释慈母，爰诲之曰："天经地义，无过忠孝两端，求忠臣于孝子之门，往训攸昭，即王老先生数年来孜孜训诲尔诸生者也。况事宜权轻重，审缓急，承欢膝下，乐育英才，孰轻孰重？王老先生年方强仕，佐天子子元元，泽及遐荒有日，太夫人七十有九，虽天寿贤母期颐未艾，而爱日之诚，谁缓谁急？尔诸生于此知事亲谊重，成物谊轻，扬名事缓，就养事急，天经地义，了然于心。从斯振励，入为孝子，出为忠臣，是以其身示教者，不尤甚朝夕提命乎？圣天子始留视学，继允归养，亦此意耳！"生等闻命唯唯。

谨志以诏来者，俾吾黔后学得闻仁人君子之行，达人君子之语，虽百世下犹将兴起也。至学宪茹蘖饮冰，振拔孤寒，为国家敷教化，为边徼育人才，丰功濊泽，直与贵山富水同其不朽，又安用生之喋喋为。

竹王说[②]

旧称夜郎有竹，顺流而来，内呱呱有声，剖视之，得一男子，长王夜郎，称竹王，贵竹之名实自此始，其说似诞而不足信。或者伊母临溪而生，适溪流有竹，遂借以神其说，而好事者乃为之附会，如伊尹生于空桑，实非空桑之中，而空桑乃其地欤。要之，竹王固奇男子也，生长苗蛮之中，姓氏不传，阀阅莫考，而独能发奋自雄，王此一方，地且因之得名，其智勇信义必有大过人者，而一时经纪敷施亦卓可观欤。是知人诚有以自立，不问其事

---

① 辑自《黔阳潘氏七世诗》。

② 辑自《黔阳潘氏七世诗》。

之有无，且世世称道不衰，所谓事以人重者，君子疾没世而名不称，此之谓乎？吾故感焉而为之说，至竹王所自来，则宁阙之。

翠屏寄客传[①]

翠屏寄客者，祖上武陵人，世居金筑，潘姓，名文芮，字右质，人称彬也先生。先生家在石人山下，幼称人山主人。尝砚田代耕，训童子于水西翠屏山之阳三里许，爱翠屏山水佳甚，后奉双亲，率妻子，偕昆季，居焉，故又曰“翠屏寄客”也。

或曰，先生既移居翠屏，将永作翠屏人矣。采翠屏之山，钓翠屏之水，耕翠屏之田，饮翠屏之泉，吟弄翠屏之风月，于此诵诗读书，于此养亲教子，协埙篪，调琴瑟，何不曰“翠屏主人”而曰“翠屏寄客”？得毋须臾不忘贵筑耶。曰贵筑固不能忘也，而又何必拘拘泥翠屏为哉？天地间一寄区而已矣。云霞之幻化，陵谷之变迁，寄也；日往月来，未尝无定所，寄也；寒暑往来，未尝无定候也，寄也。无一非寄，即无一非客，惟乾坤为不老，而有天开于子，地辟于丑，终归混沌之说，是天地亦寄也，况世无百岁人而非寄耶！

余前在贵筑，以为永在贵筑，且曰“人山主人”矣。今忽又在黔西，而吾年已三十有七，客翠屏当不过三十余载，即吾子孙永处于此，而余亦寄矣！且余性好游，齐、鲁、燕、韩、赵、魏、吴、楚、闽、越、滇、蜀，一切名山胜水及古遗迹仙踪，皆恣其意之所适，固又未必三十余载皆处此也，如是而谓非寄也，谁其信之！余前言天地间皆寄物，即吾身何非寄耶？曰文芮，文芮非真我也；曰右质、彬也，右质、彬也非真我也，即形骸亦皆寄也。而目之所睹，耳之所闻，身之所处，焉往非寄，知其皆寄将何在？而不与人无争，与物无竞乎！

吾持此说以问记于毛子贯，两毛子笑谓我曰：“子居翠屏而必曰翠屏寄客，是犹物而未化也。自是以后将忘其为寄，忘其为客，而遂称翠屏居士可也，即称翠屏世家亦无不可也，又何必拘拘焉见为翠屏，泥为寄客？而翠屏寄客传之作之，劳劳靡已哉！”噫！毛子之言其信然耶，抑不尽然耶。

翠屏寄客自识

---

① 辑自《黔阳潘氏七世诗》、道光《贵阳府志》余编卷十一《文征》十一。

琢云轩集

潘文芑　著

潘元炜　校录

潘巩也先生传略

潘元炜

巩也先生讳文苞，无闷公第七子，炜之叔高祖也[①]。登乾隆庚午贤书[②]，官福建盐大使，升江西新城县知县，未至仕而卒。生平著有《琢云轩集》[③]。

侄元孙元炜谨识

① 炜之叔高祖也，《黔阳潘氏七世诗》无此句。

② 贤书，《黔阳潘氏七世诗》作“举人”。

③ 生平著有《琢云轩集》，旁批删去“生平”二字，《黔阳潘氏七世诗》无此句。

潘巩也先生事迹考①

《黔诗纪略后编》卷九《潘大使文苞》②

文苞，字巩也，贵阳人，乾隆庚午举人，官盐大使。有《瑑云轩诗》。

① 原无此标题，据该书体例加。

② 辑自《黔诗纪略后编》。

五言古

斋竹

万木齐扶疏，此君秀独擅。亭亭三两竿，小院绿阴遍。忽引熏风来，入门似识面。斋虚暑渐消，襟怀冷然善。

七言古

葛镜桥[1]

嵥峨道中溪水横，巨石磷磷不可渡。两岸巉岩势欲崩，天公设险羊肠路。葛公真是奇男子，目击病涉慈心起。矢念直渡千古人，桥不成兮心不死。一派苦心不为名，维彼穆清鉴其诚。有时滂湃溪欲平，端坐于桥桥不倾。几散千金何曾惜，泽垂永久心乃怿。自来多少守财人，空拥金钱名寂寂。

李云庵评：直令守财虏愧死。

① 《黔阳潘氏七世诗》题下有“在平越城东”小注。

五言律

山居[①]载《贵阳府志》，又载《鸣盛录》

山田春水[②]足，晨起插新禾。致敬惟妻馌，相催[③]借鸟歌。谩言耕待聘，且喜[④]政无苛。最是[⑤]归来晚，柴门月色多。

访释苍瑶[⑥]载《鸣盛录》

支公燕北至，飞锡栖霞峰。食下忘机鸟，谈来听法龙。题诗[⑦]随兴到，写[⑧]竹任云封。若问尘中事，门前山万重。

云庵评：（尾联）萧然意远，不落言诠。

种竹载《鸣盛录》

自是尘氛远，茆檐竹几竿。送香来几净，分绿上窗寒。质劲神弥淡，心虚节更完。相期诚不浅，岂独报平安。[⑨]

---

① 山居，旁批在“山居”前加“曹官”二字，《黔风》《黔风鸣盛录》题作“山居”，《黔阳潘氏七世诗》作“曹官山居”。

② 水，《黔风》《黔风鸣盛录》作“雨”。

③ 催，《黔风》《黔风鸣盛录》作“欢”。

④ 喜，《黔风》《黔风鸣盛录》作“乐”。

⑤ 最是，《黔风》《黔风鸣盛录》作“更好”。

⑥ 访释苍瑶，旁批“访”改作“赠”，《黔诗纪略后编》诗题作“访苍瑶上人”，《黔阳潘氏七世诗》作“霞山访释苍瑶”。

⑦ 题诗随兴到，旁批改作“种松随月到”，《黔风》《黔风鸣盛录》《黔阳潘氏七世诗》作“题诗随兴到”。

⑧ 写，旁批改作“栽”，《黔阳潘氏七世诗》亦改，《黔风》《黔风鸣盛录》作“栽”。

⑨ “相期诚不浅，岂独报平安”，旁批改作“相观良不浅，非独报平安”，《黔风》《黔风鸣盛录》皆同改句。

登黔灵山

兀坐虚斋久，西山试一登。松间风可御，竹外石堪凭。梵响从云度，诗心对佛增。徘徊幽意足，归路月初升。

七言绝

红叶诗载《鸣盛录》

无端标出[1]赤城霞，复岭重岗景正赊。何必桃源好招隐，秋光最称野人家。

梅花和韵

好春消息到荒遐，冒雪寻梅望眼[2]赊。折得一枝谁与赠，恐人只看作凡花。

云庵评：落想超妙！

① 无端标出，旁批改作“夕阳如望”，《黔风》《黔风鸣盛录》同改字。

② 望眼，旁批改作“兴正”。

断续亭集

潘　晓　著

潘元炜　校录

潘白东先生传

张修

人之可法而可传者，不必其勋业烂如也，即一介之士隐居岩谷之间，苟能孝于亲，友于兄弟，笃厚于诸父，使一门之内，如腹心之于手足，痛痒相关，有无相济，而又甘心淡泊，不戚戚于贫贱，不汲汲于富贵，此亦足以风师百世，而为不可磨灭之人矣，如吾乡白东先生近是。

先生姓潘，讳晓，其先本黔中望族，自其祖允大公而上，如抑庵、朗陵、韵人、亦韵诸公，皆掇巍科，登显仕，声华懿烁，政治卓然，固已载在青史矣。迄允大子彬也公，品学兼优，[1] 为督学孙峩山所器重，特其为文，清高拔俗，是以屡屈文场[2]，生平惟以作育人才为心。其为教也，先品行而后文艺，故其铎声所及之处，士习文风，为之一变。

先生为彬翁长子，自幼从父肄业，其立心制行，文章学业，一本于彬翁之遗训[3]。当彬翁作古[4]时，先生尚未成名[5]，一切丧事葬祭，尽哀尽礼，毫无遗憾。尔时上有老母，下有季弟，均资膳养，家计又极窘迫，非有学有守，鲜不改柯易叶，而别图生计矣。先生苦志力[6]学，不以贫窭动其心，有时且贸且读，卒以成名。嗣是悉心教读[7]，不慕荣利，每年舌耕所入，除奉老母甘旨外，即周诸父之贫乏，即其蜀中之产[8]，亦由仲父变卖，而略不介

① “迄允大子彬也公，品学兼优”，旁批改作“迄乎彬翁先生，品行卓越”。
② 屡屈文场，旁批改作“屡荐不售”。
③ 遗训，旁批改作“教”。
④ 作古，旁批改作“捐馆”。
⑤ 尚未成名，旁批改作“尚在髫龄”。
⑥ 力，旁批改作“勤”。
⑦ 读，旁批改作“授”。
⑧ 蜀中之产，旁批改作“蜀中所置之产”。

意，此亦可见先生之笃于其亲，而不以利动也。

及母氏抱病，先生食不知味，坐不安席，日奉汤药，未尝顷刻稍离。暇举之日，痛绝者数，凡四方来观者，无不称叹其贤。《记》有曰："居则致其敬，养则致其乐，病则致其忧，丧则致其哀，祭则致其严。"惟先生可以言之。其季弟晴，天性纯笃，雅好读书，为文沈宏博大，卓然名贵，皆先生教读成名[①]。

先生嗣君三人，长静川，次止川，次巨川。静川，予之同年友也，生平力学孤高，不求闻达，适肖乃祖乃父之遗风。止川虽未成名[②]，而温文恭谨，无尘俗态，然俱溘然长逝矣！今惟巨川与余居同里，相知最深。每观其家庭间，事亲敬长，孝友之气溢然充周。而余尤深服其抚孤一事，尝叹其经纶气节，为不可及。呜呼！不见其父，视其子，以余目击静川、巨川之为人，而益知先生之为人矣！然则一介之士，岂不可法而可传哉！

时嘉庆十年岁在乙丑季春月望后二日，浙江余姚县知县后学张修顿首拜撰

① 教读成名，旁批改作"训诲所成"。

② 虽未成名，旁批改作"学虽未成"。

断续亭说

潘晓

忆昔雍正六年戊申夏六月，先君子避暑山庄，朝夕作诗，召晓于膝下，命之曰："吾家诗学，已经数代，不可自女辈一绝。"维时晓方习举业，未获奉教，以为请学尚有日也。不幸越一岁，而先君子见背，吾家诗学几至绝传。犹幸历代祖集未湮，晓起居捧读，寤寐沈吟，亦颇知为平仄、粘连、押韵焉。但失而莫予规，过而莫予挽，其于诗人之道，固未获万分之一也。惟是不敢忘先君子之言，勉续数首，以待后人，故不惜为知者笑，贤者讥也。爰题其名曰"断续亭"。

时雍正乙卯之夏至日，渔溪潘晓白东手著[①]

① 此句原缺，据《黔阳潘氏七世诗》补。

潘白东先生事迹考[①]

《晚晴簃诗汇》卷七十《潘晓》[②]

潘晓，字白东，黔西人，诸生。有《断续亭诗稿》。

《黔诗纪略后编》卷八《潘秀才晓》[③]

晓，字白东，黔西人，雍正中诸生。白东世居贵阳，以父文芮移居黔西，遂著籍焉。所著有《断续亭诗集》。

① 原无，据前例加。

② 辑自《晚晴移诗汇》。

③ 辑自《黔诗纪略后编》。

断续亭诗叙[1]

刘应元

诗学之源流远矣！风骚余绪，汉推苏、李，续之者曹、刘、陶、谢，异代争鸣，而六朝专尚绮丽，诗学几乎一绝。逶迤有唐，子昂力挽颓风，虽开一代风气之祖，而光焰万丈，李杜为最，斯成断续之大都会也。维宋元明体变西昆，倘非东坡之天马行空，七子之前后竞起，而正大和平之音，不几断而不续乎，此余所以留连于历朝之诗学，因穆然于断续亭之诗集也。

断续亭诗集，潘君钟峄之尊大父白东先生手著也。先生讳晓，字白东，号振庵，为州名士。其尊人太翁彬也先生，由贵阳馆于水西之翠屏山下，因移家居焉，先生历有诗集传后。彬翁先生尝语先生曰："吾家诗学数代，不可自女辈一绝。"而先生仁孝性成，颖悟夙具，为文则尚清真，作诗则重典雅，晦明风雨，罔不握管呕吟，故见于词章，类多孝友训戒之什，盖其遵父命而发于性情者，固如是也。以视《味淡轩》《瘦竹亭》，与夫《玉树》《翠屏》《留余》诸祖集，殆后先辉映焉。

苏子由曰："文者气之所形。"然文可以学而能，气必以养而致。今读先生之诗，气充乎中而发乎其言，落落有古人风，又以征先生之才，而有养者。夫学者立言，贵乎不朽，以先生之才，使其策名天府，作为风雅，诚足以歌咏太平，不失[2]为一乡生色哉！乃志乐盘涧，不求闻达，以振铎之余，拯扢扬之致，则先生继志之怀慰矣。而诗学之传，亦且断而必续，续而不断，于以继往开来于靡涯矣。余与钟峄联姻娅，因得概悉其全集，诵读之遐，勉为弁首，则此集也一时宝之，尤当世世宝之矣。

时嘉庆九年岁在甲子小阳月望日，候选直隶分州后学刘应元顿首拜叙

---

① 辑自《黔阳潘氏七世诗》。

② 失，原作"大"，据文意改。

五言古

读先大人遗诗载《鸣盛录》

连宵梦趋庭，依稀翠屏宅。色笑如平生，咏歌出金石。浑忘终天恨，但率侍晨夕。忽然觉已远，追随[1]境难获。几回读遗诗，精勤诒手泽。

① 随，旁批改作“寻”。

五言律

湘山偕同人夜坐

河汉横牛斗，凭楼气欲凌。偶然逢胜地，矧乃得良朋。兴到诗摧雨，月来壁挂灯。[1] 世情同塞马，不必问沈沉。

李云庵评：句从推敲而出，腐翻为新。

游黔灵山

数曲羊肠路，如登小有天。院中藏古树，山后挂流泉。石缺留云补，林疏信月穿。呼僧松下语，尘埃一起捐。

喜章表叔至

有客穿林入，飘然上小楼。呼童烧玉版，对月酌金瓯。幼误青君眼，今惭白我头。山居[2]思辟谷，拟共赤松游。

秋日偶成载《鸣盛录》

秋色清无[3]际，山间[4]引兴深。绿苔侵古道[5]，红叶落疏林。有造得幽境，忘机生道心。天游还共适，野老暇追寻。[6]

---

① “兴到诗摧雨，月来壁挂灯”，旁批改作“兴到诗筒满，酤频酒债增”，《黔阳潘氏七世诗》不改。

② 山居，旁批改作“迩来”。

③ 清无，《黔风》作“冥冥”。

④ 间，旁批改作“中”，《黔风》作“斋”，《黔风鸣盛录》作“中”。

⑤ 道，旁批改作“径”，《黔风鸣盛录》《黔诗纪略后编》作“径”。

⑥ “有造得幽境，忘机生道心。天游还共适，野老暇追寻”，《黔风》作“入谷寻幽赏，燃须较苦吟。野人还有乐，诗罢一弹琴”。

云庵评：（颔联）切秋日。

立秋前一日载《鸣盛录》

新秋明月[①]至，寒意逼衣裳。岭上云初淡，林间叶渐黄。清风嘘草屋，明月上东墙。白发倚门者，斯时意正长。

送实也六叔之西粤载《鸣盛录》

岁暮方归里，春初又戒行。山川凭历览，身世待经营。屈指来朝路，挑灯此夜情。粤西程不远，到日听鸣莺。

郊游

近成山水癖，几欲废眠餐。木屐穿云曲，扁舟拨浪寒。莺声喧谷口，花影半[②]江滩。镇日耽名胜，归来月上栏。

山居

北窗恣[③]高卧，幽梦淡黄粱。且博一杯饮，肯教三径荒。雨封蝼穴暗，花上燕巢香。更向前林坐，归鸦闹夕阳。

雪中山行

出[④]门万峰白，负杖过山隈。不为寻梅去，端缘采药来[⑤]。穿云樵径失，拨石藓痕开[⑥]。向晚天初霁，前村踏月回。[⑦]

---

① 月，《黔风》《黔风鸣盛录》作“日”。

② 半，旁批改作“绚”。

③ 恣，《黔阳潘氏七世诗》原作“每”，后改作“姿”。

④ 出，《黔阳潘氏七世诗》原作“开”，后改作“出”。

⑤ 端缘采药来，《黔阳潘氏七世诗》原作“偏如访戴来”，后改作“端缘采药来”。

⑥ “穿云樵径失，拨石藓痕开”，《黔阳潘氏七世诗》原作“穿云迷曲径，拨石破苍苔”，后改作“穿云樵径失，拨石藓痕开”。

⑦ “向晚天初霁，前村踏月回”，《黔阳潘氏七世诗》原作“归晚披蓑湿，还携数点回”，后改作“向晚天初霁，前村踏月回”。

野望[1]载《鸣盛录》

东郊时引兴，到此几盘桓。微雨长芳草，淡烟开碧峦。凿耕勤事惯，莺燕傍人安。得所机缄在，长教据古欢。

立秋日郊行

轻霜侵众木，叶落乍惊秋。地僻凉飓早，山深暑气收。新蝉鸣未已，客燕去难留。独我情无限，逍遥自在游。

① “野望”“立秋日郊行”二首原在“秋色”后，依“五律”体式移于此。

七言律

余客秦中八岁矣，兹自蜀归黔，感而赋此

八年浪迹暗消魂，黑发乌鬓脱数根。面带二崤风雨气，衣沾三峡水云痕。开囊惟有剑琴在，入径还留松菊存。准备纶竿垂绿沼，问津何必羡桃源。

喜右宅章表叔至[1]

地僻久拚无客至，山居今喜[2]足音通。谈心醉写三更月，话旧甘生七碗风。人只情真何惮远，诗惟兴到自能工。莫嫌邨野[3]盘飧薄，淡泊由来况味同。

云庵评：与前首“兴到”二句一样，翻新之法。

又评：恳至。

呈实也六叔

风雨连朝喜乍晴，林间散步意盈盈。去来云影原无定，曲折溪流若有情。冷暖于人何足问，是非在我自知明。春山视听皆清绝，花映茅斋好鸟鸣。

云庵评：（颈联）阅历语。

送实也六叔之西粤

隔院鸡鸣束远装，匆匆送别意偏长。含情脉脉心何限，出口期期语未

① 喜右宅章表叔至，《黔风鸣盛录》作“喜章二表叔至”。

② 喜，旁批改作“幸”，《黔风鸣盛录》作“幸”。

③ 邨野，旁批改作“野外”，《黔风鸣盛录》作“野外”。

详。绿蚁还堪斟大斗，青蚨何用叹空囊。到时应是春深日，好寄双鱼至草堂。

云庵评：通首一气贯注，灭尽饤饾痕迹。

余幼侍先君子移家水西翠屏山下，兹过曹官故居感赋[①]载《贵阳府志》

去日人人叫小郎，归来鬓发已苍苍。水山还记钓游处，门径深怜松菊荒。四世楼台遮蔓草[②]，两房邱墓恋斜阳。儿童认作他邦客，笑向担夫问贵乡。

---

① 此诗道光《贵阳府志》题为“过曹官故居感赋”，原诗：“去日邻人唤小郎，归来鬓发已苍苍。溪山漫忆渔樵地，院落惊看鹿豕场。累世松竹空蔓草，几家邱墓恋斜阳。儿童认作他乡客，一笑牵衣问贵乡。”该诗所改尽如道光《贵阳府志》，故不再出注。

② 四世楼台遮蔓草，旁批改作“累世松梅空蔓草”。

五言绝

秋色载《鸣盛录》

凉风送秋色，苍莽横空来。谁御泠然善，凭虚历九垓。

登黔灵山

小坐尘心静，居然世外来。人生能到此，不必羡蓬莱。

石船

博望寻源日，曾看织女梭。此船如肯借，自可入天河。

宁愚堂集

潘以澄　著

潘元炜　校录

潘静川先生传

张修

潘君静川先生，讳以澄①，予之同年友也。其家系之渊源，奕叶之光大，叙之者详矣，不复再赘，姑取其事之关于大节者而述之。

先生为白东公之长子，止川、巨川之胞兄也。少贫力学，文采高洁，数②以不合时调，屡试不第③，惟以读书、教学、养亲、抚弟④为务。其先大人卒⑤时，余年尚幼，未亲见其制行⑥，而闾党咸啧啧称之，以为克尽子职者。迄孺人毛太君⑦殁，先生居丧读礼，三载不入寝室，不剃发，不饮酒茹荤，朝夕哀慕，无喜容。服阕后⑧，其尊夫人又去世，遗子一女一。女稍长，付巨川抚育；子年幼，先生提携，顾复无倦色，誓志不再娶。寄居萧寺，怏如也。每年舌耕所入，颇积百余金，置田一幅，临终时慨然付其次弟止川，以为衣食之资，而于三弟则无与，以止川贫也。而于一子一女，则若忘之者，非忍也，殆以陈婴杵臼视巨川也。呜呼！人生大事，上而父母，中而兄弟，下而妻子，俾各得其所，各尽乃心，则无愧于为人矣！而先生之于大伦若是，则知先生之为学，盖不徒在章句之末已也。先生之大节，昭昭若是，则谓先生之死为未死，亦可也。

余亲见先生之行事，常欲学之而愧不能，夫欲学之而生愧，犹可勉而学

---

① 讳以澄，《黔阳潘氏七世诗》脱此三字。
② 《黔阳潘氏七世诗》“数”字前有“直追成宏大家”六字。
③ 屡试不第，旁批改作“屡荐不售”。
④ 弟，《黔阳潘氏七世诗》作“诸弟”。
⑤ 卒，《黔阳潘氏七世诗》作“殁”。
⑥ 《黔阳潘氏七世诗》“行”后有“之可嘉”三字。
⑦ 孺人毛太君，旁批改作“太夫人”。
⑧ 《黔阳潘氏七世诗》“后”字后有“不一载”三字。

也，乃有不学而不能，且反其所为而不愧者，闻先生之风，真不如其死矣！嗟乎！以先生之盛德，而偃蹇以殁，其将发祥于后世也欤！

时嘉庆元年丙辰仲冬月望日，浙江①余姚知县年愚弟张修顿首拜撰

① 浙江，《黔阳潘氏七世诗》作“原署浙绍南塘通判”。

宁愚先生说[①]

潘以澄

明哲之谓智，智者谋理则获，见事则通，故人生惟智为大可用。孟子之恶智，非恶智也，恶小智耳。人诚智，亦何必自居于愚？孔子之愚回，非愚之也，以愚况其智也；柳州之自愚，非果愚也，以愚藏其智也。

惟余实愚甚。言迟钝则言愚，行迂拙则行愚，且守理而固，师古而拘，则持身愚；不谙时势，不识变通，则处事愚，人诚无愚于余者。而或者曰："世方巧利，如子之愚，则无失足；人情深刻，如子之愚，则无戒心；惟口兴戎，如子之愚，则沉默而不争。且心术非愚不正，品行非愚不端。子曰：'人无如子愚者。'我亦曰：'人无如子愚者。'"

余曰："否，不谓是也。"盖余之愚，余之性也，余之愚，余之真也，若必去吾愚，则必贼余性，没余真，而余遂非故余矣。与贼余性则余宁愚，与没余真则余宁愚，且余即不愚，知亦无望夫大智矣。与为小智则又无如愚，于是任余钝，听余拙，守余固，仍余拘，而凡百动作，无不安于愚焉耳。

宁愚主人自识

① 辑自《黔阳潘氏七世诗》。

潘静川先生事迹考[①]

《黔诗纪略后编》卷十二《潘秀才以澄》[②]

以澄，字静川，黔西人，秀才晓子。乾隆中诸生，有《宁愚堂稿》。

① 原无此目，据本书体例如。

② 辑自《黔诗纪略后编》。

五言古

呈父执刘敬庵先生

人情如逝波，浮薄相征逐。安得数先生，风气反淳朴。繄昔黑发[①]时，慷慨绝流俗。身老数仍奇，落落南山麓。昼闲看白云，夜静饮黄菊。淡泊味良永，何处着荣辱。我幼蒙青眼，即今还碌碌。惆怅三十年，仰对惭幽独。

李云庵评：词意纯正。

云庵评：古谊可风。

哭慈

嗟余罪独深，弱冠罹忧戚。父没十余年，母劳于斯极。衰病迫相侵，纺绩犹未息。为恐儿学荒，衣食苦自力。岁时奉先祀，薄馔一称觞。犹复戒奢华，淡泊云久长。知欲解儿惭，竭力实何尝。迩年谋甘旨，离亲馆穷乡。出告颜强欢，反面色倍怡。往来念跋涉，旦暮忧寒饥。归晚疾已笃，葬厚嘱非宜。葬亦安得厚，有子徒如斯。

云庵评：凄惋。

又评：一字一泪，不忍卒读。

① 黑发，旁批改作“少年”。

五言律

春日游山

好山看不厌，忽越数峰西。随意花争吐，多情鸟自啼。苍[1]苔荒古径，密藻乱回溪。游兴阑殊未，林端日欲低。

慰友人落第

古人非恶达，不兢少年科。幸遇浮华长，晚成谙炼多。勿庸书咄咄，宁减弁峩峩。大任由来重，方期共切磋。

云庵评：可作格言。

客中闻生子

久切承祧志，期为老母娱。揲蓍曾得震，闻信果悬弧。奇骨能征未，英声可听无？归来求火视，当不再如吾。

中秋偕门人对月

月到今宵迥，幽然映草亭。天从遥处碧，山入望中青。影过时分竹，珠联偶认星。共探盈缺理，几望述遗经。

春日游回龙寺

探春到山寺，云岚杖下生。竹梢垂宿露，松隙透新晴。布石苔痕长，穿林鸟语清。更忻幽绝处，片片午钟声。

① 苍，旁批改作“绿”。

寄三弟巨川、表弟任昭庭

国家崇实学，我辈戒虚声。欲作当时彦，还深茹古情。山中安豹隐，谷外听莺鸣。老大伤无补，前车鉴乃兄。

五言绝

感怀

非关客梦少，孤枕夜悠悠。寒响一溪水，虫吟四壁秋
动云同塞马，比类迥非宜。未得难言失，无欢安所悲？

书舍[1]

书舍倚清溪，飞湍激幽响。中有啸歌人，于兹惬真赏。

① 辑自《黔诗纪略后编》。

七言绝

自题宁愚堂

岂云有智不如无，迂拙天成未可诬。任我天兮无自贼，算来或者是真吾。

思敬堂集

潘以溶　著

潘元炜　校录

潘苍岩先生行述后[①]

李安中

苍岩潘公，州名宿也。先世以儒术起家，代有达人。苍岩幼而岐嶷[②]，即端谨嗜学，长破万卷，试辄冠军，屡荐不售，乃杜门谢客，非公不至，而四方向学请教者日进其门，凡授业解惑，一以中正清真为要。而平日孝友姻睦任恤里人化之，莫不奉为仪型。

余下车后，谆谆以培育士风，振兴学校为务，而苍岩已大耄矣。入其乡，则礼让和煦，毫无浇薄气，佥谓苍岩之化导居多。夫士君子为善于乡，质[③]者畏姓名之告，否者闻风而逸，此岂必有权力以威之哉？由其道明德立，讲理[④]谈义，入人者深，而风采可敬爱故也。官斯土者，使尽得如此之耆儒宿学，以共维持而化导，其俗有不蒸蒸日上哉！

今苍岩逝矣，而彼都人士，犹称道其贤于不衰，皆由夙昔居敬存诚之蕴酿厚矣！而其子若孙，又皆蜚声庠序，俱恂恂有儒者风，发达正未可量。推斯旨[⑤]也，入《独行》之书可也，列《儒林》之传可也。至其生平行述详矣，亦可以想见其为人，兹不复赘。

道光八年八月既望，贵州松桃直隶清军府前任黔西州事李安中撰

---

① 潘苍岩先生行述后，旁批改作“书苍岩先生行述后”，《黔阳潘氏七世诗》作“潘苍岩传”。

② 嶷，光绪《黔西州续志》作“疑”。

③ 质，光绪《黔西州续志》作“愚”。

④ 理，光绪《黔西州续志》作“礼”。

⑤ 旨，原作“诣”，误，据旁批改。

潘苍岩先生传[①]

过静和

从来物尚特生，人固介立，学为己不为人，古者也，今亦有之，如潘君苍岩近是。

道光元年，余知黔西州事，甫下车[②]，切切然以作育为念，于士林每物色焉。适因公下里，有地名新场者，民居稠[③]，而绅士亦众。抵行馆[④]，举贡生监请谒者数十辈，列坐其次，因问："以读书首重人伦，今同辈中有果克敦孝友者乎？"曰："惟苍岩先生可。""乌乎知之？"曰："内外无间言。"又问："士人先品行次文艺，今同辈中有果不愧文行者乎？"曰："惟苍岩先生可。""乌乎知之？"曰："门人日益亲。"又更端问："以秀才处乡曲，戒武断，今同辈中有果不干外事者乎？"亦莫不曰[⑤]："惟苍岩先生可。""又[⑥]乌乎知之？"曰："平生无讼事。""苍岩先生[⑦]何许人也？"曰："郡庠生，名以溶[⑧]，笃学有孝行，一言一行俱不苟。"

今恭[⑨]逢皇上[⑩]特恩诏举孝廉方正，现拟公呈，呈到日[⑪]，恳俯察焉。时

---

① 辑自道光《大定府志》。

② 《黔诗纪略后编》脱"甫下车"三字。

③ 稠，《黔诗纪略后编》作"稠密"。

④ 《黔诗纪略后编》脱"抵行馆"三字。

⑤ 亦莫不曰，《黔诗纪略后编》作"佥曰"。

⑥ 《黔诗纪略后编》脱"又"字。

⑦ 《黔诗纪略后编》脱"先生"二字。

⑧ 《黔诗纪略后编》脱"名以溶"三字。

⑨ 恭，《黔诗纪略后编》作"幸"。

⑩ 《黔诗纪略后编》脱"皇上"二字。

⑪ 《黔诗纪略后编》脱"呈到日"三字。

犹恐绅士之半出其门下[①]，或阿所好也[②]，及遍访舆论州壤推风[③]，余亦以为不举则已，举必于是[④]。厥后，苍岩乡居，其门人为致余意来见，古貌古心，[⑤] 作止语默，迥超时俗，又且[⑥]乐易和平，雅有光风霁月之概。予微风以绅士公举之言[⑦]，苍岩拂然曰："乡党中品评原无足据[⑧]。向者睿皇帝御极之年，先有是议，已曾一一止之。窃谓'孝廉方正'四字深，不可以浅者当之也；四字精，不可以粗者当之也。事乃寝。兹蒙垂拔，即以四字自励俛焉，孳孳可耳。[⑨] 若夫选举之典，则皇然不敢受，请辞！"欣勉之[⑩]，辞益力。

嘻[⑪]，异矣！乡里推之，有司许之，膺大典，享盛名，人之所羡，独决然去之[⑫]，岂非纯乎为己而无一毫营逐之念者哉！嗣余由施秉至开泰，转署修文，与水西接壤，问苍岩，已古矣。呜呼！盖棺益以论定，没世岂等无称？[⑬] 余之举苍岩，事未行，心自在也，故为之传。

---

① 时犹恐绅士之半出其门下，《黔诗纪略后编》作"时以为绅士半出其门"。

② 或阿所好也，《黔诗纪略后编》作"阿好"。

③ 州壤推风，《黔诗纪略后编》作"莫不佥同"。

④ 举必于是，《黔诗纪略后编》作"举必其人"。

⑤ "厥后，苍岩乡居，其门人为致余意来见，古貌古心"，《黔诗纪略后编》作"余因造其里庐"。

⑥ 又且，《黔诗纪略后编》作"而"。

⑦ 予微风以绅士公举之言，《黔诗纪略后编》作"风以公举之言"。

⑧ 乡党中品评原无足据，《黔诗纪略后编》作"乡里品评原不足据"。

⑨ "兹蒙垂拔，即以四字自励俛焉，孳孳可耳"，《黔诗纪略后编》作"今者俛焉，以此四字自励焉可耳"。

⑩ 欣勉之，《黔诗纪略后编》作"固劝之"。

⑪ 嘻，《黔诗纪略后编》作"噫"。

⑫ 独决然去之，《黔诗纪略后编》作"独竟决然"。

⑬ "盖棺益以论定，没世岂等无称"，《黔诗纪略后编》作"盖棺论定"。

潘巨川先生事迹考

《黔西州志·孝义》[1]

潘以溶，字巨川，号苍岩。旧居郡属之东乡达古寨，长游郡庠，[2] 试于乡，荐而不举，因家累教授乡邻，年二十以孝友闻。其后学益进，遵、安、定、筑士子[3]之从游者益[4]众，先后成就奚翅[5]数百人。其立德以思敬为主，其立言以博学详说[6]为先，其立行以孝友慈恭为要。道光元年辛巳，诏举孝廉方正，州牧过公亲诣其门，欲以公应选，时公年已八旬矣，益无意闻达，力辞不就。著有《思敬堂诗文集》行世。

《黔诗纪略后编》卷十三《潘秀才以溶》[7]

以溶，字巨川，一字苍岩，大定人，晓子，乾隆中诸生。苍岩之学以思敬为要，其诲人也，首以孝友慈恭，无论闲居接人，不使一刻懈怠；授经就句读训诂，剖析晓畅，然后进于宏旨奥义。晚举孝廉方正，不就，盖笃行君子也。有《思敬堂集》。

---

① 载于嘉庆《黔西州志》。

② “旧居郡属之东乡达古寨，长游郡庠”，嘉庆《黔西州志》作“旧居永兴场余家庄，与郡近，游郡庠”。

③ 士子，嘉庆《黔西州志》作“弟子”。

④ 益，嘉庆《黔西州志》作“日益”。

⑤ 奚翅，嘉庆《黔西州志》作“不下”。翅，疑当作“啻”。

⑥ 博学详说，嘉庆《黔西州志》作“训诂句读”。

⑦ 辑自《黔诗纪略后编》。

《黔风演》卷三《潘以溶》[1]

潘以溶，字巨川，大定人。晓三子。乾隆中诸生，州人称先生。寿八十余岁，卒时志气清明，有启手启足之概，盖年高德劭人也。著《思敬堂诗集》。

① 辑自《黔风演》。

苍岩先生赞

牟惇儒

家替复兴，产析复并。兹二事者，人所难能。尤其难者，孝廉方正，世所艳称。身备其实，而辞其征，终身黉序，乐志林坰。还淳返朴，释躁平矜。是可风励乎一世，而非仅一乡一邑之仪型。

云南大理知府前掌河南道监察御史山左后学牟惇儒顿首拜撰

苍岩思敬堂说[1]

潘以溶

九思皆思也，而其中“事思敬”一语，盖可括九思之全。予初读《曲礼》首二句，疑其立说浑沦，令人无处下手，继而知无事时不能敬，以直内则临事必不能思，是敬在事先，并在思先也。然此全体之敬亦须此心自家存主，无思之思，所谓俨若思也。而凡应一事必存一敬而后可，事不同，敬亦不同，敬固所以干事也。

余自忆生平甚惭碌碌，惟自先君弃养以来，景行家法，株守砚田，时姻睦于亲邻，时裁抑乎子弟，此外卒无他事。而于敬之一字，窃向往焉。如视与听，自知不能聪明，惟一敬；色与貌，自知不能温恭，惟一敬；他如言不能谨，疑不能晰，忿不能惩，得不能戒，亦惟一敬。迄于今年，逾七十矣，有笑余者，谓余为人或小心，是以余为畏葸也；谓余为人时过虑，是以余为回惑也。其实人自人，余自余，人非余，又安知余之为余。余行余之敬，用余之思，正所以信余之事。

夫事之大不外伦常，一念偶乖，是即不敬所从生也。事之小无非日用，一行未检，是即不敬之所流溢也。天地、鬼神、父母、师保，其谓之何？是故敬德之聚也，况余实不德，敢不敬乎？余岂能敬，敢不思乎？爰自名其堂曰“思敬”云。

---

① 辑自《黔诗纪略后编》卷十三《潘秀才以溶》。

思静堂诗叙

傅玉书

苍岩先生巨川，本贵阳名族，自其祖彬也先生始迁水西之翠屏山下①，所谓翠屏寄客者也。父曰白东先生。巨川甫冠，即以学行重党庠间。由壮而老，州人士多从其游，友教称盛。晚尤喜为诗，有家法，惜予未获与之交也。予曩于《省志》见前明方伯朗陵先生《围城誓志》诗，钦其风操，又见其子蒙自大尹士雅先生《石船》诗，雅得风矩，心窃仪之。既从友人得方伯《味淡轩集》，益思求士雅集，不可得也。

今年主正习讲，欲葳向时搜辑《黔风》之志，走札遍征，至者卒鲜，虽所获百数十家，大抵残编旧帙，及士友传诵之作耳。前辈子孙能守其先人著述，出以相示者，得三人焉，其一铜仁张生煦，其一广顺吴生世起，其一则潘生梣②也。张生为志尹宫③庶从孙，父子皆有文声，问志尹之裔，则以贫失学，去而为农矣。吴生为滋大先生裔，问其族，比户弦诵，不坠先业，尚当有继起者。潘生则裒然载其先七世之集以来，于是又得读士雅先生《瘦竹亭集》，暨巨川高祖迤西通守④亦韵先生《玉树亭集》，而以叔曾祖孝廉无闷先生《留余堂》诗附焉。继此则巨川祖《翠屏寄客稿》，其父白东《断续亭稿》，其兄静川《宁愚堂稿》，及巨川《思敬堂稿》也。顾其诗甚富，不能尽录，录尤者十二三，乃什袭而归之。

潘生复请曰："先生录诗，例不载现存之人，以其人未有定论，且其稿亦或未定也。家君子虽老，尚不废吟事，愿得先生一言以自壮，且冀更有进

① 《黔诗纪略后编》脱"水西之翠屏山下"七字。

② 梣，《黔诗纪略后编》作"浔"。

③ 宫，《黔诗纪略后编》作"公"。

④ 迤西通守，《黔诗纪略后编》作"武定守"。

也。”予惟巨川生平，具于其门人之《序》，孝友端方之概，且于诗见之，不诬也。以其笃行不倦，使获用于时，岂或愧于方伯、大尹诸君子耶！然即不世用，而年弥高，学弥进，又宁不足继美前修耶。况潘生方年少气盛，屡冠其曹，且循循退让若不足，是非渐摩之效耶，此其继起固未艾也。予既读其诗，见其子，即以为获交巨川可矣。

嘉庆戊辰仲秋朔，瓮安竹庄弟傅玉书顿首拜叙[①]

① 瓮安竹庄弟傅玉书顿首拜叙，《黔诗纪略后编》作“瓮安傅玉书序”。

五言古

夜读

篝灯思古人，载籍欣荟萃。伏读广所求，稍入浩无际。反复定祈向，中自有精意。泛骛第涉藩，得之在心细。端坐静探讨，新机忽然至。皓皓秋月高，习习清风吹。此时精神生，夜气更与会。不觉境界空，肌体亦舒泰。始知理固然，悠悠徒自外。从兹葆厥初，勿使身如寄。

不寐

连夕不能寐，颇虞神就疲。忽觉意想开，乃在惺忪时。快然得自足，遂使神都怡。魂梦良已安，天君任所施。书此作箴铭，舍焉复奚为。

傅确园评二诗：粹然儒者之言，读之觉雍容风度宛然如接，将移我情，吾其为伯牙乎！

七言古

柳坑天马行

明祖拨乱正天极，归马无论千万匹。骁骏咸入天闲中，天马之名仅称一。此马献自柳坑来，龙性矫矫特超轶。天子一见动颜色，诏遣太仆施衔勒。长鸣腾踔不受羁，厩中万马皆辟易。稍稍以法驯扰之，他时闲以成其佶。锡鸾和铃备法驾，此马首出行翼翼。曰飞越峰嘉名锡，远人底贡照史册。始知运际圣人出，物产灵奇皆效职。吾闻志在千里偏伏枥，或者碌碌盐车服。安得伯乐空冀北，朝在泥途夕天育。

五言律

咏竹

种竹同淇澳，幽寻兴颇随。萧疏堪入画，偃蹇夙供诗。劲自尘情远，虚还道气宜。好修怀令辟，吟望绿猗猗。

九日

呼取邻翁到，忻看径未荒。姑凭挥菊酒，还笑佩萸囊。云自南山出，风仍北牖凉。漫谈陶处士，今世本羲皇。

山居

农事西成急，操蹄愿不虚。烟生栖亩外，月上筑场余。禽鸟归何适，牛羊下且徐。荆薪堪代烛，村酿乐相于。

客中感秋

客况已云倦，乡思今正多。当风凉若许，对月境如何？烛影三更灺，鸿音几度过。悲秋怜宋玉，佳日付蹉跎。

五十自寿

行年登半百，传述念微躬。处世迂而固，谋身拙不工。知非老将至，学《易》愿无穷。纯佑天能假，功期抑戒同。

道光辛巳，诏举孝廉方正，州人士举余于州，州侯过一斋煨听舆言，亲临寒舍，欲以余应选，劝驾殷殷。余今年已八十，岂复有志于斯，诗以却之

廊庙欣长治，山林纵老翁。品题惭月旦，舆论猥雷同。但学赤松子，未逢黄石公。不劳元直荐，志只在隆中。

制锦当年少，光阴一指弹。筹曾①添海屋。宿岂应郎官，泉石聊藏拙。琴书好纵欢，曲肱尝半日，梦不到邯郸。

素解端居耻，何必羡蠡舟。只缘三可罢，况属五宜休。我误邀青眼，君当恕白头。庞公堪踵武，拟向鹿门游。

朝宁多新进，江湖有故知。游堪随鹿豕，梦岂协熊罴。颍水牵黄犊，商山茹紫芝。优游聊卒岁，奚必羡乘时。

庤镈西畴外，乾坤一老农。已拚同骥伏，未许作牺供。况少长沙策，何求定远封。轮囷惟自葆，不敢倩先容。

素有林泉癖，思追绮夏行。枕流魂梦稳，漱石齿牙香。市骏空劳盼，骑牛不待商。逍遥堪适性，一任笑疏狂。

岂有难堪七，而营不朽三？况当皤发际，忍受折腰惭。轩冕浮云视，林坰素性谙。羊裘还可着，学钓子陵②潭。

筑室临兰泽，清芬透曲棂。日惟餐白石，久不佩青萍。世外耽高卧，人间让独醒。鸿飞遥谢弋，振羽已冥冥。

领略烟霞趣，于今八十秋。欲追南郭步，肯贻③北山羞。竹瘦宜栖鹤，溪深渐狎鸥。君休嘲石隐，帝世有巢由。

落落羲皇侣，萧萧卞务伦。仇池忘隔世，彭泽认前身。早已羞仓鼠，何堪诮楦麟。明④天子在上，愿作太平民。

---

① 曾，旁批改作“惟”。

② 子陵，旁批改作“富春”。

③ 贻，旁批改作“令”，《黔风演》作“遗”。

④ 明，旁批改作“圣”，《黔风演》作“圣”。

七言律

命杼儿将《七世传家遗集》就傅竹庄先生选定寄呈二首

每读遗书慨久藏，传家敢谓富文章。精勤各树平生业，去取应陈大雅堂。七世立言归尚志，千秋定论自流芳。有儿初学凭将命，容否追随弟子行。

读书却扫老衡门，啸傲烟霞未可论。无术致身时更左，怀贤尚友志犹存。后尘冀导夫先路，万古知经此一番。余论齿牙公莫惜，也教处士倍身尊。

五言绝

寄金生才达

相依经数载，契阔在今兹。无限相思意，窗前草绿时。

七言绝

雨后

一天时雨畅生生，既润当暄得晚晴。淡霭疏烟新月上，更从闲处使人清。

读史

山中寂寞久忘情，读史今宵感慨生。多少腐儒青简秽，不知何故恋浮名。

李云庵评：冷语刺骨，与东坡《撷菜歌》“不知何苦食鸡豚”同一风韵。

云庵评：（三四句）读史非具只眼，不能道此。

立春日途中大雪

九十春光今日始，羁人冲雪几徘徊。须知无限繁华景，都自凝寒积素来。

初秋夜坐

又是风清月白时，飞乌绕匝未栖枝。贫来莫讶囊中减，尚有床头几卷诗。

四言诗

诀世遗言

幽明虽异，生死无殊。曰寄曰归，理为之枢。惟我有生，渺然一躯。工商不事，耕凿与俱。屏绝异学，依归吾儒。香分芹藻，业广生徒。一生思敬，弗敢少渝。八十余载，迅如隙驹。幸兹全归，可告无辜。逝将去汝，飘然长驱。独来独往，荡荡修途。气返太虚，吾自为吾。

确园评：渊明之后，乃得先生，古称达人，其在斯乎！

确园评：（一生思敬，弗敢少渝）自立本领在此。**又评：**（气返太虚，吾自为吾）浩然自得，非见道之深者能无戚戚于其际耶！

云庵评：得正而毙，有曾子易箦遗意。**又评：**存顺没宁，至此方见学道得力处。

奉题族祖巨川先生《思敬堂诗集》后

潘茂堂

一编清极问谁同？想见和平淡泊衷。先路分明遵栗里，植基深厚在《豳风》。称心易足曾无欲，与物咸孚乃用中。雒诵低徊不能去，我情移矣思何穷？

族孙茂堂谨识

寄挽潘苍岩先生

何思贵

水西忽报少微沈，却睹愁霾接地阴。未信老成真已谢，极难师表更谁任。言能不朽曾传子，人纵云亡尚有琴。志乘应增《耆旧传》，朱弦响在付知音。

愚侄何思贵拜挽

客留草集

潘　桐　著

潘元炜　校录

潘钟峄先生传略

潘元炜

钟峄先生，讳桐，静川公之子，炜之从父也。九岁失怙恃，归吾祖辅育者十有七年，性好学，喜为诗，然命奇，八试不售，乃纳粟国学。吾祖尝曰："吾不能使侄成名，吾无以对吾兄于地下！"

初，白东公生三子，长讳以澄，字静川；次讳以渊，字止川；三讳以溶，字巨川。巨川公，吾祖也。静川公负数千金逋，遗一子一女，皆少，乃托其子女于吾祖。吾祖为之清逋负，而殷殷教养，至于成立，虽劳瘁百端，无纤毫不怿意。故张来庵大令尝曰："潘巨川先生辅孤一节，非人所能及也。然吾不多巨川之不负其兄，而多静川之能知其弟也。"来庵之言岂溢辞哉！及世父子焕成名，而吾祖喜可知也，曰："吾有以对吾兄于地下矣！"

道光癸卯，检校吾祖以前七世诗，因取世父《客留草》，我父《蓺兰轩》二集，继录于后，共为八世，而书其略于首，以俟当世名公之赐序也。

从侄元炜谨识

客留先生说

潘桐

青莲先生曰："天地者，万物之逆旅；光阴者，百代之过客。"夫曰客，固无可留者也，曰过客，愈无可留者也。今曰客留，客果何所留乎？将留其形乎？抑留其神乎？曰，非然也，客亦过客也，形固不能留，神亦不能留也。然不能留而必谓之曰客留者，客必有所留也。客果何所留也？且夫五帝之圣而死，圣者不能留也；三王之仁而死，仁者不能留也；五霸之强而死，贲育之勇而死，强者、勇者亦不能留也。

客必有所留也，客果何所留也？曰："客固无可留者也，客生而椎鲁，则学问道艺无可留；生而贫贱，则良田华屋无可留。且生而柔懦，人揶揄之而不能答，人凌虐之而不能报，则豪情壮志无可留。是客固无可留者也。"然于无可留之中，窃思有以留之，是以谓之"客留"也。其留之奈何？曰："闻之东坡先生曰'泥上偶然留指爪，鸿飞那复计东西'，今客衣食于砚田，而砚田之东西固不能预决也，特于心之所之，或心思有所感，耳目有所触，无不见之于吟咏，工拙所不计也，矩矱所不拘也，特以摅写其性灵而已，以是为留，其亦留指爪于泥上之意云耳。"夫泥上之指爪，岂能久而犹留乎？曰："此固不能必其然也，东坡故曰偶然也。"

使其可以久留，客固因之而留也，幸也，即不然，或如五帝不能留，犹留其圣之名；三王不能留，犹留其仁之名；五霸、贲育不能留，犹留其强与勇之名，亦何莫非客之幸也。后之览者，以为有可留而留之，留固留也；以为无可留而不留，不留亦留也。客殆自留其留，而不能必人之留不留也，此《客留集》之所以作也，此《客留集》之所以名也。是为说。

客留主人潘桐钟峄氏自识

潘钟峄先生事迹考[①]

《黔诗纪略后编》卷十七《潘国子桐》

桐，字钟峄，黔西人，贡生，以澄子，嘉庆中太学生，有《客留草》。

① 原无，据本书原有体例加。

五言古

游玉屏山寄莱川叔载《黔风演》

拾级陟玉屏，攀藤复憩石。寄客今已往先曾祖彬也公自金筑来馆于此山下，号“翠屏寄客”，流连几叹息。山水高且深，风月清以白。景物长如斯，情犹为畴昔。猿鸟变春秋，阴晴各朝夕。此中足佳处，况是先人迹。珍重竹林翁，潜修衍遗泽。

幽居

本无高人致，敢怀箕颍心。兴来寻山水，惟以豁尘襟。尘襟何扰扰，旷怀自悠悠。穷达安所遇，不义不可求。身在天地中，敢云天地小。倘知素位行，何往不浩浩。

怀刘钦明

结交不乏人，与君独亲厚。君将游粤东，几番相握手。折柳情无尽，期期难出口。一别六年余，此情向谁剖。日日惟念君，君亦念仆否？

游果瓦官寨后山

四山列城垣，峰峰皆突兀。几度欲登临，仿佛无路入。曲折陟高岑，倏豁千里目。外环层复层，中凹若盘谷。平原悉亩亩，峭崒尽林麓。岩穴吐烟云，忽起亦忽伏。行行且复止，瀑布不可掬。奔腾液清泉，俨然见月窟。野鸟避人鸣，猿狖揖古木。楼阁建此中，长延济火族。问今是何世，太平调玉烛。

七言古

江贞女诗

万里羁人子竟亡，使我闻之重感伤。孰知死者长已矣，生者志气倍昂藏。六二贞不字，铁石作心肠。泣涕辞父母，黾勉奉姑嫜。未嫁夫死称未亡，慷慨激烈凛冰霜。吁嗟乎！人生苟无此节义，古今何以植纲常。虽属扶舆磅礴之所郁积，要亦祖功宗德之所流芳。世之改面易心名利客，闻贞女之风，能不汗流浃背而自重恐惶。

中秋对月，是夜村中龙灯

年年此夜月色明，年年此夜月宜人。宜人之月明如许，玩月之人非昔比。月有圆缺古今同，人有代谢无穷纪。忽闻笙箫钟鼓声，邨里龙灯月下行。天上人间相辉映，对此倍觉豪兴生。龙灯去后月婆娑，遥天穆穆流金波。倾倒金樽歌且舞，夜阑不觉醉颜酡。

五言律

厚泽山寺

月到池①中皓，僧从静里修。林深花径曲，磬②冷鹤③情幽。不雨苔常滑，无云栋欲浮。偷闲聊自遣，万虑一齐收。

岳阳舟中大水

霖④雨连朝暮，行人苦若何。千山云气满，万壑水声多。浪涌高于瓦，沙奔积似坡。平原耕作者，白眼望江波。

山中即事

信是山中好，晴空映翠微。燕衔花片片，莺织柳依依。野老扶筇去，村童唤犊归。登高聊一望，且自畅天机。

初度日焕、燮两儿来馆相聚数日，临别赋以送之

欲别难为别，临岐万绪萦。含愁云渺渺，带恨水盈盈。似有千般话，难伸一段情。叮咛工课暇，还自读三更。时二子俱馆于外。

馆课盼吴大章不至

徙倚中庭望，中庭去复来。闲云依岭没，野鸟破烟回。引月衡文案，挑灯试酒杯。⑤ 萧斋人落落，羯鼓倩谁催？

---

① 池，旁批改作“山”。

② 磬，旁批改作“露”。

③ 鹤，旁批改作“菊”。

④ 霖，旁批改作“大”。

⑤ “引月衡文案，挑灯试酒杯”，旁批改作“玩月频搔首，挑灯自举杯”。

馆中初度

问年犹未老，老景却相侵。世以愚难用，诗因懒废吟。忘书开旧匣，畏客恋高岑。五十六年我，清贫直到今。

别友

板桥霜正白，去住总关心。酒至和愁饮，诗成带泪吟。离歌凄野管，别绪咽山禽。此后相思意，云归月满林。

季秋偶吟载《黔风演》

一色[1]长天静，人闲兴自悠。虫声多在户，云气半归楼。树有丹枫染，篱惟白菊留。村前诸父老，约我醉深秋。

月夜至巨川叔冢上

松楸根始固，惨淡已无端。死别神弥[2]寂，生离念更酸。鸟啼残月冷，草乱晚风寒。踯躅茔前后，凄然泪不干。

关门感旧载《黔风演》

二十七年客，重来岁月非。青狮峰尚峙，紫燕垒何归。石碣愁云乱，松阴独鹤飞。于今思故旧，宿草淡斜辉。

游镇鼎后山

探奇情不厌，独自[3]上高岑。草木[4]连山接，岚烟是[5]处深。刚风惊远

① 色，旁批改作“望”。
② 弥，旁批改作“俱”。
③ 独自，旁批改作“策杖”。
④ 木，旁批改作“树”。
⑤ 是，旁批改作“此”。

籁，瀑布响鸣琴。踯躅忘归晚[①]，余晖报[②]夕阴。

约杨子超、秦仁堂、熊旭东、魏履祥馆中夜饮

地僻烦嚣静，挑灯约侣俦。一杯吟浩月，五字写新秋。话尽删枝叶，更残倍唱酬。只原[③]声气合，永夜乐悠悠。

游天池寺赠净镎上人载《黔风演》

偶与高僧晤，清谈妙入微。消闲余道气，即境有真机。[④] 竹影清移座，花香暗袭衣。行云流水意，徙倚欲忘归。

游普照寺赠道祯上人载《黔风演》

一溪通曲径，远客又来过。身世劳如此，平生事如何。林幽青鹤聚[⑤]，寺古白云多。说法瞿昙下，轻烟映薜萝。

别仁怀诸友载《黔风演》

素交曾有几，才聚又分襟。送我数行泪，知君千古心。马嘶衰草去，人倚小楼深。迢递关山梦，遥遥何处寻。

---

① 忘归晚，旁批改作“归来晚”。

② 报，旁批改作“送”。

③ 原，旁批改作“缘”。

④ “消闲余道气，即境有真机”，《黔诗纪略后编》作“消闲知茗味，讲偈有真机”。

⑤ 林幽青鹤聚，旁批改作“林深苍薛聚”。

七言律

续潘大临《满城风雨近重阳》孙太守试士

满城风雨近重阳，啸傲山林逸兴长。万种凄怀还自遣，十年故态尚能狂。平山远树秋千里，去燕来鸿水一方。幸我罍中藏斗酒，吟成且醉菊[①]花旁。

木沙架访友暨昔年诸生

十年讲学此淹留，今日登堂叙旧游。远近山青仍在目，渠侬发白已当头。关心桃李枝枝茂，同臭芝兰色色幽。久别重逢真不易，大家先自饮三瓯。

与张子德宏、德九郊游，即饮其家

结伴郊游逸兴长，愁怀万斛可相忘。云深半借青山色，树远疑分绿水光。鹤唳松间风送笛，莺啼柳外韵流簧。主人爱客情偏重，对月开樽意气扬。

旋里偕友饮开化寺

久客归来不少休，携朋共诣远公楼。朝餐已罢钟声静，午睡方酣鹤梦幽。曲径萦纡云护竹，花枝冷落鸟寻俦。一杯且尽山僧意，醉写新诗草阁头。

---

① 菊，原“脱”，据旁批补。

游永洪寺

满目萧条积翠深，禅房几曲锁层阴。苍松到老鸣天籁，碧水环流响石[①]琴。诵读追维成往事幼时侍先君子读于此，浮生梦想几登临。娟娟剩有三更月，照彻游人一片心。

焕儿避迹，读书莲台，书以寄之

云山无恙客何如，三两同人伴索居[②]时焕门人刘新甫、沈小泉、汪瑞集俱从游。月下花前常忆汝，风朝雨夕倍愁予。从知地僻难求友，惟[③]爱山深好读书。早夜风霜还自惜，无因二老重欷歔。[④]

席间与周懋绩、杨予超、秦仁堂分韵，拈得“楼”字

杯酒谈心乐未休，更阑犹自韵悠悠。尘挥四座风生牖，烛剪三更月满楼。愧我冯唐容易老，多君宋玉性宜秋。相逢好处难抛舍，分韵拈题故故留。

别杨予超

不意龙门许共亲，两年宾主见天真。窗前话旧如餐玉，座上谈心似饮醇。知我常将青眼待，依人还拟白头新。今朝判袂情难割，未卜何时再问津。

---

① 石，旁批改作“古”。

② “云山无恙客何如，三两同人伴索居”，旁批改作“莲台一去近何如，桃李芳菲伴索居”。

③ 惟，旁批改作“为”。

④ “早夜风霜还自惜，无因二老重欷歔”，旁批改作“旅舍寒温须自惜，休将内顾重欷歔”。

五言绝

送春

春光今已归，一杯柳阴送。莫向天涯去，蝴蝶空成梦。

无题

入世无长策，逢人尽笑痴。扪心还自证，纵智又何为?

斋中偶吟

深山人静坐，于此见天真。云在水流趣，不堪持赠人。

月夜怀友载《黔风演》

明月似我友，我友不如月。明月夜夜来，关山不难越。

灯下思友

冉冉孤生竹，留云护晚窗。灯前人是一，对影自成双。

怀友载《黔风演》

动言交如水，水亦未尽善。淡味可以同，不可去不转。

底[1]胡作垣故宅

思君君不见，到此独徘徊。惟有旧时月，凄凉照夜台。

---

① 底，旁批改作“经”。底，应作“抵”。

月牙井玩月

小步月牙井，一弯月在天。只须清到底，何必十分圆。

七言绝

客中九日

佳晨亦欲强登台，客思乡心处处催。古木群鸦飞且宿，孤鸿远塞独徘徊。

济南送吴明府大勋还黔

征帆冉冉向黔阳，一路风光听淼茫。到日家人来问讯，休言我已困他乡。

自遣

方才唳鹤又啼莺，如泣如歌入耳清。莫道空山无雅趣，每从窗外和书声。

暮春怀旧

万仞云山日见迟，鸟啼花卸暮春时。当年问字人何处，徒有悠悠别后思。

郊外观刈禾

早稻未收晚稻黄，农家妇子各奔忙。腰镰枷板村村急，怕有浮云蔽夕阳。

解馆作别诸及门载《黔风演》

久客浑忘是客身，还乡却似别乡人。潇潇一夜连绵雨，师弟同心眷恋真。

晚归

小步归来月已斜，桂花香露透窗纱。儿童问我因[1]何事？贪听秋蝉噪晚霞。

寻秋

镇日寻秋不见秋，芒鞋竹杖几山头。归来偶过疏林下，断续蝉声韵自流。

馆中早起

细雨潇潇欲曙天，满帘花影伴人眠。蒙眬正作邯郸梦，一片书声到枕边。

与陈光远燕集

煮茗谈心万念收，随他风雨到层楼。偷闲且把闲人学，免得光阴暗里流。

盼家书不至

春草青青春色鲜，柳阴深处鸟蛮缗。频贫望断东来路，人在高山远水边。

拟美人对雪，拈得“茶”字

漫天柳絮逐风斜，臂倚帘宠忆谢家。自觉闲情关不住，还劳素手扫烹茶。

狮子山有怀

狮子山前日影微，黄昏宿鸟傍林飞。几回翘首黔南望，不见行人振策归。

---

① 因，旁批改作“缘”。

六言诗

即事六言前首载《黔风演》

良友屡寄鳞鸿，问余近来何事。花径朝朝自扫，恐有同心人至。
乘兴郊外遨游，一到穷途即哭。夕阳酩酊归来，依然本来面目。

渔

小小船儿不大，丝网竹竿随下。烟波便是生涯，岂被利名牵挂。

樵

宿雾拨开溪径，踏遍悬岩古嶝。一肩担出深林，狐啸猿啼相应。

耕

春树鸟催布谷，农夫晨起犁犊。不管闲是闲非，惟听秧歌相逐。

读

筑个书斋斗大，积得卷册[①]满架。日夕吟哦其中，者种滋味无价。

① 册，旁批改作“帙”。

回文诗

偕友花下小饮

留君为酌小园香，冉冉红葩满树芳。楼外山横云送日，愁多自转九回肠。

留春买酒酌花香，笔阵十横扫艳芳。楼小簇喧飞鸟径，愁来写句索枯肠。

艺兰轩集

潘　杼　著

潘元炜　校录

潘云表先生事迹考[①]

《黔诗纪略后编》卷十七《潘秀才梣》[②]

梣，字云表，黔西人，贡生，以溶子，嘉庆中诸生。有《艺兰轩集》。

① 原无此目，据本书体例加。

② 辑自《黔诗纪略后编》。

艺[①]兰轩诗序

傅汝怀

嘉庆甲子，识涞水大尹张君兰浦于保阳，交相得也。少日，往访之，勾留浃旬，间论吾乡先辈之诗，自前明以来数百年，所得见者，仅十许人，全集则周宫詹、田大令外，前后概不之见，顾力不及远，搜罗末由，而守先绪者，又不易使人见，寥寥邦域，可叹也。安得人焉汇而集之，俾成一书，未始非吾乡文献之会归也。兰浦韪之，而独不满寥寥之语，因言其乡潘氏有六七世相继之集，传于家，尊庭来庵先生尝序之，且言与潘之字云表君者善，年富而好学，而尤克绍诗教之传，心识焉，憾而不即见。

越戊辰，予赴秋闱，就侍先君子于正习书院。一日，门者报有客以书请见，先君子出迓，予从壁窃窥之，见其人彬彬然，言论雅饬，知为蕴蓄之士。既去，先君子亟呼予出，笑谓曰："今日获多宝矣！"敬问伊何，乃知即云表君奉《七世诗》来也。他日，先君子延之饮，命定交焉。叩其自作，则曰："方从事帖括，过庭之下，偶一为之耳。"越庚午，复以秋闱重相见，予数数逼之，始出箧中途次近作四五篇，皆古洁恬雅，有家法。自是别去，遂不复见。

越道光壬寅，诸嗣君出其《艺兰轩集》，二百余篇，嘱予为序。予以为诗不必以多为贵，所贵者，有诗之真，若枫落吴江，微云疏雨，古不有明征在耶？诸嗣君以为然，爰慎择而序于简端。

若夫余韵流风，贻诸奕禩，典型可溯，诸嗣君方且共张之，予更何所云云？独是予得读云表诗，因以忆兰浦之言，不溢窃自诩交两君子，不禁失喜欲狂，而转念两君子皆少予，乃弃予先逝，而予之将老，可知矣！素心落落，前望茫茫，良不能不慨然于古今之际也夫！

时道光二十有三年岁次癸卯中和节后，确园弟傅汝怀序

① 艺，原作"蓺"，全书统一作"艺"。

五言古

下小关渡鸭池河

跋马小关头，斗绝不可鞚。停策步彳亍，足侧恐忽送。俯见鸭池河，设险一堑控。蔚蓝光渐垂，深碧霭若贡。移时下轻航，利涉歌声众。当年水西人，潢池奈何弄。

傅确园评：足侧句写得出危险之状，诗境似之。

清镇途中晓行

海日破秋空，清光开浩浩。爽趁单衫轻，一鞭信长道。崇山青若鬟，遥林翠成葆。原隰三五里，彧彧茂禾稻。都说风雨时，可卜丰稔好。仁爱知天[1]心，闻之惬怀抱。却睹云坳间，炊烟几家[2]小。从容遵前途，佳处得不少[3]。须臾及朝餐[4]，村沽且倾倒。人生贵适意，眷言致身早。[5]

确园评：（海日破秋空，清光开浩浩）一起超绝。

确园评：（却睹云坳间，炊烟几家小）静细之极。

中元祀祖

春露复秋霜，零濡触长嘅。祀事谨从俗，音容宛如在。将敬倩冥资，望燎肃然对。

确园评：景真情挚。

天气逢秋好，佳辰冀一归。南陔洁羞膳，昕夕谨瞻依。儿孙幸罗列，惝怳傍庭帏。

---

① 知天，旁批改作“几家”。

② 几家，旁批改作“蓬户”。

③ 佳处得不少，旁批改作“但愿为民早”。

④ 须臾及朝餐，旁批改作“路店求朝餐”。

⑤ 眷言致身早，旁批改作“逆境何须恼”。

偕学徒山中纳凉，忆熙儿都中

山水当夏好，幽深信往复。更爱高山阴，轩豁云中矗。纳凉偶偕游，爽气袭襟服。冠者酒频斟，童子瓜争副。尘迹所不到，闲暇即多福。忽闻归雁声，嘹呖去何速。翱翔扶南风，苍茫遵北陆。知警过庭人，遥遥万里目。

七言古

山中雪

同云漠漠北风怒，竟夕长空雪花舞。冲寒晓起掀帘栊，清气清光溢庭户。空山闲暇稀尘踪，小园浏览成瑶圃。奉觞挈子趋高堂，闻说丰年兆旸雨。天心仁爱当钦承，莫遣休瑞空先睹。更有当年映雪俦，几历岁寒心独苦。动忍弥觉精神生，岂必今人不如古。愿言策名此清时，归来介寿梅花坞。

辛卯夏，仲熙儿权姚州佐篆务，时刺史在会垣，州境苦旱，秧不得插，儿同学博王公宜亭虔祷城隍，得沛霖雨，姚人士各纪诗以赠，因寄此勖之

旱魃大肆姚州虐，炎威烈烈金石烁。倬彼云汉空昭回，草木欲枯泉欲涸。滇黔风气不大殊，山高石厚土肤薄。五日不雨机渐微，十日不雨势难活。况当数旬无甘霖，民弗能播矧望获。嗟哉百物生已艰，身民上者当何若。刺史会垣方从公，吾儿佐治资画诺。同寅协恭有广文，相与吁天竭诚恪。果然感动格天心，越日霡霂雨优渥。老者欣欣少者歌，处处丁男趁农作。缙绅为赠喜雨诗，美在天心胡可掠。古来传说刺史雨，此事应归贤学博。转念吾家方伯祖，昔尝祷应著斯土。遗事班班志乘中，儿乎好从求治谱。古言先事贵预妨，天心仁爱殊章章。勿届惔焚纷社方，身民上者慎毋忘。吁嗟乎，身民上者慎毋忘。

五言律

自翠屏田家晚归

疏篱欹曲巷，小径转回溪。野色常侵服，幽情信杖藜。村烟浓渐散，山气涌还低。坐爱林泉好，勾留日欲西。

归途过小村

最是幽闲境，都教让老农。机声静茅屋，碓响出云峰。妇孺提笼暇，渔樵载酒从。何曾隔人世，笑我是尘踪。

村晚率童冠陪金莘田先生游眺

地僻多佳日，从游及晚晴。赏心到童冠，友教得先生。桑上午鸡下，山中归鸟鸣。却看秋宇廓，自在岫云横。

观刈稻

作苦三时过，西成望在兹。晨锄云满笠，晚获月盈菑。远馌劳家室，腰镰到小儿。丰登酬汝愿，风俗忆豳诗①。

田间晚归

迂回泉石趣，萧散野人家。桥合溪头路，沟分陇外车。寻幽闲杖履，小坐说桑麻。归处邀山月，开罇醉菊花。

春山

幽居春忽到，开牖迓春山。渺渺谁相共，高高未可攀。云生悬翠箔，雨

① 风俗忆豳诗，旁批改作“深怕缴租期”。

过沐青鬟。闻道多香草，须凭采撷闲。

村景

柴门临曲水，石径下平田。院小茅檐共，篱疏葛蔓牵。浣留溪上月，耕带陇头烟。晚暇还相过，壶觞话有年。

确园评： 诸律静远，可濯五斗尘埃。

招友游山

幽寻何处好，倚杖踏云岑。真意时相觋，嚣尘渐不侵。野花醉舞蝶，山树藏鸣禽。济胜交难让，扶携惬远心。

刺梨花①

此卉生黔境，千秋独擅妍。天心何以限，地气使之然。色染乌罗雨，香含紫甸烟。蛮娃分午达，插上一枝偏。

敬新贵阳、贵筑乡贤祠从祀
先抑庵祖、朗陵祖、韵人祖三木主

瞻拜馨香处，题衔迹渐湮。敬从修饰下，依旧典型真。文献原终古，风徽牖后尘。所嗟生也晚，黾勉望先民。

谒崆巃山先世十一墓，敬纪一首

十一崆巃墓，凭依万古魂。碑残牛砺角，字蚀藓添痕。守冢山田付②，遗阡禁步存。我来谨稽考，相继望诸孙。墓间缺处谨从修补，向有祭产皆稽查明晰，付守冢者领种，永作扫墓之用，后来子孙其慎守之。

送熙儿试仕云南

出身期报国，不必耻微官。迁就逢时易，廉公内问难。先人曾保赤，遗

① 此诗原在《招友游山》天头处，应是编后所补，录于此。

② 付，旁批改作“在”。

爱尚思潘。治谱详滇乘，甘棠迹未刊。

冬桂

穷冬萎百草，岩桂老弥荣。佳气长年萃，高标旧日清。几番风月赏，多谢雪霜横。为想陈思赋，悠悠万古情。

田家招饮

田家邀我去，沽酒具园蔬。野蔌尝真味，幽情醉草庐。牧童闲弄笛，农叟憩抛锄。共道丰年好，归来月上初。用先世《瘦竹亭》句。

游古庙

庙自何时建，人随此日缘。山荒多鸟迹，地僻少人烟。野水自消长，闲云时往还。我来忘坐久，静赏得幽偏。

七言律

山居春日柬友

水绕前畴竹绕居，白云山色下吾庐。莺鸣辄触怀人句，云起聊翻用世书。僻爱幽斋容俯仰，暇乘好日问樵渔。素心寄语能相过，忻赏奇文一起予。

以先世《七世诗集》陈请傅竹庄先生论定

千秋事合丐揄扬，敬出遗书七世藏。后日流传恐残缺，当年怀抱托文章。庐山好为开真面，珠水凭教发宝光。闻道论衡殊杰作，赏音端藉蔡中郎。

咏秋兰兼赠傅确园

茎叶缥缃秋似春，何曾结佩竢搴纫。光风汜处香无欲，膏雨滋来淡有神。服媚允为王国秀，循陔常觉素心纯。就中妙理难轻袭，十步从君索解人。

春草

碧色离离春已深，平铺绣陌带烟岑。长途风日驰骢马，好梦池塘听晓禽。游客伤怀南浦望，美人懒斗玉关心。生刍束得能来否？莫遣难求金玉音。

访友村居

带①水依山烟一村，尘嚣不到古风存。人家参错接篱落②，磴道高低开荜门③。把钓云归岸边柳，谈心月过④花中轩。结庐那得都如此，偏许相从数倒樽。

新柳

剪剪春风树有梯，陌头三月绿初齐。讶凝秋水妨烟妒，真魘春山为雨低。羌笛试吹声乍咽，翠楼才倚望偏迷。双双藏得雏莺好，可奈攀来送马蹄。

颜綮林出宰山丹却寄

绝幕曾传汉将营，后来还筑受降城。连屯列障边庭事，白草黄沙成客情。怀远未应矜五饵，来王无待问长缨。须知一切关宸虑，抚驭长同乐太平。

梦哭先慈

抱痛悠悠二十年，音容忽睹画堂前。承家尚举修名勖，多病方加抚恤偏。惝恍欢欣亲色笑，依稀左右侍杯桊。端详不觉号咷哭，惊醒残灯为耿然。

送熙儿入都学仕二首

生际升平出漫疑，天心大可穆然思。欲看騄駬驰千里，端向乔林借一枝。小就那曾吾道异，个中何必外人⑤知。行藏自古无成局，动静光明不失时。

---

① 带，《黔诗纪略后编》作“近”。

② 接篱落，《黔诗纪略后编》作“遥连树”。

③ 开荜门，《黔诗纪略后编》作“斜对门”。

④ 谈心月过，《黔诗纪略后编》作“谈琴月到”。

⑤ 必外人，原本漫漶缺失，据旁批补。

笑予守拙乐园田，云路分明近日边。雕鹗风霜盘健翮，关河书剑正英年。析薪负荷儿曹事，高卧歌谣老大缘。平荡王程须记取，精勤世业屡开先。

接熙儿禄劝书，作此寄之

闻佐琴堂子贱弹，况兼两字报平安。先人政绩当绳武先八世祖中池公曾司狱是郡，民怀其德，肖像于太和寺。儿摄事时，适新公庙，异日讴思乃好官。事在必为犹觉易，心求无愧自来难。习闻三字清勤慎，遥嘱毋徒泛泛看。

读刺史吴兰雪先生《香苏山房诗集》

五百年间出异才，轩轩今日我公来。骚坛旗鼓千军扫，笔阵风云万象该。灿灿春花敷晓露，莹莹秋月绝纤埃。方州岂足栖鸾凤，伫看文星列上台。

讼庭花落听鸣琴，戴月还豪咏月情。千首不徒轻万户，五言直再建长城。居常屡倒王公屣，此日齐称父老觥。愚贱却邀忘分久，敢将瓦釜叩咸韺。

确园评：（首联）起处自然。

兰雪先生见先七世诗，称赏不置，并蒙题“诵芬肆雅”四字，作此谢之

宰持坛坫仰先生，七世诗传荷定评。在物且征随所假，于人应审善其鸣。名山各有千秋在，华衮今邀一字荣。真赏谁知尘外得，重泉应慰昔时情。

五言绝

遇张孝廉印大有

一见欢如旧，相期永素心。篝灯忘欲灺，夜雨北窗深。

出游[①]

野水自消长，闲云时往还。我来忘坐久，静赏得幽偏。

① 辑自《黔诗纪略后编》。

七言绝

访友留饮，赋赠二首

群山四抱让溪清，独让幽人适远情。课读躬耕别无事，纶竿招友月三更。

孤杖悠然物外来，抗心欣得向君开。山花香处频烹酒，一首新诗酒一杯。

田间观获[1]

豚蹄祝罢老农叹，到得秋成力已殚。最是人生不平事，万家作苦万[2]家餐。

夏过让塘

让塘澄澈暑全收，老树阴中试小留。盥漱徐来风习习，疏烟斜日度青畴。

粉团花

花放团团宛似球，因风摇曳阅三秋。从前红紫群争艳，谁傲霜威自在游。

项羽

四面军声尽楚歌，乌江东望涌长波。灭秦可惜忘前鉴，孤负虞兮哭奈何！

---

① 此诗在“七言绝”天头处，应是后人补入，故录于此。

② 万，旁批改作“一”。

确园评：慨当以慷，弦外音流。

汉武帝承露盘

天子从来祝万年，那曾人世有神仙。穷兵已有轮台悔，承露盘空定嗒然。

雁字

六书未出早成文，籀篆凭君仔细分。泄尽英华笑苍颉，输他秦火可能焚。

明妃

深宫落寞有谁知，远嫁名传藉画师。独惜当前失殊色，汉元皇帝一痴儿。

确园评：嬉笑皆成文章，而立论未尝偏刻，即起当时君臣，谅亦无可置喙。

倾国倾城乃祖风，况当全盛也和戎。一时将相曾无策，却自区区罪画工。

飞越峰，用杨升庵先生韵

养龙坑里出真龙，飞入天闲越万峰。不遇圣明终不识，人生[1]难得是遭逢。

---

① 人生，旁批改作“方知”。

黔阳潘氏七世诗跋

李为

任彦升，一代文宗，而东里西华，弗克负荷，太白与杜齐名，竟至乏嗣，自古能诗者少，能以诗世其家者尤少。丁丑春，予寓都门遏选，金莘田孝廉赴礼闱试，携水西潘氏七世诗稿来京，适于案头睹之，翻阅数次，窃叹一门家学，何其源远而流长也。自祖若父、若孙，若曾、元，世世以诗传，不啻先畴旧德之继继承承，不稍陵替。而其诗又皆原本于唐宋诸名家，格律风调，两臻其美，岂非艺林中一佳话哉！

盖尝论之，诗以理性情，而性情必根本于忠孝，则其发为诗歌，始可法而可传。少陵独步千古，虽曰才高学博，亦由每饭不忘耳。若徒留连光景，探末遗本，风云月露，前史讥之矣。潘氏自朗陵公以经济之才，历任方伯，遭时艰危，读《贵阳围城》诸作，义胆忠肝，跃然纸上，即其人不以诗鸣，有不足以传乎！其瘦竹亭，以迄思敬堂诸公，虽其间出处不同，遭际各异，然而在国者，持正直而怀忠荩；在家者，甘恬退而敦孝友，其性情学问，莫不各见于诗歌，诵其诗可想见其为人。傅竹庄前辈编次其诗，称潘氏以诗世其家，予谓潘氏惟以忠孝世其家，而诗犹其余事耳。

黔省风气，开辟最迟，前明王文成、邹尔瞻、李同野诸公提倡宗风，人始知学，国初惟《桐埜诗集》驰名海内，曾采入四库馆，此外谈诗者绝少，不谓藏之名山，传诸其人，有潘氏七世诗稿在，司马子长所谓乡先生者，非耶。莘田曰："今潘氏裔孙林立，彬彬然绰有祖风，又将有继起者。"予曰："种珠得珠，种玉得玉，彼先世家学渊源如此，即由七世以至世世可也。"宁有艾哉！

嘉庆二十二年夏六月下浣，赐进士出身遵邑后学李为谨跋

学钓诗集

潘　珍　著

潘元炜　校录

潘平山先生诗集序

傅汝怀

先生名轸，释褐后易名珍，字席待，号璞岩，晚号平山，贵阳人。康熙丁卯副榜，历官湄潭、施秉、镇远、广文，迁清浪教授。工书法，与滇南周公于礼齐名。尤喜为诗[①]。先君子选辑《黔风》时，求其集，累年无肯出示者，仅得七律诗二[②]章入《集》，而字号、宦迹亦未及详。今怀从事《黔风演》之辑，适与先生族孙幼明遇，交相得也[③]。间为予言姻戚黄君藏先生手迹为多，因敦促往求之，匝岁四五[④]返，乃得先生手书诗稿二册，曰《学钓集》，曰《璞岩集》，约千余首，真朴淡远，深得韦、柳三昧，登其尤者七[⑤]十余篇。问前何不出以示人，则曰："以先生书法为人所重，虞出之而被掠耳。"呜呼！可谓笃好能守者已。因叙其略于《集》后，归诸其人，使藏之。

道光壬寅之冬，瓮安后学傅汝怀序

① 喜，《黔诗纪略后编》作"善"，"为诗"后，《黔诗纪略后编》有"其子元亮太史传其家法"一句。

② 二，《黔诗纪略后编》作"一"，检《黔风》，"二"是。

③ 交相得也，《黔诗纪略后编》无此四字。

④ 四五，《黔诗纪略后编》作"三四"。

⑤ 七，《黔诗纪略后编》作"六"。

潘平山先生传略

潘元炜

吾族先世平山先生，其先吴人也，讳轸，字殿衡。自其高祖鸾以名进士，由冬曹出守云南大理府，生子德昭，迁于黔。世居清镇属之麦项，遂为黔人。德昭生绍周，任金沙江厂官，晋云南昆明县，是为先生祖。绍周生乘龙，由考选授毕节卫经历，即先生父也。

先生幼敦敏，负大才，登康熙丁卯副榜，历任湄潭、施秉教谕，晋清浪卫教授。平生以席珍自视，故通籍后易名珍，而字席待。与余先太太高祖道子公同时。

吾家先世楚人也，吴楚之潘，同出一祖，溯其谱牒，先生与道子公为一世弟兄，友爱无殊同胞。两家子弟更相得，[①] 且世以诗学竞爽，数代如一堂焉。而先生尤工书法，当世宝如球璧，所作诗悉亲手缮写。自先生卒后，亲友中爱重先生遗迹，凡先生诗文辄觅藏[②]之。以故先生之集，久不传于世。道光壬寅，余馆会垣，得与先生世戚清镇黄君某友善，因询先生遗书，黄君[③]始言其家传有先生手录诗二本，求以相示，五返而后见寄，集名“学钓”，约诗千余首，百余年之手泽，至今始获。

余生也晚，其于先生之德业皆无所考，然读其诗，而先生之为人可知矣！是岁，适瓮安傅确园先生欲选辑《黔风演》一书，亦至会垣，因以先

① “先生与道子公为一世弟兄，友爱无殊同胞。两家子弟更相得”，《黔阳潘氏七世诗》作“先生与道子公为一世，友爱甚笃”。

② 藏，《黔阳潘氏七世诗》作“秘”。

③ 《黔阳潘氏七世诗》“黄君”后有“初秘不言索之再四”八字。

生之集录请订正，乃蒙采其尤者百五[1]篇载入集中。癸卯秋，余因检校先八世诗集，欲付枣栗，以永家藏，谨将先生《学钓集》暨先生子元亮公《橡林草》、先生曾孙笠山公《笠山集》、厚田公《海岳游草》附载于后，庶不令天地英华湮没不传，且不敢忘先生与先道子公相友爱之笃，并以见两家世世以诗相传之盛也。

族帛孙元炜谨识

① 五，旁批改作“余”，《黔阳潘氏七世诗》作“五”。元炜言“尤者百五篇”，傅汝怀《序》言“尤者七十余篇”，《黔诗纪略后编》引确园《序》则言“尤者六十余篇”，然检《黔风演》，则未见一篇。

潘平山先生事迹考[1]

《黔诗纪略后编》卷二《潘教授珍》[2]

珍，原名轸，字席待，清镇人。康熙丁卯副榜，官湄潭、施秉教谕，迁清浪卫教授。所著有《学钓诗稿》《璞岩集》。潘氏之先江南人，有曰鸾者，官大理知府。鸾生德昭，始居清镇之麦巷。德昭生绍周，官昆明知县。绍周生乘龙，官毕节卫经历。乘龙生珍，珍生淳淳另有《传》、灏、洪。灏，拔贡生，生进士镕。镕生进士咸丰知县宪武。洪，举人，生县学生鉴。鉴生知县恂，八世皆有《集》。潘氏代有闻人，至淳而名藉甚，世称麦巷潘氏，与贵阳曹官潘氏号为“二潘”，文采风流，亦复相埒。论黔世家者，当于二潘首屈一指也。

《全黔诗萃》卷十五《潘珍》[3]

潘珍，字席待，贵阳府人。康熙丁卯副榜，官教谕。

① 此节原无，据本书体例补。
② 辑自《黔诗纪略后编》。
③ 辑自《全黔诗萃》。

五言古

潕阳署学篆一载，藉寓西斋，颇觉自适，偶尔寄兴五首

有客寓屏山，所业治经史。西斋幽径深，两行罗桃李。起眼天地宽，官闲心应喜。风清月朗时，长吟情不已。

频年苦行役，门径任荒芜。田舍羞不治，分身作庖夫。要能从所好，乐事何处无？琴书惬幽独，率性安其愚。

座中俗客少，岭头白云多。邻家赊我酒[①]，时复醉颜酡。命穷守不累，愿素养中和。必待林泉隐，岁月枉蹉跎。

晓起开东窗，丹崖森柏竹。氛氲佳气来，披襟坐书屋。杜陵一卷诗，不厌千巡读。呜呼悄曲终，皇天白日速。

乾坤草庐中，何事苦拘束。试问百年人，升沈有定不？饥寒勉固穷，知耻能远辱。山高流水长，寤歌永弗告。

客夜梦章静庐

岁月何草草，浮生亦浩浩。自别梦中人，阅历厌机巧。情亲隔山河，憔悴伤垂老。此夜一梦君，翻觉容颜好。也复慰离愁，生对尘迹扫。分明在眼前，谈笑搒怀抱。胡为恍惚间，喔喔鸣鸡早。

秋杪同姚明府卿如游光相寺

出郭向云端[②]，山山秋色好。茅屋傍重冈，溪流通曲道。路转一峰迎，林深适幽讨。彳亍到上方，静息尘埃扫。谈空忘今古，相对抒怀抱。[③] 因想

① 酒，《黔阳潘氏七世诗》作“醉”，误。

② 端，《黔诗纪略后编》作“闲”。

③ “彳亍到上方，静息尘埃扫。谈空忘今古，相对抒怀抱”，《黔诗纪略后编》脱。

箕颍流，高隐地天老。山曲听樵歌，自在声不躁。[①] 归路下夕阳，一带烟霞浩[②]。

虚阁庙

湄水向东流，环山锁虚阁。渡口汛杨舟，人家隐秀壑。桑麻遍野川，松菊满篱落。恍向山阴行，风土殊不恶。

遭田父攀谈

驱车出东门，斜日遮桑柘。曲折林峦幽，徘徊白云下。田翁若素知，欸欸邀我驾。茅堂开旧醅，家常说禾稼。酒阑倍殷勤，风景殊闲暇。问君将何之，愿言永今夜。无物可留贤，鸡黍乃田舍。明蚤送君行，陇头事未罢。我亦惜人情，天真况无假。直朴古人风，丈人此其亚。

泊南溪二首

泊舟入南溪，风微山雨歇。莺声啭夕阳，渐映藤萝月。同人相和歌，音响各清越。寂寞慰天涯，浊醪幸不竭。

畏喧避舟步，引缆傍幽林。鸣鸟藏深蔼，闲鸥嬉碧浔。逢时苦予拙，萧然鬓毛侵。浩渺开烟波，悠悠江海心。

独酌

开敞坐幽斋，盈尊春酒绿。花香趁蝶飞，水暖争凫浴。狂咏杜陵诗，醉歌山简曲。有生天地宽，莫笑微官束。

飞云洞

飞云亦何奇，触石盘空结。《春秋说·题辞》云：云之言运也，触石而起谓之“云”。絪氲自古今，壶天景幽绝。恍入蓬莱宫，将闯群仙列。瀑水吼瑶空，天花飞玉屑。凉生六月秋，欲下阴山雪。石髓是云根，变化无时竭。出岫本无

① “山曲听樵歌，自在声不躁”，《黔诗纪略后编》脱。

② 一带烟霞浩，《黔诗纪略后编》作“隔林哀蝉噪”。

心，倒影月潭澈。宇宙此灵山，不垢亦不灭。览胜者谁子？红尘走车辙。万里耽艰虞，一到易怡悦。白云欲相留，为觅丹砂诀。倘可乘之去，稳逾鹤鸾翮。

茅屋漏

天地一虚舟，吾生何踡跼。落落弃家园，十年如转烛。朅来构一椽，聊以歌弗告。风雨渐飘飖，草堂资莫续。繄予旧青毡，叹息生涯促。梦眠夜雨淋，沾洒到衾褥。老妻惜衣裙，燃火照帷曲。虽无尔室愧，君子能安不？杜甫思广厦，非徒奢愿欲。天下寒士多，漏乃嗟茅屋。

古诗二首

伯牙雅尚琴，从学成连子。抟拊殚精神，绝难探奥旨。扁舟入沧海，茫茫但云水。兀然坐窅冥，忽悟元音理。先生移我情，神行而官止。何处觅知音，兴会在山水。

散步入深林，浓阴夏不燠。纡回小溪流，夹道森松竹。好鸟鸣嘤嘤，山水豁心目。犬吠柴门开，三径花气馥。惭予走风尘，幸近幽人屋。草堂笑相迎，似曾订昔夙。援琴为我弹，听之惬幽独。置身上羲皇，披拂清风穆。愿言共岁寒，常伴白云宿。

杂诗四首

常情慕荣华，荣华孰能久。七侯珥金貂，殃及其身后。人共嗟贱贫，贱贫贞于守。原宪晨无炊，不遑问升斗。圣门狷介贤，道尊德性厚。盛衰自循环，君子贵顺守。取舍道义存，天地一何有。行乐当随时，莫负杯中酒。

陶潜生乱世，但愿饱粳粮陶句。饮酒著诗篇，逸韵何悠长。功名既不就，闲居力田桑。御布冬可暖，袗絺夏亦凉。形骸远拘系，庄敬得自强。风鸢飞汉表，嘉鱼跃沧浪。天机活泼地，潇洒百年场。

青青崖畔松，菀菀堂前桂。桂萼芬清秋，松姿耐寒岁。晚节抱幽贞，君子藏其慧。

燕赵之佳人，皎皎明月照。如花坐云端，千金难买笑。邻女争效颦，如何不自料。罗衣粉黛妆，妍媸岂相肖。面目非本来，徒贻西子诮。

饮酒七首

陶潜少年时，六经共游好。理解不深求，固穷明素抱。予未敢希贤，艰难壮至老。十年客敝庐，生计殊草草。孟公被短褐，长夜常自保。消尽百年忧，勿为醒者道。

两间此一身，行藏皆有道。屈身事逢迎，世路多颠倒。得失悬寸心，纷华逐嗜好。阅历王侯门，不见士骨傲。长揖大将军，凛然存节操。能自贵其身，贱贫亦高蹈。随俗为转移，醒眼如昏眊。饮中有八仙，千古留名号。

虬松当夏日，万木掩清姿。零霜陨黄叶，方见后凋时。芳华未显异，晚节乃征奇。倾尊寒柯下，愿言永不移。百年过驹隙，勿为逆旅羁。

揽辔南山曲，田父相攀留。殷勤道款愫，坐我竹林幽。秫米酿旨酒，倾杯随献酬。慷慨谈往事，劝驾回丹邱。花竹禽鱼乐，天然不外求。感此洽性情，长歌大白浮。今日尽君欢，欲驾五湖舟。

百年浑若梦，庄生幻化游。栩栩飞蝴蝶，觉悟遽然周。富贵非真境，胡为不自由？放怀终日醉，笑傲松篁幽。陶然见天性，贤圣乃吾俦。三山沧海外，神仙安可求。嵇阮同逸兴，相引酌林邱。

一官贫如洗，境穷心觉舒。时有知己者，步屧顾吾庐。挈壶班荆坐，谈深剪烛余。四座轮觞政，豪兴胜于初。深杯甘百罚，万事皆破除。醉卧羲皇上，宇宙复何如。

虞人上山梁，猎犬惊雌雉。回翔集深林，悠悠得所止。造物钓我形，荣华垂芳饵。假之以仔肩，欲谢无可委。人生七十稀，当为惜寸晷。时既不可为，退藏斯已矣。穷达付天命，浊醪有至理。

白水堰[①]

志载山川胜，西飞百丈泉。天汉银河落，凌空匹练悬。奔涛势莫御，东流汇大川。狂澜无砥柱，止水不渟渊。人工助地力，筑坝高且坚。原隰通沟洫，灌溉千顷田。妇子歌宁止，群资一堰天。山涨忽翻决，蜃蛟鼓浪前。震动惊岩谷，沉璧计难全。百室嗟苗槁，宰官助俸钱。木石事经始，持筹变万

① 辑自《黔阳潘氏七世诗》。

千。饶驱狮象石，莫与水争权。徒然操版筑，缺陷心悁悁。时流复时竭，涓滴不成眠。旱魃且为虐。寂寂千家烟。秋冬乘农隙，经营共勉旃。一劳而永逸，井养不穷年。

王师凯旋，驿路供支施，邑独应三站，不事追呼，民心欢应，因慰郑宣九明府[①]

国运际升平，华彝大一统。西南指凋戈，喇嘛承天宠。不战蒲坦逃，西藏民安踵。王师奏凯旋，驿路旌旗拥。将军令森严，貔貅皆震悚。碧鸡金马间，三年供亿冗。归马渡盘江，羽檄星驰捧。风云护储胥，鸡犬静无恐。衽席到处安，保障民生重。戎马伏枥嘶，秫黍盈邱陇。帑金藉供支，力役民心勇。支持三站繁，流行不滞壅。使君才德优，抚绥寄任重。军旅未尝闻，君命勉钦奉。星象灿台垣，凤城骢马耸。

同宣九卿、郑明府思安、鲁尉燕集华岩洞[②]

十载走风尘，来往无停轫。天开古洞深，名人迹未泯。将偷片时闲，幽兴谁同引。暇日赏烟霞，欣逢贤令尹。百壶酒如泉，豪翰诗思敏。灵岩列品题，坐见珠玑陨。人在蓬壶中，暑气消融尽。陶然发浩歌，欲禁何能忍。笑傲白云□[③]，时穷心不窘。莫教车马促，恐被山灵哂。

---

① 辑自《黔阳潘氏七世诗》。

② 辑自《黔阳潘氏七世诗》。

③ □，此处脱一字。

七言古

题白丁墨诗兰堂老人滇之大理人，隐于僧，以诗酒终老。自号白丁，尝策蹇游燕、赵、吴、越间，人皆称白老人。

苍山老人七十五，笑傲烟霞好奇古。试拈秃笔写幽兰，日日春风开石圃。凭轩仿佛来清香，意匠惨淡神飞舞。剡溪玉版绝纤尘，数茎水墨无增补。纫之为佩不可求，耐久忘言炙眉宇。为君珍重挂高堂，超然不与众草伍。

万里桥行

万里桥下春水清，丞相祠前鹧鸪鸣。佳人白马金络索，踏青紫陌轻风生。天涯书剑嗟寥落，黄公酒垆几变更。红尘非复少壮日，尊鲈张翰今古情。

己亥春日游云台山

云台岧嶢拟华嵩，坤维奠丽天柱崇。西南造化钟灵秀，崚嶒竦拔势尊雄。龙蟠虎踞赤城锁，呼吸上与青冥通。昔有道人元贞氏，攀跻穹窿朝帝子。道成丹灶白云封，羽化凭虚陵弱水。真仙色相不轻留相传座上乃徐道人蜕身，千古高山深仰止。我来遥望悬关外，黔中名胜此其最。撑天一塔石嶙峋，灵詹飞旐星辰会亭额题“灵詹飞旐”。仙影疑是徐真人，飘然遗世烟霞霭岩壁有仙影风神生动。苍松绿竹翠微连，盘空九折悬又悬。接引桥西迷曲径，蓦遇樵人恐是仙。扶筇信步登高上，青霭连空逼洞天。蹑尽丹梯千万仞，左钟右鼓声相震钟鼓洞在松涛阁下。卷帘虚阁听松涛，卢仝七椀枯肠润。玉京洞府昙猷居，醉雾餐霞清香印。笑迎游客出关来，上方携手共徘徊。金阙琼宫临绝顶，才把[①]看山眼放开。群峰一似儿孙列，俯视下界皆尘埃。窗当太乙摘疏星。西华九龙未了青西华山、九龙山亘悬西南数十里。泥金封禅七十二，鬼国不与通精灵。谁现将军身说法，天门玉籁勒山铭明有参将邓子龙登此题诗，有“天门玉籁天孙语”之句。云中一僧老且拙，坐卧白云自怡悦。拜经台上雨花飞，一领破衲无寒热。有客有客号平山，西来悟彻爱逃禅。频年企慕今始遇，春风花鸟肯教还。半榻茶烟谈永夕，恨无真诀驻衰颜。我爱仙山真景好，品题甲乙事幽讨王立程《游天台记》有“品题胜景”，凡十五处。欲去频留不忍离，恐被山灵嗤草草。捻须回首作长吟，居然身在蓬莱岛。

诸葛洞[②]

南征蛮服汉时功，留得芳名古洞中。山势北来环锁钥，水声东下吼鼍龙。莲池散乱天花景，虎口湔淘雪浪中。怪石[③]洑流狮象立，崇冈叠巘雨云蒙。岁时无复祀丞相，勋业还须让郭公明中丞。天险梯航飞可渡，人安泽国利何穷。妙高台上谁题柱，接引桥西任转篷。沉璧恐惊河伯泣，驱鞭徒羡海神雄。武夷应有仙槎入中丞郭青螺镌题石壁曰“小武夷”，滟滪宁非禹凿通。古柏苍苍春色绿，行云晶晶日光红。五丁排力芙蓉辟，三洞平流岛峒空。愿藉一鹜舒两翼，时来丹穴访渔翁。

① 才把，旁批改作“失喜”。
② 辑自《黔阳潘氏七世诗》。
③ “怪石”前衍一“风”字，删。

五言律

推窗

推窗迎夜月，酌酒坐东楼。风静江光敛，天虚峡雾浮。陶潜三径菊，范蠡五湖舟。俯仰思身世，老儒易外求①。

对雨

菊花时节雨，寒气逼疏帘。阶砌苔痕滑，书帷润色沾。愁难销日短，云不放山尖。问取沽来酒，杯干欲更添。

寄淳儿

频年资旅食，此夕醉风尘。世路看予回，慈颜藉尔亲。衣冠诚简略，耕凿岂沈沦。迢递归心切，江山欲暮春。

寓目

西塞人家少，南川粳稻多。关山临绝域②，城郭带长河。秋色看迟暮，诗情引薜萝。几时白云下，酌酒自高歌。

出郭

出郭雨初晴，高原四望平。夕阳鸿雁阵，秋草鹧鸪声。香稻村村熟，新烟处处生。年丰米价贱，甚惬远人情。

---

① 老儒易外求，旁批改作“为儒曷外求”。

② 关山临绝域，旁批改作“关山悬远道”。

上湄潭城

山城行[①]处僻，暇日会群公。诗思天涯外，烟村竹树中。水流归滟滪，山拥入蚕丛。鸡犬桑麻里，依依乡土风。

漫成

秋云出大壑，秋色满江滨。野馆浓花谢，故园丹桂春。[②] 风尘那避俗，山水每留人。近喜往来静，疏狂任我真。

白马洞

群山会大壑，深洞此中开。白马何年去，丹砂布地来。泉流冰雪乳，石结水银胎。造物藏无尽，曾经几劫灰。

杜工部故里

漠漠江城外，先生故里存。人皆知姓字，诗不老乾坤。日午车尘扰，春深鸟雀喧。生平时仰止，过此一招魂。

过铁山

去国六千里，驱车过铁山。征尘秋色里，诗思碧云间。城郭长河绕，东南半壁关[③]。故乡差仿佛，风景未曾删[④]。

同武水明府登东阁

高郭山城回，登临值小春。霜中千里雁，云外五湖人。梅福终成隐，原思不为贫。天涯同远眺，潇洒豁吾真。

---

① 行，旁批改作“登”。

② “野馆浓花谢，故园丹桂春”，旁批改作“望古无穷意，投闲自在身”。

③ 关，旁批改作“闲”。

④ 风景未曾删，旁批改作“极望欲摧颜”。

张王矶候风

归客心如驶，江舡锁不开。梦依南国去，望断北风来。漫适蓬窗兴，频斟浊酒杯。楚天云雾里，搔首几徘徊。

过洞庭

江汉归舟速，湖光欲暮时。天高依岸远，风便落帆迟。南海源从合，君山望转迷。篷窗新月照，展诵杜陵诗。

祭风台

三分争汉鼎，千载过高台。丞相留陈迹，奸雄尽劫灰。晴天春浪涌，芳草白云堆。四海一家日，东风拂面来。

眉批：读至结句，叹其超妙乃尔，真乃迢迢元箸，不食人间烟火人语。

登明月山

五溪烟水畔，耸翠出层峦。猿挂薜萝径，云封明月关。遨游[①]孤客远，静定老僧闲。纵目凭楼望，悠然见故山。

发嘉州

日暖江流静，篷开山色新。川原三月景，云水五湖人。遥忆郫筒酒，行吟锦里春。轻鸥随上下，回首望松筠。

眉批：一起飘然而来。

促织

清夜息群动，草根吟傍檐。愁多眠不稳，耳畔语偏尖。大火流将转，秋声已自添。天心分造化，先气发幽潜。

---

① 遨游，旁批改作“飘摇”。

病起

病起江天阔，凉生枕簟高。药能驱瘴疠，书未达儿曹。为客不辞远，谋生岂避劳。堪怜筋力瘁，梦寐忆林皋。

归心

江皋明月夜，把酒话归心。浮世艰难尽，余生鬓发侵。秋风情渐逸①，客旅意何深。宁遂渔樵癖，无妨学苦吟。

过葛镜桥

微雨春风道，深溪葛镜桥。鸿磐题砥柱，丹嶂插云霄。岁月驱人远，家山逐梦遥。行看烟水畔，幽兴若为招。

茅屋落成四首

薄俸营茅屋，南山映翠微。官知为教拙，坐喜接邻稀。② 霜落松篁秀，雨余苜蓿肥。漫云冰署冷，颜巷霭晴晖。③

羁栖聊复得，幽事学山村。蔓草锄荒圃，茅椽覆荜门。风云看变化，花鸟笑朝昏。静处堪藏拙，慵疏有孰论。

天然幽僻地，草创亦规模。曲水流花径，远山入画图。琴书才有托，风雨自无虞。轩敞清秋月，香醪适兴沽。

儒宫同小隐，俯仰颇云宽。禄米且逾分，妻孥方共安。杜陵诗一卷，苏子竹千竿。望古真遥集，茫茫感百端。

与江天汉夜话，感怀亡友杨端如

身世双蓬鬓，功名误读书。为儒知计拙，怀刺恨才疏。英隽思亡友，萧条剩敝庐。壮心犹未死，事业已无余。

---

① 秋风情渐逸，旁批改作“秋风时渐爽”。

② “官知为教拙，坐喜接邻稀”，旁批改作“固知身教拙，且喜俗尘稀”。

③ “漫云冰署冷，颜巷霭晴晖”，旁批改作“漫云官况冷，冰署霭晴晖”。

雨霁晓起

万象生云气，开门坐落花。清风披晓雾，丹嶂映朝霞。雨后山容净，狂来诗兴赊。有童携白酒，分惠故人家。

漫成二首

养拙风尘内，悠悠二十年。依然旧面目，辜负好林泉。懒觉诗难废，老于穷益坚。猖狂笑阮籍，搔首问青天。

杜陵诚性癖，出语欲惊人。穷老愁难释，瘦生诗有神。江山常引兴，花鸟不禁春。放浪形骸外，疏慵适我真。

不寐

深峡愁难遣，炎热夜不苏。汗流沾枕席，心远忆江湖。殷殷雷声发，啾啾宿鸟呼。更筹传欲尽，梦入故山无。

伯英评：通首清老。

有叹二首

文章久困顿，四海一微躯。技艺人皆巧，逢迎我独愚。名难齐李杜，富必让陶朱。惟有溪山内，渔樵属老夫。

老大伤悲久，随时亦抱关。未能消壮志，忽已变衰颜。路鬼将人笑，仙踪何日攀。子规啼不歇，江上送春还。

惜春

惜春连日醉，不醉恐春归。丛翠树阴满，堆红花朵稀。天时行不息，物理畅无违。一刻千金值，徒伤未拂衣。

倦夜

天际沉沉月，夜[1]隅寂寂春。攒眉资旅食，永夜念游人。梦与家山远，

---

① 夜，旁批改作“庭”。

愁与酒盏亲。醉来歌古调，白首望星辰。

寓目

农事村村急，军储处处征。闾阎皆困苦，豺虎乱纵横。一万戎衣马，五千铁甲兵。烽烟边塞起，触目亦心惊。

清晨

地僻披衣惯，官闲闭户多。茅斋诚懒慢，花径且婆娑。人自趋轩冕，吾将老薜萝。清晨盥栉罢，幽意复如何。

病马

霜蹄惟尔健，血汗属谁功？伏枥调凉[1]药，长嘶问晓风。腾骧愁力弱，欹侧叹群空。春草蒙茸发，应知骨相雄。

野望

南原舒远望，迢递万山悠。戎马征尘暗，烽烟夕照浮。陶潜归故里，范蠡驾轻舟。惆怅天涯外，十年剩敝裘。

首春郑九宣明府招赏红梅即席二首

日融公府静，锦席对花开。春色一庭满，清芬四座来。饮宜资酒政，诗合逊仙才。披豁尘愁远，晚风莫慢催。

碧柳初啼鸟，红梅早笑春。放衙无俗事，入座有闲人。谈笑襟怀古，弦歌宇宙新。光风明月夜，酌酒醉花神。

庚子除夕二首

豪杰无成败，庸愚听誉讥。功名难自树，命数莫相违。守岁寸阴惜，行年前日非。奈何厕轩冕，梦想故山薇。

人生有底急，五十愧无闻。交睫明年是，关心静夜分。命穷思送鬼，计

① 凉，旁批写“良”字，似有改字之意。

拙欲从军。何日归山去，高歌卧白云。

一钱

寂寂愁难遣，探囊得一钱。晨霞餐尚饱，渴病醉需眠。羞涩人情似，固穷君子坚。经营知命薄，素位乐吾天。

寓居三首

寓居远四邻，潇洒一园春。开谢名花续，飞鸣幽鸟亲。琴心山水静，兰友性情真。高卧羲皇上，读书论古人。

世情真覆雨，官署却凝冰。骨傲经寒惯，途穷忍辱能。松筠坚晚节，鹰隼利飞腾。屏迹沧浪外，细推物理凭。

陋巷柴门寂，惭非君子居。壮心因老息。儒术为贫疏。诗酒三更月，琴书一草庐。喜无拘束事，歌啸自如如。

早起①

早起临花径，清凉坐碧莎。露沾襟袖湿，香引蝶蜂多。遂性耽疏懒，敲诗费揣摩。披衣忘盥栉，客至欲②如何？

江亭燕集

人生多聚散，把酒话江亭。岁月笼中鸟，东西水上萍。幽襟泉石癖，佳士蕙兰馨。爽挹清凉气，轩窗夜不扃。

山雨

阴云匝地起，水鸟逐群飞。囊罄酒资少，地偏人迹稀。秋容愁黯澹，山雨日霏微。萧瑟寒林动，风前欲授衣。

---

① 旁批“早起”后有“客至”二字。

② 欲，旁批改作“兴”。

八月初旬，连接淳、洪两儿书，艰难京邸，志不少贬，而好学不厌，殷念庭闱，动逾十载，悲喜交集，偶吟寄示

惆怅秋风晚，飞鸿断续来。关山万里别，怀抱一函开。贫是家常事，书看逆旅裁。时穷惟守道，造化有安排。

七言律

秋日过陈允一山居

林木苍苍秋色清，柴门临水一溪平。方塘吹浪鱼争跃，幽院啼枝鸟和声。礼数不烦尘迹扫，诗怀得藉酒杯倾。停骖永日忘归去，五里山前月正明。

行没都平九日，重登大岭头二首[1]

征鞍暂住碧峰头，极目凭高入望悠[2]。风景漫过[3]重九节，云山[4]恍记十年游。谢安不废寻山屐，杜甫应愁[5]作客秋。回想故园萸酒熟，遥天惆怅几时休。

懒把黄花插满头，那比[6]心绪日悠悠[7]。欹斜乌帽劳鞅掌，隔断红尘忆旧游。[8] 绿水苍山天地老，碧云霜叶古今秋。高风惟[9]让陶彭泽，煮[10]酒东篱醉未[11]休。

---

① 此二首原在"七言律"第一首天头处，录于此处。原无题目，据《黔风鸣盛录》添加题目，《全黔诗萃》题作"都平九日，独登大岭，追忆旧游感赋"。

② 悠，《全黔诗萃》作"收"。

③ 过，《全黔诗萃》作"夸"。

④ 云山，《全黔诗萃》作"烟云"，《黔风鸣盛录》作"烟霞"。

⑤ 愁，《黔风鸣盛录》作"悲"。

⑥ 那比，《黔风鸣盛录》作"那堪"。

⑦ 日悠悠，《全黔诗萃》作"乱难收"。

⑧ "欹斜乌帽劳尘鞅，隔断黄沙忆旧游"《黔风鸣盛录》作"渐瘏紫猎嗟旁午，长涴红尘愧昔游"。

⑨ 惟，《全黔诗萃》作"谁"。

⑩ 煮，《全黔诗萃》作"漉"。

⑪ 未，《全黔诗萃》作"不"。

九日雨偶感

他乡时节[①]又经过，寂寂其如阴雨何？不有白衣遗浊酒，更无好句赋东坡。徘徊篱下怜秋菊，惆怅山中引薜萝。手把茱萸思插遍，遥天搔首一长歌。

友人陈燊若寓居桃源，车歧冲泊舟寻访杳无消息，惆怅有作

念载桃源忆故人，便帆东下拟相亲。追寻谷口芳踪远，依旧天涯怅望频。寂寂诗怀江浦月，悠悠客路武陵春。如何去住无消息，岂避红尘作隐沦[②]。

晴川楼

汉江春水绕晴川，云树苍茫思杳然。终古长留神禹鼎[③]，归心不系洞庭船。方城盘踞平湖岸，大别嵯峨梵刹颠。东望楚宫何处是，夕阳影里听[④]啼鹃。

自小箐过访王济川书斋

一溪流水绕苍山，雪菊先生正启关。莺啭松篁声自远，诗题邱壑句难删。高风未许尘人步，道气欣从别墅攀。披豁幽怀尊酒满，溶溶夜雨落花间。

---

① 时节，旁批改作“九日”。
② 岂避红尘作隐沦，旁批有“那处渔舟好问津”，似有改句之意。
③ 鼎，旁批改作“迹”。
④ 听，旁批改作“乱”。

访周式昭太史，次其韵

惆怅劳生岳影[①]间，寻诗时拟[②]扣花关。搜得短句[③]酬知己，携得残书[④]入故山。松菊径幽林壑静，兰芝香蔼性情闲。[⑤] 逍遥瀛岛频朝暮，不放羸骖空客还。[⑥]

寄怀吴少伯

云树苍茫百里天，遥情秋水共悠然。飞觞对月知何处[⑦]，漫兴题诗忆昔年。常向青山谋[⑧]稼穑，自应黄发老[⑨]林泉。壮怀渐觉[⑩]销磨尽，顾我[⑪]疏狂只醉眠。

赤水道中

乱峰层迭白云浮，驻马纡回漾小舟。地接蚕丛烟水上，天连玉垒雪山头。深林虎豹迎人出，村舍牛羊傍晚收。沧海桑田频极目，蜀门独是汉时州。

---

① 岳影，旁批改作“天地”。

② 寻诗时拟，旁批改作“寻幽乍喜”。

③ 搜得短句，旁批改作“烦搜好句”。

④ 携得残书，旁批改作“自带奇书”。

⑤ “松菊径幽林壑静，兰芝香蔼性情闲”，旁批改作“松菊犹存琴雀共，古今在抱性情闲”。

⑥ “逍遥瀛岛频朝暮，不放羸骖空客还”，旁批改作“逍遥空鼓容朝夕，偏縶羸骖不放还”。

⑦ 处，旁批改作“日”。

⑧ 谋，旁批改作“亲”。

⑨ 老，旁批改作“乐”。

⑩ 渐觉，旁批改作“我亦”。

⑪ 顾我，旁批改作“自笑”。

三苏祠

南郭烟深笼翠微，眉山[①]祠宇映春晖。窗虚灿熳桃花放，昼永呢喃燕子飞。[②] 宇宙文章无显晦，渊源家学有光辉。池心亭畔读书处，仰止千秋愿不违。[③]

龙里道中作[④]

满天风雪走山塘，送暖频沽酒一觞。照眼溪桥[⑤]梅蕊放，催人驿路马蹄忙。五陵豪气三春梦，十载寒毡两鬓霜。空负年光无好句[⑥]，陶家松菊几曾[⑦]荒。

九日南关燕集

碧天云淡雁来初，载酒还同驾小车。节物关心惟客旅，山川幽事属樵渔。黄花灿熳秋客老，乌帽欹斜白眼舒。今日登临须尽醉，蓝田此会复何如[⑧]？

同陈浣园中宪过岩门

盘旋双岭听樵歌，一叶扁舟渡大河。水自[⑨]岩门归滟滪，路从[⑩]箐口接[⑪]

---

① 眉山，旁批改作“三苏”。

② “窗虚灿熳桃花放，昼永呢喃燕子飞”，旁批改作“溯洄江水人如遇，仰止眉山到者稀”，眉批云：“‘窗虚’一联空衍，故易之。”

③ “池心亭畔读书处，仰止千秋愿不违”，旁批改作“读书亭畔低徊久，却幸千秋愿不违”。

④ 《黔阳潘氏七世诗》题作“龙里道中”。

⑤ 桥，《黔阳潘氏七世诗》作“流”。

⑥ 无好句，旁批改作“缘底事”。

⑦ 几曾，旁批改作“近应”。

⑧ 此会复何如，旁批改作“前会问何如”。

⑨ 自，旁批改作“劈”。

⑩ 路从，旁批改作“山延”。

⑪ 接，旁批改作“上”。

岷峨。每[①]愁野店无沽酒，漫[②]说崇冈有烂柯。过岩门至湄潭哨，名烂柯。若是仙源[③]真可到，浮生何事涉风波。

同姚卿如明府踏雪至文昌阁[④]

一天春雪聚山楼，城郭林园处处悠。花浪千层翻客座，风飘万点入苹州。躬承祀事初相引，阁建文昌几度秋。胜地荒凉余感慨，披荆犹忆武都侯。关西杨玉柱令湄而阁始建。

游华岩洞[⑤]

南山佳气笼云根，散步寻幽到石门。鸡犬无尘僧入定，乾坤得句墨留痕。天开图画环千嶂，人在蓬壶别一村。十亩桑麻粗税薄，何须渡口问桃源。

飞云岩[⑥]

烟霞痼疾那能医，每到灵岩性复移。直欲携琴弹月窟，好寻遗句入风诗。飞花飞雨图难画，云去云来鸟不知。万迭千层分变化，白衣苍狗未为奇。

飞云元自山中出，岩锁飞云云不飞。终古云霞流秀壑，灵岩图画映春晖。僧于月窟栖幽静，人向蓬壶坐翠微。永日风尘劳瘁客，来游此地得忘机。

秋柳二首

清霜昨夜染垂条，转盼芳华不忍销[⑦]。黄叶渐添秋色老，新妆犹忆旧时

① 每，旁批改作“恰”。
② 漫，旁批改作“闻”。
③ 源，旁批改作“踪”。
④ 辑自《黔阳潘氏七世诗》。
⑤ 辑自《黔阳潘氏七世诗》。
⑥ 《黔阳潘氏七世诗》两首分题，现合为一题。第二首《潘氏八世诗集》本无。
⑦ “转盼芳华不忍销”，旁批改作“回首芳华忽漫销”。

娇。一天明月六桥冷，三迭阳关千里遥。[①] 惆怅王孙频系马，声嘶堤畔影萧萧。

纷披秋色拂苏堤，一带寒烟望欲迷。雨后蝉声闻断续，朝来霜气觉清凄。旗亭摇落[②]情偏远，砧杵敲残月已低。只待东皇司造化，风流赏遍六桥西。

萤

初迎大暑晚风微，星散流光清夜飞。照影明生车允案，含情巧坐杜陵衣。沈阴未近朝阳色，腐草偏余湛露辉。寂寞寒烟空带火，清霜摇落欲何归。

草堂闲吟

五十余年事觉非，生涯濩落一官微。故山梦断诸孙远，华发霜侵两鬓稀。多病有儿扶药饵，空囊无处典春衣。艰难空[③]被儒冠缚，惆怅虹桥咏夕晖。

眉批： 通首清老，气味、兴象皆佳。

送胡广连北归

官梅引兴绿杨垂，迢递关河北斗移。欲唱骊歌犹把袂，频斟春酒惜分岐。我怀游子看云日，君念高堂戏彩时。挥手自兹天际阔，江鸿断续[④]慰前期。

---

① “一天明月六桥冷，三迭阳关千里遥”，旁批改作“转怜灞岸离愁苦，休叹阳关客路遥”。

② 摇落，旁批改作“歌歇”。

③ 空，旁批改作“悔”。

④ 江鸿断续，旁批改作“江鱼云雁”。

送沈学使至华岩洞感赋

皇华原隰独追随，浏览停骖解赠诗[①]。红旆邮亭车莫挽[②]，白云洞口[③]坐移时。山川今古存[④]名胜，轩冕[⑤]东西叹[⑥]别离。回首[⑦]阳关休迭唱，文章道业共襟期。

① 浏览停骖解赠诗，旁批改作“分手从今搅梦思”。
② 红旆邮亭车莫挽，旁批改作“红旆迟迟人祖道”。
③ 洞口，旁批改作“霭霭”。
④ 存，旁批改作“传”。
⑤ 轩冕，旁批改作“迹”。
⑥ 叹，旁批改作“记”。
⑦ 回首，旁批改作“不是”。

五言绝

过洞庭

转篷迎夕照，把酒吊湘灵。鼓瑟人何在，团山一点青。

舟中绝句

风鼓庭前松，非从昨夜起。譬如木樨香，原无隐乎尔。

万家灯火

六街语不哗，万井灯未灺。恍陟莲花峰，星辰辉足下。

螺峰拱翠

高阁敞云窗，烟鬟露几点。帘纤好雨余，眉黛重重染。

伯英评：五绝未能气和音雅，传公所圈差强人意云耳。

七言绝

申阳道中

一峰回处小桥欹，风磴松枝亚竹枝。溪水拖蓝山扑翠，大痴图画右丞诗。

华岩洞[①]

松柏参天笼翠微，上方楼阁雨花飞。到来莫看仙人局，洞口云霞映夕晖。

① 辑自《黔阳潘氏七世诗》。

题《学钓集》卷后

彭廷梅

著述由来托钓鱼，笔如秋水漾波初。严滩徒羡垂纶老，渭水宁忘后载车。永日旷观千古事，平生胜读十年书。苏家父子劳相待梅与三君、南溪交惬素心，半鲁才情见绪余。

论文薄暮愧来迟，快读高楼月上时。质瘦如梅追杜甫，神清有骨肖王维。江声响处潮添矣，风色寒生酒战之。一卷依依犹把玩，眼前烟景画中诗。

乙未冬楚攸彭廷梅湘南甫题于㵐水客舍

橡林遗草

潘　淳　著

潘元炜　校录

潘元亮先生事迹考[①]

道光《贵阳府志》卷七十七《耆旧传·潘淳》[②]

潘淳，字元亮，一字南坨。其先江南人也，有曰鸾者，进士，官工部主事，就升员外郎，出为大理知府。鸾生德昭，始居清镇之麦项。德昭生绍周，官昆明知县。绍周生乘龙，官毕节卫经历。绍周生珍，字席待，工书能诗，康熙二十六年以贵阳籍中贵州乡试副榜，充副贡生，遂为贵阳人，历官湄潭、施秉教谕，清浪卫教授，著有《学钓集》。珍，即淳之父也。淳幼有夙悟，读书十行俱下，稍长，博通古今载籍，尤精内典，工诗，能文章，善书法。康熙五十年以平远籍举于乡，五十四年成进士，改庶吉士，官检讨。时学士文安陈吕一吾以古文自豪，而淳以能诗与之匹，同时馆阁诸人有“潘诗陈笔”之目，淳诗尤为名流所尚。与之从游者无虚日。然淳有逸气，雅不欲以词人自命，与人谈论常有不可一世之意，卒以此为人所中伤。

雍正元年以事罢归，自是西游至昆明，东游循古州至大藤峡，以入桂林，比游至川陕，所至多交其名流。田溶序淳诗，谓“洎乎被放，肆志远游，足迹几徧天下，所至贤豪长者咸慕先生名，缟纻投赠，无虚岁焉。淳《集》中有怀人诗二十首，自朱廉、越千至赵方伯亘与即目其事也。乾隆十三年，淳放归里，二十余年矣。游四方已倦，筑室家居，其友人莱州宫尔劝之官云南布政，迎致之幕中，与谈诗文，相摩切，相得甚欢。明年春，卒于昆明，著有《橡林草》、《春明草》。淳为诗不摹声雕字以为工，骈花俪叶以为丽，而亦不肯聱牙诘吻，自诩博奥。”田榕此《序》盖亦知淳者。论者谓，贵阳之能诗者，周起渭之后以淳为最。

淳从孙宪武、恂皆能诗。宪武，珍之曾孙也，珍生拔贡灏，灏生进士

① 据本书体例增加。

② 辑自道光《贵阳府志》。

镕，镕生宪武，别有《传》，在《孝友篇》。恂字厚田，亦珍之曾孙也，珍生举人洪，洪生清镇学生鉴，鉴生恂，乾隆五十一年以贵阳赠广生举于乡，官沙县知县，有《海岳游草》。麦项潘氏亦屡世能诗，名与曹官潘氏相捋云。

道光《大定府志》卷三十五《俊民志·耆旧传·潘淳》①

潘淳，字元亮，一字南垞，其先江南人也，有曰鸾者，以进士官工部主事，就升员外郎，出为大理知府。鸾生德昭，始居清镇之麦巷。德昭生绍周，官昆明知县。绍周生乘龙，官毕节卫经历。乘龙生珍，字席待，工书能诗，康熙二十六年以贵阳籍中贵州乡试副榜，充副贡生，历官湄潭、施秉教谕，清浪卫教授，著有《学钧集》。珍即淳之父也。淳幼有夙悟，读书十行俱下。稍长，博通古今载籍，尤精内典，工诗能文，善书法。康熙五十年以平远籍举于乡，遂为平远人。五十四年成进士，改庶吉士，官检讨。

时学士文安陈一吾以古文自豪，而淳以能诗与之匹，同时馆阁诸人有“潘诗陈笔”之目，淳诗尤为名流所尚，与之游从者无虚日。然淳有逸气，雅不欲以词人自命，与人谈论时务常有不可一世之意，卒以此为人所中伤。雍正元年以事罢归，自是西游至昆明，东游循古州江至大藤峡，北优至川陕，所至多交其名流。田榕序淳诗，谓“洎乎被放，肆志远游，足迹几遍天下。所至贤豪长者咸慕先生名，缟纻投赠，无虚岁焉。”淳《集》中有怀人诗二十首，朱孝廉、越千至赵方伯亘与即其事也。乾隆十三年，淳放还，已二十余年矣！

游四方已倦，筑室家居，其友人莱州宫尔勤之官云南布政，迎致之幕中，与谈诗文相礲切，相得甚欢。明年春，遂卒焉，著有《橡林草》、《春明草》，皆诗草也。淳为诗不摹声雕字以为工，骈花俪叶以为丽，而亦不肯聱牙诘吻，自诩博奥，田榕之序之也如此，盖极知淳者。论者谓贵大之间称诗者，周起渭之后，以淳为最。

淳从孙宪武、恂皆能诗。宪武字笠山，珍之曾孙也，珍生拔贡灏，灏生进士镕，镕生宪武，乾隆二十七年成进士，官咸丰知县，有《笠山诗》一

---

① 辑自道光《大定府志》。

卷。恂字厚田，亦之曾孙也，珍生举人洪，洪生清镇学生鉴，鉴生恂，乾隆五十一年举于乡，官沙县知县，有《海岳游草》。潘氏屡世能诗，然多着籍贵阳及清镇，其在平远，惟淳一人耳。又有武陵潘氏，自明中叶居贵阳，屡世以文章循吏着，时称潘氏二宗多才，武陵潘氏有文者亦自贵阳徙居黔西云。出《黔风》《贵州通志》《贵阳府志》《平远州志》。

《黔风鸣盛录》卷九《潘淳》[①]

潘淳，字元亮，号南垞，贵阳人。康熙辛卯举人，乙未进士，官检讨。先生在馆时，文安陈学士一吾方以古文自豪，先生以诗与之抗，当时有“潘诗陈笔”之目，负气节，不能随时，罢归，放情诗酒，著有《春明草》、《橡林草》等集。

《全黔诗萃》卷十八《潘淳》[②]

潘淳，字元亮，号潜谷，别号南垞，贵阳府人。康熙辛卯举人，乙未进士，由翰林院庶吉士授职检讨。著《橡林诗草》四卷。

《晚晴簃诗汇》卷五十九《潘淳》[③]

潘淳，字元亮，号南垞，贵州平远人。康熙乙未进士，改庶吉士，授检讨。有《春明草》、《橡林诗集》。

诗话：南垞与田端云榕同岁举于乡，谈诗最相契，端云赠以诗云：“同年三十载，握别九年强。念我懒成癖，知君醒亦狂。一官同濩落，两鬓各风霜。赖有相寻梦，论诗共草堂。”南垞诗沈郁顿挫，格高调遒，端云为《集序》，谓：“以郭景纯儁上之才，挟刘越石清刚之气，所作悉自胸次，蟠屈而出，奇而不戾于正。”

---

① 辑自《黔风鸣盛录》。

② 辑自《全黔诗萃》。

③ 辑自《晚晴簃诗汇》。

《清史稿》卷四八四《文苑传·潘淳》[1]

淳，字元亮。康熙五十四年进士，官检讨。文安陈仪与同榜，一时咸推潘诗臣笔。有《橡林诗集》。

① 辑自《清史稿》。

橡林草诗序

宫尔劝

士人抱奇才，思所建白，有遇有不遇。遇矣，又有幸有不幸。潘子南坨，余辛卯同年友。其先籍江左，以宦游家于黔，代有闻人。南坨成乙未进士，入翰林。余公车频上，偃蹇长安，即闻南坨名。

雍正甲辰，余膺遴选，宰南中，南坨以检讨致仕，访旧昆明，寓北城之西竺寺，一见若平生欢，过从无虚日，酒阑灯灺，慷慨论今昔事，皆别具识力。既南坨还山，当事者争相延致，囊笈奔走，不接巾舄者垂二十年。乾隆戊辰，余自都门赴藩篆，过黔，得南坨家居况。比抵滇，旋修翰，以肩舆相迎。维时，潜邱孙庶常掌教五华，亦辛卯同年友。南坨来，三人遂订同气交，每公余必聚，聚必作竟夕谭，白首天涯，顿使从前风雨离索，成一大欢聚。越乙巳春仲，南坨忽以二竖交侵，致有华屋山邱感。缘旅榇不便久羁，料理归乡井。后令子长君铎，跋涉来滇，出其先大人诗文若干卷，属余叙。余与南坨交颇久，知最深，讵无一言以报泉下。

南坨具宿悟，读书目十行下，于古今载籍无所不窥，尤精内典，足迹遍环宇，胸中更得江山助，故其发为文章，沙明水净，玉润珠圆，而穿针度线，垂索钩梯，又极变化离奇之妙。依古以来，指不多屈，夫立德、立言均垂不朽，顾丰于角者，常啬于齿，使南坨大遇于时，建树勋名，光生汗简，则其于文章也，未必如是工。遇固幸，不遇亦何遽非幸？余独悲夫南坨墓木已拱，对此蛛丝蟫腹之余，泪涔涔不自禁云。

乾隆戊午阳月，年同学弟东莱宫尔劝拜手撰

潘元亮先生诗集序

傅玉书

向读田端云先生诗，每称其同年友潘太史元亮之才，因访求其集，十余年未之得。比岁寓砚省垣，从游讲业之下，间及乡邦前辈，族子天泽言其家有先生《橡林集》钞本，取读之，英挺遒逸，诚与端云异曲同工者矣。窃怪田先生以孝廉老于县令，仕不为达，而馆阁至今，竞称田大令诗，名与周渔璜、宫詹埒，即穷巷操觚之士咸知之。先生与之同举于乡，成进士，官太史，诗名已藉甚矣。未几，罢官客死，虽以同年数君子为之延誉，犹弗克流播，仅存一编于尘封蠹食之余，乡人士子几不能举其姓字，遑问海内，何遇于前，阨于后耶！

昔柳子厚、刘梦得以急权势，托身非人，获罪远窜，而才名益着。先生徒用负气节、立崖岸，取忌当路，与刘、柳事绝相反。而其诗实兼二公之长，今虽世未之知，其必传于后，无疑也。第田先生诗雅淡宽博，有温厚之旨，无激烈之音，故宦虽未达，而康乐寿。考先生之诗，声采高华，意兴轩举，往往多肮脏抑塞之意，当在职时已然。果早达，终穷如此，岂得于天者，各有偏厚而不能相兼欤？然使田先生早达，而先生久于仕途，所造未必至是，是又未始非天所以成之也。且先生罢官时，名流多扼腕太息，称为有道之士，则其所取忌固鄙琐龌龊之徒，何足为先生病哉！

嘉庆丙寅仲冬长至日，瓮安后学傅玉书序

橡林草诗序[①]

吴直

古之所谓儒者之事，圣贤所以异于众人者，自王公至于庶人，盖莫不孜孜焉。而今之荐绅先生，皆不道。予欲周行天下，观名山大川，交当世之贤豪，以广德行文学之资，遂因吾友胡君袭参至于京师。既数月，谓胡君曰："苏辙以辞章之学，于嵩华得其高，于河水之奔流得其奇，于城池苑囿宫阙之巨丽得其富以侈，而以为未足也。于是又见内翰欧阳公，听其议论之闳辨，观其容貌之秀伟，而后以为天下之文章聚焉。今吾子交于当代之名卿巨公有年矣，其孰有如欧阳公者？其使吾得见之。"胡君默然无以应。既而曰："有翰林潘元亮先生者，余每见而心醉焉，今罢官矣，犹未归，曷往谒之？"先生欣欣然，洒洒然，视富贵如浮云，坐其侧，闻其论道德，辨人物高下，豁然而心开，其胸中傲然不可乎一世，独为诗以自娱。余读其诗，亦有不可一世之意，而有浮云富贵之思焉。先生其古之人耶！呜呼！惟其为古之人，宜乎其困于今也，于是为之叙其诗。

桐城同学吴直井迂氏题

① 吴直《吴井迂文集》未收此序。

橡林草诗序

田榕

余同年友故太史潘元亮先生，负不羁之才，常有不可一世之意，顾志在用世，雅不欲以词人自见也。而反以才见罢，顾虽罢，而先生旷怀自若，芥视一切，胸中抑塞磊落辄复形之于诗。当其在馆阁时，文安陈学士一吾方以古文自豪，先生以诗与之相抗，同人因有潘诗陈笔之目，而先生诗名尤著，一时名流皆乐从之游。洎乎被放，肆志远游，足迹几遍天下，所至贤豪长者，慕先生名，缟纻投赠，无虚岁焉。余惟先生以郭景纯儁上之才，挟刘越石清刚之气，夙昔称诗，又专主杜陵，力追所谓沈欝而顿挫者，故其所作，悉自胸次蟠屈而出，格高调遒，有奇气而不戾于正声。以视时流，摹声雕字以为工，骈花俪叶以为丽，甚或横骛别驱，及聱牙佶屈，自诩博且奥者，皆其所不屑也。先生诗作必有为，不肯苟，虽作，亦不欲存稿；存者，亦不欲轻出示人，故其诗流传绝少。夫太阿龙泉，掘于狱底；蕤宾方响，跃于池畔；世间至宝，理无终晦；文章有神，可久闷耶。今先生嗣君铎，犹子鉴，搜之箧衍，访之一二友人，家所传抄，共得诗若干首，厘为六卷，谓余素知先生之深，宜以一言疏通作者之旨。嗟乎，钟期逝而伯牙摧弦，獿人亡而匠石辍斫，先生往矣，予又复何言也。

时乾隆庚辰重九后一日，同年弟玉屏田榕叙

五言古

春怀

辛勤织锦字，三年一端绮。缄欲[1]遗良人，相去万余里。夜来忽梦见，欲语且复止。岂不有新欢？被服红与紫。[2] 缟衣而素裳，弃或如敝屣。

百卉竞芳鲜，蜂蝶成高会。春色亦无多，纷然恣无赖。而我胡为哉？行乐犹有待。百年一转烛，谁能游方外？奈何笑蟪蛄，年不分小大。

碧玉小家女，佳偶得王昌。一朝生别离，万里事[3]沙场。丈夫生有志[4]，儿女肯情长。况取通侯贵，命妇列首行。[5] 忽忽暮春初，百鸟各双翔。秾华易销歇，驻景无神方。安得长贫贱，携手对春光。

自寿诗有序

四十之年忽焉将至，人生不满百，已强半矣。纵浪大化，去靡归期；行乐及时，时恐不及。嗟乎！世短意多，吾独有异于斯人也哉！

揭车长兰泽，芳馨不自保。美人掇筐筐，采采遗远道。维[6]山有豫章，翻风动晴昊。匠人引斧斤，栋桀凭颠倒。指挥工师前，丁丁斫而小。臃肿全天年，大木以为宝。

凛凛岁云暮，伊予有遥悲。少年事结束，万里行不辞。竭来系京洛，素

① 缄欲，《全黔诗萃》作“欲以”。

② “岂不有新欢？被服红与紫”，《全黔诗萃》中此二句前有“岌岌冠切云，陆离拖金紫”二句。被服红与紫，作“妖艳当莫比”。

③ 事，《全黔诗萃》作“赴”。

④ 生有志，《全黔诗萃》作“有大志”。

⑤ “况取通侯贵，命归列首行”，《全黔诗萃》中无此二句。

⑥ 维，《黔风鸣盛录》作“惟”。

衣化为缁。侯生发种种，禽庆游何时。深愁陟屺岵，颇愧脊令诗。四十尚无闻，见恶复奚疑。

驱车上太行，诘屈路艰难。登顿困中途，风悲涧水寒。譬如高空鸟，飞飞铩羽翰。何与儿童事，脱手出弹丸①。南有最高枝，营巢或可安。往取彼桑②土，永辞异患干。

往昔十四五，嬉戏百不忧。趋走如黄犊，朝暮无少休。二十好击剑，道食两不谋。弹指变星霜，天地一双眸。羊车与竹马，乐事谢幽求。腰横三尺冰，徒然历九州岛。何以慰我心，我心实悠悠。

寄桐君

亭亭篱下菊，裛露何芳菲。落英供夕餐，幽香袭裳衣。昨夜秋风急，柔枝凛霜威。岂不自爱惜，朝暾易夕晖。寄语素心人，行乐愿无违。

飘风吹白日，浩然思故乡。洪河坼南北，滔天以淼茫。京洛缁尘多，太息素衣裳。衣裳勿复道，游子天一方。③ 羡彼云中鹄，万里一回翔。

答涂思庐

风流南路徐，论文共尊酒。聱牙古性情，披豁向朋友。掌握有虹霓，青莲花在口。硬弩机忽发，惊麏失林薮。余技薄渊云，寸管虬螭走。君真未易才，谁曾识牝牡。坐令青云上，不得一昂首。郑公鬓成丝，一毡廿载守。众女嫉娥眉，谣诼其来久。腐鼠鸱吓宛④，斯言君信否？我本可笑人，抗怀希不朽。萧敷而艾荣，碌碌何足取。青眼忽逢君，相期意良厚。苦言药石也，故习吾敢狃。重比错刀遗，报之乏琼玖。

伯英评：“狃”字一押，逋峭乃尔，极近昌黎，其妙不减少陵“欲起时被肘”，肘字一押。

---

① 丸，《黔风鸣盛录》作“九”，误。

② 桑，旁批改为“乐”。

③ “衣裳勿复道，游子天一方”，《黔诗纪略后编》无此二句。

④ 宛，《黔风鸣盛录》作“鹓”。

赠冀耐庵

我身在何许？北风又凄其。岁月去堂堂，回头无复遗。奈何人间世，犹叹鬓成丝。巢由与夔龙，得失吾不知。潇洒古仙人，夜曾梦见之。出世亦入世，不磷复不缁。沧溟浩无涯，笑谓酒一卮。盘古亦云老，摩弄如小儿。朝来举仙[①]人，呓语辄见嗤。为君进一觞，君曰吾不欺。

伯英评：“巢由”二语，极得陶公之妙。

新岁戏笔[②]

高树罥轻烟，春风透窗隙。天意欲回阳，人情感陈迹。少壮一弹指，时节忽复易。安能策疲马，垢面驰九陌。清晨天宇阔，微霰阶除积。农谚不吾欺，宜麦见三白。臣朔免长饥，狂歌以自适。

终古此山川，于野经几战。劫灰随风飞，往往着人面。甲第郁嵯峨，上客罗春宴。清歌绕画梁，夜半犹呵殿。佳人字莫愁，绣帏熏甲煎。高天日卓午，华胥方缱绻。不知何来子，伛偻愿一见。舆台抗面迎，喜怒亦随便。嗟哉百年中，流光如烛转。

感秋诗

晚风送微凉，翛然开素襟。忽复有所思，怅望隔遥岑。平生山水志，洋洋为知音。临风一再弹，萧瑟满瑶琴。感物随化迁，迟暮若为心。

络纬亦何心，废砌声呜咽。梁燕家何许，欲与故巢别。寄形可怜生，扰扰竟疲薾[③]。列仙非外求，任运即真诀。摇落未易伤，且喜辞毒热。

---

① 仙，原作“似”，据旁批改。

② 新岁戏笔，《黔风鸣盛录》作“新岁作二首”。

③ 薾，眉批：“薾，音耳，疑误。”宋子宽旁批辨之：“疲薾之薾，音聂。疲薾，非常困倦之貌。《庄子·齐物论》：‘薾然疲役，而不知其所归。’谢灵运《过始宁墅》：‘淄磷谢清旷，疲薾参坚贞。’”

和蔂耐庵[1]《秋雨读陶诗》

积雨洗林木，遥山带烟晚。欲访素心人，泥深车没键。偶诵《停云诗》，一往情缱绻。平陆既成江[2]，滔滔逝不返。纡轸怅修途，东轩聊自遣。

赠别林素园，仍用《别红洲》韵[3]

饥凤栖孤桐，揭车长兰泽。托身各有宜，宁复殊今昔。新知乐莫乐，片晷亦当惜。我方赋归田，君作远行客。大道平不陂，出处期自适。莫以缁尘缁，却忆碧山碧。

北山旧草堂，游人久不归。一朝洗流尘，猿鹤讵相依。未知今日是，但觉昨日非。人间张网罗，闲身远祸机。一事增怅惘，地僻酒[4]人稀。他日赋停云，霭霭合四围。

八月十五夜湘江舟中

青天一片月，湘水静不流。挥杯顾我影，估客纷船头。古人不可作，舍汝谁劝酬。英雄亦如此，荡舟聊夜游。

飞云岩

我本山泽臞，肉芝青石煮。拟拍洪厓肩，翩然归紫府。一误陷尘网，犹自惜毛羽。性既寡所谐，动与世龃龉。邱壑肯暂废，选胜耽辛苦。五岳胸次罗，卧可历历数。朅来还故都，万峰迎面阻。陟险我马瘏，鸟道纷交午。往来半椎髻，脉脉不一语。灵境忽当前，下马披榛莽。山耶抑云耶，镂钵疑鬼斧。分明泰岱云，宜为天下雨。何年堕遐荒，想撄风伯怒。化为一片石，空山赖支拄。环抱溪潺潺，亏蔽松楚楚。品题随世人，舒卷自容与。风雷亦不时，幽僻宁久处。客谈黄山云，昔闻曾屡舞。彼固为大国，此亦非邾莒。

---

① 《全黔诗萃》“庵”后有“太史”二字。

② 既成江，《全黔诗萃》作“成江河”。

③ 《黔风鸣盛录》题作“赠别林素园二首”。

④ 酒，《黔风鸣盛录》作“洒”。

浮云时变灭，嵯峨万万古。两两相较量，达人将焉取。磐石聊踟跌，忽已忘行旅。軀辘劳薪仝，徒尔隘天宇。月潭寺名小苾刍，饮我以法乳。何处寻大药，是身欲霞举。回头叫谪仙，无为梦天姥。

舟泊傅家矶，寄张十红州

轻帆出朗江，朔雁横空下。萧萧芦荻花，寒星阔平野。渔歌断续闻，客绪纷难写。疏灯照孤篷，那不亲杯斝。高唱四愁诗，还悲属和寡。

是身如累蓬，飘飘何所极。干谒拙言辞，畊田惭子职。乾坤浩无垠，而我殊逼仄。赖有同门友，寄言长相忆。湢湢洞庭波，往从不可得。

赠元允修观察

与君结交初，乃在黄金台。性各好奇服，龙渊[①]鸣若雷。复有李与陈古彝、于翙，翩翩未易才。春花秋月夕，相与[②]列尊[③]罍。长歌望青天，一饮三百杯。缅怀嵇阮流，龌龊胡为哉！年光弹指过，不觉首重回。[④]

君才十[⑤]时流，名场累侘傺。夜光暗投人，鲜不按剑视。夙其[⑥]礌砢节，怀中甘灭刺。放棹游山阴，新诗秋鹤唳。千岩与万壑，笔底纷然会君有《越游草》。归来举似我，此宁[⑦]毕君事。时乎难再来，幸睹雍熙世。

一麾妙[⑧]牧伯，昆明一万里。庖丁初奏刀，謋然如土委。熊繙指金沙，五袴歌声起。帝曰吏良哉，拔擢何容已。转储汉相国，铸山齐管子。仁风瘴疠开，荒徼穷阎枚。功崇处以谦，共信心如水。

学道迷津涯，著书惭名山。蓬蒿日以长，岁月日以闲。眼膜发星星，徒然手陈编。进无佐饷财，居无负郭田。而君怜旧好，戟门许追攀。酒阑灯灺余，殷勤吐肺肝。人生贵知己，知己世所难。

---

① 渊，《黔风》《全黔诗萃》作“困”。
② 与，《黔风》《黔风鸣盛录》《全黔诗萃》作“将”。
③ 尊，《全黔诗萃》作“樽”。
④ “年光弹指过，不觉首重回”，《全黔诗萃》缺此二句。
⑤ 十，《全黔诗萃》作“迈”。
⑥ 其，《黔风》《黔风鸣盛录》作“具”。
⑦ 宁，《全黔诗萃》作“岂”。
⑧ 妙，旁批改作“州”，《黔风》《黔风鸣盛录》《全黔诗萃》作“州”。

饮酒東林南溟

世人日役役，不复知酒旨。纷纷醉如泥，适足为酒耻。君乃真酒人，百不挂眼底。有忧从中来，得酒即欢喜。白眼四十年，黄沙一万里。曾入西藏。壮士僵不前，书生跃而起。盘马雪山颠，探源青海涘。归来仍故吾，疑仙授药饵。君闻哑哑笑[①]，我亦犹人耳。昔贤留秘方，浊醪有妙理。

有口饱啖肉，坐令肢体肥。何如若下春，一盏[②]逸兴飞。事或大于天，视等虮虱微。摇笔风雨骤，欹枕身世非。此乡无畛域，由人掉臂归。我饮不一合，清言亦霏霏。何来杵撞胸，日月俱沈晖。缔交喜得君，若佩弦与韦。逝将筑糟邱，再拜受指挥。既醉倘酣适，庶免与世[③]违。

醉歌

日月竞递嬗，物论分枯荣。扰攘一世事，寂寞千秋名。古来重学仙，岂不以长生？浩浩大劫移，谁曾逢广成。毋乃北邙山，仙凡同一坑。[④] 昔我游五柞，乘兴[⑤]凭长城。白草长牛羊，黄狐窜榛荆。当年亦快意，不图时代更。九原如可作，四海将安营。应尽便须尽，达哉陶渊明。

题涂子山《梅坞[⑥]舒啸图》

我家万山深，手种梅绕屋。香雪禁天寒，疏影含水渌。静对每忘形，相看真绝俗。解人不易求，聊自媚幽独。翩翩南路徐，风骨温如玉。清赏托性情，高格厌繁缛。铜坑一相羊，春风树树足。偶然拾紫芝，卓尔啸空谷。仙界非迢遥，浮生枉跪踢。披卷得我心，洗琖泛醽醁。

---

① 哑哑笑，《黔风鸣盛录》作“笑哑哑”。
② 盏，《黔风鸣盛录》作“琖”。
③ 世，《黔风鸣盛录》作“时”。
④ “毋乃北邙山，仙凡同一坑”，《黔诗纪略后编》无此二句。
⑤ 兴，旁批“舆”字，似有改字之意，《黔风鸣盛录》作“舆”。
⑥ 坞，《黔风鸣盛录》作“隖”。

秋怀用韵

零露湿朝烟，凉飔摇野草。秋何与人事，我自伤怀抱。大钧本无心，至人别有道。长此将安穷，亦同归于老。① 感慨迫中肠，行乐胡不早。

秋兰生空谷，寂寞含幽香。采采纫作佩，聊称芰荷裳。清池可浣濯，翠微足相羊。谁谓羁旅客，竟忘水云乡。有酒且斟酌，无为虚景光。

爽气挹西山，空庭坐清晓。道根那能深，身事将粗了。修名属英豪，适意安卑小。求声鸟嘤嘤，洒②热风袅袅。何必追禽尚，五岳寻窈窱。

祝葛敬夫

往昔游京华，才名耻王后。性复寡所谐，宦拙甘鸠守。次公醒而狂，兀傲谁为偶？平生无他嗜，性命耽良友。得一素心人，晨夕乐与数。夫君武林来，入门执予手。出语越挛拘，掀髯开笑口。畦町两相忘，披鬲互可否。长事得袁丝谓稔卿、赤子，谈艺还成薮。旗亭画壁间，跌宕无不有。汉赵各树帜，谁能拔疾走。屈宋亦衙官，衍奭遭击掊。五陵诸少年，下视只培塿。君才尤出群，虹霓握掌久。公卿争荐雄，翘材名列首。橐笔承明庐，辰出归及酉。劳劳踏软红，衣化不掩肘。旧雨散晨星稔卿客秦，赤子之江左，头鬓渐老丑。时惟我过从，夜阑犹把酒。一朝眼底云，万态成苍狗。铿鍧响金镛，自顾良瓦缶。襆被万里归，仍伴腰镰叟。回头送临货，而君意独厚。泛澜清汨流，诗举声何趣。地已南北分，离群心恸恸。鱼鸟别飞沈，椒桂难杂糅。岂知莲花锷，合并原非苟。符虎乍亲民，金筑万山坳。倦容返故园予时从中州归，惊见未衰朽。高轩席门过，粗粝不唠呕。良觌在穷陬，天意茫难叩。今逢岳降辰，春光未逾久。霡霂膏下流，郊郇遍花柳。长筵颂声哗，童叟为君寿。独我豁离忧，希鞴酌大斗。

赠葛疏兰

芝兰产幽谷，随风散清芬。骚人纫为佩，称厥内美纷。位置各有宜，胡

① “长此将安穷，亦同归于老”，《黔诗纪略后编》无此二句。

② 洒，《黔风鸣盛录》作“酒”。

乃种当门。见锄理则然，太息欲何言。相彼賨菉葹，盈室且欣欣。

杂感

皇天默不言，吹万飘和风。侵阶草碧色，隔岸花殷红。一朝凄以冽，阳春变隆冬。花亦不零落，草亦仍茸茸。慨彼柔脆质，转移穷化工。丈夫七尺躯，况乃美在中。胡为瞬息间，今昔殊介通。岂不如草木，念之心忡忡。

去日不复来，来日不少住。羲和鞭白日，周天须臾度。大劫浩浩移，巧历难穷数。笑彼世中人，荣落争旦暮。沧海亦扬尘，而况草头露。欲立不朽功，虚名留竹素。长生诀可求，惧为药所误。山行逢至人，嗒然丧其故。乡人无何有，寥廓随来去。经过古大椿，不足当一顾。

三韵三篇为红州赋

怪物游江渎，凡鳞敢与居。盘拏薄碧霄，风云信口嘘。一朝易鱼服，见困于豫且。

穆满八骏蹄，所贵逢造父。纷纷驽马牛，得意轻兕虎。谁论德与力，使尔守门户。

狙公呈巧捷，一蹶不复张。至人鼻栩栩，来去无迎将。楚亦未始存，凡亦未始亡。

赠毛翕苍司马北上

矫鹤游层霄，羞同凡鸟群。九皋时一唳，天远声犹闻。如何枳棘丛，亦有仙禽翁。辛苦阅星霜，回翔失风云。抱此绝世姿，会见出尘氛。

高山连袂登，枯桐发幽响。新诗跋烛吟，烟霞绕方丈。游情泰宇定，开襟素月朗。出处路虽岐，松筠节非两。悠悠云竜愿，何当随下上。

薄暮

马蹄得得行，一川平如掌。远戍归鸦翻，大壑晚烟上。牛羊何纷纷，原野自萧爽。灯光露微茫，竹深钟鱼响。

寓目

空山冻云昙，平田独鹤下。歌歇樵出林，影寒马在野。翠竹好风梳，碧涧清流泻。经霜菜甲肥，采采动盈把。于焉足生计，劳劳胡为者。

杂感

吾爱任公子，东海垂巨缗。一饵五十犗，所得非常鳞。淛河至苍梧，离腊何纷纶[①]。鷽鸠抢榆枋，鼹鼠循江滨。岂曰甘自小，亦云率其真。豚蹄望满车，咄哉彼何人。

南郭隐几坐，惠子据梧吟。终古蕴生意，举俗[②]尠知音。而我婴世[③]网，扰扰突不黔。头颅亦何辜，坐致霜雪侵。遥遥望先哲，所惜为寸阴。

浩劫无终[④]极，形容易枯槁。京洛诸少年，争夸致身早。动人亦赫赫，回首何草草。仰瞻秋月明，近[⑤]看春花好。因物得性情，及时开怀抱。止学愚公愚，谁穷巧历巧。

浮云无根蒂，倏忽弥长空。丈夫气浩然，吞吐符鸿蒙。土苴以治世，精微以淑躬。岂有神化人，而论尺寸功。当时一兼善，千秋振群聋。章句小儒生，如彼号寒虫。来日不暇计，安能代天工。

橡林

一林几株橡，株株如葆羽。老根瘦石穿，高枝流云拄。溜雨铁作皮，营巢鸟哺乳。大既不臃肿，直亦中规矩。拾栗容狙公，蔽牛远猰貐。奚翅十年计，有此百尺栩。修篁缭森森，轻烟萦缕缕。返照颇难入，病暍可立愈。我依橡为邻，橡以我为主。自携曲米春，兼捉玉柄尘。摩挲永今朝，撑架合巨宇。尔须逢匠伯，余且翦榛莽。

① 纶，《全黔诗萃》作“纭”。
② 俗，《全黔诗萃》作“世”。
③ 世，《全黔诗萃》作“尘”。
④ 无终，《全黔诗萃》作“终无”。
⑤ 近，《全黔诗萃》作“俯”。

赠邵百峰

客从东海来，囊携焦尾琴。一弹响松风，再弹舞仙禽。绝调忽自怡，驾言求赏音。滚滚筝笛耳，穆穆山水心。千载不能契，独立何以任。道逢漫浪人①，把酒嘉树林。素月且同鉴，薄酒聊共斟。丁宁莫摧弦，夔旷应相寻。

题涂玉亭小照

梅花三五株，潭水一千尺。水色涵花光，清芬两莫逆。亦于人境寻，而与尘寰②隔。素心托澄波，幽兴寓高格。好风从东来，忘言坐磐石。

田家词

去年谷不熟，今年户啼饥。所冀天降康，妇子免歔欷。孰知秋筑场，更比去年微。总秷崇如墉，簸蹂③粟则希。终岁枉沾涂，何暇云无衣。

家畜一牸牛，六月已贱卖。为救八口死，遑恤终身惫。催科程限严，竭蹶罔敢懈。岂不念室家，实恐罹梏械。膝前小儿女，顾之仰天喟。

上天诚好生，能生不能养。薇蕨既已尽，锹锄将安往。挥汗日佣工，依然虚瓮瓽。榾柮火一炉，含泪妇停纺。人生勿为农，阿谁知疾痒。

馆郅蕙友总戎署，邀续登上人夜话

我从刁安游，客舍填车马。安身既湫隘，缄口如喑哑。贤哉郅将军，琴书太潇洒。雕羽每藏箙，毛锥常在把。襟情寄方外，诗篇追大雅。佳茗招僧尝，悬榻为予下。兴发爱杯深，坐久忘灯灺。出世与世间，本色何容假。相对成三益，肝鬲④任披写。冠盖纷往来，谁是清淡⑤者。

---

① 人，旁批“者”字，似有改字之意。

② 寰，《全黔诗萃》作“喧”。

③ 蹂，《黔风鸣盛录》作“蹂”。

④ 鬲，《黔风鸣盛录》作“膈”。

⑤ 清谈，旁批改“同心”，《黔风鸣盛录》亦作“同心”。

早起看西山[1]

秋晨新沐罢，支颐对西山。以我衰谢姿，挹彼苍翠颜。突兀天宇内，蜿蟺烟霞间。云气忽混茫，雨声随琤潺。山高信有灵，无人山亦顽。邈矣谢客儿，谁当一跻攀。

攀跻欲何为？非觅神仙宅。颇识达士心，讵甘外物役。天空野色净，地迥溪流碧。峻岭一长啸，微风生两腋。从来买山人，未胜著屐客。登顿勿惮劳，聊同莽苍适。

登楼即景

我从下方来，钟声翠微落。去地几寻常[2]，极望[3]何寥廓。远烟失峰峦，细流杂城郭。万井画图开，一日晖阴[4]各。春云足下生，好鸟树端跃。何处韶咸音，乃是松篁作。市廛车马喧，蚁聚堪一噱。因知人世间[5]，高下凭立脚。瓮天亦云隘，醯鸡游绰绰。鸿鹄翔青冥，沧海水一勺。小鲁小天下，斯语非假托。虽惭筋力衰，胡甘自菲薄。

杂兴

人生无百年，忙多暇日少。问君胡为尔？倾身营一饱。甘为蛮触斗，遑恤精力槁。钟鼎浮云过，山林飘风扫。欲从赤松游，矢愿悔不早。翻羡信天翁，翩然尘埃表。

榆柳产深山，于人复何患。匠石持斧斤，斫削杂枝干。或为木居士，庄严金碧焕。或投溷厕中，人畜互陵乱。一体何良楛，歧途悬贵贱。多谢许子将，无劳评月旦。

---

① 《潘氏八代诗集》仅存第一首，第二首据《黔风鸣盛录》卷九补。

② 几寻常，《全黔诗萃》作“未为高”。

③ 望，《黔风鸣盛录》作“外”。

④ 晖阴，《全黔诗萃》作“阴晴”。

⑤ 人世间，《全黔诗萃》作“人间世”。

雪中寄田端云

郁居逼岁晏，复此离忧结。近牖竹弄声，开门目盈洁。念我平生友，田郎最超轶。篇什冰壶清，襟抱寒泉洌。已遂济物性，尤坚晚岁节。溯洄神屡往，步趋才亦竭。君如忆今我，老病兼懒拙。惟余一片心，静对危峰雪。

著书

古来著书人，强半穷愁者。含情郁以纾，触绪纷然写。踳驳嗤点加，孤高属和寡。纵饶没世称，空名胡为也。何如酒盈樽，一笑自倾泻。

戏作

万品皆自取，大钧本无亲。芝兰胡憔悴，萧艾胡鲜新。方惊火里莲，倏叹空中尘。此理极寻常，刻舟反求真。多收十斛麦，关门据要津。勤读五车书，一字不疗贫。尼山虽复起，天口今不遵。学道非君子，学稼非小人。

如钩取通侯，如弦死道边。粤若古如此，匪自今为然。蝇营复狗苟，狐假而狼奸[①]。在尔四德备，于人五毒全。拟随白太傅，翱翔兜率天。侧闻足官府，恐亦类人间。稽首黄面老，妙谛聆八还。黄金变大地，安往不平平。

圣贤能忍饿，三旬九举炊。道腴美[②]在中，饔飧匪徒资。天下莫能容，琴歌转自怡。常人腹何有，不再食则饥。鲁公乞米帖，征士饥驱诗。寄形天宇内，疾若雷电驰。侏儒东方朔，一死复何歧。纵有不死方，无为贵[③]守尸。

送南溪三弟之瓮安教谕任

缅维祖考诒，经籯乏黄金。垂训登[④]礼教，雅志尚儒林。为之子孙者，

① 奸，原作“吞”。眉批曰：“‘吞’入十三元，与‘先’韵不通。‘奸’‘寒’通‘先’韵。”据此改为“奸”。

② 美，眉批云：“美，刻本作‘每’。”

③ 贵，旁批改作“责”。

④ 登，眉批改作“敦”，《黔风鸣盛录》《黔阳潘氏七世诗》亦作“敦”。

战战如临深。通塞命为政，贞固守在心。何意十余年，陵替时相寻。[①] 缻磬罍之耻，泾浊渭亦黔。有舌徒敝坏，有泪空淫涔。[②] 赖君独振起，慰我非华簪。

先子两秉铎，湄水与琊川。作人后文艺，律己禀圣贤。心薄马融帐，堂跃杨震鳣。[③] 人师立正鹄，士习归陶甄。何与民生事，缓颊多所全。投老乞身归，囊赢诗百篇。遗范胶序内，丰碑衢术边。前修讵敢忘，接武其勉旃。

母年八十四，尚如七十时[④]。莱衣同嬉戏，姜鱼常鲙丝弟善钓。[⑤] 今分半席毡，羞强把锄犁。虽殊毛义檄，亦足展寿眉。计程不三日[⑥]，郁纾释远思。既习鞍马惯，[⑦] 兼尠簿领羁。问遗无阻滞[⑧]，岁时岂乖离。阿兄倘乘兴，免赓陟冈诗。

少年负才华，文史穷百氏。凌趠曹刘墙，砻磨干镆利。[⑨] 白首老巨公谓

① "何意十余年，陵替时相寻"，此联被圈出，有删除意，《黔风鸣盛录》无此二句，《黔阳潘氏七世诗》则有。

② "有舌徒敝坏，有泪空淫涔"，此联被圈出，有删除意，《黔风鸣盛录》无此二句，《黔阳潘氏七世诗》则有。

③ "作人后文艺，律己禀圣贤。心薄马融帐，堂跃杨震鳣"，此四句被圈出，似有删除之意。《黔风鸣盛录》无此四句，《黔阳潘氏七世诗》则有。

④ 尚如七十時，旁批改作"养志良及时"，《黔风鸣盛录》作"甘旨良及时"，《黔阳潘氏七世诗》则未改。

⑤ "莱衣同嬉戏，姜鱼常鲙丝"，此二句被圈出，似有删除之意，《黔阳潘氏七世诗》有此二句，《黔风鸣盛录》无此二句。

⑥ 计程不三日，旁批改为"既惬板舆迎"，《黔风鸣盛录》同批改，《黔阳潘氏七世诗》则与此同。

⑦ "郁纾释远思，既习鞍马惯"，此二句旁批圈出，似有删除之意，《黔风鸣盛录》无此二句，《黔阳潘氏七世诗》则有。

⑧ 问遗无阻滞，旁批改作"觐省无间阻"，《黔风鸣盛录》同批改，《黔阳潘氏七世诗》则未改。

⑨ "凌趠曹刘墙，砻磨干镆利"，此二句旁批圈出，似有删除之意，《黔风鸣盛录》无此二句，《黔阳潘氏七世诗》则有。

张匠门先生，目为天下士[1]。里耳震噌吰，名场屡侘傺[2]。遂焚君苗砚[3]，不洒唐瞿[4]泪。薄禄抵束修，僻壤惬素志。乐在育英材，道匪关[5]文字。任人嗤迂儒，吾独治吾事。

即目

云闲天亦安，岁晚山尤[6]静。惊鸟落叶声，横阶瘦竹影。无物可屏除，有谁烦造请。为问世[7]中人，知否清寂境。

黔阳舟中[8]

四山势欲合，束江如束湿。鸦轧橹声稀，捎撇篙工急。何来万牛羊，波心角觟觟。岂知盘涡中，狰狞石戢舂。轻舠俨长蛇，窟穴蜿蜒入。一篙铢黍差，欲救恐无及。又闻殷其雷，白浪皆人立。四顾剧彷徨，巉岩阻拾级。舟子捷于猱，挽牵众力集。邪许山谷鸣，寸寸水面涩。比之上坂车，难何啻什伯。江湖多风波，斯险不惯习。安得五丁手，凿平荡桂楫。于我亦何加，终古免忧悒。

宿板桥[9]

归程始今日，出郭天为空。溅溅溪水清，袅袅车尘红。眼界忽已异，骨节将毋同。行行抵板桥，预拟村酒醲。旌旗蔽茅店，弓刀填街衕。侧身马队间，屏息柳营中。借问欲何之，答云将征东。九股苗不驯，六国兵交攻。但

---

① 目为天下士，《黔风鸣盛录》在此句下有小注："学使张匠门先生亟加称许。"

② 名场屡侘傺，此句旁批改作"名场侘傺频"，《黔风鸣盛录》同改，《黔阳潘氏七世诗》则未改。

③ 遂焚君苗砚，此句旁批圈出，似有删除之意，《黔风鸣盛录》无此句，《黔阳潘氏七世诗》则有。

④ 瞿，《黔阳潘氏七世诗》作"衢"。

⑤ 关，旁批改作"局"，《黔风鸣盛录》同批改，《黔阳潘氏七世诗》则未改。

⑥ 尤，《黔风鸣盛录》作"犹"。

⑦ 世，《全黔诗萃》作"尘"。

⑧ 辑自《黔阳潘氏七世诗》。

⑨ 辑自《黔阳潘氏七世诗》。

见飞羽檄，不闻奏肤功。生还失人形，战死非鬼雄。将军孰桓桓，节度徒忡忡。我名隶尺籍，一月犹未终。府帖前日下，办严肯从容。爷娘泪沾臆，妻子首飞蓬。吞声赴危地，刺耳鸣悲风。何如播精叟，翻羡折臂翁。我家黔之西，闻此心愈恫。想疮痍满目，如瘨痡在躬。输挽岂敢怨，杀戮将安穷。虽云一身轻，难免百忧丛。海宇庆光华，蛮疆独雾雺。还家方欣欣，视天复梦梦。夜深起坐频，云寒月朦胧。

东山①

山在城之东，人距山之顶。掬水濯尘容，排神游溟涬。天风浩浩吹，古洞殷雷霆。市喧忽不闻，苍翠何其迥。下界剧纷纷，安用日光炯。浮生好是闲，大梦谁先醒。整衣礼法王，旃檀爇珐鼎。从此好净因，庶几离濎泞。

舍身岩②

至人本无身，将以何物舍？有身可舍人，空掷胡为者。世界大机阱，举俗迷真假。倾身逐利名，已堕重渊下。何必漏尽时，悲风飒原野。菩萨普度心，说法向兰若。是处有斯岩，谁能先勒马。汗漫与天游，万物皆土苴。

狮岭③

乱山蜿蟺合，兹岭独不群。昂头欲凌霄，掉尾犹切云。谽谺巨口张，磅礴灵气蕴。苍藤挂古木，浅草明斜曛。狰狞露毛鼻，虓虎奔麏麢。文殊距地狮，视此当无分。我常跨其脊，旷望余氤氲。风雷就掌握，埃壒绝见闻。偶然一咳唾，谁不惊砏磤。何需客儿屐，端合华阳君。浮生五十七，车马徒纷纷。尘容洗未净，甘听移我文。

初秋④

山深日月长，作息犹太古。以时畜鸡豚，因地种秫黍。但得妇子宁，何

---

① 辑自《黔阳潘氏七世诗》。

② 辑自《黔阳潘氏七世诗》。

③ 辑自《黔阳潘氏七世诗》。

④ 辑自《黔风鸣盛录》卷九。

辞沾涂苦。三年两饥馑，十室九惰窳。一饱且欣欣，苍然对平楚。

秋怀[①]

零露湿朝烟，凉飔摇野草。秋何与人事，我自伤怀抱。大钧本无心，至人别有道。长此将安穷，亦同归于老。感慨迫中肠，行乐胡不早？

① 辑自《全黔诗萃》卷十八。

七言古

题朱[1]一韩《驱犊小照》

饮牛上流为洗耳，郭门向夜闻商歌。人生出处亦偶耳[2]，逃名逢世将如何。春江一曲鸭头绿，柔条垂风吹浅莎。清流濯足白石坐，黄昏驱犊山之阿。是[3]中天地未为小，纷纷蛮触争则那。风尘我亦息机者，欲驾乌犍常相过。

书端云同门《龙津和韵》诗后

长安车马如流水，软红十丈没晴烟。朅来僦居在委巷，热客褦襶绝门前。已矣皮陆不再见，松陵唱和犹流传。此道今人弃如土，使我神往骚坛边。力挽风雅者谁子，端属我友平溪田。《龙津和韵》不盈尺，五岳风云供挞鞭。昌谷呕出心始已，聱牙佶吻实堪怜。遮莫交加贫与病，锦囊一字值千钱。自愧不得江山助，载车后乘空年年。口之不置手不释，效矉那复距其巅。君家碧莲花峰下，清江一曲茅亭偏。水仙古调自怡悦，刺船竟去别有天。

别胡十七袭参

我作急装何所适，临岐忽逢憔悴客。冻云接地雪将飞，大布装棉风欲折。黄尘岁月消遣难，子胡为者冠儒冠。矧乃毫端泣神鬼，通衢欲进偏蹒跚。韩公亦画马，叶公亦好龙，画马马凋丧，好龙龙潜踪。铿鍧耳聋万瓦缶，不劳持莛撞金镛。与君别，为君歌。世间甲子何其多，闻说有山名烂

---

① 朱，《全黔诗萃》作“宋”。

② 耳，旁批改作“然”，《全黔诗萃》作“尔”。

③ 是，《全黔诗萃》作“此”。

柯。蹊回窈窕[1]封烟萝，仙人赤脚复头科。君采药苗莫耽奕，斧柄锈[2]尽当如何。

辰州大雨

山城击柝晨鸡鸣，沧海倒注天潢倾。箬篷滴沥襆被湿，残书一束殊关情。舟小如蠡尺蠖屈，盲风飒飒雷砰訇。滩险湍急容易下，水添五尺江心平。高岩百道飞瀑布，行潦屈曲来相迎。雾深不辨牛马色，云黑恐有蛟龙争。沙汀螺蚌没何许，黄莺并坐愁无声。大鱼此时乐莫乐，掀腾白浪光晶莹。江湖浩渺不可极，凭仗十幅蒲帆轻。人生百年亦寄耳，栉风沐雨摇其精。故园四月雨正足，石田十畮[3]犹堪畊。胡不返棹衣袯襫，劳余坐对沧浪清。

倒马坡望张三丰影

乱山合沓围嵺峨，琤琮涧水鸣玉珂。苍凉暾日岩颠射，仿佛一老行逶迤。云是邋遢道士影，雨淋日炙久不磨。衫笠飘飘势欲动，半空疑有[4]紫芝歌。汾阳[5]中丞好事者，磨岩万丈镌擘窠。后人纷纷尚诞异，喧豗万口讹传讹。我来谛视仰天笑，无烦着手为摩挲[6]。忆昔曾读《列仙传》，尸解羽化事颇多。或骑黄鹤跨赤鲤，或持绿玉朝大罗。谷神纵使长不死，清浅三度偶一过。欲求委蛇人间世，了无色相理则那。造物分明弄狡狯[7]，幻此形影山之阿。亦如华岳仙人掌，真妄谁与问羲和。点染蛮方殊不恶，奚借辨口若悬河。北风凄紧岁云暮[8]，返日讵有鲁阳戈。对此聊尔藉草坐，茅柴一饮醉颜

---

① 窈窕，《全黔诗萃》作“路转”。
② 锈，《全黔诗萃》作“绣”。
③ 畮，《黔风鸣盛录》作“亩”。
④ 有，旁批改作“闻”，《黔风鸣盛录》作“闻”。
⑤ 汾阳，旁批改作“泰和”，《黔风鸣盛录》作“泰和”。
⑥ 挲，《黔风鸣盛录》《黔诗纪略后编》作“挱”。
⑦ 狯，《黔风鸣盛录》作“会”，误。
⑧ 暮，《黔阳潘氏七世诗》作“莫”。

酡。不辨[①]真蕉与假鹿，太虚一碧更[②]无他。他年三岛倘相遇，道人定不吾谴诃。

将抵家寄诸弟

空山落叶寒风卷，万里归人足重趼。秦云楚望几伤神，尺书道远乖黄犬。清鞋布袜吾所便，二竖五穷独难遣。老亲倚闾望眼穿，侧身天地面目腼。十四年曾不一归，归家仍作累蓬转。男婚女嫁莫我知，软语西窗红烛翦。举俗恶说直如弦，酎金失侯人不免。有弟有弟守邱樊，险巇世路尝犹浅。处处无蟹有监州，眉摧腰折谁能展。村庄勿[③]陋茅三椽，蟉屈庭柯时一眄。蓬头垢足仲孺儿，慵耕即合亲坟典。他时未必张吾军，莫使金根浑不辨。

竹庄云：逼似坡公。

叉鱼曲

钢叉霍霍明秋水，叶叶轻舠疾于矢。波面唯看白云[④]飞，微躯得向金盘死。鲲鱼万[⑤]丈邻鲛室，香饵频投不肯出。扬鬐跋浪风劲天，回头尺泽犹煦沫。

竹庄云：大似昌黎，其意则叹嗜利慕禄者之危，而自喻其不然也。

德水登舟遇风作

我从江南渡江北，凌晨跨马日入息。黄尘滚滚面目黧，荦确曾经几颠踣。百泉流水清且涟，舟子欵语招我前。劳人颇亦惜筋力，轻帆柔橹意所便。是日风和春欲暮，桃花笑向垂杨渡。船头趺坐眼俱青。空际不虞风伯怒，惊涛簸荡天地转。两岸人家浑莫辨，舟小如蠡沙作团。打入蓬窗埋甑

---

① 不辨，旁批改作“莫计”，《黔风鸣盛录》作“莫计”。

② 更，旁批改作“原”，《黔风鸣盛录》作“原”。

③ 勿，《黔风鸣盛录》作“不”。

④ 云，旁批改作“雪”，《黔风鸣盛录》作“雪”。

⑤ 万，旁批改作“十”，《黔风鸣盛录》作“万”。

颾，万窍一听[①]夜未休。篙工唧唧怨石尤，疏星几点明复灭，汩汩颓波欲倒流。男儿底事双眉攒，新罗一琖且自宽。君不见，廉颇八十犹据鞍，豫州抚髀发长叹。避劳就逸吾自娱，莫怪人间行路难。

赠疟

猎猎寒风黄叶卷，侧身千里家山远。峥嵘岁月逼人归，无端疟鬼来相饯。先以冰雪净聪明，继借祝融烝淟涊。太羹元酒恣吐吞，高枕宽床容辗转。蓦入山林逢魑魅，又引蓬莱看清浅。一声长啸人境空，五夜孤灯气息喘。客已烂熳[②]主缠绵，夕少舒徐朝缱绻。平原十日讵足多，中山一醉差堪践。人皆恶尔太炎凉，炎凉试问谁能免。亦或嗔尔张毒威，杀人如麻官更显。世间小儿目多睫，不此之责于尔谴。感子伐毛洗髓功，使我俗状尘容鲜。寒瘦自是山泽臞，跰躚不嫌腰胯软。长揖怊[③]怅不再逢，寸心郁纾难自展。先王制礼尚往来，无德不报言诚典。结柳作车草为船，云山江水任萧散。

陟郎篇

西行险绝称陟郎，巉岩削壁摩穹苍。几曲碧涧响哀玉，十围大木排修篁。赤乌停天气黯惨，元猿腾树声悲凉。路幽山鬼伎俩见，风怒毛虫爪牙张。未跻一半日卓午，欲陟绝顶宿舂粮。鹦嘴象鼻旧路、山名亦培塿，孟门虞阪成康庄。骏马亦难下，飞云不能上，诘曲磴道盘千万，萧条茅屋结三两。我来细问开凿初，役十万指五年余。金钱糜费不识数，闾阎劳惫谁安居？旧路行经三百载，夜郎是处岭崔嵬。直北使命由来通，滇南职贡何曾改。煌煌牙纛此一过，可怜牧令疲奔波。供张那敢厌烦苦，送迎不暇愁嵯峨。黄发垂髫同声喟，欲益黔民无别事。但令鸡犬夜不惊，岂忧商旅行或踬。雕题椎结依山隅，刀弩出入无时无。折棰笞马有余耳，教猱升木胡为乎？君不见征苗辟土功勋殊，一朝朋扇鸣妖狐。邮传递接捴梗塞，山城相望俱焚屠。风行草

---

① 听，《黔风鸣盛录》作“呺”。

② 熳，《全黔诗萃》作“漫”。

③ 怊，《全黔诗萃》作“惆”。

偃岂易事，徙薪曲突真良图。马乃既服郎岱化，孽芽不怕狼生貙。维天设险力铲去，置驿可比当关夫。镌刻丰碑直欲跨往哲，减裁一驿讵必非吁谟。

宝云亭雅集

记我五度昆明游，宝云亭未一寓目。野鹤有时入尘寰，亦复戢翼就拘束。世间好境如好书，得其①慧心人展读。宫家兄弟绝好事，招邀朋辈避暑溽。入门颇怪俨堂皇，东小门内藏林麓。涟漪水泛芰荷香，皴瘦石护檀栾绿。亭台历落到处宜，烟霞明媚无时不。架木为桥桥拟舫，面面消受凉风足。因山引水本天工，间柳遮梅随径曲。草木何须说平泉，粉黛更耻夸金谷。愿将踪迹寄白鸥，谁要筋力如黄犊。兴移主客两忘形，莲开瓮盎皆醽醁。挥杯劝饮众賓②同，畏病入务老夫独。剧谭座上烛吐花，饱食池头手摩腹。蓦思老濞填海时，楼殿参差连云矗。此地应为消忧湾，采莲歌杂丝竹肉。而今半为阅武场，半作水衡钱铸局。存此邱壑亦区区，常临使节金鞍簇。红蕖翠盖渐披离，百年易满三万六。吾曹且极今日欢，笑指薄云言际宿。

对月

我生三岁始识月，历今五十三春秋。风尘江海地各异，欢娱寂寞时不侔。年年见月雪满林，岁岁顾我霜盈头。自笑人老月更古，岂知月落人翻愁。相对且拚烂熳醉，悠悠千载谁能谋。

对镜

斑剥古镜涵秋水，十日不一开尘函。朝光入牖浣沐罢，儿童笑谓何鬑鬖。手揽青铜鉴今我，皮肉皴疱经霜柑。头髭更觉老可怪，皑皑雪片霏云岚。平生意气颇飞动，半世踪迹徒趁趯。驰马试剑河以北，乘风破浪江之南。自谓挺拔据要路，不图偃蹇依书龛。炊胡麻饭腹常饱，弄毛锥子心宁甘。用则为虎不用鼠，东方曼倩犹多谈。人生百年击石火，夔龙巢许谁怀

① 其，旁批改作“共”。

② 賓，眉批：“賓，古宾字。”

惭。囊中何物最惬意，多多益善浆千儋。不则竟掷解牛刃，寻大自在归瞿昙。

百年歌

百年三万六千日，高车蓬藁何足道。百忧皆从识字始，万事无过开颜笑。神仙招我蓬莱游，天风拂面琼液醑。九点烟方俯齐州，三花树又指嵩少。眼底闪电放光明，足间生云失甋甗①。曾闻列子御风泠然善，又说孙登如鸾卓②尔啸。此语非虚诞，亦未诣神妙。翩翩飞鸟有遗迹，沸沸鸣蝉蜕污淖。人生有患为有身，世缘大梦终大觉。挥斥八极天为徒，鸿蒙许谁鉴七窍。

小雪前三日大雨

木叶脱尽鸣寒风，江河水涸将成冬。石煤木炭米盐易，棉薄颇畏霜威攻。勾茫③劫持元冥柄，阳和乍布驱丰隆。大地惨惨白昼晦，愁云密密青山蒙。是日无端事行役，非雪非霰飘濛濛。亲知炊黍欸我驻，翻盆打瓦侵帘栊。泷泷竟夜复竟日，小溪阔涧波涛汹。平地彳亍怯牛马，半空格斗腾蛟龙。民多流亡月著令④，气不冻闭天鳏⑤工。沴非妄作人所致，毋乃杀戮干苍穹。我欲上谒颛顼帝，再拜稽首封章通。滕六巽二听奔走，胡不急勑来云中。阴阳无忒节序顺，兆为来岁时和丰。闭门僵卧亦不恶，寸心免使忧忡忡。

长至前一夕夜坐，用东坡先生《定惠院寓居月夜偶出》韵

三彭罔识笑契虚，我亦懒守庚申夜次日庚申。磊磊兽炭聚炉中，皑皑霜花铺月下。雪白定瓷稚孙擎，鹅黄新酿娇女泻。龙吠似因乌鹊惊，风号想见

---

① 甋甗，原作“甗甗”，眉批云：“甋，邱召切，讹作‘甗’；甗，牛召切，讹作‘甗’。甗甗，不安也。韓诗‘我亦平行踏甋甗’。”据眉批改。

② 卓，《黔风鸣盛录》作“逌”。

③ 茫，旁批改作“芒”。《黔风鸣盛录》作“芒”。

④ 月著令，《黔风鸣盛录》作“著月令”。

⑤ 鳏，《黔风鸣盛录》作“瘝”。

山木亚。回看双剑气未降，不惜一瓻书难借。蹉跎坐令青鬓改，俯仰更咤流年谢。大人峣屼梁父吟，矮屋栖迟宛邱舍。世上衮衮竞登台，醉余傲傲犹舞蔗。火齐金盘贪为珤[①]，铁衣马革死可怕。瓦缶倒翻酒淋漓，好官原由人笑骂。

十一月二十日山中雪，效欧阳公《禁体物语》[②]

朔风夤[③]夜来山家，片片六出空中花。高岩巨谷入溟涬[④]，老柏古桧[⑤]迷槎枒。光芒[⑥]暾日耀大地，腷膊翠筱翻乌鸦。衰翁缩颈独倚槛，童子揎袖争抟[⑦]沙。猎围行炙[⑧]鹰攫侧，驴背索句人[⑨]呕哑。披裘把钓亦偶耳[⑩]，闭户僵卧何为耶。金樽愧彼卷波饮，雾猎乘[⑪]我拳毛䯄。乱飘四野坑堑塞，密压一带笆篱斜。回头更爱蔀屋静，骋望不觉烟峦赊。朱门此日羔酒宴，绣幕满地氍毹遮。那知浮世有好景，复昧大壑归修蛇。吾生讵可等梦幻，清兴庶不辜天葩。只今眼界异夙昔，绝少尘垢劳梳爬。要令寒香沁肺腑，执箒扫煮龙团茶。

园中梅花盛开，用东坡先生《松风亭》韵

姑射处子临山郁，香雪片片凝香魂。玉肌不妨上酒晕中有红梅一株，冷艳更觉宜黄昏。一枝竹外斜照水，万朵月下平铺园。爱此高格频索笑，素襟披豁东风温。柳芽杏蕊次第发，爝火岂敢迎朝暾。啁啾翠竹[⑫]栖铁干，嵚嵜野

① 珤，眉批曰：“古宝字。”《黔风鸣盛录》作“宝”。
② 欧阳公禁体物语，《全黔诗萃》作“欧阳禁体”。
③ 夤，《全黔诗萃》作“一”。
④ 涬，旁批改“涬”，《全黔诗萃》作“涬”。
⑤ 老柏古桧，《全黔诗萃》作“老桧古柏”。
⑥ 芒，原作“茫”，误，据《黔风鸣盛录》《全黔诗萃》改。
⑦ 搏，旁批改作“抟”。
⑧ 灸，据旁批改作“炙”。
⑨ 人句，旁批改作“句人”，《黔风鸣盛录》《全黔诗萃》作“句人”。
⑩ 耳，《全黔诗萃》作“尔”。
⑪ 乘，《全黔诗萃》作“采”。
⑫ 竹，旁批改为“羽”，《黔风鸣盛录》亦作“竹”。

客敲柴门。影横庭除春满室，清入肺腑人忘言。何须家近铜井侧，花时日日倾金樽。

寻春登前山最高处

寻春偶及山溪隈，草木遍地辞枯荄。梅花将谢李花发，寒风忽变和风催。振衣更陟峰绝顶，决眦自有云成堆。须臾上界放皎日，照耀大地无纤埃。画图满幅展万丈，葡萄盈瓷倾千杯。吹笙鼓簧鸟唱和，鞭鸾笞凤仙追陪。已觉身离帝座近，便应眼见神山开。此生行止如寄耳，半世纷扰胡为哉！徐邈中圣未失计，灵运着屐非常才。我今头白当转黑，刀圭不乞人相哀。

明御史赵镇所先生得谥“忠愍”，为作长句[①]先生昆明人

米脂贼起屠中原，九围簸荡风尘昏。庙堂犹自立门户，南北相继歼宗藩。边城宿将血战死，居庸空险坍长垣。开门奄竖揖二盗[②]，狼奔豕突天街喧。岳岳滇南赵侍御，平生浩气充乾坤。先以翦妖续显著为龙泉令擒白莲贼，继用奏最身腾骞。抚时每陈拨乱策，致命三复成仁言。鼎湖龙髯天半堕，小臣岂敢辞扳援。奋身巷战白日黑，恨不一一枭其元。同时殉国人二十，名列汗简熏温馨。愍忠寺旁烈骨瘗，天寿咫尺风云屯。易名之典公独缺，栢台[③]封章感至尊。谥同椒山名称实，表忠允足招忠魂。当年蒙面易心者，苟延旦夕今谁存。太华山高切[④]碧落，滇海亘古银涛翻。精灵河岳共流峙，岂独里闬湘苹蘩。

题章协堂《鉴己图》

章君江海士，挟策历九州岛。坟典曾苦索，山川恣冥搜。揭来相见铜鼓下，坡竹临风太潇洒。堂堂躯干意气孤，龊龊尘寰投合寡。有时放笔生云烟，翎毛花卉何天然。胸中邱壑千变化，世上粉本皆蹄筌。自言曾作临汾

① 为作长句，《全黔诗萃》作“以诗记之”。

② 盗，《黔风鸣盛录》作“贼”。

③ 台，《全黔诗萃》作“府”。

④ 切，《全黔诗萃》作“凌”。

客，有友明窗闲试墨。写成一幅小行[①]仙，而我披图喜动色。不传吾貌传吾神，此意难与勾[②]展论。遗世独立空诸有，得言忘象归于真。人生苦不知有己，青铜日揽徒然耳。相亲相惜痴莫痴，分形分影[③]尔为尔。何如以图鉴我心，此心日与图相深。内观不在标格异，皮相无劳笔墨寻。我闻君言忽大悟，浮生是处成虚度。虫鱼草木尽可思，刀剑盘盂非空铸。烦君为我一经营，写出万壑松风声。中有佳人采杜蘅，凉飔谡谡罗衣轻。凝眸怅望难为情，悬之天山深处半间屋，长年相伴甘作蜗牛缩。[④]

竹庄云：是说画，是说心，是说佳人，是说自己，好色不淫，得风人之旨矣。

再送清溪

金马山前揖君语，竹王祠畔挥手去。橹摇泽国尘埃空，槑登[⑤]江乡日月除。回首蛮方指落霞，可堪别绪满天涯。百花洲水明于镜，照见归人雪鬓加。

水西[⑥]

鸭池渡过登雄关，层层石磴摩青天。回看江水碧玉[⑦]带，東以翠嶂浮晴烟。东西画界一水阻，卢鹿窟宅纷绵延。北连三巴西六诏，夜郎自大由何年？往者明祖初定鼎，愿置九驿奢香传。贵荣妄谋请减驿，阳明片纸温犀燃。封狼生貐曰邦彦，与奢阳恶阴勾联。深坑绝㙞凭险固，长枪硬弩资凶顽。犯滇犯[⑧]蜀困金筑，涨空虐焰几无前。太[⑨]原中丞误深入三善[⑩]，逾年弭

---

① 行，《全黔诗萃》作“游”。

② 勾，《全黔诗萃》作“钩”。

③ 影，《全黔诗萃》作“象”。

④ “悬之天山深处半间屋，长年相伴甘作蜗牛缩”，《全黔诗萃》无此二句。

⑤ 登，旁批改作“发”，《黔风鸣盛录》作“发”。

⑥ 水西，道光《大定府志》篇题作“水西篇”。

⑦ 玉，《全黔诗萃》作“于”。

⑧ 犯，《全黔诗萃》作“侵”。

⑨ 太，《黔阳潘氏七世诗》作“大”。

⑩ 三善，道光《大定府志》作“王公三善”。

节无声援。雄兵十万内庄没，以身殉国[①]垂青编。桓桓山阴朱[②]司马燮元，出奇制胜功名全。苗薅发栉遗孽尽，渠长裂壤安穷边。区区安坤谋叛逆[③]，前车之鉴懵懵焉。皇朝赫赫布圣武，犁庭扫穴文命宣。置兵置吏规制备，不苛不欲官司贤。势弱不难[④]就羁络，力小容易加棰鞭。至今帖伏八十载，弦歌响彻长林间。衣冠渐变毡笠陋，山川亦[⑤]觉云霞鲜。乔木幽谷迥异处，断头掉尾成空言谚云：水西罗鬼，断头掉尾，言相应也。[⑥] 安氏不绝仅如线，一顺一逆存亡县[⑦]。一语[⑧]更寄抚夷者，服人以德毋[⑨]忘旃。

竹庄云： 彰顺逆之鉴，明抚绥之规，此经国文章也。

钱益翁观察作画留别，爰赋长句

我持河梁五字赠，益翁为写幽人居。槎枒老树插碧汉，澄泓一水涵清虚。略彴渡过构茅屋，园圃辟出莳荤蔬。云岚远隔近泉石，烟霞外护中琴书。草玄不比杨子宅，种柳或类陶公庐。有时商歌出金石，闲日乘兴偕樵渔。江山管领乐莫乐，鸟花招引如所如。苏门栗里长寂静，平泉金谷皆邱墟。益翁脱屣[⑩]富贵厺[⑪]，深情放笔林峦摅。有场选佛君止止，出门西笑予蘧蘧。作达何必买山隐，游情一任披云鉏。眼前某树某水俱可爱，呼儿早起勤为芟诸虑。

---

① 国，《全黔诗萃》作“义”。
② 朱，《全黔诗萃》作“大”。
③ 谋叛逆，《全黔诗萃》作“复谋逆”。
④ 难，道光《大定府志》作“能”。
⑤ 亦，道光《大定府志》作“立”。
⑥ “谚云：水西罗鬼，断头掉尾，言相应也”，道光《大定府志》无“言相应也”四字。
⑦ 县，道光《大定府志》作“悬”。
⑧ 一语，《全黔诗萃》作“有言”。
⑨ 毋，《全黔诗萃》作“休”。
⑩ 屣，眉批改为“屣”，《黔风鸣盛录》作“屣”。
⑪ 厺，旁批改为“去”，《黔风鸣盛录》作“去”。

船石[①]

南明河经铜鼓山名阳，盘涡激石流汤汤。江面不容泛渔艇，渡头久已成舆梁。吴楚昔闻战长岸，胡然鬼国留余皇。[②] 天皺地豁坠山谷[③]，神工鬼斧为舟航。刳刻沙棠自中古，凿破浑沌开鸿荒。长年次第具篙桨，估客络绎浮湖湘。岂知巨舸实其腹，何时宇内曾聊浪。[④] 渔邻鸥社几聚散，秋涨冬涸无低昂。不事捎濆与撇漩，莫施锦缆兼牙樯。挽纤徒劳众力集，拍天一任洪涛扬。下濑千秋阻瀛海，伏波万里停遐方。有力欲负不能负，沈吟毋乃庄周藏。蜀麻吴盐永寂寞，芦花山月常苍凉。其上可列百人坐，两头箫管歌中央。俯冯夷宫子瞻笑[⑤]，钓富春渚严陵狂。造物结构讵无意，天孙或用杭银潢。人间亦有登汞渠，其阔百步容龙骧。[⑥] 不沈瓦铁岂沈石，谁能缩地如长房。或如菱溪一大石，幸逢六一传篇章。我欲留题复敛手，断无金薤垂琳琅。中流击楫嘅焉[⑦]叹，如泉之酒浇千觞。吾生安得似汝寿，亘千万世观沧桑。

对酒作[⑧]

地下胡为生凤麟？天上何必悬日月？一来一往成古今，或飞或走同夭阏。帝王亦复慕神仙，将相可尽著勋伐。方艚兼辆卫霍家，好风明月夷惠室。交持最怕鹬入蚌，相依还羞蛩负蟨。鸿蒙有泽恣啸傲，元关无人闯窟窦。劳钻故纸死蠹鱼，枉掷韶华焦头发。文举尊中有余酒，杜陵眼边无俗物。小饮不辞三百杯，宿酲已逾一千日。散殊地下仍天高，舒泰糟邱共酒国。解此意者刘伯伦，视彼二豪等蠓蠛。

---

① 辑自《黔阳潘氏七世诗》。《全黔诗萃》题作“石船歌南明河中”，乾隆《贵州通志》、道光《贵阳府志》皆题作“石船”。

② “吴楚昔闻战长岸，胡然鬼国留余皇”，《全黔诗萃》缺此二句。

③ 谷，《全黔诗萃》作“骨”，误。

④ “岂知巨舸实其腹，何时宇内曾聊浪”，《全黔诗萃》缺此二句。

⑤ 笑，《全黔诗萃》作“啸”。

⑥ “造物结构讵无意，天孙或用杭银潢。人间亦有登汞渠，其阔百步容龙骧”，《全黔诗萃》缺此四句。

⑦ 嘅焉，《全黔诗萃》作“慨然”。

⑧ 辑自《黔风鸣盛录》。

五言律

题谢君衮《负米奉亲图》谢衮，石城人

彭岛妖氛动，谁能守旧邱？艰难随老母，飘泊到虔州。山鬼呼灵雨，松涛杂乱流。拾薪兼负米，来往得无愁。

短衣悲掩胫，白发慰调饥。往日纷妖鸟，何人厌肉糜。苍茫过岁月，衰谢向天涯。历历长松①下，能禁老泪垂。

送任回澜庶常归涉县

高柳数声蝉，当杯且尽欢。秋风飒然至，离思满长安。挥手谢时辈，驱车历②贺兰。某山③兼某水，一笑定加餐。

竹庄云：高健不减王、李。

据地狂歌日，微闻不易居。几年婴世纲④，此日爱吾庐。谁复矜虫臂，犹云典石渠。何当共公子，东海钓鳌鱼。

翟龙垣有玉求售，戏柬一律

十丈红尘里，先生抱璞居。知希方我贵，价善与时疏。具眼人安在？荒年谷未如。更须防刖足，怀瑶且徐徐。

秋夜示端云

万里羁栖客，千家砧杵声。已拚今夕饮，何限故园情？马秣龙堆壮，

---

① 长松，《黔风鸣盛录》作“松林”。
② 历，《全黔诗萃》作“过”。
③ 山，《全黔诗萃》作“邱”。
④ 网，《黔风鸣盛录》作“罔”。

笳吹鹿塞清。高楼弹锦瑟，仿佛怨俱盈。

空庭凉月白，谁为授寒衣？风入三关急，鸿辞大漠飞。江郎本多恨，臣朔且长饥。灯火良宵[①]共，相看减带围。

偶书示仁斯

蜡炬烧残后，同君笑语温。已忘人境窄，剩有壮心存。尘埃从京洛，莺花老故园。汉阴堪抱瓮，去去复何言。

寄答田端云

天边一雁过，仿佛入沅湘。霜雪榆关满，风烟楚塞长。故人经岁别，远道数行将。酒冷花寒日，离忧[②]不暂忘。

竹庄云：一气流转。

纬萧河上客，于世本无争。晒药惟烦妇，题诗不爱名。艰难悲万里，飞动悔平生。空具扶犁手，何年遂耦耕。

停棹苴兰水，回头[③]一梦余。旧山知不改，新兴比何如？田父初成酿[④]，园官或馈蔬。江梅含冷蕊，索笑未应疏。

题高澄怀小照

蚤觉春明梦，溪山小有天。右丞诗里画，孙楚耳中泉。岁月人间世，风光静者年。吾庐邱壑在，披卷意茫然。

送周有声还里

冰霜惊晚岁，道路怆离情。老去全名节，生还赖圣明。登台人滚滚[⑤]，

---

① 宵，原作“霄”，据《黔风鸣盛录》改。

② 忧，《全黔诗萃》作“情”。

③ 头，《全黔诗萃》作“思”。

④ 田父初成酿，《全黔诗萃》作“田舍常留饮”。

⑤ 登台人滚滚，《全黔诗萃》作“在廷皆诺诺”。

持论尔[①]硁硁。黑白苍蝇间，悲风天外鸣。[②]

莫漫疑谣诼，峨眉必见猜。试从詹尹卜，休拟楚臣哀。丹甑乘时出，明珠入贡来。太平无事日，安用出群才。

不教持使节，还得遂初衣。世事卿行法，吾庐昼掩扉。埋轮应有梦，抱瓮已忘机。揽袂难为别，遥天怅夕晖。

遵渚鸿高举，翛然谢[③]世尘。丹心犹向日，白发已随身。藜藿充肠惯，云山到眼新。似闻忧国者，三叹惜斯人。

尾批云：结二语况郁顿挫，得少陵真味。

柬山[④]仔远

素交如不尽，班尹亦纷纷。见说甘同醴，居然变似云。秋风寻橘社，春水狎鸥群。一笑空人境，名香手自焚。

送金沧容归里

故国七千里，衡茅八九椽。一为京洛客，空见岁华迁。破帽秋风里，离心落照边。何当问渔父，同上武陵船。[⑤]

送董雨若西征

送远逢春社，临岐泪漫垂。传烽飞赤羽，缚袴尽黄皮。绝域需才日，群公荐达时。太行经九折，顾盼实生姿。

笔砚宜焚久，虬髯铁裲裆。几年空作客，一醉即为乡。攀折官桥柳，悲歌古战场。回头尘滚滚，谁剧爱清狂。

匹马别幽州，居人迥自愁。摩霄惭短羽，凿空取通侯。眼底皆如此，吾

① 尔，《全黔诗萃》作“独”。

② “黑白苍蝇间，悲风天外鸣”旁批改作“雪霁朝阳炯，还听凤鸟鸣”，《黔风鸣盛录》未改，《全黔诗萃》作“揽袂难为别，晨曦照影清”。

③ 谢，《黔风鸣盛录》《黔诗纪略后编》作“远”。

④ 柬山，旁批改作“柬方”。《黔风鸣盛录》《全黔诗萃》皆作“柬方”。

⑤ “何当问渔父，同上武陵船”，原有旁批改作“归傍花源过，莫问武陵船”，伯英评：“一改失粘，不如原作。”《黔风鸣盛录》未改。

生且未休。会须腰櫑具，吹角上边楼。

大将悬金印，羌儿控铁弦。须眉矜燕颔，谈笑净狼烟。名自题麟阁，封还向酒泉。何须论传介，重拟勒燕然。

送同年张十讷夫之孝感

十载骑驴客，声华动顾厨。奇才空磊落，路鬼几[1]揶揄。此去聊中隐，依然一腐儒。九嵕高啸处，苍莽望平芜。

风尘各惆怅，不独起离忧。腰折宁论粟，诗成半赋愁。西湖郇美酝，云梦泽南州。好去张公子，休轻万户侯。

送友人[2]

公子秦川贵，霄[3]征泣路岐。江潭杨柳怨，风雪灞桥诗。檀板销魂日，旗亭斗酒时。司勋惯伤别，往事几回思。

忆二弟时之梁园

十年归未得，风雨暂相依。顾影吾何瘦，游梁客久稀。黄河葭菼接，落日斗驾鹅飞。一夕砧声急，天涯未授衣。

秋夜[4]杂诗

今夕知何夕，疏镫且自亲。随风萤入户，出穴鼠窥人。往事[5]追无及，年来懒是真。不才天纵我，高卧有闲身。

一片长安月，偏当少妇楼。关山杳何许，征戍几经秋。凉露苍苔湿，明星碧汉流。夜残刀尺倦，随意下帘钩。

---

① 几，《黔诗纪略后编》作“笑”。

② 《黔风鸣盛录》题作“送友”。

③ 霄，旁批改“宵”，《黔风鸣盛录》亦改作“宵”。

④ 夜，《黔诗纪略后编》作“叶”。

⑤ 往事，《黔风鸣盛录》《黔诗纪略后编》作“事往”。

中秋夕冀隆吉以《秋月》诗见示奉和[①]

树影小摇落，纤云面面收。十年辞故园，万里逼中秋。天上月何朗[②]，人间夜正悠[③]。擎杯一相酹[④]，脉脉迴含愁。

碧海浩无极，寒蛩到处声。最怜今夜月，如见古人情。西碛关山远，高楼河汉明。姮娥吾语汝，风露两凄清。

入关呈党二依草

春风吹马首，浩荡及[⑤]秦关。人结云龙愿，天供岁月闲。雄[⑥]图消歇后，胜迹有无间。独剩论文友，开尊[⑦]破旅颜。

往事浑如梦，浮生亦有涯。不堪频记忆，且自惜年华。梁燕分明语，山桃次第花。春光无限好，都付阿谁家。

游梅观登老子说经台

紫气何年散，苍苍栢尚存。呼风山鸟乱，封树岭云屯。逝水摇斜照，孤烟上远村。至人无处觅，得意已忘言。

孝昌别郑德村、金苍佩

谁拟托诸侯，聊为汗漫游。酒杯狂客兴，木叶楚江秋。世事何须问，仙源或可求拟卜居武陵。明朝片帆去，风雨亦离忧。

赠杨朗溪

廿载神相接，方壶步后尘。人间云物变，我辈性情真。渌酒频烧烛，青

---

① 奉和，《全黔诗萃》作“和韵”。

② 月何朗，《全黔诗萃》作“云都敛”。

③ 悠，《全黔诗萃》作“幽”。

④ 擎杯一相酹，《全黔诗萃》作“思乡兼望月”。擎，《黔风鸣盛录》作“举”。

⑤ 及，《全黔诗萃》作“入”。

⑥ 雄，《全黔诗萃》作“霸”。

⑦ 尊，《全黔诗萃》作“樽”。

山喜[1]卜邻。明年重问渡，不复叹迷津。

别陈授研司马

放舟沿楚泽，系缆正秋风。榻仗陈蕃下，途随阮籍穷。年华惊转烛，身事等飞蓬。明日谁能计，当歌且自雄。

骥足翻羁绁，长饥耐岁时。客来犹贳酒，兴到即题诗。粝馔王珪母，需梨陶令儿。纷纷炫青素[2]，尔独畏人知。

见说旁求切，天门趺[3]荡开。云官争补衮，瓦缶讵鸣雷。荐达群公牍，飞黄[4]上将台。岂知萧散地，憔悴轶伦才。

声华云过眼，结束客还家。未有松三径，依然天一涯。酒阑人缱绻，月上尘横斜。明发烟江里，霜毛恐顿加。

清浪滩拜伏波祠

滩响推篷笠[5]，萧晨风露凄。人家红叶底，古庙翠微西。铜柱标南粤，飞鸢跕五溪。云台寻旧迹，漠漠野烟迷。

关索岭

一发蛮荒路，层霄[6]亦有梯。泉皆从石出，峰欲与天齐。马历[7]千盘上，云开[8]六诏西。汉家开拓地，极目草萋萋。

别朴斋

秋空望不极，秋色满庭除。相对风尘客，能忘水竹居。琴尊[9]今日事，

---

① 喜，《黔风鸣盛录》《黔诗纪略后编》《晚晴簃诗汇》作“许”。
② 素，《黔诗纪略后编》作“紫”。
③ 趺，《黔风鸣盛录》作“詄”。
④ 黄，旁批“腾”字，似有改字之意。《黔风鸣盛录》未改。
⑤ 笠，《黔诗纪略后编》作“立”。
⑥ 霄，《黔风鸣盛录》作“宵”，误。
⑦ 马历，《全黔诗萃》作“匹马”。
⑧ 云开，《全黔诗萃》作“飞鸢”。
⑨ 尊，《全黔诗萃》作“樽”。

鸿雁过[①]年书。莫诵文通赋，销魂不但渠。

白赢山晚泊

白露大江横，芦州一雁鸣。枫林疏欲冷，山月远含清。赤壁谁沈戟，沧波绝射鲸。此时空对酒，望古不无情。

过洞庭

线大长江尽，扬帆过洞庭。浪翻双桨白，天接九疑青。橘社风烟暗，龙宫水气腥。晚来涵倒影，仿佛见湘灵。

看山亭诗四首[②]，为桂林别驾吴柘村赋

潇洒延陵胄，炎方佐郡初。顿教芜蔓地，重辟水云居。世界清无极，烟岚画不如。官闲宜昼永，静对一床书。

小径通公廨，虚舟系浅湾。澄波凭洗眼，老树不遮山。谁信尘寰里，居然濠濮间。夜分应更好，风月满天间。

却寄张蓟门即次送别原韵[③]

朗江聊弭楫，言访素心人。[④] 忽漫亲言笑，何曾别[⑤]主宾。渔樵肥遯[⑥]计，雨雪倦游身。岁晚迷前路，凭君一问津。

纪事

汉使何曾到，秦皇未及并。蚁蜂成聚落，林莽自纵横。拓地三千远，酬功将相荣。留兵兼置吏，疆索异南征。

---

① 过，《全黔诗萃》作“隔”。

② 题作“四首”，实只二首，《黔风鸣盛录》亦仅录二首，而题目未有“四首”二字，疑仅有二首。

③ 却寄张蓟门即次送别原韵，《全黔诗萃》题作“却寄张蓟门”。

④ “朗江聊弭楫，言访素心人”，《全黔诗萃》作“朗江停客舫，为访素心人”。

⑤ 别，《全黔诗萃》作“辨”。

⑥ 肥遯，《全黔诗萃》作“归隐”。

牙门森画戟，那复畏苗顽。血涌江声咽，尸舆日色殷。征兵书络绎，转粟路间关。愁绝菰芦叟，何时一破颜。

路断啼新鬼，风狂鼓劫灰。孤城一炬尽，上将八驺陨。急御门庭寇，须歼盗贼魁。地形天设险，真仗出群才。

一线崎岖路，纡回出五溪。饷军劳上国[1]，锄雨废群黎[2]。便欲收江外即九股，无忘顾水西猓夷也。万山氛祲合[3]，愁听鹧鸪啼。

在宥坤维广，珠崖尚可捐。不教豺豕乱，安用甲兵连。城武筹边日，文翁化蜀年。罪言犹在箧，谁忆杜樊川。

眉批云：学杜。

雨后

深春一夜雨，山色带烟光。乍见繁花落，时闻流水香。笋抽侵菜圃，燕过认茅堂。布谷声声唤，平原叱犊忙。

猛雨，步家大人韵

雨注疑翻海，云垂若覆盆。乱流随野阔，大地接天昏。雷斗千山震，涛惊万马奔。浮查如可坐，咫尺泛江门。

新秋杂诗[4]

凉风初扇暑，野服信委蛇。忽漫闻胠箧，谁能更赏奇？村村人欲散，处处粟皆移。一自元郎后，春陵罕赋诗。

发笑[5]云林外，支筇水石边。沧浪凭濯足，杨柳乱鸣蝉。[6] 野阔秋空迥，峰危夕照悬。吾生多逸兴，把酒问青天。

流火惊时序，晴烟带水隈。陂塘菱一匊，山涧蕨成堆。野老分红粟米价

---

① 上国，《全黔诗萃》作“挽运”。

② 群黎，《全黔诗萃》作“耕犁”。

③ 氛祲合，《全黔诗萃》作“烽火接”。

④ 第二首《全黔诗萃》题作“新秋即景”。

⑤ 发笑，《全黔诗萃》作“放眼”。

⑥ “沧浪凭濯足，杨柳乱鸣蝉”，《全黔诗萃》作“清溪飞浴鹭，衰柳乱鸣蝉”。

踊贵，日籴仓米，秋花缀碧苔。筑场难计日，陇亩漫徘徊。

六管蛮烟息，千峰毒雾迷。拓疆劳节度，杖钺问蒸藜。淫潦征人泪，秋风战马嘶。泰阶平奕叶，何处戮鲸鲵。

采薇后山[①]

荷锄行荦确，氵垒[②]胜一身便。丛薄犹藏雪，高林已带烟。人歌青嶂外，鸟去白云边。何必随黄绮，茹芝始尽年。

峰转忽平麓，溪流一小桥。縠疑铺水面。草欲绣裙腰。未许高轩过，何妨近局招。古来谁隐逸，只是狎渔樵。

答元芝亭

住山才几日，阅世已多年。何有加于我，胡为问到天。露寒秔稻熟，秋晚菊花妍。绝异江都相，忧形不遇篇。

莫以深山寂，山深兴不孤。月常邀伴醉，谷肯笑人愚。虎鼠原无定，萧兰或异区。鸡鸣风雨晦，信步有康衢。

吴北海、杨佐臣相继长逝，诗以哭之

惨淡苍梧野，凄凉浔水隈。人方悲召杜，天独厌贤才。木恶翻能寿，兰芳动见摧。细推皆自取，应不怨泉台。

窗

自结茅垒小，疏棂闭复开。月常移白过，山忽送青来。寒气隔层纸，晴光绝点埃。荡胸资豁达，寄傲一衔杯。

春砧

社酒微酣日，吴绵欲卸时。衣裳须薄澣，砧杵亦频施。坐久风来暖[③]，

---

① 《黔风鸣盛录》题作“采薇后山得诗二首”。

② 氵垒，眉批云：“氵垒，古济字。”

③ 煖，《黔风鸣盛录》《全黔诗萃》皆作“缓”。

敲残月上迟。封侯人去远，惆怅及凉飔①。

寓东山赠苍遥和尚②

觉岸原人世，危峰绝垢氛。风停松自响，雨歇草初熏。素月当头照，疏钟半夜闻。浮生过五十，回首剧纷纷。

听法依龙树，翻经贯鹿车。心如澄井水，语亦带烟霞。了却一生事，倾将万斛沙。维摩门许入，灵运已忘家。

怀张十红州

落落张公子，雄才十倍③余。一官随手掷，八口傍人居。司马空能赋，虞卿且著书。此生须自断，天地一穹④庐。

伯英云：颔联极自然疏宕，且有奇气，竹翁不取可异也矣。

新年作

野老原无事，深山自有春。村舂杂社鼓，斗酒燕比⑤邻。坐看浮云过，从教倦眼新。风光随我转，鱼鸟亦亲人。

宿龙门寺

平生山水癖，兴发肯徘徊。正是深秋候，偏宜胜地来。月留青嶂顶，人卧白云堆。夜半传钟磬，华胥国未回。

杂吟

长笑真无谓，头髭雪更添。此生堪自断，于世有何嫌？酒盏因花洗，松枝对客拈。蒙庄犹养智，我只喜⑥安恬。

---

① 及凉飔，《全黔诗萃》作“两相思”。

② 《黔阳潘氏七世诗》有二首，《潘氏八代诗集》收其一，补第一首。

③ 倍，《黔诗纪略后编》作“辈”。

④ 穹，旁批改为“蘧”，《黔风鸣盛录》作“穹”。

⑤ 比，旁批改为“芳”，《黔风鸣盛录》作“比”。

⑥ 喜，《黔风鸣盛录》作“善”。

眉批云：造语从性灵出，似杜。

欲雪未成雪，客垒常闭门。乱山云黮黮，冷雨昼昏昏。老已疏游好，聋何计寂暄。此时无一事，不负酒盈樽①。

向晚空庭立，低回②往事非。极知生计拙，不道赏心违。落叶鸣客③吹，归鸦噪夕晖。头颅今若此，郑重芰荷衣。

阅世人如水，惊心柳变堤。不逢渔父问，宁向具茨迷。偃盖方宜鹤，栖埘肯类鸡。隋珠堪弹雀，只恐辱涂泥。

一饱为佳尔④，匡床寝复酣。不堪无论七，见黜未曾三。远岫碧云起，微风翠筱含。朝朝成静对，何处语喃喃。

昔为江海客，不惜别柴扉。今作渔樵侣，非关恋翠微。腹诽温峤去，心折孟郊归。幽仄无烦问，为园久息机。

宿水桥

一曲溪流缓，人家傍岸居。鸬鹚冲碧浪，笭箵出鲜鱼。日射枫林晚，风吹客鬓疏。仆夫频泛扫，信宿亦吾庐。

遣兴

万事束高阁，关心现在身。何人光汗简，几辈没风尘。晚食无须肉，高歌信有神。乾坤容啸傲，谁道老夫贫。

采芝寻曲径，把钓向澄潭。不宦差藏拙，非僧孰放参。枫丹山着色，天碧水拖蓝。况有新篘酒，今朝且尽酣。

林居常蚤起，空翠扑南窗。谁是能鸣雁，从教乱吠尨。闲来吟菉竹，兴到话沧江。踽踽游方外，尘心竟未降。

呈陈溶山方伯

画栋临江渚，岿然切太虚。逍遥人驭鹤，拨剌浪翻鱼。帝座真堪接，尘

① 樽，《黔风鸣盛录》作“尊”。

② 回，《黔风鸣盛录》作“徊”。

③ 客，旁批改为“寒”，《黔风鸣盛录》亦作“寒”。

④ 尔，《黔风鸣盛录》作“耳”。

心顿觉除。从来孤回地，端让偓佺居。

章安仁新筑书堂，为赋[①]

结茅依瘦石，生白四窗虚。烟罥干霄竹，香薰插架书。阶除慵翦[②]草，溪涧乐观鱼。大业于焉在，行藏任所如。

送钱益翁观察归盐官

京洛联吟社，漓江续胜游。何期庄蹻路，偏得召公留。鱼鸟飞沈别，兰荪气味投。故人今老矣，谁对[③]启青眸。

按部苗疆日，螳螂怒臂时。转输腾士马，劳瘁起疮痍。寓[④]兴诗兼画，陶情竹与丝。功成身即退，云壑讵相欺。

清梦萦秦驻，随身一鹤骞。[⑤] 鸳湖满春水，桂楫到衡门。难弟花间笑谓天谷，佳儿膝上[⑥]温。天伦多乐事，一一揔君恩。

海鹤姿仍旧，难移高尚心。湖山君是主[⑦]，云树我长吟。屡下陈蕃榻，频分鲍叔金。平生轻别赋，今日泪沾襟。

过陈予翊[⑧]

经旬不出户，命斗驾欲何之？驽马解予意，故人应我思。秋庭淡丛菊，昔梦感新诗。未暇论簪笏，相看鬓已丝。

倒马坡二首[⑨]

七尺岩头影，人呼邋遢翁。乘云三岛远，撒手万缘空。色相偶然现，神

---

① 《黔风鸣盛录》题中无“为赋”二字。

② 翦，《黔风鸣盛录》作“剪”。

③ 对，《全黔诗萃》作“为”。

④ 寓。《全黔诗萃》作“遣”。

⑤ “清梦萦秦驻，随身一鹤骞”，《全黔诗萃》作“琴鹤饶清况，飘然返故园”。

⑥ 上，《全黔诗萃》作“下”。

⑦ 君是主，《全黔诗萃》作“君独往”。

⑧ 辑自《黔风鸣盛录》。

⑨ 辑自《黔阳潘氏七世诗》。

工不可穷。分明前夜梦，招我笑鸿蒙。

自笑缘何事，劳劳往复还。风埃瞇碧眼，岁月老朱颜。蜕向人间委，神于劫外闲。尘心从此净，涧水响潺潺。

安南早发[①]

击柝声刚罢，征裳细雨湔。最宜行路客，只此养花天。啼鸟依山换，飞烟着树圆。酒帘飘眼底，先计杖头钱。

大坡塘[②]

黔山将尽处，草软马蹄轻。垂柳通梢碧，流泉彻底清。鸟歌时断续，花笑递逢迎。莫更嗟于役，无殊建节行。

白水驿[③]

余意欲何适，春风信马游。三年如转烛，两度此登楼。麦浪盈郊涌，花枝到眼稠。谁能更拘束，任作贾胡留。

山家[④]

微雨润芳[⑤]陌，虚窗出远山。阶前青草徧，岭上白云闲。好鸟自[⑥]酬唱，田翁[⑦]相往还。东皋长啸罢，选胜踏苔斑[⑧]。

---

① 辑自《黔阳潘氏七世诗》。
② 辑自《黔阳潘氏七世诗》。
③ 辑自《黔阳潘氏七世诗》。
④ 辑自《黔风鸣盛录》《全黔诗萃》。
⑤ 芳，《黔阳潘氏七世诗》作“南”。
⑥ 自，《黔阳潘氏七世诗》作“递”。
⑦ 田翁，《黔阳潘氏七世诗》作“野夫”。
⑧ 苔斑，《黔阳潘氏七世诗》作“孱颜”。

窗[①]

自结茅斋小，疏棂闭复开。月常移白过，山忽送青来。寒气隔层纸，晴光无[②]点埃。荡胸资豁达，寄傲一衔[③]杯。

玉皇阁[④]

一峰标震旦，楼殿入层霄。烟散重城出，山攒万马骄形家谓贵阳为万马归槽。依然尘世内，已觉地天遥。空外雄风起，凌云兴亦饶。

鸭池晓发[⑤]

鸭噪垂杨岸，人呼渡口艭。山岚全障路，岩势欲堙江。负贩熙熙往，肩舆缓缓扛。经过峰顶寺，僧卧掩松窗。

路穿岩[⑥]

门多皆洞启，鼎峙不雷同。岂有烟霞窟，而容车马通。探幽无谢屐，凿破枉神工。恐是升天路，乘云透碧空。

---

① 辑自《全黔诗萃》《黔风鸣盛录》。

② 无，《黔风鸣盛录》作“绝”。

③ 啣，《黔风鸣盛录》作“衔”。

④ 辑自《黔阳潘氏七世诗》。

⑤ 辑自《黔阳潘氏七世诗》。

⑥ 辑自《黔阳潘氏七世诗》。

七言律

答董千若

大漠风寒又一时，营巢鸟尽向南枝。百城纵有书堪拥，九食能无米作炊。涉水世皆谙厉揭，叩门人更拙言词。年来我解周旋我，扫地焚香也自宜。

送同年宋蕴奇吉士归商丘，兼怀经一、西翮

轣辘青门薄笨车，晨风相送几踌躇。长年故事惟香茗，今日高堂问起居。果有青鸾鸣对客，不须红烛照修书。平生我亦扶犁手，带月何因并荷锄。

海雁桥头眼乍青，凫翁拍拍满沙汀。相逢渔父腰笭箵，应忘[1]蓬山听索铃。池馆梁园留胜迹，韦平世业抱遗经。旧游仿佛惊心处，水蓼风荷放鸭亭。

过杨羽圣寓，出近诗相示，因题其后

代马嘶风易水寒，黄花白雁九秋残。唐捐[2]岁月长安易，旷望[3]乡关蜀道难。涉世固[4]应吟苦叶，逢人漫说误儒冠。穷交脱赠吾何有，壁上吴钩带笑看。

---

① 应忘，《全黔诗萃》作“忘却”。

② 唐捐，《全黔诗萃》作“十年”。

③ 旷望，《全黔诗萃》作“万里”。

④ 固，《全黔诗萃》作“自”。

送田端云同年南归[①]

游猎元[②]工赋子虚，长安灯火订相于[③]。推袁我独摩双眼，荐祢谁能献一书。故国江山劳怅望，佳人迟暮几踌躇。春明门外垂条柳，不系辚辚簿笨车。

寄舍弟

云山无恙客何如？名椀垆熏伴索居[④]。雁去雁来常忆弟，花开花落渺愁予[⑤]。从知秘阁难求饱，只有名山好著书。输尔邱樊寄微尚，忘机莫漫狎樵渔。

雪中作

朝挹西山爽气非，阴云不动朔风微。柳衰别院笼烟冷，雁列[⑥]寒空冒雪飞。僵死袁安犹稳卧，狂生臣朔只长饥。岂知万幕平沙里，指落层冰未许归。

丙申答端云寄怀之作

僦屋长安苦索居，溪山深悔别樵渔。临风暗制思乡泪，入梦真游下泽车。海雁江鸿随处适，羊头鸡肋旧来虚。君翻羡我为官好，误尽儒生一卷书。

送田端云归里[⑦]

鸿趁惊风叫碧云，远林黄叶落纷纷。乍陈玉柱弦何急，不御金觞酒亦

① 南归，《全黔诗萃》作“归里”。
② 元，《全黔诗萃》作“原”。
③ 订相于，《全黔诗萃》作“俗尘疏”。
④ 名椀垆熏伴索居，《全黔诗萃》作“名椀薰垆伴独居”。
⑤ 予，《全黔诗萃》作“余”。
⑥ 列，眉批云：“列字或是生。”
⑦ 此题下三首，《全黔诗萃》将其与前面“送田端云同年南归”一首合为同题四首。

醺。人自清狂甘灭刺，地分南北念离群。洞庭遥接苴兰水，桂棹荪桡恰称君。

平江森森[①]枕柴扉，乔木风烟碧四围。斗酒只鸡招近局，浴凫飞鹭绕渔矶。金台事往谁怜骏，骨相人今但举肥。却扫闭门清净退，君看赵壹未全非。

乌桕红梨树树秋，泬廖天气使人愁。临河送子难为别，步月思家怅独留。壮志空驰鸡尘[②]塞，列仙浪说凤麟[③]洲。欲乘欸叚[④]知何日，回首真惭马少游。

再送端云

欲唱商[⑤]歌酒半酣，晨风不为返浮[⑥]骖。关情故国莼初滑，击汰洪河路旧谙。带索弹琴君自得，登山临水我何堪。依依杨柳今摇落，忍复攀条过汉南。

漠漠行尘日下春，暮云无际渺青[⑦]峰。遥天斜影留新雁，古驿秋声促乱蛩。纫佩自应搴蕙茝，涉江莫忘采芙蓉。若为[⑧]乞得樵风便，同听寒山夜半钟[⑨]。

七夕寄家人

孤馆凉生玉宇秋，敢逢七夕笑牵牛。仙家讵有无期别，荡子长为万里游。半世人空矜燕颔，十年心应折刀头。不须更用磨钱卜，为结茅亭署四休。

---

① 森森，《全黔诗萃》作“晶晶”。

② 尘，旁批改“鹿”，《全黔诗萃》作“鹿”。

③ 凤麟，《全黔诗萃》作“凤凰”。

④ 叚，旁批改作“段”，《全黔诗萃》作“叚”。

⑤ 商，《全黔诗萃》作“骊”。

⑥ 浮，《全黔诗萃》作“游”。

⑦ 青，《全黔诗萃》作“孤”。

⑧ 若为，《全黔诗萃》作“倘能”。

⑨ 同听寒山夜半钟，《黔风鸣盛录》“钟”字后有小注：“时端云将由姑苏还家，故云。”

七夕同仁斯作

碧竹兰香又一时，凉生风露湿蛛丝。可堪苏小逢摇落，正值云孙话别离。绝塞凄清征戍笛，高楼哀怨藁砧诗。人间不少黄姑[1]渚，乌鹊飞飞恐未知。

九日登慈仁寺毘庐阁

岧嶤杰阁恣[2]追攀，极目长空动客颜。瑟瑟西[3]风吹万里，纷纷木叶落三关。山河明灭寒云外，宫阙苍茫夕照间。故国黄花无恙否？天涯惆怅一身闲。

风急天高豁素襟，九衢[4]滚滚此登临。有花无那茱萸节，散步还寻薝卜林。碣石故宫衰草合，卢龙古塞暮云深。枫凋菊蕊[5]年年事，心折鸿飞[6]送远[7]音。

送同年陈坦园由武昌归里

鞭丝帽影别东华，衢路屏营[8]叫暮鸦。桂楫兰桡人系[9]汰，岸花墙[10]燕客还家。中年丝竹摅情[11]抱，远道风烟隔水涯。共指前期君莫易，黑头霜雪恐交加。

---

① 姑，《黔风鸣盛录》作“公”。
② 恣，《黔风鸣盛录》《全黔诗萃》作“事”。
③ 西，《黔风鸣盛录》《全黔诗萃》作“秋”。
④ 九衢，《全黔诗萃》作“红尘”。
⑤ 枫凋菊蕊，《全黔诗萃》作“江枫篱菊”。
⑥ 心折鸿飞，《全黔诗萃》作“愁听飞鸿”。
⑦ 远，《黔风鸣盛录》作“旧”。
⑧ 衢路屏营，《全黔诗萃》作“一路深林”。
⑨ 系，旁批改“击”，《黔风鸣盛录》作“击”。
⑩ 墙，《黔风鸣盛录》《黔诗纪略后编》作“樯”。
⑪ 情，《全黔诗萃》作“怀”。

遣兴

上清沦谪忆前因，奇服从教化软尘。慵揽青铜窥短发，愧分红粟饱长身。逢时未解酬三语，鼓筴犹堪食十人。酿雪云底阴接地，随阳雁去楚江滨。

相羊那得到扶桑，愁思如丝触绪长。凿空何年通大夏，负薪几辈塞宣房。黄金印系元戎肘，赤羽书飞弱水飏[1]。客笑杨雄官落拓，不劳夏[2]国鬓如霜。

伯英评：凿空二字，《汉书》本作“云声”，然唐人诗多作平声用，浮籤宜去。

平生几齿昧樗蒱，一束牛腰日与俱。未免有情人易老，谁能作达酒频沽。风埃云壑吾安往，秋菊春兰性已殊。莫向金张[3]谈范蔡，世间无地着狂夫。

投赠刘大中丞

性最难驯俨若龙，耆年况简在宸衷。沙场独往烽遥举，雪窖生还日再中。已识朝廷须汲黯，更期元祐相温公。批鳞朗朗闻天语，赐宴乾清宫，上指公谓诸大臣曰：“此批鳞之忠也。”旧德于今孰与同。

送周宣子之台湾

封事原期出袖中，翻教岐海破天风。稜舭[4]目断长安远，鳌背烟开绝岛[5]通。仗下讵令嘲立马，边隅犹识避乘骢。罗平妖鸟全消尽，弦诵悠扬上国同。

---

① 飏，旁批改作“洋”，《黔风鸣盛录》作“洋”。

② 夏，旁批改作“忧”，《黔风鸣盛录》作“忧”。

③ 张，《黔风鸣盛录》《黔诗纪略後编》作“章”。

④ 稜舭，旁批改作“舭稜”，《黔风鸣盛录》作“舭稜”。

⑤ 岛，《黔风鸣盛录》作“道”。

壬寅重九后三日送大川二弟归里

水驿山邮路七千，莼丝入馔忆年年。生憎碧落随阳雁，愁对秋风欲暮天。两载联床疑是梦，连[①]宵把酒不成眠。苦思下泽车中语，长恨荒芜负郭田。

纷飞黄叶马萧萧，直北回看只斗杓。乡国音书经岁达，天涯涕泪一身遥。年齐六十高堂健，字识之无稚子娇。便欲奋飞悲倦鸟，梦魂辛苦逐寒宵。

伯英评：只字宜作“指”。

眉批云：“天涯”一句下宜注“成句”二字，勿用浮籤，用古人句，大家中往往有之。

侧身天地路偏岐，簪笏论来更可嗤。岂谓金门真避世，难寻玉局试弹碁。窗明夜月形怜影，尘塞天衢素化淄。为报惠连休错忆谓三、四、五弟，朱颜浑不似当时。

壮岁堂堂去不留，羊车嬉戏羡幽求。遥怜婚嫁催人老，尚有溪山恣尔游。田畔带经师卒史，宅边种树拟樊[②]侯。焚枯却扫柴门迥，应念萍踪逐水流。

奔走三年鬓欲丝，依然返棹咏江篱。脚多垢腻群儿绕，图坼波涛旧袖移。拾橡狙公随故侣，腰镰秋圃刈新葵。深山定少东华梦，莫忘蓬莱献赋时。

瑟瑟凉飙野日荒，黄花酒满别离觞。羁栖但乞寰瀛幻[③]，愁思偏随道路长。去马遥看犹彳亍，斜曛独立转苍忙[④]。濯缨不用桑干水，一唱骊驹泪万行。

---

① 连，《全黔诗萃》作“通”。

② 樊，旁批改作“通”，《黔风鸣盛录》亦作“通”。

③ 寰瀛幻，《全黔诗萃》作“松云老”。

④ 忙，旁批改作“茫”，《黔风鸣盛录》《全黔诗萃》亦作“茫”。

将出都留别耐庵一吾

我爱陈蕃天下士，尤[1]怜冀缺古之人。十年京洛同携手，一日风尘独问津。别业久疏斤竹岭，余生合署葛天民。暮云无际人俱远，旧侣飘零各怆神。

留别刘子航、蒋宗仁

羸[2]得头颅汗漫游，山邮水驿怅悠悠。醇醪饮我醒还醉，薄笨催人去复留。词赋正惭梁苑客，秋风偏称洞庭舟。那堪三叠殷勤唱，柳带鸣蝉不奈愁。

商邱访宋五西翡[3]

荻花如雪雁来天，重过西州泪畫[4]然。把袂乍惊千里外，题襟却忆十年前。场登秫稻新篘[5]酒，地近陂塘旋击鲜。相对莫愁人渐老，嵇[6]康懒慢合高眠。

访高二岘亭留饮

劫外逍遥春复春，倚他长剑历风尘。几年远别成今我，一笑相逢是故人。直以焚枯消暇日，谁能束湿到闲身。纳亭高敞留髡醉，不放良宵月色新。

重经武昌

木黄又见楚天秋，三载身如不系舟。乌鹊飞依高树杪，鼍龙怒打晚潮头。一杯重酹祢衡墓，长啸远登庾亮楼。横槊赋诗千古事，风烟漠漠大

---

① 尤，《黔风鸣盛录》作“犹”。
② 羸，旁批改“赢”，《黔风鸣盛录》作“赢”。
③ 宋五西翡，《全黔诗萃》作“宋吏部”。翡，原作“翁”，据旁批改。
④ 畫，《全黔诗萃》作“泫”。
⑤ 篘，《全黔诗萃》作“醅”。
⑥ 嵇，原作“稽”，据眉批改。

江流。

九日张云如廉使招同元允修方伯、耿念亭、杨左臣诸[①]太守登孔明台，即席限韵

放眼同登万仞岗，天空朔雁阻衡阳。山盘瘴岭通南越，水带湘流入大荒。地险昔曾纷战斗，时平今屡庆豊穰。群[②]公各展筹边策，会听[③]雄师靖陆梁时方征邓横[④]。

执法星高映紫微，熊幡曳掣许追随[⑤]。披襟欲拟雄风赋，剔藓闲扪宿将碑山有俞大猷墓[⑥]。短鬓漫劳花满插，清歌不厌酒频酾[⑦]。银缸荡影催莲漏，忽忆东篱菊几枝[⑧]。

留别次韵

千里驱驰未觉劳，马蹄又踏乱云高。霜华到[⑨]晓频侵骨，草色将春欲妬袍。只有舞衣娱白发，从教稚子进香醪。出山自分非安石，盖顶惟贪结把茆。

眉批云：句极灵圆。

客窗常共话心期，一诵新诗一解颐。已识浮生多噩梦，不如痛饮是吾师。分襟从此长相忆，弹铗于今更不宜。柔橹春江归去稳，待传吉语桂花时君明年[⑩]言旋秋应省试。

---

① 诸，《全黔诗萃》作“两”。
② 群，《全黔诗萃》作“诸”。
③ 听，《全黔诗萃》作“见”。
④ 時方征邓横，《全黔诗萃》作“時滇南方征邓横”。
⑤ 追随，《黔风鸣盛录》作“因依”。
⑥ 墓，《黔阳潘氏七世诗》作“碑”。
⑦ 酾，《黔风鸣盛录》作“挥”。
⑧ 几枝，《黔风鸣盛录》作“已䪥”。
⑨ 到，《全黔诗萃》作“向”。
⑩ 明年，《黔风鸣盛录》作“明年正月”。

大藤峡

一发天高[1]万壑分，兰桡自在鼓江濆。穿空怪石廉佯戟，夹岸危峰峭入云。藤断至今存异迹，峡通终古净妖氛[2]。戍楼夜半风雷合，仿佛韩公十万军。

送督学王智山终养归吴门

借冠诸生愿不违，为霖犹待启黄扉。已饶诗卷三千富，更念人生七十稀。丹凤阙陈令伯表，紫金鱼佩老莱衣。秋风一棹南陔近，岂为莼鲈谩赋归

红叶六首

木脱天高雁始宾，翠微深坐看嶙峋。珊瑚枝发偏离海，顷刻花开信有神。上苑朱缨过令节，函关紫气杳真人。汉家莫谩夸扶荔，夺得烟[3]脂分外新。

伯英评：颔联上句凿，下句平，圈误。

吾谷天平未易追，振衣千仞画图披。重阳酒熟人多醉，二月花红彼一时。愁客岂惟严节度，停车长忆杜分司。霜威莫道无情甚，尚许空山[4]遍紫芝。

眉批云：“二月花红”，未免入纤巧，可叹，可勿圈。

尾批云：紫芝同□，亦误圈。

夕阳返照锦麢麛，赤玉盘承湛露珠。岂是长城连堠火，何曾步障乞齐奴。绛宫明灭蓬莱现，红雨缤纷绣缋铺。欲把刘郎重问讯，玄都观似此间无。

连朝风急噪寒鸦，几缕烟萦艳艳花。岱岳远观沧海日，天台高接赤城霞。惊涛响应松千丈，倒影光腾水一涯。曳掣朱旗依碧汉，不图秋尽绕

---

① 高，《黔阳潘氏七世诗》《黔风鸣盛录》《全黔诗萃》作“低”。

② 氛，旁批“尘”字，似有改字之意，《全黔诗萃》作“氛”。

③ 烟，眉批改“胭”。《黔风鸣盛录》作“燕”。

④ 空山，《黔风鸣盛录》作“青山”。

山家。

莫认曼陀雨法坛，凉风瑟瑟九秋残。何人古寺挥神笔，一树清溪拂钓竿。翻曲正宜红衲袄，驻颜无藉紫金丹。杏花眼孔桃花面，空擅秾华不耐寒。

石径逶迤得得过，九成绛雪满岩阿。吴罗蜀锦从时尚，舞蝶游蜂奈尔何。已诧汉军张赤帜，还疑朱袖拂云和。临风忍放杯中物，回首红尘负薜萝。

伯英评：领联极有身分，寓意不显痕迹。

喜铁蓬翁至

楚水黔山千里余，相思难寄八行书。逃名人入愚公谷，蔽芾门来长者车。高士笑谈挥玉尘，贫家风味撷园蔬。只愁诘旦匆匆别，共指前期慰索居。

伯英评：领联佳。

送陈容山太守

残书一束治装轻，水驿山邮取次更。万里人衔风木恨，五溪舟听夜猿声。无双国士推难弟谓殿撰。第一循良副盛明①。归去闭门同读礼，愁予遥对暮云横。

寄章安仁

花样今年改旧观，与君酌酒且为欢。欲求郭隗千金少，未遇孙阳一顾难。壁上梭逢雷雨化，匣中剑逼斗牛寒。图南好待培风力，肯向榆枋振羽翰。

雁字

忽听宾鸿叫断云，仰观笔阵几行分。开天不在图书后，取象还归凤鸟群。落向平沙疑破体，来从朔漠想同文。秋窗游戏拈柔翰，金剪挥成可

① 明，旁批改作“名”，《黔风鸣盛录》作“名”。

似君。

浏览关河忘苦辛，纵横染翰不无神。六书我欲穷苍史，八法谁知属雁臣。阵挟风霜余劲势，羽工骞翥刷纤尘。最怜不贵三都纸，秋水长天亘古新。

伯英评：工细远胜《红叶》六首。

书怀

滇池天地一迴塘，芦荻花飞似降霜。鼓枻偶闻渔父唱，卜居常拟水云乡。乍收宿雾山如赭，忽报深秋木尽黄。宋玉不劳陈九辨，鹍鸡啁哳夜方长。

高楼一上眼俱明，兵气初销瘴气清。云物入怀添客兴，海风动地鼓商声。豹关虎旅今何用，木叶芦笙最有情。莫问颍川侯旧绩，丛祠是处野烟横。

偶吟，兼柬续登

客中也作贾胡留，佳水佳山去便休。是处尽堪飞野马，此生恰似放虚舟。春花秋月三千界，坐笑行歌十二楼。满眼相逢谁识取，南宗长老许同游。

伯英评：“是处”一联返味蔼然，□僧运用之妙也。

年来冀耐庵中丞、陈一吾学士、何延绿廉访、张红洲大令相继徂谢，春尽感怀，怆然有作

坐阅春光掣电过，风风雨雨奈愁何。干云意气埋黄土，似锦文章付绿波。花鸟代更天若醉，乾坤牢落镜谁磨。故人剩有华颠在，寂历空山对叵罗。

排闷

六十余年类转蓬，敝裘破帽敌霜风。才如可用谁其舍，诗不能工未是穷。松老屈蟠冬岭上，鸦寒历乱夕阳中。人间得失时然耳，卜度堪嗤塞

上翁。

夏日闲吟

何必君平判此生，浇书摊饭药栏行。新抽丛竹粘天碧，乱发闲花照眼明。满院笙歌鹂睍睆，四边屏障岭峥嵘。倦来稳向交床卧，失笑逃尧也为名①。

伯英评：一结洒落之极！

眼前何物不相关，动爱青溪静爱山。自种落苏花欲放，因留香草蔓频删。雨余麦垄黄云湿，风过禾田翠浪澴。非是道人耽玩赏，浮生难得一身闲。

呈无闷四兄②

日向东华踏软红，家山入梦有无中。一南一北云何处见故诗，为白为青眼尚工。易识浮生须作达，难禁双鬓不成翁。五湖三亩留无恙，谁泛扁舟下钓筒。

陶然亭同人雅集③

春草樊川路未迷，旧游嵇阮竟何之。香苹绿水浑无恙，载酒题襟又一时。烟树苍茫人代速，石幢磨灭梵经遗。十年作达吾侪事，莫向恒河照鬓丝。

自寿④

钟鼎山林未可知，腾腾在⑤运复何疑。强分今古⑥依然我，欲判行藏合共谁？芸阁忝雠书七录，彩衣时进酒千卮。遭逢颇胜龟堂老，只少佳儿五

① 失笑逃尧也为名，《黔风鸣盛录》此句后有小注：“晨饮曰浇书，午睡曰摊饭。”
② 此诗原在潘怏《留余堂集》中，今移至此处。
③ 辑自《黔风鸣盛录》《黔诗纪略后编》。
④ 辑自《黔风鸣盛录》《黔诗纪略后编》。
⑤ 在，《黔风鸣盛录》《黔诗纪略后编》作“任”。
⑥ 古，《黔风鸣盛录》《黔诗纪略后编》作“故”，误。

字诗。

发短心长太瘦生，空余豪气九秋横。便从天上求官府，讵胜尊前得老兵。免俗未能聊溷俗，无名可爱孰逃名。驻颜近识蓬莱药，即是东坡玉糁羹。

送友人游江南[①]

柔条万缕系离忧，忽漫逢君赋远游。风雨同倾燕市酒，烟花重上广陵舟。连天波浪迷津口，如画江城指石头。莫为故人劳北望，索居从此倦登楼。

古州赠毛司马二首[②]

一叶无端汗漫游，岸花飞送入蛮陬。山皆扑翠开屏障，水互拖蓝作堑沟。大雅忽从边檄得，荒台为指武乡留。丽谯历历传三鼓，犹折花枝当酒筹。

箫洒居然白乐天，红旗破贼跨前贤。喜嘲风月诗千首，暂偃兵戈力五年。对奕客如过别墅，趋庭人不羡斜川。世间何限升沈事，都付南华第二篇时有左迁之信。

苗疆舟行[③]

水转风回寸寸斜，高楼鳞次尽苗家。杉松过雨添葱翠，蝃蝀横山落彩霞。共着短裙偏弄杼，将登新谷又烧畬。捕鱼艇子归来晓，更听芦笙彻夜哗。

登玉皇阁是日小雨[④]

不向乾坤访十洲，长松翠竹响飕飕。因舒老眼嫌遮眼，更上危楼独倚楼。竜气蒸云迷下界，雨花着袂悟前修。游人莫漫重相问，我亦山灵旧比邻。

---

① 辑自《全黔诗萃》。

② 辑自《黔阳潘氏七世诗》。

③ 辑自《黔阳潘氏七世诗》。

④ 辑自《黔阳潘氏七世诗》。

和方伯陈密山游雪厓洞原韵四首[①]

城南雪洞俯沧州，四十年来未再游。不信神仙耽世味，甘将岁月付川流。羡公娇拟云中鹤，乘兴闲亲渚上鸥。更诵新诗窥啸旨，泠然直到海山头。

矗矗花宫接市边，此中日月一壶天。松高不碍仙禽舞，漏尽长教佛火燃。但解平常心是道，自饶定慧力安禅。恒沙历尽逍遥劫，犹是人世大小年。

玉台重焕碧息限，楼殿参差气象开。俨见云衢持解下，定招羽客御风来。求仙须满成仙愿，度世才消出世哀。何必鞭鸾游域外，一邱一壑尽蓬莱。

欲识浮生去未因，身前身后孰为真。千年旧迹何关我，一点灵光不藉人。干地旋天归净业，披云履水忆前尘。他年手把浮邱袖，笑渡沧溟不问津。

游水落洞，杨碧山见寄，以诗次韵二首[②]

万壑烟霞廿载栖，旧游今免叹途迷。逢君禅室开颜笑，驻马层岚振猎嘶。风入松枝翻细浪，雷鸣岩脚注清溪。披襟共理庞公语，大意无劳更问西。

枫赤花黄问碧苔，分明图画半天开。有山若此谁能赏，好事如余不厌来。送客俄惊鸾啸岭，逃禅最爱酒盈杯。何当九日无风雨，更抱焦桐上碧台。

宿鸭池河有感[③]

四十六年前问渡，碧波依约照朱颜。那知缺齿童头日，又到残山剩水间地屡经火灾。访故尽成新旧鬼，临流都变浅深湾。浮生只有身闲好，底事蛮疆亟往还。

---

① 辑自《黔阳潘氏七世诗》。

② 辑自《黔阳潘氏七世诗》。

③ 辑自《黔阳潘氏七世诗》。

五言绝

夜雨

奔湍漱白石，朔吹摇宿莽。客子五更心，篷窗一夜雨。

东山十二韵[①]

春风远眺

绝顶小团瓢，春风来面面。一览群山低，云烟千万变。

铜鼓传声

山以铜鼓名，何年铜鼓响？极目空巃嵸，名实由来爽。

竹径留云[②]

一入篔筜谷，白云封窅窱。朝回俗士车，夜许明月照。

钟声夜度[③]

栖霞切太清，寂不闻驺[④]哄。夜半响洪钟，人间醒噩梦。

琴台谱月

晚来梵唱罢，素琴手自理。清光含一切，正合弹流水。

牛渡潮音

曲曲南明河，澄波窥鬓影。何来海潮音，直上伽陀岭。

---

① 韵，《黔阳潘氏七世诗》作“咏”。

② 《黔风鸣盛录》题作“竹径”。

③ 《黔风鸣盛录》题作“钟声”。

④ 驺，《全黔诗萃》作“喧”。

梵龛[1]夕照

呀然一壑开，颇类维摩室。谁放大光明，空中一轮日。

旭日蒸霞[2]

暾日射层岭，遥天一抹霞。灵云真具眼，于此见桃花。

晴涌云海

黄山白岳间，自昔云成海。今我登东山，晴空浮叆叇。

松涛夜吼[3]

风鼓庭前松，非从昨夜起。譬如木樨香，原无隐乎尔。

万家灯火[4]

六街语不哗，万井灯未灺。恍陟莲花峰，星辰辉[5]足下。

螺峰拱翠[6]

高阁敞云窗，烟鬟露几点。廉纤好雨余，眉黛重重染。

松涛夜吼[7]

一片落花香，柴门迎返照。鱼肥酒不沽，歌罢复长啸。

苗刀

千金买宝刀，寸铁试霜刃。世上负心人，宁无怀疾疢。

① 龛，《黔阳潘氏七世诗》作“音”。

② 《黔风鸣盛录》题作“旭日”。

③ 辑自《黔风鸣盛录》，题作“松涛”。

④ 辑自《黔阳潘氏七世诗》。

⑤ 辉，《全黔诗萃》作“在”。

⑥ 辑自《黔阳潘氏七世诗》。

⑦ 此首在八代诗集中，作为“东山十二韵”之第十首，然题目与内容不符，存此待考。

七言绝

舟中杂咏[①]

桃花春水远连天，浊酒新诗载一船。藉问仙源何处是？渔人笑指过前川。

杂咏[②]

碧山楼阁静朝晖，送客登舟出翠微。莫道相逢情未尽，诗思[③]载满一船归。

梦回

迢递家山逐梦回，梦中翻绝惹愁来。天涯又是深秋夜，不住蛩声四壁催。

访竹隐山人不遇

芦花夹岸小桥东，临水柴门曲径通。为问山人何处去，小童遥指翠微中。

重阳前一日口号二断句送端云[④]

斯人憔悴京华日，悔载云旗事远游。明到木兰舟上望，楚云湘水尽

① 原题作“舟中杂咏”，旁批改作“舟过桃源”。

② 原题作“杂咏”，旁批改作“登舟别友”。

③ 思，旁批改作“心”。

④ 自该诗以下至《黔西感怀杨端如》原在潘珍《学钧集》中，据田榕《橡林诗草序》及今人宋子宽等考证，并据《黔风鸣盛录》《全黔诗萃》所载，皆为元亮诗，现皆从《学钧集》移至《橡林集》中。

离忧。

不逢彭泽开樽醉，空说龙山落帽狂。长短亭前骑瘦马，秋风秋雨过重阳。

题刘玱白尊人遗像

烧残劫火是何年，落日嵩云响杜鹃。千岁鹤归华表望，白云红树旧山川。

伯英评：有感之，然味极深厚。

送彭隅存三首[1]

驴影凌竞客路遥，九门风雪正萧萧。回头尚忆销魂别，已过梁园海雁桥。

桑柘笼烟认旧山，鬓丝微带雪霜还。候门稚子惊相语，真个红尘不驻颜。

有泪何须泣向隅，匏巴一曲世间无。平生不作投竿客，枉杀声华动顾厨。

偶题

绛灌纷纷剧老成，洛阳年少一书生。笑他痛哭终何补，只合长沙吊屈平。

伯英评：短章顿挫乃尔，得味外味，求之古大家集中，不可多得。用意极佳，用笔极老，高刘长卿“汉文有道”二句一筹。

封侯原不在奇勋，射虎声名一代闻。夜向灞陵逢醉尉，可怜犹说故将军。

访田端云即席口号

我行万里渐华发，君拥百城方浩歌。粗饭浊醪无不可，红旗黄纸竟如何。

---

① 第三首辑自《黔风》。

险涉惊涛一叶轻，劳君旨酒慰平生。风埃一样寒宵月，不似江村分外明。

一卷精华王孟兼，每从法界想华严。功臣何处求毛郑，只[①]有平溪田孝廉。注《精华录》已脱稿。

与君诘旦难为别，俱是嵚嵚可笑人。记取柴门须昼闭，断无祖谢响然臻。

别耐庵

四海论交彼一时，相逢忽讶鬓丝丝。青门踠地千条柳，不与人间绾别离。

申阳道中

天山深处见鸡豚，带雨笼烟老树邨。幽鸟乱啼空谷应，爱他风景似乡园。

过清溪

只合东溪守故篱，兰桡今更欲何之？春江正涨桃花雨，不共渔人下钓丝。

伯英评：绝句得杜气味。

怀人绝句

按：田榕序潘元亮诗，谓《怀人绝句》二十首是元亮诗，本集入平山诗中，误矣。元炜录诗，未加考证，想系平山先生曾手写元亮诗，后人遂误以为平山诗。

电光如目戟如须，叱咤真能辟万夫。摘句寻章浑不屑，国中谁识一人儒。朱孝廉越千。

经国文章万古传，千秋青简付群贤。玉堂果有扶犁手，白发犹令浍距

---

① 只，《黔风鸣盛录》，作“独”。

川。陈学士一吾奉命督营田，不与①修《明史》。

历历京华数旧游，惟君②江左擅风流。一官落拓羁澴水，闲杀③萧公北固楼。张大令红洲。

别业幽偏户不扃，炉薰④茗椀伴遗经。软红香里东华路，可胜⑤西陂放鸭亭。宋吏部西翢⑥。

燕市悲歌击筑时，长鲸一吸酒千卮。高阳旧侣皆零落，手挈军持叩导师。顾高士虎臣。

万金散尽事戎行，十载龙沙两鬓霜。一任张骞封博望，甘同王翦在频阳。党将军依草。

君平卜卖百文钱，醒即狂歌醉即眠。却笑诸儒腾口舌，阿谁辛苦绝韦编。张道人他山。

纫兰作佩从吾好，东⑦櫖为梁也自堪。原是灵均宜放斥，何须憔悴向江潭。张廷尉学量。

禁中屡试仓公术，日下还乘赤棒车。投劾欲归归未得，长吟吾亦爱吾庐。冀中丞耐庵。

来往朱门蓬户间，蛮争触斗不相关。人间未必无兜率，一笑骑驴入华山。杨山人持国。

伯英评：颇似渔洋。

尘外亭亭桂一枝，多情最恼落花时。红牙要斗汤清远，自谱新词教雪儿。高大令纳亭。

---

① 与，《黔风鸣盛录》，作“预”。
② 惟君，《全黔诗萃》作“有人”。
③ 杀，《全黔诗萃》作“煞”。
④ 炉薰，《全黔诗萃》作“薰炉”。
⑤ 胜，《全黔诗萃》作“及”。
⑥ 翢，原作“翁”，据眉批改。
⑦ 东，旁批改作“束”。

偶作急装驰远[①]塞，亦[②]曾折节事猿公。平生与世无恩怨，一剑长教[③]守匣[④]中。余侠客子舟。

将转官阶竟拂衣，授经高坐绛纱帷。光茫一曜临吴会，不是文星是少微。徐修撰达夫。

萧散襟期少宦情，肯将簪绂易躬耕。自开三径襄山下，坐看儿童项领成。蒋郎中云期。

雨窗爱写潇湘景，铁篴常和鸾凤音。已共此君坚晚节，更从何处有机心。刘处士玱白工画竹，自号“铁笛翁”。

曾遇仙人授异书，甲兵十万乃其余。跳身南北轻于鸟，多病张良恐不如。张秀才扶万。

交态今如天上云，向[⑤]人肝胆夙[⑥]推君。闻持使节经邹峄，不遣西华着练裙。蒋学使永年与李编修小东相善，小东殁，永年视学山左，存恤其孤。[⑦]

早入承明撰制词，相门才子动当时。而今手执西台法，传道依然玉树姿。杨少司寇孟班，武陵相元孙。

但得诗篇绝点尘，何须标格冠群伦，请君试看封侯者，大有魋颜齃鼻人。朱广文陛楏以能诗被诏，貌丑见黜。

五华高处望尼郎，想象伊人水一方。我载云旗君扫轨，一般放逐别闲忙。赵方伯亘舆。

雨后过三弟山庄

溪流瀌瀌水田间，古木苍藤人外闲。一幅襄阳好图画，烟中村落雨中山。

---

① 远，《全黔诗萃》作“鹿”。

② 亦，《全黔诗萃》作“也”。

③ 教，《全黔诗萃》作“留”。

④ 匣，《全黔诗萃》作“箧”。

⑤ 向，《全黔诗萃》作“照”。

⑥ 夙，《全黔诗萃》作“独”。

⑦ “蒋学使永年与编修李小东相善，小东没，永年视学山左，存恤其孤”，《全黔诗萃》作“蒋永年与小东编修善，李没，蒋督学山左，存恤其孤”。

伯英评：有自然之致。

秋柳词

何处西风送远蝉，汉南一树罥寒烟。多情只有桓宣武，攀执柔条泪泫然。

几日毵毵白下门，寒鸦零落夕阳痕。不须更听吹羌笛，灞岸灵和总断魂。

旁批评：有感之言，然时目此革后也。

书《碧山堂稿》后

性癖躭寻老古锥。岩中宴坐已多时。忽惊片片花沾袂，又读田郎一卷诗。

伯英评：清流致远，工至门庭。

黔西感怀杨端如[①]

何处青山埋侠骨，当前宝剑想英姿。凄凉忽听邻吹笛，也是山阳日暮时。

山行口号[②]

一山如送一山迎，人在山中得得行。终古劳劳无限客，输他岭上白云横。

山途[③]

一峰回处小桥欹[④]，风磴松枝亚竹枝。溪水拖蓝山扑翠，大痴图画右丞诗。

① 《黔阳七潘氏七世诗》题作“黔西感怀”。

② 辑自《黔风鸣盛录》。

③ 辑自《黔风鸣盛录》。

④ 欹，《黔诗纪略后编》作“嵚”。

黔西早发[1]

雄山迤逦入宽平，一水琤潺带郭行。人拥笋舆穿菉竹，晴烟漠漠鸟嘤嘤。

九里箐[2]

万木阴森六月寒，羊肠诘曲屡停鞍。崎岖历尽犹挥汗，从此休歌蜀道难。

大定旧名大方戏作[3]

石煤砂釜煮擂茶，糁以椒盐户户夸。椎髻披毡人满眼，大方不见大方家。

---

① 辑自《黔阳潘氏七世诗》。

② 辑自《黔阳潘氏七世诗》。

③ 辑自《黔阳潘氏七世诗》。

文

平溪节烈田母江孺人传①

予同年友田君端云，其先世由江南如皋迁楚之平溪，而平溪学校旧附黔之思州，故田君与余同举贵州辛卯乡试。乙未、戊戌，田君两上公车，皆客予所，酒阑灯灺，两人每上下今古，至史传中忠孝节义，辄慷慨悲壮，间及吾乡胜国遗事，田君因为予言，其曾祖母江孺人节烈，予未尝不为之正襟起立而听也。呜呼！孺人之死，今且七十年矣，乃自田君言之，有余恫焉，即余闻之，有余悲焉。何欤？盖太年伯教授角灵公存时吁呈当事，未获坊表。又平溪僻处天末，采风者罕至，故末由以其事载之史策。呜呼！世有节烈而忍令湮没勿彰，不惟无以慰幽魂地下，抑何以扶正气于人世也。余不敏，窃幸备官史氏，谨因田君所言，而约略传之。

孺人姓江氏，父应奎，母刘氏。孺人年及笄，归卫庠生田公赋国，即端云之曾王父也。不幸崇祯庚午岁，赋国病故，孺人年甫三十，凭棺长号，誓以身殉自绝者，日且三四，赖舅姑力持得免。亡何舅又见背，孺人与姑相依为命，茹荼饮蘗，竭力事姑，抚藐诸孤五人，教养兼至。每夜机杼轧轧，与咿唔声相间闻者，皆为感泣，黾勉有无。为五子完娶成立，历二十年如一日也。

明末己丑岁七月，闯贼袁宗第、刘体纯等屠戮生灵，孺人举家避乱至沅州属之凉伞寨，骤遭贼势猖獗。攻寨破，孺人家众冲散，独左右姑。姑老，行步颠蹶，孺人不忍弃姑独往，遂俱被执。贼举刀向姑，孺人跪泣求代，贼不允，曰：“吾杀姑，当活汝。”刀起，孺人力疾抱姑，引颈迎向其刃就戮，刃入颈寸许，孺人辄委姑，奋起，以血溅贼，大骂：“狂奴，吾岂从汝苟活耶！”贼怒，以刀再砍，孺人益厉，骂不绝口而死。其死也，犹反身向姑，

① 辑自康熙《思州府志》卷八下。

作翼姑状。是时，姑已被伤仆地，得孺人尸覆其上，其颈血沾洒遍原野。倏忽天日黪黯，贼亦大惊，引去，姑遂获免。后十余日，得正寝而终焉。

孺人称未亡人二十年，及死，年五十五。子俱卫诸生，时已相继夭札。独存幼子角灵公，讳起虬，后以明经仕偏桥卫教授，改任楚之桂阳，黔地湄潭、安平三县训导，即端云之先王父也。

论曰：世常言，烈女不事二夫，然窃谓妇人从一而终，分耳。彼夫青年守志，白首完贞节，著矣，而烈或犹未焉。若江孺人，居孀则抚子以奉姑，临难则舍生以就义，节矣，抑何烈也！至若代姑以死，又能以死捍姑，使姑得以不死于贼手，呜呼！此其节烈，即史册中亦岂多得者哉！

大风洞记[①]

由清平而北十余里，距大道数百步，有山焉，与诸山接，而状如蹲虎。山之西有洞，洞口垂藤挂薜，苍翠蒙翳，若从未经人出入者。清泉一道，涓涓流出，掬之寒沁肌骨，虽酷暑不能堪。洞中时殷殷作雷声，少顷，怒涛岔涌，已，则奔屋撼木，势不减海中飓。土人曰：“洞中大风出矣。”故名大风洞云。

邑人高一庐，物外士也。每与朋好三四人，挈壶觞，坐洞口绿莎茵，临流啸歌，剧饮竟夕。一日谓其侪辈：“是洞深邃，不知所底，吾等生长于是，而不能一探其奇，得不令禽向笑人乎？且吾与若皆有济胜具，何甘让客儿也？”皆曰：“诺！”于是裹糇束火而入。初甚平旷，约里许，瘦石森立，如奇鬼，上视钟乳，累累如璎珞下垂。径忽仄，仅通人，冷风飕飕，自石罅射人，毛发俱竖。蜿蜒而行，高高下下，不知凡几里。乍闻钟磬响答，引火四照，颇寥阔。头上岩光如镜，与火相耀。数十步外，有数炬，炯炯夺目，相与惊悸，不测何物。注目久之，始见一潭，广数亩，火光映水，澄澈晶莹。适所闻钟磬声，则岩间乳滴潭中也。地既坦夷易行，所见多盘龙、骞凤、蹲兽之属，皆石乳凝结，巧夺鬼工，奇胜引人，欣然忘其疲役。有蝙蝠二，大于扇，闻人声惊扑，下上盘舞。炬光中，一人谓一庐曰：“我辈来不知几时，行不知几里，而洞之曲折逶迤，正未有穷尽，盍归乎？”前行引炬

① 辑自乾隆《贵州通志》卷四十。

者忽失声曰："洞尽矣!"众共视之，石壁陡绝，壁间一石穴，穴尚容人匐匍，一庐缩身入其中，仿佛见天光，余人亦鱼贯入。穴渐大，日渐明，行未数步，豁然云开，修竹茂林，俨然在望，炊烟缕缕，上穿屋脊，鸡犬之声，依稀到耳。俯瞰，则大江千尺汹汹，洞口外，四面巉岩，尠藤萝可扪，凝瞩竚望，寂无往来。人相顾，恍惚不知为何处也。

发火燃炬，回穴中，扶向路出，所见与去时同异各半。方一庐入洞时，日亭午，出则次日二鼓矣。一庐偕诸人缘山寻数十里内，所谓大江一泒，隔岸人家者，杳不可得。

建修书院碑记①

窃尝慕文翁之治西蜀，韩公之治博陵也，兴学造士，比户弦歌，维时声教大洽，几于齐鲁，至今千载下，犹令人啧啧，称道不衰。以及李觏博学，创书院于临川，考亭大儒，赐书院于建阳，自古之风移俗易，未有不因封疆贤臣、明儒、硕彦政修于上，化洽于下也。

予滥竽木天，今年夏，仟之绅士致书，来言曰："我太守黄老公祖，以闽中望族、当世名家，代有闻人。自封君太老先生观察粤西，屏藩山左，鸿勋达于帝座，厚德洽于民物，两省士庶迄于今歌诵不忘焉。我公以家学渊源、弘才硕德久历郎署，出牧江陵，荆之人殆爱媲甘棠也。癸巳夏，来守兹土，恺悌慈祥，待士以礼，抚民以恩，公余赋诗，直追少陵。和平者气象，耿介者操守，风雅者文章，盖其表率沦浃于侯山、乌江者，将十年矣。去年冬，我公慨然捐金数百，大修圣庙。内而宝座甃石玲珑，外而墙垣砌石完固，两庑则创建辉煌，泮池则开辟精工，数百年之颓腐挠折，漫漶不鲜者，一旦而改旧更新，黄童皓叟，莫不踊跃爱戴，谓转盼间人文蔚起，渐媲中原，宁非黄公之栽培，留恩波于不尽哉！于是，凡我绅士，合词而谋曰：'我黄公超擢在迩，无写爱慕之忱，将效临川、建阳立书院于城中，崇生像于祠内，庶我公莺迁之后，瞻厥像如瞻我公焉。其传之百世，永之千秋，焚祀之私，系恋于无疆也已。'"

余不敏，辱在知己，既闻盛举，勉伸鄙词。是为记。

① 辑自民国《石阡县志》卷十六《艺文》。

诗赠奉直大夫朱君暨德配朱宜人合葬墓表[①]

同年友朱君霞谷将奉母单太宜人柩，合葬于太翁湄云先生之阡，而抟颡以征表墓之文于余。

按状，君讳文，字湄云。上世本蜀之巴县人，由蜀而楚，由楚而黔，遂家焉。德配单太宜人，其先楚黄巨族，迁于黔，而太宜人生年十七，归君。君天性纯孝，耽坟籍，尤乐交天下士，相与讲求大业，慨然欲有建树。而太宜人柔嘉，娴内则，克明大义，凡君事亲养与葬祭如礼，又能积学笃行，以见重于当世贤士大夫，太宜人一一有以勷之。其最著者，姑郑太夫人病剧，君忧惧不知所为，太宜人潜尝秽以慰君，且自慰。里闬闻之，无不感奋兴起云。

君宅衷诚恳，急友朋难，倒庋佽助无遴色，以故户外屦常满而家故贫。太宜人搜箧衣、簪珥、缠臂皆脱尽，宾至不闻燔涤声，而筐罍已具，极整洁，与若交者，浑忘其为贫窭人也。

当吴三桂虺张时，凶焰涨空，人心纷纷煽动。逆党马宝者，闻君名，遣其腹心厚币相招，以主赞昼，君严词拒之，贼殊忿恚。爱君者咸以宜稍通达为自全计，君笑曰："圣达节，贤守节，吾自矢当希贤耳。"而太宜人独谓："忠孝，生人大节，君拒之，诚是。顾贼不能致君，必怒君，且恐肆毒，以甘心于君，阛阓不可居矣。"爰变姓名，举室匿深山中，采山钓水，读书啸咏不辍。太宜人早夜工针凿，以给饔飧，食尽继以藜藿，欢如也。已而，王师靖乱，君皭然不滓，而卒不罹于祸。

浙抚黄中丞秉先，先为黔西州牧，与君交善，驰尺素招邀。既至武林，情文视往时弥笃。杭富民某，素好施与，值亲丧，会葬者万余人，怨家乘机诬以叛。狱将成矣，君为微行廉得实，富民之冤立雪，全活者甚伙。君性既挥霍，复不苟取，客游数载，垂橐归里门，食贫如故。偶语及斯事，太宜人骤然色喜曰："此不胜白镪千万耶！"

越数年，仲子绣中康熙辛卯科乡试，现为宣威州州牧，即余同年友霞谷也；叔子经中癸卯科武乡试。太宜人后君数岁卒，乃合葬。

① 辑自道光《贵阳府志》余编《文征》卷十二。

呜乎！欧阳子有言：“为善无不及报，而迟速有时。”以君之行与学，卓然一时，又得太宜人之贤以相助，固宜及身显庸，以彰为善之报，乃终潜其光，俟霞谷然后振诗书之业，邀纶綍之荣。而君与太宜人隐德懿行，究何尝湮没幽郁，且方诸及身显庸者，犹不啻过之也。欧阳子之言，洵不诬哉。矧霞谷由县令历府，倅以陟州牧，所至者有廉能声。方其倅普洱时，逆夷变起仓卒，獐乡孤城，危于累卵。霞谷倡大义，担死守，为兵民先率，能完城池而固疆圉，忠干之名，简在帝心。后此之达于仕进，以扬显其亲者，正未有已也，姑表于丽牲石之左以俟之。至于生卒年月、子孙婚嫁，详江津李专所为《志》，例不复载。

笠山集

潘宪武 著

潘元炜 校录

潘笠山先生传略

潘元炜

先生讳宪武，字笠山，乾隆庚辰进士，讳镕公之子也。曾祖讳珍，官清浪卫教授，祖讳灏，康熙癸卯拔贡。先生登贤书，中乾隆癸卯进士，授湖北施南府咸丰县知县，致仕后，友教称盛，文艺冠一时，常讲学于贵阳文昌宫，暨[①]大定万松书院，从游最广，著《笠山诗集》若干卷。播迁之余，原本尽失。己亥秋，吾友郭心斋游清镇，于先生门人处获一残本，书以见寄。捧读之下，不胜今昔显晦之感，特其间踳驳[②]殊多，录就傅确园前辈订正，而择其尤者附入《家集》，谨具本末[③]一以见先生大美必彰，且以志吾友代觅、代钞之雅[④]意也。

族曾孙元炜谨识

① “讲学于贵阳文昌宫，暨”，《黔阳潘氏七世诗》无此数字，在“常”后有“掌”字。

② 踳驳，原漫漶不能识，据《黔阳潘氏七世诗》补。

③ “附入家集，谨具本末”，原本漫漶不能识，据《黔阳潘氏七世诗》补。

④ “友代觅、代钞之雅”，原本漫漶不能识，据《黔阳潘氏七世诗》补。

潘宪武先生事迹考[①]

道光《贵阳府志》卷八十《耆旧传·孝友传·潘宪武》[②]

潘宪武，字立山，贵筑人。乾隆二十四年举于乡，父溶亦举人，已具《潘亮传》。乾隆中，宪武从溶应会试，溶卒于京师旅邸，宪武扶榇归葬，哀毁骨立，路人为之感动。事母陈氏，得其欢心，年已七十，每日晨必为母涤圊圕，仆从、子侄或代之，宪武不许，曰："此人子之分，非汝辈所能代者也。"有馈其母蒸豚者，宪武自奉之以归，其纯笃至诚如此。尝祷于天，愿终身事母。母年九十七而卒，又数年，宪武乃卒。宪武中乾隆二十八年进士，官咸丰知县。著有《立山诗稿》。

《安顺府志》卷三十八《人物·清镇·潘宪武》[③]

邑进士，文章精纯，《钦定文选》中登其制艺，品行亦为当时所重。

《黔诗纪略后编》卷十《潘咸丰宪武》[④]

宪武，字立山，贵筑人。乾隆已卯举人，癸未进士。立山与父溶同应会试，溶卒，立山扶榇归，哀毁骨立，路人为之感泣。事母孝，晨起必亲涤圊圕，仆从、子侄或代之，立山曰："此人子之分，非汝辈所能代者也。"《贵阳志》入《孝子传》，官咸丰知县。著有《立山诗稿》。

---

① 原无，据本书体例加。

② 辑自道光《贵阳府志》。

③ 辑自咸丰《安顺府志》。

④ 辑自《黔诗纪略后编》。

五言古

雨夜

秋雨何绵绵，凉风助萧瑟。四壁蛩螿声，亦若共凄切。幽人夜不寐，愁思只自结。欲遣嗟莫由，悠悠向谁说。短檠光可篝，清尊味且冽。独藉望古心，醉歌恍相接。

尤节妇诗

有生苦多欲，至性因以漓。靡靡遂成风，力挽将何施。试观古贤媛，大义能独持。经史传无疆，卓哉闺中师。尤氏后来秀，字杨年未笄。待年夫遽殁，摧心怆以悲。不二当相从，姑嫜依者谁。泣诀父母前，妇职不可辞。守志仅一端，今以妇为儿。过门竭孝养，卌载贫忘疲。送死慎厥终，孝节两不亏。譬若松与柏，森森挺孤枝。又若冰与玉，皎皎绝瑕疵。直自千载后，上轶柏舟诗。会见邀恩纶，褒旌坊表垂。敬告女士俦，请视此芳规。

七言古

都门九日呈刘养园

客中忽忽又重九，伶俜寡偶何寂寥[1]。秋思憀栗不可遏。况复风雨当今朝。长安车马纷络绎，最苦入市侵尘嚣。此地黄华故迟放，佳节却似淡相遭。买得数本强点缀，蓓蕾犹自含芳苞。安得浊酒满斟酌[2]，差胜杜老空牢骚。知君意气迥绝俗，相从块塥期全消。秋山气爽白露下，霜天月淡金风高。一年佳节让此日，容否听君歌泬寥。

① 何寂寥，旁批改作“真无聊”。

② 斟酌，旁批改作“尊酌”。

五言律

游西山寺

野寺萧条甚，老僧游未归。空林堆落叶，古洞淡斜晖。憩石客心远，登楼尘迹稀。西山来爽气，时见白云飞。

山中夏日[①]

夏木阴阴合，山溪汵汵流。千峰含雨暗，一径入林幽。笋绿秧抽露，梅黄麦有秋。村居风景好，随地足勾留。

登琼州鼓楼

盛世休和溥，炎荒瘴疠平。山岚浮远树，海色壮孤城。此日登楼客，悠然作赋情。倚栏频极目，处处晚烟生。

花间夜坐

独坐花阴下，遥看月影来。夜凉人语寂，风过竹扉开。客久安殊俗，囊空剩旧醅。欲眠还徙倚，更漏任频催。

斋中遣兴

斋虚风雨寂，开卷兴偏长。炉篆分帘细，瓶花落砚香。惊人蛬在宇，感候雁成行。老眼耽秋色，幽居省一忙。

夏日艾凤岩太史招同任检予明府陈竹田孝廉游东山

避暑登高阁，浓阴四面围。攀藤循曲磴，憩石倚斜晖。竹影清禅室，松

① 山中夏日，《黔阳潘氏七世诗》题作“山居夏景”。

声冷客衣。尘襟欣一豁，相对欲忘机。

远游

岁岁风尘里，飘蓬未有涯。暂归翻似客，到处竟为家。甘旨亏庭奉，园林负物华。萧斋灯独照，乡梦亦徒奢。

九日陪艾凤岩南岳山登高次韵[①]

幽情宜对菊，佳节拟题糕。寺古心俱静，秋空眼共高。马蹄归路疾，人语夕阳嚣。指点云林外，知君兴正豪。

① 辑自《黔阳潘氏七世诗》。

五言绝

石磬

石磬出清响，铿然太古音。幽情聊寄托，抱膝短长吟。

七言绝

将至海安望琼州府

蔗村蟹市晓烟团，日暖风和未觉寒，琼岛不知何处是，海天一色望漫漫。

舟次黔阳

一篙撑入水云乡，水曲云深万壑长。坐听子规啼不住，渐看归路到黔阳。

附箴铭　砚铭

人以土为田，我以石为田。亦厚亦坚，可方可圆。文耕字种，其利自然。于戏，岁岁丰年。

海岳游草

潘　恂　著

潘元炜　校录

潘厚田先生传略

潘元炜

先生讳恂，字厚田，平山公之曾孙也。祖讳洪，雍正庚子举人。父讳鉴，清镇县学庠生。先生登乾隆丙午贤书，选福建沙县知县。生平著有《海岳游草》诗文集，因毁于火，存者绝少。今仅于先生门人处获七律一首，载入集中，余俟查出补录。子汝洙，庠生[①]。平山公之裔，惟先生子能继书香云。

族曾孙元炜谨识

① “子汝洙，庠生”，《黔阳潘氏七世诗》作“子任常、任干，任常庠生”。

潘厚田先生事迹考[①]

《黔风演》卷三《潘恂》[②]

潘恂，字厚田，清镇人。乾隆丙午举人，官沙县知县。

① 原无，据该书体例加。

② 辑自《黔风演》。

七言律

蔡君佩周过署作此留之

仙客遥停海上槎，壮游从识逸情赊。喜投殊契酣三雅，高唱新诗过八义。嚼蜡君休谈宦况，飘蓬我亦感天涯。小留荒署开莲幕，归待春和夹岸花。

附　录

附录一
《潘氏八代诗集》外潘氏族人诗

翠屏山居[①]

潘文范

翠屏山色好，日夕送青来。绿竹自娟秀，红萝相映开。窗虚先受月，案小净无埃。独坐寻诗趣，仙心往复回。

九月三十日，随俞秋农父师往东山释奠王文成公祠，谨和原韵四首之一[②]

潘元勋

千秋道脉姚江接，一代儒原化雨新。宦历龙场风始辟，讲缘鹿洞德新成。南黔久荷培桃李，西土今歌献藻苹。容易蛮荒夷陋洗，同遵法服奉儒巾。

甲子因乱去乡，诗以纪之

潘元勋

乡关蹂躏累经年，处乱无才且听天。箧带诗书谋启后，囊携著述计承先。痴心难了千秋债，破浪频撑万里船。顾我生涯嗟拙计，且将遗砚当良田。

① 辑自《黔诗纪略后编》。据《黔诗纪略后编》知，潘文范，字正也，贵阳人，文芮弟。有《沙溪集》。

② 以下五首皆辑自光绪《黔西州志》。

和均侄咏怀

潘元炳

辛勤岂是为身谋，妙绪无端日夜抽。口纵卒瘏心未已，躬思尽瘁死方休。一夫不获将谁怨，半息犹存敢自由。但得苍生衣尽被，水深火热愿相投。

读《黔风》诸集

潘元炜

菁华秘不泄，天地岂有私。惟人钟其气，歌咏以发之。雅俗虽杂出，美刺良攸宜。赖有删定者，存人亦存诗。吾宗十七人，八叶联不断。首删味淡终，后集瘦竹冠。平山毓橡林，父子才递擅。共成一家言，彪炳公评羡。

钞九世诗示锦儿

潘阶

诗书断世有辉光，弓治箕裘意味长。愧我青衫终罔接，喜兹黄卷尚多藏。十年少读增予憾，九世遗编尔莫忘。性劣功深勤百倍，愚柔自可望明强。

整理者按： 光绪《黔西州续志》卷六《诗余》有《摘钞潘氏十世诗遗录》，选潘润民《围城诀命》，潘驯《读高氏二母双节传敬赋》，潘元勋《九月三十日随俞秋农父师往东山释奠王文成公祠谨和原韵四首之一》、《甲子因乱去乡诗以纪之》、潘元炳《和均侄咏怀》、潘元炜《读黔风诸集》、潘阶《钞九世诗示锦儿》，可见，在元炜校录《潘氏八世诗集》以后，元炜后人又有辑录九世诗和十世诗。

附录二
潘氏族人著作提要

《续修四库全书总目提要》收录潘氏族人著作提要

瘦竹亭文八卷诗四卷嘉庆间刻本

清潘驯撰。驯字士雅，号韵人，又号平远。先世为武陵人，家于贵阳，遂著籍。崇祯己卯举人，当道累疏荐，不就。驯少时尝与马瑶草同事笔砚，瑶草既用事，手书招之，不赴。孙可望据贵州，矫永明诏，授驯石屏知州，以母老辞，改授遵义知县，亦不就。

居山中十余年，饮酒赋诗，嬉笑怒骂，人不以为忤。好游，名山水殆无不游。贵州既平，遂以旧资除蒙自知县，蒙自初入版图，一切草创，驯治之峻缓相济，多惠政，遂以循良称。吴三桂反，蒙自陷，驯因平日树立雅善，未遇害，归卒，祀云南名宦，贵州乡贤。

瘦竹亭，驯隐居之所也，其集为文凡八卷，诗凡四卷，驯又有回文诗三十首，不在此集中。回文一诗，作于未成年时，噪誉吴下，或以为童稚之作，遂未编入耶。

文集多关乎贵州史实，驯曾与吴中蕃纂辑《贵州通志》，驯以博学精识补葺修订，数月成稿，其书今已罕见，然是编文集中固俨然具存其体例及商榷之厓略也，裁篇别类，要足供论志学者之采择焉。其《瘦竹先生传》，体派略仿《五柳先生传》，而讥世讽人，洒落自如，殆尤过之。《传》云“今年四十五矣”，盖是文作于崇祯末造，天下鼎沸，士风丕变，驯书此以自镜，抑以惩俗也。

其诗格调苍古，傅玉书《黔风鸣盛录》谓驯“身丁多难，百死一生，故所作多悯时伤乱，悲愤凄凉之语，盖有由来矣”，独怪驯于明季累荐俱不赴，而易世入清，反以旧资出为蒙自知县，何者前后矛盾若是？读其《秋日和李玉庵韵》曰：“望中秋色淡，倚槛自依依。渐薄云难定，将还鸟倦飞。酒狂思旧社，官拙想初衣。却愧陶居士，初来便赋归。”似有缅念前朝日暮知还之意，岂驯之再出迫于不获已耶？（32-689-690）[1]

玉树亭诗集嘉庆间刻本

清潘德征撰。德征字道子，驯子，康熙己酉举人。潘氏累世能文，擅风雅，为黔南所仅见。德征廉行清望，尤有父风，吴三桂开藩云南，罗致人才，德征遁迹不往。三桂叛，诸名士咸膺爵禄，而德征杂渔父、田夫中自甘淡泊也。乱平，授黄平学正，擢罗次知县，改昆明，升武定推官，鞠狱明决，咸得其平，后署武定知府。归田筑居乡间，不履城市，而骏望清标，为四方之士所仰宗，凡至贵阳者无不造诣也。

其诗不逮其父，平淡中稍有杭朗之概，盖其气节原所禀具者，不觉流露于诗中。在武定所作诗最多，亦最佳，滇南之诗多疏闲之句，想见衙斋无事，放手长吟也。诗五言多于七言，大抵随意为之，非独善于此也。莫友芝谓德征又有《贫居集》，其书未见，不知所辑与此编有否相同，第以集名度之，其书或成于吴藩肇乱隐居自安之时，否则为归田后所辑无疑也。（32-691）

学钓集　附璞岩集光绪初年家刊本

清潘珍撰。珍原名轸，字席待，号璞岩，贵州清镇人，康熙丁卯副榜。工书法，与滇南周于礼齐名，傅汝怀谓其字“真朴淡远，深得韦柳之神”。善为诗，官湄潭、施秉教谕，迁清浪卫教授。潘氏为世家，与贵阳潘氏号为“二潘”，文采风流，贤俊辈起，为黔南之最。

是二集，辑诗凡数百首，皆珍所自选订，而由其后人付梓者。其诗虽稍嫌粗疏，而无堆砌之病，率自天然，不务雕劚，故别饶风致。傅玉书《黔风鸣盛录》搜集珍诗仅得七律一首，而犹未及考其字号爵里，深以为憾。迨玉书子汝怀继承先志，为《黔风演》一书，求得珍遗集，即是二集，辑珍诗六十余章，皆自此二集中所选择者，珍之诗始彰彰为世所知。据卷首傅

[1] 此数字表示《续修四库全书总目提要》的册数与页码，下同。

汝怀《序》云，“因叙其略于后，归诸其人使藏之”云云，是先犹未计及刊传也。著作之事等诸草，不幸能留迹人间，诚为难得。观傅汝怀之《序》，珍之诗不为兵火之劫，犹能保其手迹，则宁非神灵呵护之耶，犹赖其有贤雅之后人，为推阐先德，表曝遗作，不使与草木同朽，玉书之憾庶几可免欤！（32-692）

翠屏寄客集普定姚氏藏钞本

清潘文芮撰。文芮，德征孙，字右质，幼号人山主人，晚年人称彬也先生，以居于翠屏山下，故又别署翠屏寄客，雍正中诸生。文芮博学重望，能绍祖德，好游天下名山水，视名利如草芥，虽未尝为显宦，而人无不尊之，且掺搜黔南故实，成《贵州志稿》，分为三目，于苗猓尤不惮详悉，为人所不为，上可接踵于吴中蕃，下则启矩矱以贻于郑珍、莫友芝辈，厥功最伟。

是集裒聚诗文为一编，诗文俱有空灵之性，似与世俗无涉者。《翠屏寄客传》一文，自适胸襟，鄙事恶物，有隐士之风。集中殆无酬应之作，亦之怨诉之音，与人无争，与物无竞，其传文自语真不虚矣。论者谓其《访雁上人》一诗最可瞻其性行，藉僧人持偈看山，竹径披诗，松关招月诸事，而抒其心目中闲静之机，忘形之义，的是慧心妙笔，使为大儒，可以绍宋人思敬神安之学，使入□①流，亦必能证因三宝，进臻大德也。（32-721）

思敬堂诗集道光中家刻本

清潘以溶撰。以溶字巨川，号苍岩，贵州大定人，乾隆中诸生，以学行重党庠。道光初举孝廉方正，不就。其诲人首以敦孝友为劝，讲学则不辞辛勤，必剖析晓鬯而后已，故乡人多从之游，反教称盛，晚年尤喜为诗，故苍老沉练。是集为以溶晚年自订，以附于《家集》者。卷首有诸门人序，瓮安傅玉书搜辑黔诗为《黔风录》② 时，尝为鉴定其《家集》，虽于以溶诗无所评隲，而谓具有家法，盖已可见其推许之意。案潘氏累世文风不坠，潘驯《瘦竹亭集》、潘德征《玉树亭集》皆清初黔诗之佳制，至以溶祖文芮《翠

① 此字未可识。

② 傅玉书所辑为《黔风》，非《黔风录》。

屏寄客稿》、父白东《断续亭稿》、兄静川《宁愚堂稿》皆为一时之上选，此玉书所以称之也。

以溶为学主思敬，以为“无事时不能敬以直内，则临事必不能思”，又曰：“人自人，余自余，人非余，又安知余之为余，余行余之敬，用余之思正，所以信余之事。”皆类似宋理学名儒所言者。盖以溶行事为学，无不奉此为圭臬，故其诗亦偶有涉于此者，《夜读》诗一则曰：“伏读广所求，稍入浩无际。反复定祈向，中自有精意。”继则曰：“端坐静探讨，新机忽然至。”末复曰：“始知理固然，悠悠徒自外。从兹葆厥初，勿使身如寄。”盖不仅为读书道之，即修身处世，又何莫非此意耶。（32-721）

橡林诗集　四卷清刻本

清潘淳撰。淳字符元，一字南垞，教授，潘珍子，康熙辛卯以平远籍举于乡，遂为平远人，乙未进士，改庶吉士，授检讨。淳又有《春明草》，未见。是集为其子铎、鉴搜之箧衍，访之故家而付刊者。首有田榕《序》，淳以郭景纯儁上之才，挟刘越石清刚之气，为诗专主少陵沈郁而顿挫，榕谓其诗“悉自胸次蟠屈而出，格高调遒，有奇气而不戾于正声。以视时流，摹声雕字以为工，骈花俪叶以为丽，与夫①横骛别区②，聱牙佶屷，自翊博且奥者，皆其所不屑”云云，盖非虚语。淳与榕为同岁生，谈诗最契，即《碧山堂集》中所谓“一官同濩落，两鬓各风霜。赖有相寻梦，论诗共草堂”是也。

淳在翰林，时文安陈仪以古文自豪，淳以诗与之相抗，辇下因有“潘诗陈笔”之目。罢官后，遨游滇、蜀、秦、陇，晚岁复精研内典，其诗益臻精炼，颇不苟作，以是晚年作品绝少，《大定府志》谓“贵大之间称诗者，周渔璜之后以淳为最”，其为时人所推挹如此。惟其京华诸作在《春明草》中，与榕唱酬最多，兹不可得。第诗酒流连，抑塞磊落，正不难悉其缟纻投赠豪兴，诗名著于一时焉。（32-754-755）

① 与夫，田榕《橡林草诗序》作“甚或”。
② 区，田榕《橡林草诗序》作“驱”。

断续亭诗集贵阳赵氏藏钞本

清潘晓撰。晓字白东，黔西人，雍正中诸生。潘氏世居贵阳，晓父文芮移居黔西，遂着籍焉。文芮才思敏捷，寄迹山水，持偈寻诗，俨然老僧。晓承父志，亦有终焉翠屏之意，垂老益复引兴壑邱，忘机幽境，故所为诗清隽澹远，无愧其父。是编集山中诗为一卷，即以所居断续亭颜其书。潘氏世有诗文集，多不得传，晓诗为数虽不多，而幸能残留于烽火虫沙浩劫之余，若有物呵护者，盖亦足珍矣。(32-762)

立山诗稿贵阳潘氏藏钞本

清潘宪武撰。宪武字立山，贵筑人，乾隆癸未进士。与父溶同应会试，溶卒，宪武扶榇归，事母有孝行，《贵阳志》入《孝子传》，历官咸丰知县。其诗温厚敦实，无疾言，所作初颇不自收拾，散佚甚多。兹所存者仅其残余吟稿，益复稍加裁芟，故篇什极少。然萃聚精华，汰剔糟粕，正足见其构集谨严，不沾沾以巨制博才富之名也。(32-769)

艺兰轩集　不分卷贵阳赵氏藏钞本

清潘桴撰。桴字云表，贵州黔西人，以溶子，嘉庆中诸生，仕履未详。是集为诗，都二百余篇，首有傅汝怀《序》，略云：“予以为诗不必以多为贵，所贵者有诗之真，若枫落吴江，微云疏雨，古不有明征在耶。”又云：“其诗皆古洁恬雅，有家法。”案潘氏七世有集，而有传有不传，傅玉书编《黔风鸣盛录》，得其七世诗，谓如获多宝，则其家集为人所重可知。桴承家学，力守先绪，诗多蕴蓄，不好为锋锐之言，雅擅清趣，汝怀述张兰浦言云：“云表年富而好学，尤克绍诗教之传。”持是集与以溶诸集勘比，盖不虚矣。陈田以为其七言最工丽，如“把钓云归岸边柳，弹琴月到花中轩”“人家参错遥连树，磴道高低斜对门”，皆在是编中，可资覆按。(32-778)

客留草　一卷贵阳赵氏藏钞本

清潘桐撰。桐字钟峄，贵州黔西人，以澄子，嘉庆中太学生，行历无考。然以诗征之，似未尝远仕也。桐以文学世家神颖早慧，而含蕴真机，谈偈入妙，若有夙质者。其为诗亦力超清澹，几无人间烟火气，长益肆力禅悦，从诸上人游，故吐属愈不凡，能迥众流。是编为诗一卷，所集不丰。按潘氏集多未付刻，善藏家祠，兹编似为传钞之本，近于选录，然题曰“客留”，是亦自成一编，非有散佚也。(32-779)

贵州志稿　不分卷旧钞本（燕京大学图书馆藏）

清潘文芮辑。文芮事迹无考。书仅三篇，曰《黔省开辟考》《黔省功德名臣考》《全黔苗猓种类风俗考》，前无序例，后无识跋，莫知其编辑缘起。《名臣考》末云“今抚军公名广泗，布政则陈公德荣”，按广泗（张）、德荣二人，即乾隆六年《贵州通志》告成时之制府及藩司，则此书之成，殆与《贵州通志》差相同时，惟《通志》纲目齐备，而此编则体例迥殊，二者自不相干连年。《开辟》《名臣》二篇叙次历落，娓娓数千言，一方建置、设官、征伐、兵事、为政、养士诸端概要略具，而于考古不免疏谬，《苗猓》一考，则颇患简率。书眉及《名臣》篇后有后学云庵李为题识，样云“幼时及见遵义之改隶黔省”，则其人亦雍、乾间人也。(34-169)

柯愈春编著《清人诗文集总目提要》收录潘氏族人著作提要

瘦竹亭集

潘驯撰。驯字士雅，号韵人，又号平远，贵州贵筑人。崇祯十二年举人，累荐不就。孙可望据贵州，授驯石屏知州，以母老辞，清平云南，授蒙自知县，以循良称。吴三桂反，归卒。此集凡文八卷，诗四卷，嘉庆间刻，《续修四库提要》著录。集中诗文多涉清初贵州史事，记其纂辑《贵州通志》事尤多。(134)

玉树亭诗集　不分卷

潘德征撰。德征字道子，贵州贵筑人。驯子。康熙八年举人。吴三桂叛清，德征隐避。三藩平定，授罗次知县，升武定知府。此集多官武定时所作诗，嘉庆间刻，《续修四库提要》著录。莫友芝谓其又有《贫居集》，未见传本。(281)

学钓集 不分卷 附璞岩集 一卷

潘珍撰。珍原名轸，字席待，号璞岩，贵州清镇人，康熙二十六年副榜，以教谕迁清浪卫教授。工书法，与滇南周于礼齐名。此集自订，辑诗凡数百首，有傅汝怀序，光绪间其裔孙始为刻行，《续修四库提要》著录。(424)

橡林诗集 四卷

潘淳撰。淳字元亮，一字南坨，号橡村，贵州清镇人。珍子。康熙五十年以平远籍举于乡，遂为平远人。康熙五十四年进士，改庶吉士，授检讨。此集乃其子铎等辑，前有田榕序，雍乾间刻。《续修四库提要》著录。榕与淳为同年举人，序谓淳诗"悉自胸次蟠屈而出，奇而不戾于正"。《大定府志》载其另有《春明草》，未见传本。(505)

翠屏寄客集 不分卷

潘文芮撰。文芮字右质，晚号彬也，别署翠屏寄客，贵州贵筑人。德征孙。雍正中诸生。尝搜辑黔南故实为《贵州志稿》，于苗民起居所记翔实。此集诗文并收，普定姚氏藏钞本，《续修四库提要》著录。集中有《翠屏寄客传》一文，乃自叙身世，有高士之风。(530)

断续亭诗集 一卷

潘晓撰。晓字白东，贵州贵筑人。文芮子。雍正间诸生。此集钞本，贵阳赵氏藏，《续修四库提要》著录。(618)

立山诗稿 一卷

潘宪武撰。宪武字立山，贵州贵筑人。乾隆二十八年进士，官知县。此集钞本，贵阳潘氏藏，《续修四库提要》著录。(761)

思敬斋诗集 不分卷

潘以溶撰。以溶字巨川，号苍岩，贵州大定人。乾隆中诸生。道光初举

孝廉方正，不就。晚年自定其集，编为《思敬斋诗集》不分卷，前有门人诸序，道光间刻，《续修四库提要》著录。(888)

客留草　一卷

潘桐撰。桐字钟峄，贵州大定人。以澄子。嘉庆中太学生。此集皆诗，钞本，贵阳赵氏藏，《续修四库提要》著录。(1222)

艺兰轩集　不分卷

潘桪撰。桪字云表，贵州大定人。以溶子。道光间贡生。此集钞本，贵阳赵氏藏，《续修四库提要》著录。录诗二百余首。傅汝怀序称，其诗“古洁恬雅”。(1401)

后记

《潘氏八代诗集》的整理，是从 2013 年开始的，到如今整整十年。今年此书终于能得到出版，总有几句话要说明一下。

2013 年我借调到学校学生处，与当时的学校资助中心的潘发义老师的办公室是斜对门，有一天中午午休时间与潘老师闲聊，得知他们潘家有一部家族文献，我提出能否拿给我看一看，潘老师欣然应允，我看后，和潘老师商量，能否允许我整理，对此潘老师也予以赞同，其后便开始了时断时续的整理工作。

但在我整理过程中，发现《潘氏八代诗集》并非是一部完本，我又陆续发现了在其他文献中所收录的潘氏族人诗歌中，有《潘氏八代诗集》中没有收录的作品，于是我起意对该书进行辑汇。其间，我有几次去北京的机会，便利用到北京之机，去国家图书馆的古籍馆查找资料，发现了国家图书馆收藏的傅玉书、傅汝怀父子编辑的《黔风》与《黔风鸣盛录》两书，看到了两书中收录的潘驯的诗歌竟有一百余首是《潘氏八代诗集》中所没有的，这令我欣喜万分，后来利用暑假回家的机会，顺道去湖南省图书馆，查找《黔风旧闻录》，亦发现《黔风旧闻录》中所收潘润民的诗歌也有《潘氏八代诗集》中未收录的作品。

2018 年，我在微信中看到国家图书馆出版社出版的《清代家集丛刊续编》的《目录》中，看到该书收录了《黔阳潘氏七世诗》一书，查看详细目录，发现竟是《潘氏八代诗集》的另一个版本，正巧在西南大学读博士的任柳去南京大学图书馆查找资料，我让她顺便看看有没有这套书，她不仅找到了该书，还征得图书馆老师的同意，将该书的《黔阳潘氏七世诗》部分拍照发给我，这使我对该书进行辑汇工作更增添了信心。

就这样陆陆续续，前后经历了十年，在不断的寻觅中，该书逐渐得到完善和成型。2022 年，得到学校科研处要资助出版一部分书籍的消息后，我便写了申请，最终在年底得知获得了资助，我浩然长出一声叹息：终于可以出版了。

在出版之际，要特别感谢潘发义老师授予我整理该书的权利，并且将其收藏的《潘氏八代诗集》的影印本供我使用，感谢任柳给我拍照《黔阳潘氏七世诗》，感谢安顺学院科研处和乡村振兴研究中心给该书出版提供资助，感谢贵州文史馆的王尧礼老师、贵州民族大学的王力教授、贵州科技出版社的龙建人副主编给我提供相关资料，感谢贵州文史馆特约研究员李峰先生慷慨赠与他整理的《潘氏八代诗集》供我参考，感谢湖南湘潭大学出版社的编辑丁立松老师为出版该书所付出的心血，也感谢我的工作单位安顺学院继续教育学院的领导和同事们给予我的理解和帮助。

我将在该书整理出版的基础上再接再厉，继续在文献整理的领域中取得更多的成绩。

2023 年 4 月于安顺

图书在版编目（CIP）数据

黔中潘氏八代诗集辑汇 / 潘润民等著 ; 张立新整理. 湘潭 : 湘潭大学出版社, 2025. 7. -- ISBN 978-7-5687-1823-3

Ⅰ. I22

中国国家版本馆 CIP 数据核字第 2025JA0308 号

黔中潘氏八代诗集辑汇

QIANZHONG PANSHI BADAI SHIJI JIHUI

潘润民 等著

张立新 整理

策划编辑：丁立松
责任编辑：丁立松　夏艺真
封面设计：张丽莉
出版发行：湘潭大学出版社
社　　址：湖南省湘潭大学工程训练大楼
电　　话：0731-58298960 0731-58298966（传真）
邮　　编：411105
网　　址：http://press.xtu.edu.cn/
印　　刷：长沙超峰印刷有限公司
经　　销：湖南省新华书店
开　　本：710 mm×1000 mm 1/16
印　　张：31.75
字　　数：520 千字
版　　次：2025 年 7 月第 1 版
印　　次：2025 年 7 月第 1 次印刷
书　　号：ISBN 978-7-5687-1823-3
定　　价：188.00 元